Reinbert Schauer
René Clemens Andeßner
Dorothea Greiling

**Rechnungswesen und Controlling
für Nonprofit-Organisationen**

: Haupt

Reinbert Schauer
René Clemens Andeßner
Dorothea Greiling

# Rechnungswesen und Controlling für Nonprofit-Organisationen

## Ergebnisorientierte Informations- und Steuerungsinstrumente für das NPO-Management

4., neu bearbeitete Auflage

(in Fortführung von Reinbert Schauer: «Rechnungswesen für Nonprofit-Organisationen», 1.–3. Auflage)

Unter Mitarbeit von:

Christian Bayreder
Christian Hadorn
Christian Hofer
Alfred von Gunten

Ivo Bonamico
Manfred Hauer
Andreas Kattnigg
Gottfried Wandl

Haupt Verlag

4. Auflage: 2015
3. Auflage: 2008
2. Auflage: 2003
1. Auflage: 2000

Bibliografische Information der *Deutschen Nationalbibliothek*
Die Deutsche Nationalbibliothek verzeichnet diese Publikation in der Deutschen Nationalbibliografie;
detaillierte bibliografische Daten sind im Internet über http://dnb.dnb.de abrufbar.

ISBN 978-3-258-07930-1

Alle Rechte vorbehalten.
Copyright © 2000 Haupt Bern
Jede Art der Vervielfältigung ohne Genehmigung des Verlages ist unzulässig.
Umschlaggestaltung: René Tschirren
Printed in Germany

www.haupt.ch

# Vorwort zur 4. Auflage

Viele staatsnahe bzw. vereins- oder verbandsmässig strukturierte Nonprofit-Organisationen (NPO) führen ein vornehmlich zahlungsstromorientiertes, **finanzwirtschaftlich** ausgerichtetes Rechnungswesen (Einnahmen-Ausgaben-Rechnung). Oftmals entscheiden sie sich auch für eine ausgebaute kaufmännische Buchführung. Diese Rechnungen dienen in erster Linie der Rechenschaftslegung nach aussen (Mitglieder, Spender, Kreditgeber, Staat), sind jedoch für eine ziel- und ergebnisorientierte Führung keinesfalls ausreichend.

Durch die einseitige Ausrichtung auf finanzwirtschaftliche Kriterien ist ein **leistungswirtschaftliches** Informationsdefizit festzustellen. Wie sollen die Aspekte von Effizienz und Effektivität im ökonomischen Sinne Berücksichtigung finden können, wenn die NPO ihre Kosten nicht kennt, ihre Leistungen und deren Wirkungen nicht dokumentieren und keine Aussage über den Wert des genutzten Vermögens und dessen Veränderungen im Zeitablauf treffen kann und durch das Unterlassen von Rückstellungen ihre Schulden nicht vollständig erfasst? Neben der finanzwirtschaftlichen Dimension ist deshalb auch eine leistungs- bzw. ergebnisorientierte Dimension des Rechnungswesens erforderlich.

Das einzufordernde **leistungswirtschaftliche Informationssystem** hat zunächst zu berücksichtigen, dass die meisten der in NPO anfallenden Kosten (Wert des Ressourceneinsatzes) in erster Linie von der vorgehaltenen Leistungsbereitschaft (Kapazität) und erst in diesem Rahmen von der tatsächlichen Leistungsinanspruchnahme bestimmt werden. Nur ein geringer Teil der anfallenden Kosten ist – wie für Dienstleistungsorganisationen typisch – direkt vom Leistungsvolumen abhängig.

Damit wird aber deutlich, dass die Beurteilung der **Wirtschaftlichkeit** (Effizienz) und der **Zweckmässigkeit** (Effektivität) von NPO nicht allein durch eine Gegenüberstellung von Kosten und Erträgen, sondern in erster Linie nur im Gefolge eines Plan-Ist-Vergleiches von Kosten und Leistungen im Zuge der Abweichungsanalyse möglich ist. Die Ergebnissteuerung kann wegen des Fehlens einer Gesamterfolgsgrösse in NPO (in Analogie zur Rentabilität in erwerbswirtschaftlich ausgerichteten Organisationen) nicht über einen Erfolgssaldo erfolgen, sondern muss über einen Vergleich zwischen geplanten und erreichten Leistungsergebnissen in Verbindung mit dem hierzu erforderlichen Ressourceneinsatz (Soll-Ist-Vergleich) geschehen. Die erreichte Wirtschaftlichkeit ist daher immer nur relativ zur Soll-Vorgabe und damit zur Leistungsplanung zu sehen.

Das Rechnungswesen von Verbänden und anderen Nonprofit-Organisationen (NPO) muss somit als ein **Informationssystem** angesehen werden, das die Planung des NPO-

## Vorwort

Geschehens, seine Steuerung im Zeitablauf und die Darstellung des Erreichten, soweit es sich in Zahlen fassen lässt, gegenüber allen an der NPO Interessierten gewährleisten soll. Für eine **ergebnisorientierte** Führung bedarf es eines ausgeprägten Mitteleinsatz-/Leistungsergebnis-Denkens. Die Leistungsfähigkeit einer NPO ist nicht zuletzt auch von der Leistungsfähigkeit des Rechnungswesens in diesen Organisationen abhängig. Der Bereich des Rechnungswesens soll nicht als administrative Last, sondern als umfassendes Dokumentations-, Entscheidungs- und Steuerungsinstrument in einer Nonprofit-Organisation angesehen werden.

Das Buch richtet sich an Führungskräfte und deren Mitarbeiter, die sich in einem Verband oder Verein der Wirtschaft (Kammern, Innungen), der Arbeitnehmervertretungen (Gewerkschaften), der Sozialen Wohlfahrt (Hilfswerke), der Kirchen, des Sports, der Freizeit, der Kultur oder in einer anderen mitgliedschaftlich-strukturierten oder spenden- bzw. subventionsempfangenden Nonprofit-Organisation mit Fragen des Rechnungswesens und der zielorientierten Steuerung (Controlling) befassen. Es ist als „Vertiefungsband" zum Grundkonzept des Freiburger Management-Modells für Nonprofit-Organisationen gedacht. Es soll daher auch für die Lehrgänge am Institut für Verbands-, Stiftungs- und Genossenschafts-Management (VMI) der Universität Freiburg/CH, an den Instituten für Public und Nonprofit Management bzw. für Management Accounting an der Universität Linz/Österreich sowie an anderen Universitäten und Fachhochschulen unterstützend wirken.

Die Leserin bzw. der Leser soll mit den **Leistungsanforderungen** an ein modernes Rechnungswesen sowie mit den wesentlichsten Instrumenten des Controllings vertraut gemacht werden und insbesondere:

- die Grundkonzeption eines **integrierten Rechnungswesens** als Informations- und Steuerungsinstrument für die Führung in NPO verstehen;
- die **Struktur** von **Finanzierungsrechnung**, **Bestandesrechnung** (Bilanz) und **Ergebnisrechnungen** (Erfolgsrechnungen) zur Dokumentation, zur Planung und zur Überwachung des NPO-Geschehens kennen;
- die verschiedenen Formen einer **Kosten- und Leistungsrechnung** und der darauf aufbauenden **Kennzahlenrechnungen** beurteilen können;
- die Ansatzpunkte für ein **Controlling** auf strategischer und operationaler NPO-Ebene planen können,

um die eigene Arbeit effizienter und effektiver zu gestalten.

Das Buch vermittelt im ersten Teil die notwendigen theoretischen Grundlagen in einer für die NPO-Praxis aufbereiteten Form. Im zweiten Teil wird die Umsetzung in die Praxis an

Hand einer Reihe von Fallstudien demonstriert. Hierzu stellten sich erfahrene Führungskräfte aus Verbänden sowie auf den NPO-Bereich spezialisierte Berater zur Verfügung.

Das Institut für Verbands-, Stiftungs- und Genossenschafts-Management (VMI) an der Universität Freiburg/CH hat die Herausgabe dieses Buches angeregt, wesentlich unterstützt und gefördert. Dem im Frühjahr 2008 verstorbenen Gründer des VMI, Prof. Dr. Dr. h.c. Ernst-Bernd Blümle, seinem Nachfolger als Direktor, Prof. Dr. Robert Purtschert, sowie den heutigen Direktoren, Prof. Dr. Markus Gmür und Prof. Dr. Hans Lichtsteiner, sei an dieser Stelle besonders gedankt. Wertvolle Anregungen zur inhaltlichen Gestaltung des Buches gehen auf ihre Initiative zurück. Viele Teilnehmerinnen und Teilnehmer am Diplom-Lehrgang für Verbands-/NPO-Management und am Lehrgang für Rechnungswesen und Controlling in NPO haben mit ihren Anregungen und Fragestellungen dazu beigetragen, dass das Buch an den Bedürfnissen der NPO-Praxis in der Schweiz, in Deutschland, in Österreich und in Südtirol ausgerichtet werden konnte.

Die 1. Auflage des Buches im Jahr 2000, die 2. Auflage im Jahr 2003 und die 3. Auflage im Jahr 2008 fanden eine erfreuliche Aufnahme bei der Leserschaft. Für die nunmehrige 4. Auflage des Buches wurden die Kapitel 11 (Instrumente des Controllings) und 12 (Performance Management und Performance Reporting) grundlegend neugefasst bzw. erweitert, alle übrigen Kapitel wurden überarbeitet und aktualisiert. Neu aufgenommen wurde eine Beschreibung der wichtigsten Instrumente des strategischen Controllings. Die Verfahren der Investitionsrechnung zur wirtschaftlichen Beurteilung von Investitionsalternativen werden ebenso erläutert wie das Kostenmanagement mit Hilfe der Prozesskostenrechnung (Kapitel 11). Im Vordergrund von Kapitel 12 stehen die Ansätze für die Erfolgsmessung in NPO sowie die wichtigsten Instrumente des Performance Managements, wobei insbesondere die Balanced Scorecard und das NPO-Label für Management Excellence hervorzuheben sind. Die Notwendigkeit für erweiterte Formen der Rechnungslegung (Performance Reporting) ergibt sich aus der für NPO typischen Sachzieldominanz. Neue Ansätze stellen insbesondere das Member Value-Reporting, der Social Reporting Standard und der Social Return on Investment dar. Ein besonderes Augenmerk wurde dem Kapitel über die externe Rechnungslegung und deren Prüfung (Kapitel 8) beigemessen. Entsprechende Fachempfehlungen in Deutschland, die Neuveröffentlichung der Fachempfehlungen zur Rechnungslegung FER 2007, die Modifikation des Revisionsrechts mit Wirkung vom 1. 1. 2008 und das seit 1. 1. 2013 neu gefasste Recht der kaufmännischen Buchführung und Rechnungslegung in der Schweiz („neues Rechnungslegungsrecht – RLR") veranlassten eine weitreichende Neufassung dieses Kapitels. Die 2016 in Kraft tretende Neufassung von FER 21 für gemeinnützige NPO wurde dabei ebenfalls berücksichtigt.

## Vorwort

Im Teil II des Buches wurde die Fallstudie 2 (Finanzmanagement der Schweizer Wanderwege) aktualisiert. Zur Gänze neu verfasst wurden die Fallstudie 1 (Kosten- und Leistungsrechnung in einer sozialen NPO am Beispiel des Landesrettungsvereins Weisses Kreuz Südtirol) und die Fallstudie 3 (Controlling in einem Wirtschaftsverband). Neu aufgenommen wurden die Fallstudie 4 (Die Aufgabenkritik als Hilfsmittel zur Identifikation von Ressourcenspielräumen) und die Fallstudie 5 (Strategische Planung in einem Sportverein).

Dem farblichen Ordnungsraster des Freiburger Management-Modells folgend, sind die Kapitel 1, 2, 11, 12 und die Fallstudien grün unterlegt, da die Einordnung des Rechnungswesens in das NPO-Management und die Aspekte der Steuerung (des Controllings) dem System-Management zuzuordnen sind. Die übrigen Kapitel haben die einzelnen Teilverfahren des Rechnungswesens zum Inhalt, sie betreffen das Ressourcenaufkommen und den Ressourceneinsatz und damit das Ressourcen-Management. Sie sind blau unterlegt.

Wir danken allen Autoren dieser Fallstudien, die mit ihren Berichten über die Organisation des Rechnungswesens und des Controllings in ihren Nonprofit-Organisationen dazu beitragen, eine Verbindung zwischen Theorie und Praxis herzustellen und Anleitungen für das eigene Handeln zu eröffnen. Unser besonderer Dank gebührt auch Frau Irène Weber, M. A., am VMI, die mit hohem Einsatz an der Umsetzung des Buches in das neue Layout beteiligt war.

Es ist zu wünschen, dass auch diese 4. Auflage einen guten Anklang beim Studium an Universitäten und Fachhochschulen, in der Weiterbildung und in der Praxis finden wird.

Freiburg/CH und Linz/A, März 2015

Prof. Dr. Reinbert Schauer

Prof. Dr. René Clemens Andeßner

Prof. Dr. Dorothea Greiling

# Inhalt

Abbildungsverzeichnis ................................................................... 17

Abkürzungsverzeichnis .................................................................. 21

Teil I: Grundlagen ......................................................................... 23

1. Die Aufgaben des Rechnungswesens und des Controllings ............. 25
    1.1 Die Informationsfunktion des Rechnungswesens ...................... 25
    1.2 Das Rechnungswesen als Planungs- und Steuerungsinstrument ... 31
        1.2.1 Ermittlungsrechnungen ................................................. 31
        1.2.2 Entscheidungsrechnungen ............................................. 33
    1.3 Das Rechnungswesen als Steuerungsinstrument (Controlling) .... 35

2. Das Grundmodell eines Integrierten NPO-Rechnungswesens ......... 39
    2.1 Der Zusammenhang von Finanzierungsrechnung, Bestandesrechnung und Ergebnisrechnung (FBE-System) .......... 39
    2.2 Die Sicherung von Liquidität, Produktivität und Wirtschaftlichkeit sowie die Sicherung des Bestandes der NPO ........................... 41
    2.3 Die Gewährleistung von Effizienz und Effektivität .................... 43
    2.4 Grundsätzliche Überlegungen zur Leistungsmessung und Leistungsbeurteilung (Value for Money-Konzept) ..................... 44

3. Finanzierungsrechnung .................................................................. 47
    3.1 Gestaltungskriterien ............................................................... 47
    3.2 Geldflussrechnung (Mittelflussrechnung) ................................. 51
    3.3 Fund Accounting .................................................................... 54
    3.4 Liquiditätsplanung .................................................................. 57
    3.5 Massnahmen zur Liquiditätssicherung ..................................... 59

4. Kosten- und Leistungsrechnungen (Ergebnisrechnungen) .............. 61
    4.1 Grundlagen ............................................................................ 61
    4.2 Pagatorischer und kalkulatorischer Bewertungsansatz ............. 64

|  |  |  |
|---|---|---|
| | 4.2.1 | Pagatorische Ergebnisrechnung ... 64 |
| | 4.2.2 | Kalkulatorische Ergebnisrechnung ... 68 |
| 4.3 | | Grundlegende Verfahren der Kosten- und Leistungsrechnung ... 69 |
| | 4.3.1 | Ermittlung von Kosten und Leistungen ... 70 |
| | 4.3.2 | Kostenartenrechnung ... 76 |
| | 4.3.3 | Kostenstellenrechnung ... 80 |
| | 4.3.4 | Kostenträgerrechnung (Leistungsrechnung) ... 89 |
| 4.4 | | Leitlinien für das Kosten- und Leistungsmanagement ... 94 |

## 5. Besondere Fragestellungen in der Kosten- und Leistungsrechnung ... 97

|  |  |  |
|---|---|---|
| 5.1 | | Grundlagen der Kostenanalyse ... 97 |
| | 5.1.1 | Ursache-Wirkungsanalyse ... 97 |
| | 5.1.2 | Analyse des Mengengerüsts ... 98 |
| | 5.1.3 | Bewertungsverfahren ... 99 |
| 5.2 | | Verhalten der Kosten bei Veränderungen des Beschäftigungsgrades ... 100 |
| 5.3 | | Vollkosten- und Teilkostenrechnungen ... 102 |
| 5.4 | | Deckungsbeitragsrechnung ... 104 |
| 5.5 | | Prozesskostenrechnung ... 107 |
| 5.6 | | Kostenvergleich: Eigenerstellung oder Fremdbezug von Leistungen ... 112 |
| 5.7 | | Plankostenrechnung (Budgetkostenrechnung) ... 116 |
| | 5.7.1 | Starre Plankostenrechnung ... 117 |
| | 5.7.2 | Flexible Plankostenrechnung ... 117 |
| | 5.7.3 | Kostenüberwachung (Soll-Ist-Vergleich) ... 118 |
| 5.8 | | Auswertung der Kosten- und Leistungsrechung (Reporting) ... 121 |

## 6. Leistungserfassung und Leistungsanalyse (Value for Money-Reporting) ... 123

|  |  |  |
|---|---|---|
| 6.1 | | Dimensionen der Leistung ... 123 |
| 6.2. | | Erfassung und Messung der Leistungsdimensionen ... 125 |
| | 6.2.1 | Leistungswirkung ... 125 |
| | 6.2.2 | Leistungserbringung ... 126 |
| | 6.2.3 | Erfassung von Qualitätsdaten für die einzelnen Leistungsdimensionen ... 129 |

| 7. | Bestandesrechnung (Bilanz) | 135 |
|---|---|---|
| 7.1 | Bilanzstruktur und Informationsgehalt | 135 |
| 7.2 | Finanzwirtschaftliche Deckungsrechnung | 138 |
| 7.3 | Erfolgswirtschaftliche Bestandesrechnung (Bilanz) | 139 |
| **8.** | **Externe Rechnungslegungsstandards** | **143** |
| 8.1 | Das Informationsinteresse | 143 |
| 8.2 | Formen des externen Rechnungsabschlusses | 144 |
| 8.3 | Gesetzliche Vorschriften | 146 |
| 8.3.1 | Schweiz | 146 |
| 8.3.2 | Österreich | 149 |
| 8.3.3 | Deutschland | 151 |
| 8.4 | Fachempfehlungen zur Rechnungslegung | 152 |
| 8.4.1 | Swiss GAAP FER 21 | 152 |
| 8.4.2 | Swiss Sport GAAP | 162 |
| 8.4.3 | Swiss NPO-Code | 163 |
| 8.4.4 | Swiss Foundation Code | 163 |
| 8.4.5 | Institut der Wirtschaftsprüfer in Deutschland | 163 |
| 8.4.6 | Kammer der Wirtschaftstreuhänder und Institut Österreichischer Wirtschaftsprüfer | 167 |
| 8.5 | Gütesiegel-Standards | 168 |
| 8.5.1 | ZEWO-Gütesiegel | 168 |
| 8.5.2 | DZI-Gütesiegel | 169 |
| 8.5.3 | Österreichisches Spendengütesiegel | 169 |
| 8.6 | Compliance, Internes Kontrollsystem (IKS) und Risikomanagement | 170 |
| 8.7 | Internationale Rechnungslegung | 172 |
| **9.** | **Kennzahlen als Führungsmittel für das NPO-Management** | **175** |
| 9.1 | Kennzahlen als Informationsinstrument | 175 |
| 9.2 | Arten von Kennzahlen | 176 |
| 9.3 | Finanzwirtschaftliche Kennzahlen | 176 |

- 9.3.1 Investitionsanalyse ... 176
- 9.3.2 Finanzierungsanalyse ... 177
- 9.3.3 Liquiditätsanalyse ... 178
- 9.4 Leistungswirtschaftliche Kennzahlen ... 179
  - 9.4.1 Produktivitätsanalyse ... 179
  - 9.4.2 Analyse der Aufwands- und Ertragsstruktur ... 180
  - 9.4.3 Wirtschaftlichkeitsanalyse ... 180
  - 9.4.4 Rentabilitätsanalyse ... 180
  - 9.4.5 Break-even-Analyse ... 181
  - 9.4.6 Wertschöpfungsanalyse ... 182
- 9.5 NPO-Kennzahlensystem ... 182
- 9.6 Benchmarking ... 186

## 10. Integrierte Planungsrechnungen ... 189
- 10.1 Pläne für die Dimensionierung der Leistungsbereitschaft und für die Leistungsabgabe ... 189
- 10.2 Finanzbudget und Leistungsbudget als Gesamtpläne ... 190
- 10.3 Beispiele ... 196
  - 10.3.1 Integrierte Planungsrechnung ... 196
  - 10.3.2 Integration von Ergebnisrechnung, Bilanz und Geldflussrechnung ... 202
  - 10.3.3 Gemeinsamer kameraler und doppischer Rechnungsabschluss in einem Verband ... 204

## 11. Instrumente des Controllings ... 209
- 11.1 Die Notwendigkeit des Controllings im NPO-Bereich ... 209
- 11.2 Information als Rationalisierungsfaktor ... 210
- 11.3 Elemente eines Controlling-Konzepts ... 212
- 11.4 Instrumente des strategischen Controllings ... 218
  - 11.4.1 Umfeld- und Stärken-Schwächen-Analysen (SWOT-Analysen) ... 219
  - 11.4.2 Aufgaben-/(Leistungs-)Kritik ... 221
  - 11.4.3 Portfolio-Technik ... 222
  - 11.4.4 Investitionsrechnungen ... 229

| | 11.4.4.1 | Die Verfahren der Investitionsrechnung | 230 |
|---|---|---|---|
| | 11.4.4.2 | Auf- und Abzinsung als finanzmathematische Grundlagen der dynamischen Verfahren | 232 |
| | 11.4.4.3 | Kapitalwertmethode | 235 |
| | 11.4.4.4 | Methode des internen Zinsfusses | 239 |
| | 11.4.4.5 | Annuitätenmethode | 240 |
| | 11.4.4.6 | Investitionsrechnung in den ideellen Leistungsbereichen | 242 |
| | 11.4.4.7 | Ergänzung der Investitionsrechnung durch Nutzwertanalysen (NWA) | 245 |
| 11.4.5 | | Instrumente des Gemeinkostenmanagements | 246 |
| | 11.4.5.1 | Wertanalyse | 247 |
| | 11.4.5.2 | Gemeinkosten-Wertanalyse bzw. Overhead-Value-Analysis | 247 |
| | 11.4.5.3 | Zero-Base-Budgeting | 250 |
| | 11.4.5.4 | Kostenmanagement mit Hilfe der Prozesskostenrechnung | 251 |
| 11.4.6 | | Programmbudgetierung | 254 |
| 11.4.7 | | Balanced Scorecard | 254 |
| 11.5 | | Instrumente des operativen Controllings | 255 |
| 11.6 | | Zivilgesellschaftlicher Mix und Ausgestaltung des Controllings | 259 |

# 12. Performance Management und Performance Reporting ... 263

| 12.1 | Planung und Bewertung des Organisationserfolges | 263 |
|---|---|---|
| 12.2 | Instrumente des Performance Managements | 267 |
| 12.2.1 | Balanced Scorecard | 267 |
| 12.2.2 | EFQM – Business Excellence Modell | 273 |
| 12.2.3 | Common Assessment Framework (CAF) | 276 |
| 12.2.4 | NPO-Label für Management Excellence | 277 |
| 12.3 | Performance Reporting | 277 |
| 12.3.1 | Notwendigkeit für erweiterte Formen der Rechnungslegung | 277 |
| 12.3.2 | Formen und Ansätze für Sozialbilanzen | 279 |
| 12.3.3 | Förderplan und Förderbilanz sowie Member Value-Reporting | 288 |
| 12.3.4 | Wissensbilanz | 298 |

    12.3.5    Nachhaltigkeitsberichterstattung .................................................. 303

    12.3.6    Formen der gemeinwohlorientierten Berichterstattung ...................... 306

# Teil II: Fallstudien .............................................................................. 317

## Fallstudie 1: Kosten- und Leistungsrechnung in einer sozialen NPO am Beispiel des Landesrettungsvereins Weisses Kreuz Südtirol .................................. 319

1.  Ausgangslage ................................................................................ 319
2.  Der Landesrettungsverein Weisses Kreuz – Eine kurze Vorstellung ........ 320
3.  Das Konzept der Kosten- und Leistungsrechnung ............................... 321
    3.1    Einrichtung der Kostenarten und Kostenstellen ......................... 322
    3.2    Festlegen von Kostenträgern .................................................. 325
4.  Vorgesehene Auswertungen (BAB und Deckungsbeitrag) .................... 327
5.  Einbau der Instrumente in den Steuerungsprozess .............................. 329
6.  Kennzahlen als zusätzliche Steuerungsinformationen .......................... 332
7.  Schlussfolgerungen ........................................................................ 332

## Fallstudie 2: Finanzmanagement der Schweizer Wanderwege ....................... 335

1.  Schweizer Wanderwege – der nationale Verband für das Wandern und die Wanderwege in der Schweiz ........................................................ 335
2.  Das Finanzmanagement ................................................................. 339
    2.1    Vorgaben aus dem Leitbild .................................................... 339
    2.2    Die Instrumente des Finanzmanagements ................................. 340
    2.3    Mehrjahresplanung / Finanzplanung ........................................ 341
    2.4    Management der laufenden Einnahmen und Ausgaben ............... 343
    2.5    Evaluation im Sinne des QMS ................................................ 345
3.  Schlussbemerkung ......................................................................... 345

## Fallstudie 3: Controlling in einem Wirtschaftsverband .............................................. 347
1. Die Wirtschaftskammer Oberösterreich und ihr Management-Umfeld ............... 347
    1.1 Umfeldmonitoring ........................................................................................... 347
    1.2 WKOÖ-Managementprinzipien und -instrumente im Überblick .................... 348
    1.3 Planungs- und Steuerungswerkzeuge im Überblick ........................................ 349
    1.4 Die bundesweite WKO-BSC als strategische Klammer und Identitätsrahmen ............................................................................................. 350
    1.5 BSC als Basis für das Management-Cockpit .................................................. 352
2. Qualitätsziele verlangen Qualitätsmanagement ....................................................... 354
    2.1 NPO-Label, Qualität durch definierte Standards ............................................ 354
    2.2 Die Prozesslandkarte der WKOÖ als Herzstück des Qualitätssystems ........... 355
    2.3 Zusammenhang BSC- und Qualitätsmanagement ........................................... 361
3. NPO-Label: Ausgewählte Managementbereiche des Qualitätssystems ................. 362
    3.1 Planung und Steuerung des Qualitätssystems ................................................. 363
    3.2 Finanzmanagement .......................................................................................... 366
    3.3 Personalmanagement ....................................................................................... 370
4. Ausblick ....................................................................................................................... 376
    4.1 Schwachstellen-Analyse .................................................................................. 376
    4.2 Ausbau bzw. Ergänzungsbedarf am System ................................................... 376
    4.3 Erfolgsfaktoren für Zukunftsmodelle im Bereich Managementsteuerung ...... 377

## Fallstudie 4: Die Aufgabenkritik als Hilfsmittel zur Identifikation von Ressourcenspielräumen ................................................................................................ 379
1. Ausgangslage und Zielsetzung ................................................................................... 379
2. Informationen zur Organisation ................................................................................ 380
3. Der Prozess .................................................................................................................. 380
    3.1 Der Entscheid über das einzusetzende Instrument .......................................... 380
    3.2 Das Instrument der Aufgabenkritik ................................................................ 382
    3.3 Der Analyseprozess ........................................................................................ 382
        3.3.1 Zweckkritik ............................................................................................ 384
        3.3.2 Vollzugskritik ........................................................................................ 387

4. Kritische Erfolgsfaktoren im Rahmen des Projekts ..................................................388
    4.1 Vorhandene Daten und vorhandene Datenqualität..........................................388
    4.2 Zusammensetzung der Arbeitsgruppe..............................................................388
    4.3 Eindeutige Zielvorgabe durch das Leitungsorgan ............................................389
5. Schlussfolgerung .......................................................................................................389

**Fallstudie 5: Strategische Planung in einem Sportverein ......................................391**

1. Sportvereine als Eigenleistungs-NPO .......................................................................391
2. Einige Bemerkungen zum betrachteten Sportverein .................................................392
3. Der Prozess der strategischen Planung .....................................................................394
    3.1 Strategische Analyse........................................................................................395
    3.2 Entwicklung von Strategien und Massnahmen ................................................397
    3.3 Bewertung von Strategien und Massnahmen...................................................400
    3.4. Umsetzung der Massnahmen in den Vereinsalltag, strategische Kontrolle......401
4. Schlussbemerkungen ................................................................................................402

**Verzeichnis der zitierten und weiterführenden Literatur ........................................405**

**Anhang: Finanzmathematische Tabellen ..................................................................411**

**Sachregister ..................................................................................................................417**

**Autoren ..........................................................................................................................425**

# Abbildungsverzeichnis

**Kapitel 1: Die Aufgaben des Rechnungswesen und Controllings**
1: Der betriebliche Wertekreislauf ........................................................................... 28
2: Unterstützung des Management-Prozesses ....................................................... 30
3: Funktionen des Rechnungswesens ..................................................................... 30
4: Elemente des NPO-Controllings .......................................................................... 37

**Kapitel 2: Das Grundmodell eines Integrierten NPO-Rechnungswesens**
5: Zusammenhang der Ermittlungsrechnungen (FBE-System) ......................... 39
6: 3-Ebenen-Konzept .................................................................................................. 43
7: Value for Money-Reporting .................................................................................. 45

**Kapitel 3: Finanzierungsrechnung**
8: Sachliche Gliederung der Finanzierungsrechnung ........................................... 49
9: Liquiditätsplanung und -kontrolle (Geldflussrechnung - direkte Methode) ...... 53
10: Geldflussrechnung nach der indirekten Methode .......................................... 54
11: Struktur des Fund-Accounting ........................................................................... 55
12: Finanzierungsrechnung als Fund-Accounting ................................................. 57

**Kapitel 4: Kosten- und Leistungsrechnungen (Ergebnisrechnungen)**
13: Bewertungsalternativen ...................................................................................... 61
14: Systematik der Ergebnisrechnungen ................................................................ 63
15: Pagatorische Ergebnisrechnung in Staffelform .............................................. 65
16: Pagatorische Ergebnisrechnung in Staffelform (Variante) ........................... 67
17: Ablauf der Kosten- und Leistungsrechnung .................................................... 70
18: Schematische Darstellung der Überleitung in Kosten und Leistungen ..... 76
19: Betriebsüberleitungsbogen ................................................................................. 80
20: Kostenarten-/Kostenstellenrechnung (Betriebsabrechnung) ...................... 83
21: Betriebsabrechnungsbogen für eine Sozialorganisation ............................... 86
22: Ergebnisrechnung als Kostenstellenrechnung ................................................ 87
23: Effizienzbeurteilung ............................................................................................. 96

**Kapitel 5: Besondere Fragestellungen in der Kosten- und Leistungsrechnung**
24: System der Voll- und Teilkostenrechnungen ................................................ 102
25: Periodenergebnisrechnung als Deckungsbeitragsrechnung ....................... 106
26: Grundaufbau der Prozesskostenrechnung ..................................................... 110
27: Zukunftsorientierte Kostenrechnungen .......................................................... 116
28: Graphische Darstellung der Kostenabweichungen ...................................... 120

## Kapitel 6: Leistungserfassung und Leistungsanalyse (Value for Money Reporting)
29: Dimensionen der Leistung ..................................................................................... 124
30: Grunddaten für ein Leistungspaket ..................................................................... 128
31: Servqual-Aussagen zur Messung der Erwartungen in einem Verband .............. 131
32: Struktur des Lückenmodells (GAP-Modells) für die Qualitätsbestimmung ...... 133

## Kapitel 7: Bestandesrechnung (Bilanz)
33: Gliederung der finanzwirtschaftlichen Deckungsrechnung ................................ 139
34: Gliederung der NPO-Bestandsrechnung (Variante Schweiz) ............................. 140
35: Gliederung der NPO-Bestandsrechnung (Deutschland und Österreich) ........... 141

## Kapitel 8: Externe Rechnungslegungsstandards
36: Muster für eine Bilanz nach FER 21 .................................................................... 157
37: Muster für eine Betriebsrechnung nach FER 21 ................................................. 158
38: Muster für eine Geldflussrechnung nach FER 21 ............................................... 159
39: Muster für eine Rechnung über die Veränderung des Kapitals nach FER 21 ... 160

## Kapitel 9: Kennzahlen als Führungsmittel für das NPO-Management
40: NPO-spezifisches Kennzahlensystem ................................................................... 184
41: Phasen des Benchmarking-Prozesses .................................................................. 187

## Kapitel 10: Integrierte Planungsrechnungen
42: Integrierte Planungsrechnungen .......................................................................... 190
43: Planungsverfahren (Budgetrechnung) ................................................................. 191
44: Integration von Finanzierungs-, Ergebnis- und Bestandsrechnung ................... 193
45: Regelkreise in der Planung ................................................................................... 194
46: Grundstruktur eines ergebnisorientierten Rechnungswesens ............................ 195

## Kapitel 11: Instrumente des Controllings
47: Funktionen des Controllings in NPO .................................................................. 213
48: Teilsysteme des Controllings ................................................................................ 217
49: Controlling-Instrumente ....................................................................................... 218
50: Marktattraktivitäts-Wettbewerbsstärken-Portfolio ............................................ 223
51: Sourcing-Portfolio ................................................................................................. 226
52: Sourcing-Portfolio – Normstrategien ................................................................... 227
53: Fokussierungs-Portfolio ........................................................................................ 228
54: Verfahren der Investitionsrechnung .................................................................... 230
55: Der Prozess der Aufzinsung ................................................................................. 233
56: Kostenverlauf und Prozessmenge ........................................................................ 252
57: Der zivilgesellschaftliche Mix einer NPO ........................................................... 260

## Kapitel 12: Performance Management und Performance Reporting
58: Basiselemente der Erfolgssteuerung .................................................................... 264

59: Ansätze der Erfolgsmessung ..................................................................... 265
60: Funktionen der Erfolgsmessung ............................................................... 266
61: Balanced Scorecard (BSC) als Bindeglied zwischen strategischem Controlling und operativer Umsetzung ............................................................. 268
62: Top-down-Ableitung von (Teil-)Scorecards ............................................ 270
63: BSC der Einrichtung "BRK Kreisverband Nürnberg-Stadt, Stationäre Pflege" .............. 271
64: Grundstruktur des EFQM Business Excellence Modells ....................... 274
65: Beziehungen zwischen BSC-Konzept und EFQM-Modell ..................... 275
66: Verknüpfung von EFQM-Modell und BSC-Konzept ............................. 276
67: Förderplan und Förderbilanz als Managementinstrumente ................... 291
68: Beispiel für die Struktur eines Förderplans bzw. einer Förderbilanz ..... 293
69: Dimensionen der Wirksamkeitsmessung in einem Wirtschaftsverband ... 294
70: Member Value Modell ............................................................................. 296
71: Member Value als Übereinstimmung von Bedürfnissen und Leistungen ... 296
72: Anwendungsbeispiel für das Spiderdiagramm des Member Value ......... 297
73: Grundmodell einer Wissensbilanz (Beispiel: Forschungsgesellschaft) ... 299
74: Auszug aus der Wissensbilanz des Austrian Institute of Technology – AIT .... 301
75: G4 Berichterstattungskriterien für NGO ................................................. 305
76: Struktur des Public Value-Berichts 2013/14 des ORF .......................... 307
77: Public Value in der gemeinnützigen Wohnungswirtschaft ..................... 309
78: Wirkungskette unter Berücksichtigung von Brutto/Nettowirkungen ...... 311
79: Gesamtbetrachtung der Investitionen und Profite für den Verein Footprint ... 312
80: Aufbau der wirkungsorientierten Berichterstattung nach SRS .............. 314
81: Aktivitäten und erwartete Wirkungen .................................................... 315
82: Aktivitäten und erzielte Wirkungen (graphische Darstellung) ............... 316

## Fallstudie 1: Kosten- und Leistungsrechnung in einer sozialen NPO
83: Integration der Kosten- und Leistungsrechnung in bestehende Systeme ... 322
84: Auszug aus dem Kostenartenplan ........................................................... 323
85: Organigramm mit Kostenstellenzuordnung ........................................... 324
86: Übersicht über die Kostenstellengruppen ............................................... 325
87: Strategische Geschäftsfelder .................................................................. 326
88: Beispiele für Kostenträger ...................................................................... 326
89: Beispiel für einen Online-Report ........................................................... 327
90: Struktur der stufenweise Deckungsbeitragsrechnung ............................ 328
91: Aufgaben eines Kostenstellenverantwortlichen ..................................... 329
92: Beispiel für einen Quartalsbericht .......................................................... 330
93: Prozessbeschreibung Ziel- und Ressourcenentwicklung ....................... 331
94: Kennzahlen-Cockpit Notfallversorgung und Sanitätstransport ............. 332

## Fallstudie 2: Finanzmanagement der Schweizer Wanderwege
95: Organigramm Dachverband Schweizer Wanderwege ........................... 336
96: Prozessarchitektur Dachverband Schweizer Wanderwege .................... 337

97: Ertragsquellen der Schweizer Wanderwege im Jahr 2013 ..................................................338
98: Wichtigste Austauschbeziehungen Schweizer Wanderwege ...............................................339
99: Prozess der Finanzplanung..................................................................................................342
100: Vereinfachte "Balanced Scorecard" Schweizer Wanderwege...........................................345

**Fallstudie 3: Controlling in einem Wirtschaftsverband**
101: Managementprinzipien ......................................................................................................349
102: WKO-BSC 2015 ................................................................................................................351
103: Screenshot Managementinformationssystem (Auszug)......................................................353
104: Prozesslandkarte WKOÖ ...................................................................................................355
105: Prozessformular "Persönliche Beratung" ..........................................................................357
106: KVP-Quellenmodell ...........................................................................................................360
107: Auszug "KVP-Verbesserungsliste"....................................................................................361
108: MIS-Screenshot aus Managementreview mit Sicht auf die Qualitätsziele.........................362
109: Planungs- und Steuerungsprozess......................................................................................363
110: SWOT-Formular .................................................................................................................364
111: Rollende Finanzplanung.....................................................................................................367
112: Liquiditätspyramide ............................................................................................................368
113: Veranlagungsrichtlinien .....................................................................................................369
114: Kontrollmechanismen ........................................................................................................370

**Fallstudie 4: Aufgabenkritik**
115: Prozessdesign "Aufgabenkritik" ........................................................................................383
116: Erwartungs-Nutzen-Matrix.................................................................................................386
117: Phase Vollzugskritik...........................................................................................................387

**Fallstudie 5: Strategische Planung in einem Sportverein**
118: Der Prozess der strategischen Planung im Sportverein .....................................................394
119: Die SWOT-Analyse für den Sportverein............................................................................397

# Abkürzungsverzeichnis

| | |
|---|---|
| AfA | Absetzung für Abnutzung (Abschreibung) |
| AG | Aktiengesellschaft |
| AV | Anlagevermögen |
| BAB | Betriebsabrechnungsbogen |
| BGB | Bürgerliches Gesetzbuch (Deutschland) |
| BÜB | Betriebsüberleitungsbogen |
| BIP | Brutto-Inlandsprodukt |
| BSC | Balanced Scorecard |
| CAF | Common Assessment Framework |
| CHF | Schweizer Franken |
| DB | Deckungsbeitrag |
| DZI | Deutsches Zentralinstitut für soziale Fragen |
| EFQM | European Foundation for Quality Management |
| EK | Eigenkapital |
| FBE | Finanzierungs-, Bestandes- und Ergebnisrechnung (FBE-System) |
| FER | Fachempfehlungen Rechnungswesen |
| FK | Fremdkapital |
| FMM | Freiburger Management-Modell für Nonprofit-Organisationen |
| GAAP | General Accepted Accounting Principles |
| GmbH | Gesellschaft mit beschränkter Haftung |
| GoB | Grundsätze ordnungsmässiger Buchführung |
| GRI | Global Reporting Initiative |
| GuV | Gewinn- und Verlust-Rechnung |
| GWA | Gemeinkosten-Wertanalyse |
| HGB | Handelsgesetzbuch (Deutschland) |
| IKS | Internes Kontrollsystem |
| KMU | Kleine und mittlere Unternehmen |
| KVP | Kontinuierlicher Veränderungsprozess |

**Abkürzungsverzeichnis**

| | |
|---|---|
| MbE | Management by Exception (mbe) |
| MbO | Management by Objectives (mbo) |
| MIS | Managementinformationssystem |
| NPO | Nonprofit Organisation(en) |
| NWA | Nutzwertanalyse |
| OR | Obligationenrecht (Schweiz) |
| PBV | Pflege-Buchführungsverordnung (Deutschland) |
| PPBS | Planning-Programming-Budgeting-System |
| RLR | Neues Rechnungslegungsrecht (Schweiz) |
| ROI | Return on Investment |
| SFR | Schweizer Franken |
| SROI | Social Return on Investment |
| SWOT | Strengths-Weaknesses-Opportunities-Threats (Stärken-Schwächen-Chancen-Risken-Analyse) |
| UGB | Unternehmensgesetzbuch (Österreich) |
| UV | Umlaufvermögen |
| VerG | Vereinsgesetz 2002 (Österreich) |
| WA | Wertanalyse |
| WIFI | Wirtschaftsförderungsinstitut (Österreich) |
| WKO | Wirtschaftskammerorganisation (Österreich) |
| WKOÖ | Wirtschaftskammer Oberösterreich |
| ZEWO | Schweizerische Zertifizierungsstelle für gemeinnützige, Spenden sammelnde Organisationen (früher: Zentralstelle für Wohlfahrtsunternehmen) |
| ZGB | Zivilgesetzbuch (Schweiz) |

# Teil I

## Grundlagen

# 1. Die Aufgaben des Rechnungswesens und des Controllings

## 1.1 Die Informationsfunktion des Rechnungswesens

Das Rechnungswesen in Verbänden und anderen Nonprofit-Organisationen kann nicht als ein einheitlich ausgerichtetes Rechengebäude angesehen werden. In einer Vielzahl von Rechnungsverfahren dient es der systematischen Erfassung und Auswertung aller quantifizierbaren Geschäftsfälle für die Zwecke der **Planung, Steuerung und Kontrolle** des betrieblichen Geschehens. Es erfüllt gleichlaufend und nebeneinander Dokumentations-, Dispositions- und Kontrollfunktionen.

Vier Leitsätze sind zu beachten:

> **These 1:** Dem Rechnungswesen ist die Aufgabe übertragen, das **Geschehen in NPO**, soweit es sich in **Zahlen** abbilden lässt, **zu dokumentieren**.

Was kann (soll) abgebildet werden?

- **Ziele** (z. B. Altenbetreuung, Kinderbetreuung, Weiterbildungsaktivitäten, Öffentlichkeitsarbeit, Interessenvertretung). Hier besteht das Problem, ob die Ziele direkt in Zahlen fassbar sind oder nur indirekt über Indikatoren (Hilfsanzeigegrössen) dargestellt werden können.
- **Mitteleinsatz** (Ressourcenverbrauch an Personal, Sachmitteln und Dienstleistungen).
- **Leistungen**, die die Zielerreichung ermöglichen.

Zwischen diesen drei Abbildungsdimensionen bestehen folgende Beziehungen und daraus abgeleitete Ergebnisgrössen:

Die **Effektivität** drückt somit aus, ob die „richtigen" Dinge getan werden („doing the right things"), ob also die von der NPO gesetzten Ziele erreicht werden. Die **Effizienz** gibt an, ob die Dinge „richtig" getan werden („doing the things right"), ob also ein bestmögliches Verhältnis zwischen den von der NPO erbrachten Leistungen (Output) und den dafür eingesetzten Mitteln (Input) erreicht wird.

> **These 2:** Die Abbildung des Geschehens in NPO kann in
> - **Mengengrössen** (z. B. Arbeitsstunden, Beratungsfälle, Rettungseinsätze) und
> - **Wertgrössen** (z. B. Personalaufwand, Beitragsaufkommen, Umsätze)
> 
> erfolgen. Sie bezieht sich einerseits
> - **zeitpunktbezogen** auf **Bestände** (Vermögenslage, Schulden) und andererseits
> - **zeitraumbezogen** auf die **Leistungsprozesse** (Mitteleinsatz, erbrachte Leistungen)

Die Praxis zeigt, dass vielfach nur Zahlungsströme und Bestände an finanziellen Mitteln (liquide Mittel, Forderungen, Schulden) Gegenstand des Rechnungswesens in NPO sind. Dies bedeutet eine ausschliesslich **finanzwirtschaftliche** Betrachtungsweise, die allein Auskunft über die Finanzierbarkeit von Massnahmen geben und damit die Liquidität (Zahlungsfähigkeit) der NPO sicherstellen kann. Im Vordergrund stehen die Planung und die Rechenschaftslegung im Sinne des Nachweises über Herkunft und Verwendung von finanziellen Mitteln. Dies ist auch typisch für die sog. kameralistische Buchführung, wie sie zum Teil in staatsnahen Verbänden und Vereinen praktiziert wird. Erfolgswirtschaftliche Zielsetzungen wie Kostendeckung bei der Abgabe von Individualgütern (z. B. Einzelberatung, Weiterbildungskurse usw.), effiziente Interessenswahrnehmung (Projektarbeit) oder Sicherung des Vermögensbestandes können damit nicht in geeigneter Weise verfolgt werden.

Die Ausrichtung des Rechnungswesens an Zahlungsströmen allein bedeutet weiters, dass das Geschehen in der NPO nur mittelbar über die die Leistungserstellung und die Leistungsabgabe begleitenden finanziellen Vorgänge abgebildet werden kann. Hieraus resultiert ein **Informationsverlust**. Da der Einsatz von Personen, Sachmitteln oder Dienstleistungen (Mitteleinsatz) sowie die erbrachten und abgegebenen Leistungen (Leistungsergebnis) nicht unmittelbar auch in den Mengenkomponenten gemessen werden, begibt man sich der Möglichkeiten der Produktivitätsmessungen und der erfolgsorientierten Wirtschaftlichkeitskontrolle.

Ein Übergang von der einfachen Einnahmen-Ausgaben-Rechnung bzw. von der kameralistischen Buchführung zur **doppelten** Buchführung reicht aber nicht aus, um diesen Erfordernissen zu genügen. Wohl bewirkt die doppelte Buchführung eine Periodisierung der Zahlungsströme und eine Trennung zwischen leistungsbezogenen und lediglich bestandsbezogenen Vorgängen. Sie stützt sich jedoch primär auf die Aussenbeziehungen einer NPO ab und lässt den innerbetrieblichen Leistungsbereich ausser Acht.

Um ein dem **Wirtschaftlichkeitsprinzip** folgendes Handeln sicherzustellen, bedarf es einer differenzierten Kosten- und Leistungsrechnung. Damit soll erreicht werden, dass die vielfältigen Beziehungen des Produktionsfaktoreneinsatzes als Input-Grössen mit den erbrachten Leistungen als Output-Grössen systematisiert und einer Steuerung zugeführt werden können (kalkulatorische Betrachtungsweise).

Zur Realisierung des Wirtschaftlichkeitsprinzips ist weiters eine zweckentsprechende Organisation und eine zielorientierte Führung Voraussetzung. Wertvollstes Hilfsmittel der Führung ist dabei ein geordnetes **instrumentales** Rechnungswesen, das die notwendigen Unterlagen für die Planung, Entscheidung und Kontrolle liefert.

*Abbildung 1* zeigt den betrieblichen **Wertekreislauf**, der auch für Nonprofit-Organisationen dem Grunde nach bedeutsam ist. Im Zentrum steht die Leistungserstellung in der jeweiligen Organisation, sie besteht in der Erstellung von Kollektivgütern (sachpolitisch erwünschten Zuständen, z. B. Interessenswahrnehmung) und Individualgütern (Dienstleistungen und Erzeugnisse). Sie werden an die Leistungsabnehmer (Bedürfnisträger) unentgeltlich oder entgeltlich abgegeben. Im weiteren Sinne handelt es sich um Absatzmärkte, aus denen Geldeingänge direkt oder indirekt (z. B. über Spendenaufkommen) in die NPO zurück fliessen. Für den zur Leistungserstellung notwendigen Produktionsfaktoreinsatz (Arbeitskräfte, Verbrauchsgüter, Nutzung von Betriebsmitteln) sind entsprechende Beschaffungsvorgänge zu disponieren, die zumindest teilweise mit Geldausgängen verbunden sind. Die Vorsorge für ein ausreichendes Mass an Zeit, die ehrenamtlich (freiwillig) tätige Personen für die Wahrnehmung von Führungs- und Ausführungsaufgaben (Ehrenämtern) als Input in den NPO-Leistungserstellungsprozess einbringen, gehört zu einer der bedeutsamsten Beschaffungsaufgaben im NPO-Bereich.

Die Zahlungsströme (Einnahmen und Ausgaben) werden als **Nominalgüterströme**, die beschafften Ressourcen (Produktionsfaktoren) und die erbrachten Leistungen, auch wenn sie in einer NPO grossteils immaterieller Natur sind, als **Realgüterströme** bezeichnet.

## Teil I: Grundlagen

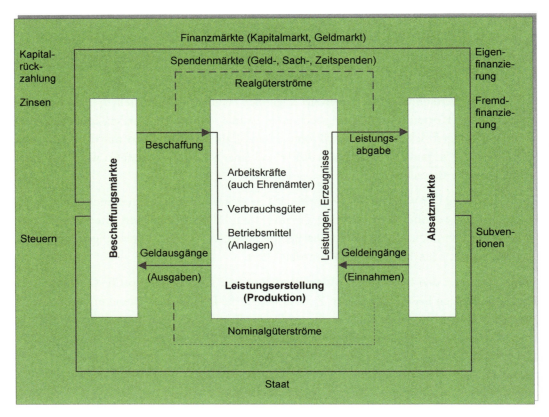

Abbildung 1: Der betriebliche Wertekreislauf

Übersteigen die mit der Leistungsabgabe verbundenen Einnahmen die von der Leistungserstellung bedingten Ausgaben in einer Rechnungsperiode, so entsteht aus dem Wertekreislauf ein **Innenfinanzierungspotenzial**. Andernfalls entsteht ein Fehlbetrag, der durch **Aussenfinanzierungsvorgänge** zu decken ist. Dafür kommen einerseits die Mitglieder, die Trägerkörperschaft usw. im Sinne der Eigenfinanzierung oder Lieferanten bzw. Kreditgeber im Sinne der Fremdfinanzierung nach den Wettbewerbsbedingungen auf den Finanzmärkten (Geld- und Kapitalmärkte) in Frage. Danach bemisst sich die Notwendigkeit für Zinsen und Kapitaltilgungen. Andererseits kann der Ausgleich über die Spendenmärkte erfolgen: das Aufbringen von Geldspenden (Fundraising) erhöht das Aufkommen von Geldeingängen, das Aufbringen von Sachspenden vermindert die Geldausgänge für zu beschaffende Anlagen und Verbrauchsgüter und die Verfügbarkeit von Zeitspenden (ehrenamtliche Tätigkeit) vermindert die Geldausgänge für die benötigten Arbeitskräfte. Der Staat kommt gegebenenfalls als Subventionsgeber (Zuschüsse in den laufenden Betrieb oder Kapitalzuschüsse) in Frage.

Nach Massgabe der Steuergesetzgebung fliessen umgekehrt an ihn entsprechende Steuerzahlungen.

> **These 3:** Die Abbildung des Geschehens in NPO dient
> - zur Befriedigung **externer Interessen** (Behörden, Subventionsgeber, Banken, Geschäftspartner usw.) und
> - **internen** Informationsbedürfnissen zur Führung der NPO (artikuliert vom Management der NPO bzw. von den Mitgliedern/Trägern).

Aus dieser Vielzahl von Interessenslagen entspringt die Notwendigkeit einer jeweils angepassten Informationsdarstellung und damit auch die Notwendigkeit zu einer verschiedenartigen Berichterstattung. Die den gesetzlichen (Mindest-)Vor-schriften entsprechende Buchführung über Ausgaben und Einnahmen vermag den externen Interessen über die finanzielle Führung einer NPO noch zu entsprechen. Als **Führungsinstrument** erscheint sie jedoch ungeeignet, weil kein direkter Bezug zum Mitteleinsatz und zu den Leistungsergebnissen hergestellt werden kann. Eine wesentliche Voraussetzung für eine ergebnisorientierte Steuerung des Managementprozesses ist somit der Ausweis von Soll- und Ist-Grössen sowohl des Outputs als auch des Inputs. Die Ist-Erfassung von Zielerreichung und Ressourceneinsatz ist die Grundlage für die Wahrnehmung der Steuerungs-(Controlling-)Funktion.

> **These 4:** Die Abbildungen des Geschehens in NPO sind
> - **vergangenheitsorientiert** (in Form von Dokumentationen und Auswertungen); und
> - **zukunftsorientiert** (in Form von Planungen und Prognosen)..

Die Gegenüberstellung der vergangenheitsorientierten und der zukunftsorientierten Abbildungen ermöglicht Kontrollen des vorgegebenen/geplanten/erwarteten Handelns der NPO. Die Kontrollen initiieren **Lenkungs- und Steuerungsmassnahmen** zur Anpassung an geänderte Umweltbedingungen und interne Verhältnisse. Gegebenenfalls haben sie auch zur Neufestsetzung von Zielvorgaben in der NPO zu führen.

Das Rechnungswesen unterstützt somit den

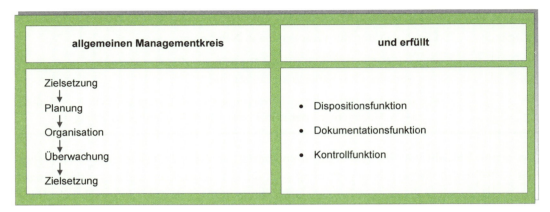

Abbildung 2: Unterstützung des Management-Prozesses

Das Rechnungswesen übernimmt eine Mittlerfunktion zwischen Zielsystem und Leistungssystem einer NPO und dient in gleicher Weise als **Lenkungsinstrument** und als **Abbildungsinstrument** (*Abbildung 3*).

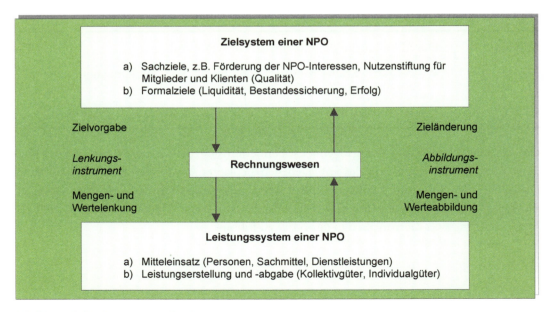

Abbildung 3: Funktionen des Rechnungswesens

## 1.2 Das Rechnungswesen als Planungs- und Steuerungsinstrument

Um das Geschehen in der NPO umfassend abbilden und lenken zu können, muss demnach das Rechnungswesen als **Informationssystem** verstanden werden. Dies macht grundsätzliche Überlegungen zur

- Informationserfassung
- Informationsspeicherung
- Informationsaufbereitung und
- Informationsweiterleitung bzw. -wiedergabe

notwendig. Aus dieser Ablauflogik heraus ist die Organisation von

- Ermittlungsrechnungen und
- Entscheidungsrechnungen

zweckmässig.

### 1.2.1 Ermittlungsrechnungen

Ermittlungsrechnungen sind Rechenverfahren, die Daten über Strukturen, Bestände, Abläufe und Ergebnisse in einer Organisation erheben, aufzeichnen und auswerten. Die Rechnungen können sowohl **auf die Zukunft gerichtet** als auch **vergangenheitsbezogen** entwickelt werden:

- „Was **wird** (soll) geschehen?" – **SOLL**-Rechnungen
- „Was **ist** geschehen?" – **IST**-Rechnungen

Gegenstand der Ermittlungsrechnungen sind:

1) nur die Zahlungsbewegungen: **Finanzierungsrechnung** (auch: Finanzrechnung, Kassenrechnung, Einnahmen-Ausgaben-Rechnung).

   Ergebnis: Darstellung der **Liquidität**

2) die auf ihre Periodenwirksamkeit und Erfolgswirksamkeit (Leistungswirksamkeit) abgegrenzten Zahlungsbewegungen: **Bestands- und Erfolgsrechnung (Ergebnisrechnung)** im unternehmens- und steuerrechtlichen Sinne (Bilanz, Gewinn- und Verlustrechnung; **pagatorische** Erfolgsrechnung).

   Ergebnis: Darstellung der Substanzveränderung, der **Rentabilität**

3) der Einsatz von Produktionsfaktoren (Mitteleinsatz) und die dadurch bewirkten Leistungen und damit die Realgüterströme: **Kosten- und Leistungsrechnung** (bestehend aus Kostenarten-, Kostenstellen-, Kostenträgerrechnung, Betriebsergebnisrechnung; **kalkulatorische** Erfolgsrechnung). Diese Rechnungen können als

- **Mengen**rechnung für Input- und Outputgrössen und/oder als
- **Werte**rechnung durch Bewertung der Input-Output-Faktoren in Geldgrössen

entwickelt werden.

Ergebnis: Darstellung von **Produktivität** und **Wirtschaftlichkeit**

**Pagatorische** Rechnungen bilden das NPO-Geschehen auf der Grundlage der damit verbundenen Zahlungsvorgänge ab und sind damit auf den Nominalgüterumlauf zurückzuführen. Hingegen umfassen die **kalkulatorischen** Rechnungen die von den finanziellen Vorgängen losgelösten Realgüterbewegungen (siehe Abbildung 1) und beziehen sich zunächst auf das Mengengerüst von Leistungs-Input und Leistungs-Output. Da für die einzelnen Leistungselemente unterschiedliche Mengeneinheiten als Massgrössen (z. B. Arbeitsstunden, kWh Energieverbrauch, Stück Büromaterialverbrauch) zu berücksichtigen sind, kann eine zusammenfassende Sichtweise nur durch eine Veranschlagung dieser Leistungselemente in Geldgrössen (man spricht von „**Bewertung**") erfolgen. Diese Bewertung ist je nach Rechnungsziel auf der Grundlage künftiger, gegenwärtiger oder vergangener Zahlungserwartungen vorzunehmen, lässt eine Durchschnittsbildung oder Normalisierung zu und ermöglicht auch den Ansatz von fiktiven Zahlungen, um beispielsweise den Wert ehrenamtlich erbrachter (freiwilliger) Arbeitsleistungen als Kostenfaktor (Werteinsatz zur Leistungserstellung) ausweisen zu können.

Die **Ermittlungsrechnungen** können in einem sachlichen Zusammenhang gesehen werden (FBE-System), soweit sie über die Mengenrechnungen hinausgehend eine Bewertung der Input/Output-Faktoren in Geldgrössen vorsehen und damit eine Zusammenfassung der Leistungsprozesse in NPO ermöglichen (siehe Kapitel 2, Abbildung 5).

Hinsichtlich der Informationsfunktion haben die Ermittlungsrechnungen folgende **Informations-Dimensionen** zu unterstützen:

- Mittelherkunft und Mitteleinsatz (-verwendung)
- Leistungsspektrum (Individualgüter, Kollektivgüter)
- Mengengerüst/Preisentwicklung
- Zeitliche Zugehörigkeit (Periodisierung)
- Grad der Zielerreichung („Erfolg", „Ergebnis" der NPO)
- Finanzielles Gleichgewicht

Ermittlungsrechnungen sind laufend zu führen und bilden die Grundlage für die Entscheidungsrechnungen. Das Rechnungswesen wird so gesehen zum **Informationslieferant** der Entscheidungsträger.

Der **Einsatz von EDV-Systemen** ermöglicht die Einrichtung von Datenbanken (systematisch gegliederte Ordnung von Datenbeständen) und von Methodenbanken (systematisch gegliederte Zusammenfassung von Rechnungsverfahren in Form von Anwendungsprogrammen). Diese Organisation soll die Mehrfacherfassung von Daten vermeiden, die Aktualität von Daten gewährleisten und die adäquate Verwendung dieser Daten im Entscheidungszusammenhang sicherstellen.

### 1.2.2 Entscheidungsrechnungen

Entscheidungsrechnungen sollen Managemententscheidungen unter ökonomischen Gesichtspunkten vorbereiten lassen. Sie können zunächst regelmässig als **Planungsrechnungen** entwickelt werden.

- „Was **hat** zu geschehen?" – **BUDGET**-Rechnungen

Für die Planungsrechnungen gibt es kein allgemein anerkanntes Verfahren, wie es die Doppik für die Finanzbuchführung darstellt. Sie bestehen vielmehr aus vielen Teilrechnungen (wie z. B. Leistungsabgabeplanung, Planung des Spendenaufkommens, Kapazitätsplanung, Personalplanung, Investitionsplanung usw.), die ihre Zusammenfassung im Budget finden. Hiezu gehören:

- das **Leistungsbudget** (die Planerfolgsbilanz) zur Sicherung der Effektivität des Leistungsvollzugs und der Wirtschaftlichkeit;
- das **Finanzbudget** zur Sicherung der Liquidität; und
- die **Planvermögensbilanz** zur Sicherung der Vermögenserhaltung.

Das Leistungs- und das Finanzbudget (die Budgetrechnungen) bilden den vorläufigen Schlusspunkt des betrieblichen Planungsprozesses für eine Planperiode von (üblicherweise) maximal einem Jahr. Sie stellen die **Zusammenfassung** aller auf die Planperiode bezogenen Pläne einer NPO und ihrer Teilbereiche dar (siehe im Detail Kapitel 10).

Entscheidungsrechnungen werden neben der regelmässigen Budgeterstellung ausserdem **fallweise** zur Vorbereitung von Planungen entwickelt. Sie basieren auf dem Informationsvolumen, das durch die Ermittlungsrechnungen aufgebaut wird. Es sind dies z. B.:

- **Produktivitätsberechnungen** (Arbeitsproduktivität, Anlagenproduktivität, Materialeinsatzproduktivität);
  Als **Produktivität** ist das Verhältnis der hervorgebrachten Leistungen zu einem der für die Leistungserstellung wesentlichen Produktionsfaktoren je Periode anzusehen (technische Leistungsmessung).

- **Wirtschaftlichkeitsberechnungen** (interne und externe Kosten- und Leistungsvergleiche, Entscheidungen zwischen Eigenerstellung oder Fremdbezug von Leistungen);
  Wirtschaftlich handeln heisst, mit einem gegebenen Mittelbestand einen möglichst grossen Bedarfsdeckungseffekt zu erzielen bzw. einen gegebenen Bedarfsdeckungseffekt mit möglichst geringem Mitteleinsatz zu realisieren. Das auf diese Weise definierte **Wirtschaftlichkeitsprinzip** (**Rationalprinzip**, **ökonomisches** Prinzip) zählt zu den Grundprinzipien betriebswirtschaftlichen Handelns.

- **Investitionsrechnungen** (Alternativenvergleich, optimale Nutzungsdauer, optimaler Ersatzzeitpunkt für Anlagen);
  Investitionsrechnungen sind Methoden, mit deren Hilfe die Vorteilhaftigkeit von Investitionsmassnahmen geprüft und rechnerisch ein Investitionsprogramm bestimmt werden soll, das im Hinblick auf die Zielsetzungen einer Organisation am zweckmässigsten ist. Investitionsrechnungen sind ermittelnde Rechnungen, wenn die wirtschaftliche Vorteilhaftigkeit alternativer Investitionsvorhaben an Liquiditäts- oder Erfolgskriterien gemessen wird. Sie sind optimierende Rechnungen, wenn die optimale Kombination einzelner Investitionsmassnahmen (Investitionsprogramm) bestimmt werden soll.

- **Kosten-Nutzen-Rechnungen**
  In diesen Rechnungen wird versucht, neben den einzelwirtschaftlich fassbaren Kosten und Leistungserträgen auch die positiven und negativen Wirkungen des Leistungsspektrums von Nonprofit-Organisationen auf das gesellschaftliche Umfeld (externe Effekte) in Geldgrössen zu bewerten. Vor allem für die Quantifizierung der externen Nutzeneffekte (z. B. soziale Betreuung älterer oder kranker Menschen) fehlt oftmals eine ausreichend exakte Bewertungsmöglichkeit.

- **Kosten-Wirksamkeits-Analyse**
  An die Stelle der Nutzenbewertung tritt in diesen Rechnungen die überwiegend mengenmässige und qualitative Beschreibung der erbrachten Leistungen mit dem Ziel, die Wirkung des erbrachten Leistungsvolumens zu messen. Die Wirksamkeit wird im Sinne von Zielerreichung verstanden und im Sinne einer Produktivitätsanalyse den hierzu erforderlichen Kosten gegenübergestellt.

- **Nutzwertanalyse**
  Diese Rechnung wird angewendet, wenn weder auf der Nutzenseite noch auf der Kostenseite eine umfassende Bewertung in Geldgrössen möglich erscheint (z. B. weil qualitative Leistungselemente bedeutsam sind). Das zu erreichende Gesamtziel wird in mehrere Teilziele unterteilt, welchen eine unterschiedliche Gewichtung beigemessen werden kann. Die verschiedenen Alternativen zur Erreichung des Gesamtziels werden dann im Hinblick auf die Wirksamkeit in der Realisierung der Teilziele untersucht und im Rahmen einer Punkteskala bewertet. Die Nutzwertanalyse stellt eine von der Praxis in vielen Anwendungsfällen (z. B. Bestbieterermittlung bei Beschaffungsvorgängen, Personalauswahlverfahren) erprobte subjektive Präferenztechnik dar.

Ermittlungs- und Entscheidungsrechnungen sind somit keine Gegensätze. Erst wenn eine Periode sowohl im Vorhinein geplant als auch im Nachhinein abgerechnet und somit überwacht (kontrolliert) wird, lässt sich ein Soll-Ist-Vergleich durchführen, der zu neuen Massnahmen Anlass gibt.

## 1.3 Das Rechnungswesen als Steuerungsinstrument (Controlling)

Der Steuerungsprozess im NPO-Bereich setzt die Schaffung organisatorischer Verantwortungsbereiche voraus, die eine Zusammenfassung gleichartiger Leistungen und aller damit in Verbindung stehenden Funktionen erlaubt. Diese Bereiche können als „Verantwortungszentren" oder „Leistungszentren" bezeichnet werden (sie wie in den Erwerbswirtschaften als „Profit centers" zu benennen, ist bei Nonprofit-Organisationen wenig vorteilhaft). Die Steuerung der Leistungsprozesse in diesen Bereichen sollte ergebnisorientiert über die ex-ante-Vereinbarung von Leistungsergebnissen und die ex-post-Rechenschaftslegung über die Erfüllung dieser Leistungsvereinbarungen erfolgen. Auf diese vereinbarten Leistungsergebnisse wären dann auch Globalzuweisungen von Ressourcen abzustimmen, über deren Verwendung in Verbindung mit den erreichten Leistungsergebnissen im Nachhinein zu berichten ist.

Dies setzt ein auf die organisatorische Verantwortungsstruktur abgestimmtes, integriertes, internen und externen Informationsbedürfnissen gerecht werdendes Rechnungswesen voraus, das den Kern des operativen Controllings darzustellen hat. Dem Grunde nach kommt ihm die Funktion eines **Informationsgenerators** zu. Es ist so zu entwickeln, dass neben der Finanzierungsrechnung auf integrativem Wege auch eine Bestandesrechnung sowie Erfolgs- und Ergebnisrechnungen geführt werden (siehe im Detail Kapitel 2), die sowohl monetäre Erfolgssalden (zum Nachweis der Substanzveränderungen) als auch quantitative und qualitative Leistungs-Wirkungs-Quotienten als Ergebnisse ermöglichen. Alle diese Verfahren sind sowohl vergangenheits- als auch zukunftsorientiert zu entwickeln, um Soll-Ist-Vergleiche zu ermöglichen. Darauf hat das operative Controlling aufzubauen. Durch die einseitige Ausrichtung auf finanzwirtschaftliche Kriterien ist in vielen Nonprofit-Organisationen ein **leistungswirtschaftliches Informationsdefizit** festzustellen.

Das Bewusstsein um die langfristigen Ziele einer NPO und die daraus abgeleiteten Aufgabenbereiche und deren Entwicklung im Zeitablauf lässt es logisch erscheinen, gerade wegen der eingeschränkten Marktsteuerung dem strategischen Controlling den Vorzug einzuräumen. Dies setzt jedoch einen hohen Informationsstand über den gegenwärtigen Zustand und die unmittelbar daraus folgende Entwicklung der NPO voraus.

Dieser Informationsstand ist wegen eines mangelhaft ausgebauten Rechnungswesens, insbesondere wegen eines fehlenden Leistungs- und Ergebnisbewusstseins, in NPO sehr oft nicht gegeben. Daher muss in diesen Fällen zunächst mit der Einführung und Entwicklung des operativen Controllings begonnen werden. Unscharfe strategische Zielvorgaben und Führungskonzepte sind in Kauf zu nehmen. Ein grundlegendes Bewusstsein um Sinn und Zweck einer NPO, um Leitbild und Leistungsauftrag muss allerdings vorhanden sein.

Das Controlling-Konzept muss sich in diesen Fällen zunächst auf die Wahrnehmung der Dokumentationsaufgaben (**Registrator**-Funktion) im Rahmen des Rechnungswesens konzentrieren. Die Dokumentation von rudimentären Plänen und die umfassende Darstellung des Ist-Zustandes stehen im Vordergrund.

Erst dann kann ein Controller im Sinne eines **Navigators** für die Bereitstellung von Planungs- und Steuerungshilfen verantwortlich zeichnen und eine methodisch abgesicherte Planung und Überwachung der verschiedenen Teilbereiche einer NPO veranlassen. Durch die Analyse der Abweichungen zwischen Plan-Grössen und Ist-Daten hat er die Entscheidungsträger zu geordneten Korrekturmassnahmen zu veranlassen.

Erst wenn auf der operativen Ebene eine Veränderung des Planungs- und Steuerungsverhaltens in der NPO bewirkt werden konnte und für die Zukunft gewährleistet ist, kann der Controller zum **Innovator**, zum Erneuerer, werden. Dann erst kann er das bestehende System immer wieder in Frage stellen und bei einer sich rasch wandelnden Umwelt zu einem aktiven Führungsverhalten und zu einer strategisch ausgerichteten Führung drängen.

Hinsichtlich der **organisatorischen Eingliederung** der Controlling-Funktion gibt es mehrere Möglichkeiten. In kleinen und mittleren Nonprofit-Organisationen bietet sich die Zuweisung der Controlling-Aufgaben an schon bestehende Stellen in der Aufbauorganisation an (Geschäftsführer oder Leiter des Rechnungswesens). In der Regel werden nur partiell Controlling-Aufgaben wahrgenommen (überwiegend operatives Controlling). In grösseren

Organisationen ist es sinnvoll, einen eigenen Controller vorzusehen, der als Linieninstanz (und nicht als Stabsstelle) in die oberste Ebene der Geschäftsführung einzugliedern ist. Controlling kann somit als **„Rationalisierung durch Information"** verstanden werden. Ausführlich wird Controlling in Kapitel 11 erläutert. Ein anschauliches Anwendungsbeispiel ist in Fallstudie 3 im Teil II dargestellt.

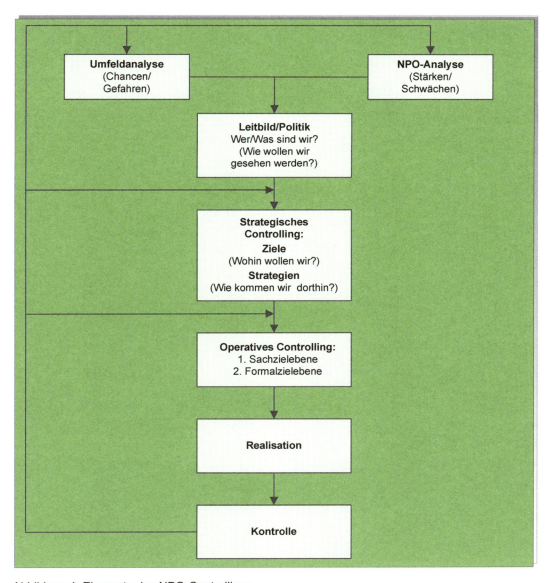

Abbildung 4: Elemente des NPO-Controllings

## 2. Das Grundmodell eines Integrierten NPO-Rechnungswesens

### 2.1 Der Zusammenhang von Finanzierungsrechnung, Bestandesrechnung und Ergebnisrechnung (FBE-System)

Das NPO-Rechnungswesen ist sinnvoll als ein **integriertes System** von Ermittlungsrechnungen (Finanzierungs-, Bestandes- und Ergebnisrechnung; FBE-System) zu entwickeln. *Abbildung 5* zeigt die Struktur dieser **Verbundrechnung**.

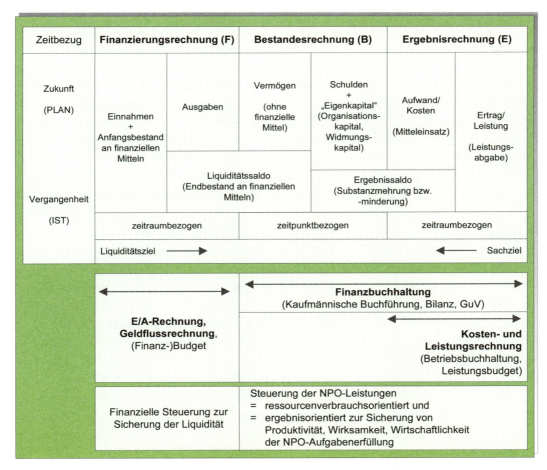

Abbildung 5: Zusammenhang der Ermittlungsrechnungen (FBE-System)

Alle drei Teilsysteme sind sowohl **zukunftsgerichtet** als **Planungsrechnungen** als auch gegenwarts- bzw. vergangenheitsorientiert als **dokumentierende Rechnungen** zu entwickeln und ermöglichen auf diese Weise den für die Managementprozesse notwendigen Soll-Ist-Vergleich.

Die **Finanzierungsrechnung** ist eine zeitraumbezogene Rechnung, die sich allein auf die Zahlungen der NPO (auf die Nominalgüterströme) bezieht. Sie ist zukunftsbezogen als Finanzplan (Finanzbudget) und vergangenheitsbezogen als Einnahmen-Ausgabenrechnung (Finanzierungsrechnung im engeren Sinne) zu entwickeln. Sie geht vom Anfangsbestand an liquiden Mitteln am Beginn der Rechnungsperiode aus, umfasst alle Einzahlungen und Auszahlungen dieser Rechnungsperiode und führt zu einem Endbestand an liquiden Mitteln am Ende der Rechnungsperiode, der als (Finanz-)Vermögensbestand in die Bestandesrechnung (Bilanz) für diesen Zeitpunkt übernommen wird.

Die **Ergebnisrechnung** (auch: Erfolgsrechnung, Betriebsrechnung) ist ebenfalls als eine zeitraumbezogene Rechnung anzusehen, die für jede Rechnungsperiode den Ressourcenverbrauch (Mitteleinsatz) dem Ressourcenaufkommen (Mittelzugang) aus den erbrachten Leistungen gegenüberstellt. Mitteleinsatz und Mittelzugang sind zunächst mengenmässig zu erfassen und dann zum Zweck der gesamthaften Darstellung in Geldgrössen zu veranschlagen. Dafür ist die Bezeichnung „**Bewertung**" gebräuchlich. Erfolgt die Bewertung auf der Grundlage von Nominalgüterströmen (Zahlungen), wird der Mitteleinsatz als Aufwand und der Mittelzugang als Ertrag ausgewiesen. Der Saldo zwischen Aufwand (auch: Aufwendungen) und Ertrag (auch: Erträge) ist als Substanzmehrung anzusehen, wenn er positiv ist, und als Substanzminderung zu verstehen, wenn er negativ ist. Hier ergibt sich eine grosse Ähnlichkeit mit der kaufmännischen (unternehmerischen) Erfolgsrechnung im Sinne einer Gewinn- und Verlustrechnung (GuV-Rechnung). Anders als bei erwerbswirtschaftlich ausgerichteten Unternehmungen besteht im Bereich der Kollektivgütererstellung zwischen Mitteleinsatz und Mittelzugang kein sachlicher Zusammenhang, da der Mittelzugang aus Zuflüssen ohne direkten Leistungsbezug von Mitgliedern, Spendern oder Subventionsgebern stammt. Da Nonprofit-Organisationen in der Regel kein Rentabilitätsziel vorgegeben ist, sollte die Bezeichnung „Gewinn" oder „Verlust" für den Ergebnissaldo vermieden werden. Stattdessen sind die Bezeichnungen „Überschuss" oder „Substanzmehrung" bzw. „Abgang" oder „Substanzminderung" angebracht. Zukunftsbezogen kann von einer Plan-Ergebnisrechnung (oder Plan-Erfolgsrechnung) und vergangenheitsbezogen von einer Ist-Ergebnisrechnung (oder Ist-Erfolgsrechnung) gesprochen werden. Der jeweilige Ergebnissaldo einer Rechnungsperiode geht in die Bestandesrechnung zum Ende der Rechnungsperiode ein und erhöht bzw. vermindert dort den Ausweis des Reinvermögens (Gesamtvermögen abzüglich der Schulden).

Die beiden zeitraumbezogenen Rechnungen, die Finanzierungsrechnung und die Ergebnisrechnung, werden mit der stichtagsbezogenen **Bestandesrechnung** verbunden. Sie stellt eine Gegenüberstellung von Vermögen (den Aktiven) sowie der Schulden und des von den Trägern (Mitgliedern, Spendern) der NPO gewidmeten Eigenkapitals (der Passiven) dar. Wegen der Gegenüberstellung von Vermögens- und Schuldwerten wird oft auch nur von der **„Bilanz"** gesprochen. In Österreich und in Deutschland ist die Bezeichnung „Bestandsrechnung" gebräuchlich, auch spricht man von einer Gegenüberstellung der Aktiva und der Passiva. Der Liquiditätssaldo aus der Finanzierungsrechnung wird in der Bilanz als Teil des (Finanz-)Vermögens ausgewiesen, der Ergebnissaldo aus der Ergebnisrechnung erhöht oder vermindert das „Eigenkapital" oder Reinvermögen (Nettovermögen nach Abzug der Schulden).

Erfolgt in der Ergebnisrechnung die Bewertung auf der Grundlage der Realgüterströme (Einsatz der Produktionsfaktoren und erbrachte Leistungen), wird der Mitteleinsatz als Kosten dem Wert der abgegebenen Leistungen gegenübergestellt. Zukunftsbezogen handelt es sich um das Leistungsbudget, vergangenheitsbezogen ist die Bezeichnung **(Ist-)Kosten- und Leistungsrechnung** gebräuchlich. Eine Verbindung zur Bestandesrechnung (Bilanz) im Sinne der Verbundrechnung ist wegen der unterschiedlichen Bewertungsprinzipien in diesem Fall nicht mehr sinnvoll.

## 2.2 Die Sicherung von Liquidität, Produktivität und Wirtschaftlichkeit sowie die Sicherung des Bestandes der NPO

Die **Finanzierungsrechnung** dient der Sicherung der Liquidität und sollte in jedem Fall eine Trennung zwischen laufender Rechnung und Vermögensänderungsrechnung (in der Schweiz auch: Investitionsrechnung) vorsehen. Die Ausgaben der laufenden Rechnung (etwa Personalausgaben und Verwaltungsaufwand) haben konsumtiven Charakter und sind daher sinnvoll nur aus laufenden Einnahmen (Erlöse aus der Abgabe marktfähiger Leistungen, Mitgliederbeiträge und Spenden) zu finanzieren. Im Normalfall ist ein Überschuss der laufenden Einnahmen über die laufenden Ausgaben (Cashflow; Deckungserfolg) zu erwarten. Aus diesem Überschuss sind bei langfristiger Betrachtung die notwendigen Investitionen zu finanzieren. Kurz- und mittelfristig können dafür Kreditaufnahmen erfolgen.

Die bedarfswirtschaftliche Ausrichtung von Nonprofit-Organisationen führt zu besonderen Leistungserwartungen, die – in Zahlen festgelegt – gemeinsam mit dem dazu erforderlichen Mitteleinsatz als **Leistungsbudget** anzusehen sind und die Ergebnisrechnung (Erfolgsrechnung) bilden. Die Trennung von Mengengerüst und Preisfaktoren beim Ressourcenverbrauch ist für NPO deshalb von Bedeutung, weil nur ein Teil der erbrachten Leistungen, nämlich die als Individualgüter gegen Entgelt abgegebenen marktfähigen Leistungen (z. B. Kurse, Beratungen, Drucksachen, Literatur), marktwirtschaftlichen Erfolgsüberlegungen (Deckung der Kosten durch Erträge, angemessene Gewinnerzielung) zugänglich ist. Dies gilt sinngemäss auch für die meritorischen Güter (z. B. Verzicht auf kostendeckende Leistungsentgelte aus sozialpolitischen Erwägungen). Der andere Bereich, die von der NPO für die anzusprechende Personengemeinschaft allgemein erbrachten Kollektivgüter (z. B. Interessenvertretung), unterliegt haushaltswirtschaftlichen Deckungskriterien, die Einsatz-Ergebnis-Relationen auf monetärer Ebene ausschliessen.

Die Ergebnisrechnung ist gesondert für jeden Aufgabenbereich als eine **Wirkungsrechnung** zu entwickeln. Sie lässt als Ergebnis einen Erfolgsquotienten ermitteln, der sich aus der Gegenüberstellung von Leistungs-Wirkungen und Kosten ableitet und im Sinne einer Produktivitätsanalyse zu sehen ist. (z. B. geplante und/oder erreichte Verringerung der Ausbreitung von Infektionskrankheiten in Gegenüberstellung mit den dafür notwendigen Kosten für die Öffentlichkeitsarbeit und die Impfmassnahmen). Die Wirkungsmessung ist oft nur unvollkommen über die laufende Beobachtung von Indikatoren möglich, die zumeist auf Ergebnissen der empirischen Sozialforschung beruhen.

Die Wahrnehmung der Aufgaben von Nonprofit-Organisationen bedingt teilweise sehr bedeutende Bestände an Sachmitteln (z. B. Gebäude, Schulungsheime, Werkstätten) und an immateriellen Vermögenswerten (z. B. Rechte, Finanzanlagen) sowie von Fremdmitteln (Schulden), die zur Vermögensfinanzierung notwendig wurden. Der geordnete Nachweis dieser Bestände und deren Veränderungen im Zeitablauf im Wege der **Bestandesrechnung (Bilanz)** entspricht einem wichtigen Informationsbedürfnis. Dabei ist davon auszugehen, dass das Vermögen nicht primär durch den Einsatz von rentabilitätssuchendem Erwerbskapital finanziert ist, sondern durch „Widmungskapital" (Organisationskapital) der Träger (Mitglieder, Spender), damit die NPO ihre Aufgaben erfüllen kann. Es hängt vom konkreten Ziel einer NPO ab, ob auf Dauer gesehen eine Substanzerhaltung oder eine Substanzmehrung (zur Erhöhung der Leistungskapazität) angestrebt werden soll. Es ist auch denkbar, dass eine Substanzminderung als zielkonform angesehen wird, wenn zeitlich befristete Aufgabenstellungen keine Erneuerung einer einmal genutzten Substanz notwendig machen, somit also keine Ersatzinvestitionen erforderlich werden.

Den im FBE-System ermittelten primären Informationen stehen die aufbereiteten (sekundären) Informationen gegenüber: Als **Kennzahlen** sollen sie in konzentrierter Form quantifizierbare Sachverhalte einer Organisation anschaulich zum Ausdruck bringen (z. B. Kapitalstruktur, Aufwandsstruktur, Deckungserfolg, Liquiditätsgrad). Die Kennzahlen werden systematisch zu einem Kennzahlensystem geordnet. Die aus den erwerbswirtschaftlich ausgerichteten Unternehmen bekannten Kennzahlenschemata sind formalzielorientiert (z. B. das rentabilitätsorientierte Return on Investment-Schema) und in dieser Form für Nonprofit-Organisationen nicht geeignet. Hingegen leistet das auf dem NPO-Managementmodell aufgebaute NPO-Kennzahlensystem gute Dienste (siehe im Detail Kapitel 9).

## 2.3 Die Gewährleistung von Effizienz und Effektivität

Es erscheint hilfreich, für die Abbildung und Steuerung des NPO-Geschehens und damit für die Gewährleistung von Effizienz und Effektivität einen Bezugsrahmen festzulegen. Dies kann in Form eines **3-Ebenen-Konzepts** (3-E-Konzept; in Anlehnung an Budäus/Buchholtz 1997, S. 322 ff.) geschehen.

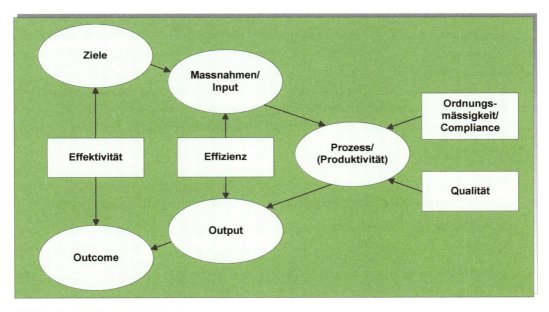

Abbildung 6: 3-Ebenen-Konzept

Ausgangspunkt für den **Bezugsrahmen** sind die von der NPO entwickelten Zielsetzungen, für deren Erreichung auf der zweiten Ebene Massnahmenprogramme und Budgets (als Input) festgelegt werden müssen. Auf der dritten Ebene vollzieht sich der Realisationsprozess im Rahmen der Herstellung von Kollektiv- und Individualleistungen in den verschiedenen Leistungsprogrammen. Die verfügbaren Ressourcen sind möglichst produktiv einzusetzen. Dabei sind Qualitätsanforderungen und die Bedingungen von Recht- und Ordnungsmässigkeit zu beachten. Die Einhaltung dieser regulatorischen Vorgaben (Gesetze, Richtlinien, aber auch Verhaltenscodizes) wird als **Compliance** bezeichnet (siehe im Detail Abschnitt 8.6).

Der Leistungsprozess führt gegenüber den Leistungsabnehmern zu bestimmten Leistungen, dem Output, und dieser Output wiederum zieht Leistungs-Wirkungen nach sich, trägt demnach zur Zielerreichung bei (Outcome). Das NPO-Rechnungswesen sollte im Idealfall das gesamte Beziehungsgeflecht abbilden und damit steuern lassen. Dabei zeigt sich, dass auf der ersten Ebene, der Effektivitätsebene, insbesondere die strategische Führung von Nonprofit-Organisationen angesprochen ist. Auf der Effizienzebene, d. h. in der Festlegung von Massnahmenprogrammen und Leistungsbudgets, liegt die Schnittstelle zwischen strategischem und operativem NPO-Management. Für die dritte Ebene, die Prozessebene, sind die vollziehenden Einheiten einer Nonprofit-Organisation zuständig. Das integrierte NPO-Rechnungskonzept erfasst die Prozessebene mit der Kostenrechnung und die Effizienzebene mit der Leistungsrechnung mit den jeweiligen Budgetvorgaben.

Als **generelles Ziel** gilt, den Ressourcenverbrauch, die Vermögensänderungen, die Budgets und die erreichten Ergebnisse in den einzelnen Organisationseinheiten zu erfassen und zu dokumentieren. Dieses Ziel wird mit der integrierten Verbundrechnung (Finanzierungs-, Bestandes-, Ergebnisrechnung mit einer daraus abgeleiteten detaillierten Kosten- und Leistungsrechnung) erfüllt. Allerdings werden in dieser Verbundrechnung nicht alle drei skizzierten Ebenen erfasst, sondern nur jene, die einer operativen Steuerung zugänglich sind. Strategische Überlegungen entziehen sich vielfach der Quantifizierung in Mengen- und Wertgrössen.

## 2.4 Grundsätzliche Überlegungen zur Leistungsmessung und Leistungsbeurteilung (Value for Money-Konzept)

Das Motto „**Value for Money**" stammt aus der englischsprachigen Literatur und soll den Anspruch eines Bürgers (eines Mitglieds, eines Spenders usw.) ausdrücken, von einer Nonprofit-Organisation einen angemessenen Gegenwert für die von ihm aufzubringenden Abgaben (Mitgliedsbeiträge, Spenden usw.) zu erhalten. Umgangssprachlich könnte man davon sprechen, dass die NPO „gute Arbeit" geleistet hat. Eine nähere Präzisierung dieses Mottos führt zu den Begriffen „economy" (Sparsamkeit), „efficiency" (Wirtschaftlichkeit) und „effectiveness" (Effektivität, Zweckmässigkeit). „Value for Money" in einer NPO kann demnach durch eine sparsame, wirtschaftliche und effektive (zweckmässige) Ausführung von leistungsbezogenen Massnahmen gewährleistet werden. Dabei darf nicht übersehen werden, dass zwischen den Postulaten nach Sparsamkeit und Zweckmässigkeit ein Zielkonflikt bestehen kann. Die sparsamste Lösung wird oft nicht mit ausreichender Zweckmässigkeit verbunden sein und umgekehrt. Im Zweifelsfall ist nach Massgabe der verfügbaren Ressourcen der Zweckmässigkeit der Vorrang einzuräumen, das Wirtschaftlichkeitsprinzip dient in diesem Fall als Auswahlprinzip.

Der Zusammenhang zwischen den Komponenten Sparsamkeit, Wirtschaftlichkeit und Zweckmässigkeit (Effektivität) wird in *Abbildung 7* deutlich.

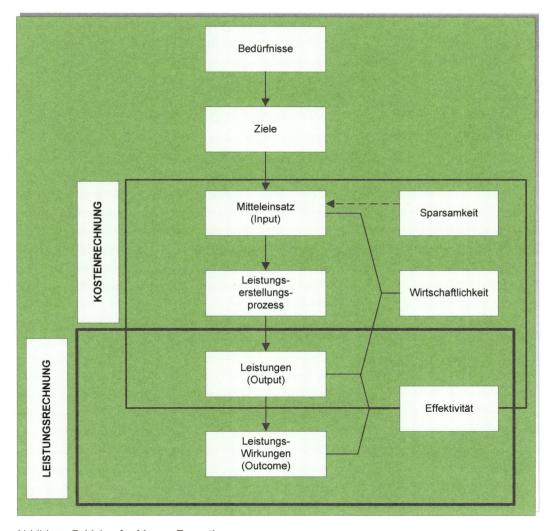

Abbildung 7: Value for Money-Reporting

Der Nachweis des „Value for Money" erfolgt einerseits durch die Kostenrechnung, welche die Möglichkeit zur Überprüfung der Wirtschaftlichkeit und der Sparsamkeit bietet. Andererseits hat die Darstellung und Messung der Effektivität, die angibt, in welchem Ausmass die angebotenen Leistungen zur Erfüllung der angestrebten Wirkungen beitragen, durch eine Leistungsrechnung (im weiteren Sinne) zu erfolgen. Das gesamte Rechenwerk firmiert in der englischsprachigen Literatur unter dem Begriff des **Performance Measurement** und kann von der Zielsetzung her als ein Leistungscontrolling angesehen werden.

Im Vordergrund des Handelns jeder NPO stehen die Sachziele. Das bedeutet, dass die Existenzberechtigung einer NPO in der Deckung von Bedürfnissen durch das Anbieten adäquater Leistungen besteht. Formalziele, wie Liquidität, Wirtschaftlichkeit, aber auch Gewinnerzielung (Substanzmehrung), fungieren als Nebenbedingungen für die Aufrechterhaltung der Existenz einer NPO, sollten jedoch nicht im Mittelpunkt der Managemententscheidungen stehen. Demzufolge ist der Leistungsrechnung ein ebenso grosser Stellenwert wie der Kostenrechnung einzuräumen.

Dennoch wird der Erfassung und dem Nachweis von Formalzielen, insbesondere im Rahmen der Kostenrechnung, bisher mehr Bedeutung beigemessen als der Steuerung der Sachzielerfüllung. Dies kann zum einen auf die leichtere Erfassung der ausschliesslich quantitativen Daten in der Kostenrechnung und zum anderen auf die noch nicht ausgereiften Erfassungs- und Bewertungskriterien für die erbrachten Leistungen (in quantitativer wie in qualitativer Hinsicht) zurückgeführt werden. Deshalb hat ein umfassendes Value for Money-Reporting ein besonderes Gewicht auf die Leistungserfassung und Leistungsanalyse und damit auf die Beachtung der Sachziele und deren Erreichung zu legen (siehe im Detail Kapitel 6 sowie Fallstudie 3 in Teil II).

# 3. Finanzierungsrechnung

## 3.1 Gestaltungskriterien

Die Finanzierungsrechnung ist eine Zusammenfassung aller Einnahmen und Ausgaben, die mit dem wirtschaftenden Handeln der NPO verbunden sind. Sie dient der Sicherung des finanziellen Gleichgewichts (Liquiditätssicherung) und damit auch der Überwachung der erwünschten finanziellen Deckungsquoten in den einzelnen Bereichen der NPO.

Die **Finanzierungsrechnung** kann entweder zukunftsbezogen oder vergangenheitsbezogen erstellt werden:

| | |
|---|---|
| Zukunftsbezogen: | **Finanzplan** (Finanzbudget, Budget) |
| Vergangenheitsbezogen: | **Einnahmen/Ausgaben-Rechnung** (Rechnungsabschluss) |

Die vergangenheitsbezogene Einnahmen/Ausgaben-Rechnung wird in Österreich auch als „Gebarungsrechnung" bezeichnet. Als „Gebarungsfälle" sind somit zahlungswirksame Geschäftsfälle (mit Einzahlungen oder Auszahlungen verbundene Geschäftsfälle) zu verstehen.

Für die Ausgestaltung der Finanzierungsrechnung erscheinen folgende Gesichtspunkte wesentlich:

1) Trennung zwischen
- **Laufender Rechnung** (erfolgsabhängige Geschäftsfälle) und
- **Vermögens(änderungs)rechnung** (erfolgsunabhängige, bestandswirksame Geschäftsfälle).

Die Ausgaben der **Laufenden Rechnung** (Personalausgaben, Verwaltungsaufwand usw.) haben konsumtiven Charakter und sind daher sinnvoll nur aus laufenden Einnahmen (Erlöse aus der Abgabe von Individualgütern, Mitgliedsbeiträge und Spenden) zu finanzieren. Im Normalfall ist ein Überschuss der laufenden Einnahmen über die laufenden Ausgaben (Deckungserfolg) zu erwarten. Aus diesem Überschuss sind bei langfristiger Betrachtung die notwendigen Investitionen zu finanzieren. Dies kann im Wege der Rücklagenbildung (Vorausdeckung), der Sofortdeckung oder durch Fremdkapitalaufnahmen mit nachfolgendem Schuldendienst (Nachdeckung) erfolgen.

Die **Vermögens(änderungs)rechnung** (in der Schweiz auch: Investitionsrechnung) erfasst die lediglich bestandswirksamen Zahlungsvorgänge wie Investitionsausgaben, Kreditaufnahmen, Kapitaltilgung, Einnahmen aus Vermögensveräusserungen. Investitionsausgaben führen zunächst zu einem Vermögenszugang, dessen Nutzungskosten als Abschreibungskosten in der finanzwirtschaftlichen Rechnung nicht zum Ausdruck kommen, sondern nur die Ergebnisrechnung (Erfolgsrechnung) berühren. Erst die Bildung von Erneuerungsrücklagen in Höhe der Abschreibungskosten würde auch eine finanzwirtschaftlich spürbare Auswirkung vor dem Zeitpunkt einer Ersatzinvestition zeigen und den Grad der Selbstfinanzierung verdeutlichen.

2) Mehrdimensionale **Kontierung** der Geschäftsfälle

Die Kontierung der Geschäftsfälle muss eine Ordnung der einzelnen Zahlungen nach mehreren Dimensionen in der Finanzierungsrechnung wie auch für die Bestands- und Ergebnisrechnung (Erfolgsrechnung) erlauben. Erforderlich sind:

- Institutionale Gliederung     (wo? z. B. nach Aussenstellen)
- Funktionale Gliederung        (wofür? woher? z. B. nach Aufgabenbereichen bzw. Förderinteressen)
- Sachliche Gliederung          (was? z. B. nach Ausgabenarten und Einnahmen- bzw. Leistungsbereichen)

Die mehrdimensionale Kontierung ermöglicht in Verbindung mit den Hilfestellungen der EDV Ergebnisrechnungen, die die Deckungserfolge nach den einzelnen Gliederungskriterien geordnet nachweisen.

3) **Rollender** Finanzplan

Die Finanzierungsrechnung in ihren verschiedenen Gliederungen ist sowohl zukunftsbezogen in Form eines Finanzplanes (Budgets), als auch vergangenheitsbezogen in Form eines Rechnungsabschlusses zu führen. Um die Planung flexibel und dynamisch zu entwickeln, sind unterjährige Planperioden (Monat oder Quartal) einzurichten und über einen gleichbleibenden Planungshorizont von mindestens einem Jahr laufend fortzuschreiben und zu revidieren. Es kommt somit zu einer mehrfachen Überprüfung der Planansätze. Die Feststellung von Abweichungen zwischen Plangrössen und Istgrössen hat eine Analyse der Ursachen zu bewirken, die Verhaltens- oder Zieländerungen nach sich zu ziehen haben.

4) **Mittelfristige** (mehrjährige) Budgetvorschau

Die längerfristige Wirkung von Investitionen verlangt auch nach längerfristigen Planungen des Deckungsverlaufes (Fremdkapitaltilgungen, Rücklagenbildungen für spätere Ersatzinvestitionen). Dies bedingt die Kenntnis des finanziellen Dispositionsfreiraumes, der aus der laufenden Rechnung zur Verfügung stehen wird. Andererseits zieht jede Investition Folgelasten nach sich, die diesen Dispositionsfreiraum beeinflussen. Aus diesen Gründen sind mehrjährige Budgetvorschauen sinnvoll.

Die folgende *Abbildung 8* zeigt die Grundstruktur für eine Finanzierungsrechnung in einer mitgliederorientierten Nonprofit-Organisation (z. B. Wirtschaftsverband).

```
            FINANZIERUNGSRECHNUNG        (Zeitraum)

Einnahmen                                                    Ausgaben

A. Laufende Rechnung

1. Umsatzerlöse aus entgeltlicher        1. Personalausgaben
   Leistungsabgabe gegenüber             2. Ausgaben für ehrenamtlich tätige Personen
   a. Mitgliedern                           (Milizeraufwand)
   b. Nichtmitgliedern                   3. Materialausgaben
2. Mitgliedsbeiträge (Umlagen)           4. Ausgaben für Fremdleistungen
   a. Einmalige Beiträge                 5. Zinsaufwand
   b. Periodische Beiträge               6. Ausgaben für Förderungsmassnahmen
3. Zinserträge, Erträge aus Vermögen     Überschuss aus Laufender Rechnung
4. Spenden, Subventionen                 (Deckungserfolg – Cashflow)

B. Vermögensänderungsrechnung (Investitionsrechnung)

1. Überschuss aus Laufender Rechnung     1. Investitionsausgaben in
2. Anfangsbestand an liquiden Mitteln       a. Sachvermögen
3. Einnahmen aus Vermögensveräusserungen    b. Finanzvermögen
4. Kreditaufnahmen                       2. Kredittilgungen
5. Auflösung von Rücklagen               3. Bildung von Rücklagen
                                         4. Endbestand an liquiden Mitteln
                                            (Liquiditätssaldo)
```

Abbildung 8: Sachliche Gliederung der Finanzierungsrechnung

Der Überschuss aus der **Laufenden Rechnung** kann auch als **Cashflow** bezeichnet werden. Er wird in die Vermögensänderungsrechnung übertragen und stellt mit dem Anfangsbestand an liquiden Mitteln (Kassen-, Bankbestände) in der Rechnungsperiode das **Innenfinanzierungspotenzial** in diesem Zeitraum dar. Im Gegensatz zur retrograden Berechnung des Cashflows aus der kaufmännischen Gewinn- und Verlustrechnung wird in der Finanzierungsrechnung der Cashflow direkt ermittelt. Sein Zustandekommen kann durch die einzelnen Einnahmen- und Ausgaben-Arten erklärt werden.

Die **direkte** Ermittlung des Cashflow baut somit auf folgender Grundlage auf:

Umsatzbezogene (leistungsbezogene) Einnahmen

– umsatzbezogene (leistungsbezogene) Ausgaben
_____

Cashflow

Die **indirekte** (retrograde) Ermittlung des Cashflows leitet sich hingegen aus der pagatorischen Ergebnisrechnung (siehe Abschnitt 4.2.1) ab und wird in der Regel im Rahmen externer Analysen des Rechnungsabschlusses angewendet:

Jahreserfolg (Überschuss oder Fehlbetrag)

+ Abschreibungen

+ Dotierung von Rückstellungen

− nicht einnahmengleiche Erträge (z. B. Bestandsveränderungen)

Cashflow

Der Cashflow kann für Investitionen in das Sachvermögen oder Finanzvermögen, für Kredittilgungen oder für die Bildung von Rücklagen (Anspareffekte) disponiert werden. Reicht das Finanzierungsvolumen dafür nicht aus, können Einnahmen aus der Auflösung von Rücklagen bzw. aus (einmaligen) Vermögensveräusserungen vorgesehen werden. Der erwünschte Liquiditätsausgleich kann schliesslich durch weitere Kreditaufnahmen erreicht werden. Alle Einnahmen und Ausgaben in der Vermögensänderungsrechnung führen zum Endbestand an liquiden Mitteln der Rechnungsperiode. Dieser Saldo wird in die zeitpunktbezogene Bestandesrechnung zum Ende dieser Rechnungsperiode übertragen.

Die **Vermögensänderungsrechnung** (in der Schweiz auch als **Investitionsrechnung** bezeichnet) ist eine zeitraumbezogene Finanzierungsrechnung. Sie weist daher nicht den Vermögensbestand (den Bestand an Sachvermögen und Finanzvermögen; das Anlagevermögen) als solches aus – das wäre der Informationsgehalt der Bestandsrechnung (Bilanz). Sie weist vielmehr nur die in der Rechnungsperiode anfallenden Vermögensanschaffungen (Investitionen) und Vermögensveräusserungen, soweit sie mit Zahlungen verbunden sind, sowie die Kreditaufnahmen, Kredittilgungen und Rücklagenveränderungen nach. Die Anschaffung von Anlagevermögen auf Basis eines Lieferantenkredits wäre als unbarer Geschäftsfall nicht mit Zahlungen verbunden und daher auch nicht in der Vermögensveränderungsrechnung als Finanzierungsrechnung enthalten. Dieser Geschäftsfall führt aber sehr wohl zu einer Berücksichtigung in der Bestandesrechnung in Form einer sogenannten „Bilanzverlängerung", weil sich sowohl die Summe der Aktiven (durch den Vermögenszugang) als auch die Summe der Passiven (durch den Zugang an Lieferantenverbindlichkeiten) erhöht.

In der Vermögensänderungsrechnung (Investitionsrechnung) findet auch die nutzungsbedingte Wertverminderung des Anlagevermögens in Form der Abschreibungen keine Berücksichtigung, weil mit dieser Vermögensänderung keine Zahlungen verbunden sind. Die Abschreibungen vom Anlagevermögen werden hingegen als Aufwand in der Ergebnisrechnung (Erfolgsrechnung) erfasst und führen in der Bestandesrechnung zu einem verringerten Ausweis des Anlagevermögens.

Ein Beispiel für eine Finanzierungsrechnung im Rahmen einer Integrierten Planungsrechnung ist im Kapitel 10 zu finden.

## 3.2 Geldflussrechnung (Mittelflussrechnung)

In letzter Zeit wird es üblich, die Cashflow Rechnung zu einer die gesamten Geldflüsse der Organisation abbildenden Rechnung zu erweitern. Neben den aus dem Leistungsprozess unmittelbar herrührenden Geldflüssen werden auch die Investitions- und Aussenfinanzierungsvorgänge abgebildet. Diese erweiterte Rechnung wird als **Geldflussrechnung** (in der Schweiz noch gebräuchlich: Mittelflussrechnung), oftmals – aber terminologisch nicht präzise – auch als Kapitalflussrechnung bezeichnet. Sie ist in drei Aktivitätsbereiche zu gliedern, wobei jeder Bereich mit einem Saldo (Nettozufluss/-abfluss) abschliesst:

- Cashflow aus der laufenden **Geschäftstätigkeit/Betriebstätigkeit** (cashflow from operating activities),
- Cashflow aus der **Investitionstätigkeit** (cashflow from investing activities),
- Cashflow aus der (Aussen-)**Finanzierungstätigkeit** (cashflow from financing activities).

Daraus ergibt sich folgendes Rechnungsschema:

|  | Netto-Geldfluss (Cashflow) aus der Geschäftstätigkeit/Betriebstätigkeit |
|---|---|
| +/– | Netto-Geldfluss (Cashflow) aus der Investitionstätigkeit |
| +/– | Netto-Geldfluss (Cashflow) aus der (Aussen-)Finanzierungstätigkeit |
|  | Zu- bzw. Abnahme der flüssigen (liquiden) Mittel |
| + | Liquide Mittel zu Jahresbeginn |
| = | Liquide Mittel zu Jahresende |

Der Cashflow aus der laufenden Geschäftstätigkeit (in der Schweiz: Betriebstätigkeit) zeigt an, wie weit die NPO in der Lage war, aus der laufenden Geschäftstätigkeit liquide Mittel zur Aufrechterhaltung der Betriebstätigkeit, für Investitionen und zur Kredittilgung sowie allenfalls zur Rücklagenbildung ohne Zugriff auf externe Finanzmittel zu schaffen.

Stehen Informationen aus der Finanzierungsrechnung zur Verfügung, kann die Geldflussrechnung direkt Auskunft über die Art des Mittelzu- und -abflusses geben (**direkte Methode**). Oftmals werden die Zahlungsströme aus dem **Jahresabschluss** abgeleitet und geben dann Auskunft über die Divergenz von Jahresergebnis und Zahlungsmittelveränderungen (**indirekte Methode**).

Die *Abbildung 9* zeigt das Schema einer detaillierten Geldflussrechnung nach der direkten Methode, die die verschiedenen Finanzierungsquellen berücksichtigt.

# Finanzierungsrechnung

|  |  | Laufendes Jahr | | Planjahr |
|---|---|---|---|---|
|  |  | Budget | Voraussichtl. Ergebnis | |
| I) | **Cashflow (Netto-Geldfluss) aus der laufenden Geschäftstätigkeit** | | | |
| 1 | Mitgliedsbeiträge (Umlagen) | | | |
| 2 | + Einzahlungen aus der Leistungserstellung (= Umsatzerlöse +/– Forderungsveränderung) | | | |
| 3 | + Zinserträge | | | |
| 4 | + Spenden, Subventionen (Betriebszuschüsse) | | | |
| 5 | – Personalausgaben | | | |
| 6 | – Ausgaben für Ehrenamtliche (Milizer) | | | |
| 7 | – Materialausgaben | | | |
| 8 | – Ausgaben für Fremdleistungen | | | |
| 9 | – Zinsausgaben | | | |
| 10 | – Ausgaben für Förderungen | | | |
| 11 | – Sonstige leistungsbezogene Ausgaben (z. B. Steuern) | | | |
| 12 | **Cashflow aus der gewöhnlichen Geschäftstätigkeit** | | | |
| 13 | – Ausserordentliche Auszahlungen | | | |
| 14 | + Ausserordentliche Einzahlungen | | | |
| 15 | **Cashflow aus der laufenden Geschäftstätigkeit** | | | |
| II) | **Cashflow aus dem Investitionsbereich** | | | |
| 16 | Sachanlagen(anschaffung) bzw. -veräusserung | | | |
| 17 | Finanzanlagen(anschaffung) bzw. -veräusserung | | | |
| 18 | **Cashflow aus dem Investitionsbereich** | | | |
| III) | **Cashflow aus dem Finanzierungsbereich** | | | |
| III a) | **Cashflow aus der Fremdfinanzierung** | | | |
| 19 | Bankkontokorrentkredite: Erhöhung bzw. (Senkung) | | | |
| 20 | Langfristige Bankkredite: Aufnahme bzw. (Tilgung) | | | |
| 21 | Sonstige Darlehen: Aufnahme bzw. (Tilgung) | | | |
| 22 | **Saldo aus III a)** | | | |
| III b) | **Cashflow aus der NPO-Rechtssphäre** | | | |
| 23 | Kapitaleinzahlungen seitens der Mitglieder (Rückzahlungen) | | | |
| 24 | Erhalt von Kapitalsubventionen (Kapitalzuschüsse) | | | |
| 25 | **Saldo aus III b)** | | | |
| 26 | **Cashflow aus dem Finanzierungsbereich** | | | |
| IV) | **Zahlungsmittelbedarf bzw. Überschuss I - III** | | | |
| V) | **Deckung des Bedarfes bzw. Verwendung des Überschusses** | | | |
| 27 | Liquide Mittel | | | |
| 28 | Veränderung der Bankbestände | | | |
| 29 | Veränderung der Bankkontokorrentkredite | | | |
| 30 | Veränderung der Lieferverbindlichkeiten | | | |
| 31 | Sonstige Mittelbeschaffung bzw. –disposition | | | |

Angaben in Klammern, wie z. B. (Erhöhung) oder (Senkung) bedeuten Geldbestandsminderungen und sind mit negativem Vorzeichen einzutragen.

Abbildung 9: Liquiditätsplanung und -kontrolle (Geldflussrechnung - direkte Methode)

Die *Abbildung 10* zeigt die Grundstruktur einer Geldflussrechnung nach der indirekten Methode (siehe auch *Abbildung 38* in Abschnitt 8.4.1.).

|  |  | Laufendes Jahr | | Planjahr |
|---|---|---|---|---|
|  |  | Budget | Voraussichtl. Ergebnis |  |
| I) | **Cashflow (Netto-Geldfluss) aus der laufenden Geschäftstätigkeit** | | | |
| 1 | Jahresergebnis (Saldo aus allen Erträgen und Aufwendungen) | | | |
| 2 | + Abschreibungen vom Anlagevermögen | | | |
| 3 | + Ausserordentliche Aufwendungen | | | |
| 4 | – Ausserordentliche Erträge | | | |
| 5 | Erhöhung (Senkung) von Rückstellungen | | | |
| 6 | (Erhöhung) Senkung der Forderungen | | | |
| 7 | (Erhöhung) Senkung der Vorräte | | | |
| 8 | (Erhöhung) Senkung des sonstigen Umlaufvermögens, ARA | | | |
| 9 | Erhöhung (Senkung) der Lieferantenkredite | | | |
| 10 | Erhöhung (Senkung) der sonstigen Verbindlichkeiten, PRA | | | |
| 11 | **Cashflow aus der laufenden Geschäftstätigkeit** | | | |
| II) | **Cashflow aus dem Investitionsbereich** | | | |
| 12 | Sachanlagen(anschaffung) bzw. –veräusserung | | | |
| 13 | Finanzanlagen(anschaffung) bzw. –veräusserung | | | |
| 14 | **Cashflow aus dem Investitionsbereich** | | | |
| III) | **Cashflow aus dem Finanzierungsbereich** | | | |
| IIIa) | **Cashflow aus der Fremdfinanzierung** | | | |
| 15 | Bankkontokorrentkredite: Erhöhung bzw. (Senkung) | | | |
| 16 | Langfristige Bankkredite: Aufnahme bzw. (Tilgung) | | | |
| 17 | Sonstige Darlehen: Aufnahme bzw. (Tilgung) | | | |
| 18 | **Saldo aus III a)** | | | |
| IIIb) | **Cashflow aus der NPO-Rechtssphäre** | | | |
| 19 | Kapitaleinzahlungen seitens der Mitglieder (Rückzahlungen) | | | |
| 20 | Erhalt von Kapitalsubventionen (Kapitalzuschüsse) | | | |
| 21 | **Saldo aus III b)** | | | |
| 22 | **Cashflow aus dem Finanzierungsbereich** | | | |
| IV) | **Zahlungsmittelbedarf bzw. Überschuss I - III** | | | |
| V) | **Deckung des Bedarfes bzw. Verwendung des Überschusses** | | | |
| 23 | Liquide Mittel | | | |
| 24 | Veränderung der Bankbestände | | | |
| 25 | Veränderung der Bankkontokorrentkredite | | | |
| 26 | Veränderung der Lieferverbindlichkeiten | | | |
| 27 | Sonstige Mittelbeschaffung bzw. –disposition | | | |

ARA   Posten der aktiven (transitorischen) Rechnungsabgrenzung
PRA   Posten der passiven (antizipatorischen) Rechnungsabgrenzung
Angaben in Klammern, wie z. B. (Erhöhung) oder (Senkung) bedeuten Geldbestandsminderungen und sind mit negativem Vorzeichen einzutragen.

Abbildung 10: Geldflussrechnung nach der indirekten Methode

## 3.3 Fund Accounting

In einer Reihe von Verbänden stehen oft beträchtliche Mittel zur Verfügung, die einer konkreten **Zweckbindung** unterliegen und über die in ihrem Bestand und in ihrer Verwendung gesondert Rechenschaft zu legen ist. Das Informationsinteresse liegt bei der

- Einhaltung des Verwendungszwecks für erhaltene zweckgebundene Mittel;
- Ertragssichernden Verwaltung der verfügbaren zweckgebundenen Mittel;
- Sicherung der Liquidität für die Verwendung zweckgebundener Mittel.

Zur Problemlösung bietet sich die Einrichtung gesonderter Verrechnungskreise (Fonds) für die getrennt abzurechnenden zweckgebundenen Mittel an (**Fund Accounting; Spezialfinanzierungen**). Dabei ist rechnungsorganisatorisch Sorge zu tragen, dass neben der Einzelverrechnung auch eine Gesamtverrechnung wegen des notwendigen Überblicks möglich wird. Die zweckgebundenen Mittel sind auch den frei disponierbaren Mitteln gegenüberzustellen.

Daraus leiten sich zwei grundsätzliche Arten von **Fonds** ab:

a) Fonds der zweckgebundenen Mittel;
b) Fonds der frei verfügbaren Mittel.

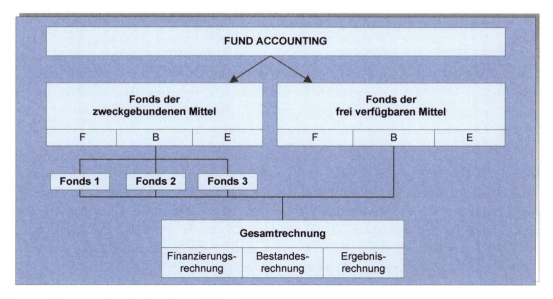

Abbildung 11: Struktur des Fund-Accounting

Der Fonds der zweckgebundenen Mittel ist je nach Zweckbindung in beliebige Einzel-Fonds unterteilbar. Für jeden Fonds können eigene Finanz-, Bestandes- und Ergebnisrechnungen geführt werden. Zur ertragreicheren Mittelveranlagung können einzelne Fonds in der (Finanz-)Vermögensverwaltung jedoch zusammengelegt und gemeinsam geführt werden. Vermögenserträge und Verwaltungskosten sind dann jeweils aufzuteilen.

Der **Fonds der zweckgebundenen Mittel** enthält:

- alle zweckgebundenen Einnahmen (als Ertrag zu verbuchen);
- alle Transaktionen, die mit den zweckgebundenen Mitteln im Zusammenhang stehen.

Der **Fonds der frei verfügbaren Mittel** enthält:

- alle nicht zweckgebundenen Erträge;
- alle Transaktionen, welche nicht die zweckgebundenen Mittel betreffen;
- Mittel, bei denen der Verband (die NPO) selbst eine Zweckbindung herbeiführt (z. B. Katastrophenhilfe mit frei verfügbaren Mitteln).

**Transferzahlungen** (Verschiebungen) zwischen den beiden Fonds sind lediglich bestandswirksame Verrechnungsfälle, sie betreffen keinesfalls die Ergebnisrechnung (Erfolgsrechnung). Sie sollten nur dann vorkommen, wenn sich die Zweckbestimmung von Mitteln ändert. Sie sind entsprechend erläuterungsbedürftig.

Die Differenz zwischen den Aktiven und den Verbindlichkeiten ist als **Fondskapital** („fund balance") zu bezeichnen. Es trägt offensichtlich den Charakter von „Widmungskapital" und kann wegen der Zweckbindung nur formal im Sinne von Eigenkapital gesehen werden. Es ist zweckmässig, das Fondskapital neben dem Organisationskapital und dem Fremdkapital als eigenständige Kapitalgrösse anzusehen (siehe die Ausführungen in Abschnitt 7.1). In der Mittelverwendung dient das Fondskapital oftmals der Bereitstellung von notwendiger Infrastruktur. Der daraus ableitbare längerfristige Saldo zwischen Aktiven und Verbindlichkeiten veranlasst gegebenenfalls zur Bezeichnung „Betriebskapital".

Sollen Teile des verfügbaren Kapitals mit Zweckbindung einer Reserve zugeführt bzw. in Reserve gehalten werden, so ist die Bildung einer **Rücklage** (in der Schweiz vielfach auch als Rückstellung bezeichnet) gebräuchlich. Die Bildung einer solchen Rücklage ist im kameralistischen Sinne als die Bindung von Finanzmitteln anzusehen. Sie kommt einer Aufgliederung des verfügbaren Kapitals gleich. Bildung und Auflösung solcher Rücklagen sind bestandswirksam und keinesfalls erfolgswirksam zu verbuchen.

Die Finanzierungsrechnung kann deshalb im Sinne einer **Fonds-Rechnung** zur Darstellung der zweckgebundenen Finanzmittel erweitert werden (siehe *Abbildung 12*).

| | FUND ACCOUNTING | Frei verfügbare Mittel | Zweckgebundene Mittel | | | | Rücklagen |
|---|---|---|---|---|---|---|---|
| | | | Fonds A | Fonds B | Stiftung | ... | |
| 1 | **A) Laufende Rechnung** | | | | | | |
| 2 | 1. Erträge (im Sinne von Mittelzugängen = Einnahmen) | 1000 | 200 | 300 | 200 | | |
| 3 | 2. Aufwand (im Sinne von Mittelverwendung = Ausgaben) | – 400 | – 500 | – 100 | – 100 | | |
| 4 | **Überschuss/Abgang** | + 600 | – 300 | + 200 | +100 | | |
| 5 | **B) Vermögensänderungsrechnung** | | | | | | |
| 6 | 1. Anfangsbestand an Mitteln | 100 | 1000 | 500 | 3000 | | 500 |
| 7 | 2. Einnahmen: | | | | | | |
| 8 | a. Vermögensveräusserung | | | + 300 | | | |
| 9 | b. Kreditaufnahme | | | | + 200 | | |
| 10 | c. Rücklagenauflösung | | | | | | |
| 11 | 3. Ausgaben: | | | | | | |
| 12 | a. Investitionen | – 400 | | – 900 | –1000 | | |
| 13 | b. Kredittilgung | – 100 | | | | | |
| 14 | c. Rücklagenbildung | – 150 | | | | | + 150 |
| 15 | 4. Endbestand an Mitteln | 50 | 1000 | 2100 | | | 650 |

Abbildung 12: Finanzierungsrechnung als Fund-Accounting

## 3.4 Liquiditätsplanung

Unter **Liquidität** einer NPO ist deren Fähigkeit zu verstehen, den einzelnen Zahlungsverpflichtungen fristgerecht zu entsprechen. Mit Hilfe der Liquiditätsplanung wird versucht, jenes Mass an Liquidität herzustellen, das Zahlungsstockungen ausschliesst, jedoch auch die Anhäufung von unnötigen Barreserven vermeidet, die die Leistungsfähigkeit der NPO hemmen und anderweitig verwendet werden könnten.

Die Praxis in Nonprofit-Organisationen zeigt, dass der Liquiditätsplanung oftmals wenig Beachtung zuteilwird. Ein ausreichender Kreditrahmen bei den Geldinstituten wird für die Sicherung der Zahlungsfähigkeit als genügend angesehen. Auch sind die Kosten der Liquiditätshaltung und der Liquiditätssicherung dem NPO-Management wenig bekannt und daher kaum im Griff.

Für die Liquiditätsplanung in NPO ergeben sich folgende **Hauptfragen**:

1) Auf welche **Zeiträume** ist die Finanzplanung abzustellen? Soll sie kurz-, mittel- oder langfristig sein und dabei laufend (periodisch) oder nur aus bestimmten Anlässen (aperiodisch) vorgenommen werden?

Es ist sinnvoll, die Planüberlegungen auf lange Sicht abzustellen und darin mittel- und kurzfristige Planvorhaben festzulegen. Je länger jedoch der Planungszeitraum bemessen wird, desto elastischer müssen die Planvorgaben sein und desto gröber werden die einzusetzenden Grössen (Grobplanung). Dies zwingt zu einer steten Anpassung, also zu einer laufenden Feinplanung. Eine weitestgehend fixierte Finanzplanung (Feinplanung) ist nur auf kurze Frist möglich.

2) Wie lauten die Ziele der NPO und welches ist der daraus sich ergebende **Finanzbedarf**?

Die Gestaltung der Leistungsprozesse in NPO und damit die Dimensionierung der Leistungsbereitschaft und ihrer Inanspruchnahme bestimmen die Finanzierung und umgekehrt wieder bestimmen die Finanzierungsmöglichkeiten (bzw. -engpässe) die Gestaltung der Leistungsprozesse. Es besteht ein gegenseitiges Abhängigkeitsverhältnis, die einzelnen Teilbereiche einer NPO haben sich organisch dem Gesamtplan unterzuordnen. Der Finanzplan stellt die finanzwirtschaftliche Komponente des Gesamtplans dar, (Planbilanz und) Planerfolgsrechnung hingegen die leistungs- und damit erfolgswirtschaftliche Komponente (siehe auch Kapitel 10).

Der Finanzbedarf wird durch den Organisationszweck (die Aufgabe der NPO) vorwegbestimmt. Daraus ergeben sich richtungweisende Einflüsse auf die Gegebenheiten der Leistungsbereitschaft (Kapazität) und Leistungsabgabe, auf die Konditionen im Zahlungsverkehr mit Mitgliedern, Kunden, Lieferanten und Sponsoren, auf die Umschlagshäufigkeit etwaiger Warenlager, die Möglichkeiten der Aufwandsfinanzierung usw.

3) Welche Finanzierungsmassnahmen sind zu ergreifen, um bei einem ermittelten Finanzbedarf das **finanzielle Gleichgewicht zu sichern**?

Die Frage der Deckung des Finanzbedarfs berührt Entscheidungen über eine (möglichst) optimale Kombination der verfügbaren Finanzierungsformen (Eigenmittel oder Fremdmittel; kurz-, mittel-, langfristige Kreditmittel). Eine ständige Prüfung des Deckungsgrades des Finanzbedarfs durch Finanzmittel wird erforderlich. Prognosewerte sind zum Teil mit sehr grossen Unsicherheiten behaftet. Diesen Risikofaktoren kann bei EDV-orientierten Finanzierungsmodellen durch das Rechnen mit Wahrscheinlichkeitsgrössen begegnet werden. Vielfach behilft sich die Praxis jedoch mit entsprechenden, aus der Erfahrung abgeleiteten **Liquiditätsreserven**. Zu hohe Liquiditätsreserven bedeuten jedoch eine unnotwendige Überliquidität und wären deshalb zu vermeiden.

4) Wie kann während der einzelnen Planperioden **geprüft** werden, ob das finanzielle Gleichgewicht gesichert erscheint?

Durch die Aufstellung rollender Finanzpläne (siehe Abschnitt 3.1) wird Vorsorge für permanente Planrevisionen getroffen und die Möglichkeit zu konkreteren Planansätzen geschaffen. Ursprüngliche Globalansätze können mit der Zeit und damit bei besserer Einsicht in das künftige Geschehen zu Detailansätzen vertieft werden.

## 3.5 Massnahmen zur Liquiditätssicherung

Die betriebliche Finanzpolitik hat das Erreichen eines finanziellen Gleichgewichts und damit die Anpassung des verfügbaren Kapitals an den Kapitalbedarf bzw. die Begrenzung des Kapitalbedarfs an die Möglichkeiten der Kapitalbereitstellung zum Ziel. Durch die **Liquiditätspolitik** sollen zeitlich begrenzte Liquiditätsengpässe behoben werden. Dies kann durch verschiedene Massnahmen geschehen, die einerseits im reinen Finanzierungsbereich, andererseits im Leistungsbereich der Nonprofit-Organisation gelegen sein können:

1) Massnahmen im reinen **Finanzierungsbereich**:
   a) Zufuhr von Eigenmitteln von den Mitgliedern, Trägern der NPO, Spendern usw.
   b) Zufuhr von kurzfristigem Fremdkapital (Kassenstärker)
   c) Aufnahme von mittel- und langfristigem Fremdkapital
   d) Verschiebung oder Stornierung von Finanzausgaben:
      - Verschiebung fälliger Kapitaltilgungen (Stundungen)
      - Verlängerung des Lieferanten-Zahlungsziels
      - Verschiebung von Transferzahlungen
   e) Intensivierung des Mahnwesens zur Verringerung der Kreditaussenstandsdauer der Debitoren (Forderungen) bzw. der Aussenstandsdauer von Mitgliedsbeiträgen
   f) Desinvestition (Verkauf) nicht betriebsnotwendiger Vermögensteile
2) Massnahmen im **Leistungsbereich**:
   a) Ausgabensenkende Rationalisierungsmassnahmen im Bereich des Personalwesens, der Beschaffung, der Leistungsbereitschaftsvorhaltung
   b) Rationalisierung und Erhöhung der Umschlagshäufigkeit im Lagerwesen
   c) Einnahmensteigernde Massnahmen durch Verbesserung des Auslastungsgrades der vorgehaltenen Leistungskapazitäten im Personal- und Anlagenbereich
   d) Mehrerlöse durch Veränderung des bisherigen Leistungsprogrammes

e) Ausfall oder Verschiebung von Investitionen (unter Inkaufnahme der damit verbundenen Erfolgseinbussen bzw. –verschlechterungen):
   - Ersatzinvestitionen (Erhaltung der Leistungskapazität)
   - Rationalisierungsinvestitionen (Kostensenkung und/oder Leistungssteigerung)
   - Leistungsverändernde Investitionen (Erweiterungsinvestitionen)
f) Verkauf an sich betriebsnotwendiger Anlagen und damit Kapazitätsabbau

Die **Liquiditätspolitik** erstreckt sich demnach auf die Anwendung

- einnahmenerhöhender bzw.
- einnahmenvorziehender und/oder
- ausgabensenkender bzw.
- ausgabenhinausschiebender Massnahmen.

Es entsteht ein Auswahlproblem. Die ausgabensenkenden Massnahmen sind sicherer zu beurteilen und grossteils auch früher realisierbar als einnahmenmehrende Aktivitäten. Ihnen ist gegebenenfalls der Vorzug einzuräumen. Es ist jedoch auf die Fernwirkung der getroffenen Massnahmen Bedacht zu nehmen. Die Beseitigung eines Engpasses kann gleichzeitig mit der Öffnung eines später gelagerten Engpasses verbunden sein. Schliesslich ist das Ausmass hinzunehmender Erfolgseinbussen in der Regel schwer prognostizierbar.

# 4. Kosten- und Leistungsrechnungen (Ergebnisrechnungen)

## 4.1 Grundlagen

Die bedarfswirtschaftliche Ausrichtung von NPO führt zu besonderen Leistungserwartungen. Demzufolge ist bei den Planungen neben einem finanziellen Budget auch ein Leistungsprogramm zu entwickeln, das – in Zahlen festgelegt – als **Leistungsbudget** anzusehen ist. Hierzu ist ein entsprechender Mitteleinsatz erforderlich (Kostenplanung). Mit einer daran ausgerichteten, das Organisationsgeschehen dokumentierenden Kosten- und Leistungsrechnung werden die Soll-Ist-Vergleiche möglich.

**Kosten** sind der Wert des Ressourceneinsatzes zur Leistungserstellung. Sie sind also der Wert der verbrauchten Güter und beanspruchten Dienste zur Erstellung der NPO-Leistungen. **Leistungen** sind zunächst das mengenmässig festgestellte und in der Folge – soweit dies durch eine entgeltliche Leistungsabgabe am Markt möglich ist – in Geld bewertete, periodengerechte Ergebnis der durch die Aktivitäten der NPO erstellten Güter bzw. Dienste.

| Bewertungsregel | INPUT | OUTPUT |
|---|---|---|
| Pagatorische Bewertung | Aufwand (Aufwendungen) | Ertrag (Erträge) |
| Kalkulatorische Bewertung | Kosten | Leistungen |

Abbildung 13: Bewertungsalternativen

Die Bewertung des Ressourceneinsatzes und der erbrachten Leistungen kann zunächst auf der Grundlage der den Leistungsprozess begleitenden Zahlungsströme – und somit indirekt – geschehen. Man spricht von **pagatorischer** Bewertung, bei der Ergebnisermittlung werden Aufwendungen den Leistungserträgen gegenübergestellt (siehe im Detail Abschnitt 4.2.1).

Ergebnisermittlungen (Erfolgsermittlungen) auf **kalkulatorischer** Grundlage beruhen auf einer Trennung zwischen Mengengerüst und Preisfaktoren in den Darstellungen von Mitteleinsatz und den Ergebnissen des Handelns einer Organisation (siehe im Detail Abschnitt 4.2.2). Diese Trennung ist für NPO deshalb von Bedeutung, weil nur ein Teil der erbrachten Leistungen, nämlich die als **Individualgüter** gegen Entgelt abgegebenen Leistungen (z. B. Kurse, Beratungen, Drucksachen, Literatur usw.) marktwirtschaftlichen Erfolgsüberlegungen

(Deckung der Kosten durch Erträge, angemessene Gewinnerzielung) zugänglich sind. Der andere Leistungsbereich, die erstellten **Kollektivgüter**, unterliegt haushaltswirtschaftlichen Deckungskriterien, die Einsatz-Ergebnis-Relationen auf monetärer Ebene ausschliessen.

Andererseits führt die **ehrenamtliche Tätigkeit** (die Freiwilligenarbeit) in vielen Nonprofit-Organisationen zu einem bedeutsamen Personalkostenfaktor, der als Zeitspenden wohl mengenmässig relativ gut fassbar ist (geleistete Arbeitsstunden), sich mangels Entgeltlichkeit aber einer pagatorischen Bewertung entzieht. Hingegen ist eine kalkulatorische Bewertung möglich, wenn die Zeitspenden (die erbrachten Stunden) mit einem durchschnittlichen bzw. fiktiven Wert je Leistungsstunde multipliziert werden und so als Element der Leistungserstellung mengen- und wertmässig Berücksichtigung finden (Personalkosten für ehrenamtlich geleistete Arbeiten).

Für die Beachtung des Wirtschaftlichkeitsprinzips ist die **Intensivierung der Mengenrechnung** daher vordringlich. Die Wirtschaftlichkeitsmessung bewegt sich in diesen Fällen zunächst auf der Ebene der technischen Leistungsmessung im Sinne von Produktivitätsmessungen (z. B. Informationsdurchdringungsgrad bei den Mitgliedern über verschiedene Publikationsorgane bzw. Informationskanäle). Sie kann auch in Form von Kosten-**Wirksamkeits-Analysen** durchgeführt werden, indem ein geeignet erscheinender Mitteleinsatz (z. B. Beratungskosten) den daraus resultierenden Wirkungen (Graden an Zielerfüllung, z. B. Informationsstand oder Marktanteilsverbesserung bei den Mitgliedern) in Form von Quotienten gegenübergestellt werden. Dies bedingt einen hohen Ausbaugrad NPO-interner und das Umfeld von NPO darstellender Statistiken.

*Abbildung 14* zeigt die Grundlagen der Ergebnisrechnungen (Erfolgsrechnungen) im NPO-Bereich auf.

Die Leistungen von NPO sind sehr oft immaterielle (und daher nicht speicherbare) Dienstleistungen. Sie können nur bei entsprechend dimensionierter **Leistungsbereitschaft** (von Personen und Anlagen) erbracht werden. Kostenverursachend ist daher in erster Linie die von der NPO vorgehaltene Leistungsbereitschaft (sog. „Betriebsleistung"). Die auf die einzelne, in Anspruch genommene Leistung entfallenden Kosten sind eine resultierende Grösse aus der **Auslastung** der verfügbaren Kapazitäten. Die Kosten der Leistungsbereitschaft (zeitabhängige fixe Kosten) und die Auslastung dieser Leistungsbereitschaft bestimmen letztlich den Wert der einzelnen, an den Leistungsempfänger abgegebenen Leistung.

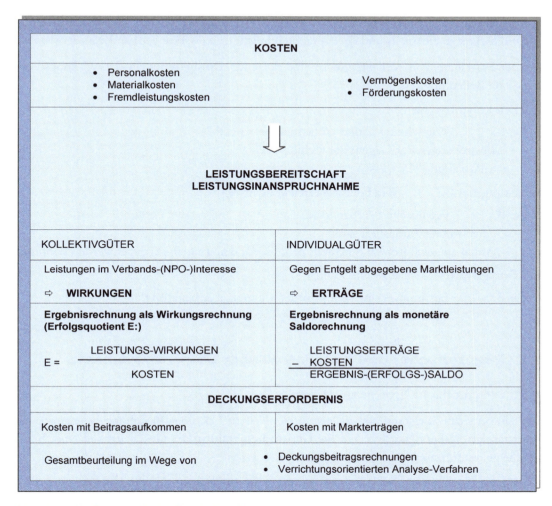

Abbildung 14: Systematik der Ergebnisrechnungen

Die Ermittlung von Kosten je Leistungseinheit bildet nicht allein die Grundlage für preispolitische Überlegungen bei entgeltlicher Leistungsabgabe. Auch im Kollektivgüterbereich ist das **Kostenbewusstsein die Voraussetzung für wirtschaftliches Handeln**. Der Information über die Kostensituation kommt bei der Beurteilung der wirtschaftlichen Zweckmässigkeit von angebotenen oder geforderten Leistungen eine grosse Bedeutung zu. Die Ausarbeitung von Kennzahlensystemen zur Darstellung der Kosten-/Leistungsbeziehungen ermöglicht weitreichende Produktivitätsmessungen (z. B. Beantwortungszeit für Anfragen; Kosten für die Verringerung der Beantwortungszeiten) und kann so die Grundlage für interne Wirtschaftlichkeitskontrollen abgeben. Die Erfolgsermittlung im Sinne von Kosten-Wirksamkeits-Analysen nach Massgabe der anzustrebenden Erfolgstypen setzt die Quantifizierung der Projektkosten einerseits und der erbrachten Leistungen (Wirkungen) andererseits voraus.

Bei der Erstellung von Kollektivgütern sind folgende **Erfolgstypen** in der Wirkungsrechnung von Bedeutung:

- Erfolgstyp I (ja/nein)

    z. B. Wirtschaftspolitische Massnahme erreicht?
    Bestrebungen der Gegenseite verhindert?
    („Bargaining"-Prozess)

- Erfolgstyp II (Grad der Zielerreichung in %)

    z. B. gewünschte Verbandsdichte
    gewünschter Auslastungsgrad
    Anteil an gewünschten Subventionen, die für eine Branche erreicht werden konnten

- Erfolgstyp III (absolute Zahl)

    z. B. bestimmtes staatliches Fördervolumen je Arbeitsplatz

## 4.2 Pagatorischer und kalkulatorischer Bewertungsansatz

### 4.2.1 Pagatorische Ergebnisrechnung

Auf die einzelne Leistungseinheit gerichtete Kosten-Leistungs-Beziehungen entsprechen isolierten Erfolgsbeurteilungen. Für die **Gesamtbeurteilung** des Geschehens in einer NPO ist eine zeitraumbezogene Ergebnisrechnung zweckmässig.

Für die Gesamtbeurteilung eignet sich die pagatorische Bewertung, die den Ressourceneinsatz auf der Grundlage der ihn begleitenden Auszahlungsströme (Aufwendungen oder Aufwand) und den Ressourcenzufluss auf der Grundlage der ihn begleitenden Einzahlungsströme (Erträge), somit auf der Basis der Nominalgüterströme mit einer entsprechenden Periodenabgrenzung und einer sachlich gebotenen Erfolgs-(Leistungs-)Abgrenzung, ausweist. Eine einfache pagatorische Ergebnisrechnung kann in **Staffelform** geführt werden. Die Staffelform ist dadurch gekennzeichnet, dass zwischen einzelnen Ertrags- und Aufwandsgruppen Zwischensummen und Zwischensalden gebildet werden, die eine eigenständige Aussagekraft besitzen. *Abbildung 15* zeigt eine sinnvolle Grundstruktur, die sich an der Erfolgsspaltung, wie sie in Deutschland und Österreich in den handels-(unternehmens-)rechtlichen Bestimmungen über die Gliederung der kaufmännischen Gewinn- und Verlustrechnung vorgesehen ist, orientiert.

| | | |
|---|---|---|
| 1 | Umsatzerlöse aus entgeltlicher Leistungsabgabe | |
| 2 | Mitgliedsbeiträge | |
| 3 | Solidaritätsbeiträge von Nicht-Mitgliedern | |
| 4 | Spendenaufkommen | |
| 5 | Leistungsbezogene Subventionen | |
| 6 | Bestandsveränderungen an produzierten Waren | |
| 7 | Aktivierte Eigenleistungen (selbsterstellte Anlagen) | |
| 8 | **Betriebsleistung** | (1+2+3+4+5+6+7) |
| 9 | Materialaufwand | |
| 10 | Personalaufwand | |
| 11 | Funktionärsaufwand (Milizeraufwand) | |
| 12 | Fremdleistungsaufwand | |
| 13 | Förderausgaben (periodisiert) | |
| 14 | Abschreibungen für Vermögensnutzung | |
| 15 | **Betriebsaufwand** | (9+10+11+12+13+14) |
| 16 | **Betriebsergebnis** | (8-15) |
| 17 | Finanzerträge (Zinserträge, Wertpapiererträge, Erträge aus Beteiligungen) | |
| 18 | Finanzaufwendungen (Zinsaufwand, Abschreibungen auf Beteiligungen) | |
| 19 | **Finanzergebnis** | (17-18) |
| 20 | **Ergebnis der gewöhnlichen Geschäftstätigkeit** | (16+19) |
| 21 | A.o. Erträge (z. B. Erlöse aus Anlagenverkäufen) | |
| 22 | A.o. Aufwendungen (z. B. aussergewöhnlicher Schaden) | |
| 23 | **A.o. Ergebnis** | (21-22) |
| 24 | **Ergebnis vor Steuern** | (20+23) |
| 25 | Steuern | |
| 26 | **Jahresüberschuss/-fehlbetrag** | (24-25) |
| 27 | Gewinnvortrag/Verlustvortrag | |
| 28 | Auflösung und Dotierung von Rücklagen | |
| 29 | (Pagatorisches) **Bilanzergebnis** | (26+27+28) |

Abbildung 15: Pagatorische Ergebnisrechnung in Staffelform

Die Staffelform bietet den Vorteil einer grösseren Übersichtlichkeit gegenüber der einfachen Gegenüberstellung von Aufwendungen und Erträgen (in der konventionellen T-Konten-Form) und schafft die Möglichkeit zur **Trennung der Erfolgskomponenten** der gewöhnlichen Geschäftstätigkeit („Ergebnis der gewöhnlichen Geschäftstätigkeit", Zeile 20) von den ausserordentlichen Erfolgskomponenten („ausserordentliches Ergebnis", Zeile 23). Das Ergebnis der gewöhnlichen Geschäftstätigkeit ist zweckmässig in die Erfolgsbereiche „Leistungsbereich" („Betriebsergebnis", Zeile 16) und „Finanzbereich" („Finanzergebnis", Zeile 19) zu trennen. Ausserdem kommt es zu einer klaren Trennung zwischen Ergebnisermittlung (Überschuss oder Abgang; Substanzmehrung oder Substanzminderung, Zeile 24 bzw. 26) und Ergebnisverwendung (z. B. Zufuhr zu Rücklagen, Zeile 28).

Auch wenn im Kollektivgüterbereich die Aufwendungen und Erträge in keiner direkten (Leistungs-)Beziehung zueinander stehen (deswegen spricht man gerne von „**Aufwandswirtschaften**"), wird die pagatorische Ergebnisrechnung deswegen nicht wertlos. Es ist durchaus von Interesse, eine Information über die Einhaltung des Grundsatzes der Vermögenserhaltung, über das mögliche Selbstfinanzierungspotenzial und über die Vorbelastung künftiger Perioden mit Fehlbeträgen aus der Wahrnehmung laufender Aufgaben zu geben. Lediglich bei zeitlich befristeten Aufgaben kann auf das Substanzerhaltungsziel verzichtet werden, wenn die für die Aufgabe bereitgestellten Ressourcen mit der Erfüllung der Aufgabe ihre Zweckwidmung verlieren und nicht mehr erneuert zu werden brauchen. Da die meisten Aufgabenstellungen im Allgemeinen ohne zeitliche Befristung vorgegeben werden, ist eine (erstmalige) Kapitalwidmung ohne Hinweis auf Erneuerungsbedürfnisse und damit Folgelasten unbefriedigend.

Um die Informationsbedürfnisse, wie sie aus der ressourcenverbrauchsorientierten Ergebnisrechnung resultieren, mit jenen Informationsbedürfnissen, wie sie nach finanzwirtschaftlichen Überlegungen bestehen, miteinander in Verbindung bringen zu können, empfiehlt sich eine Variante der Ergebnisrechnung, die eine Trennung zwischen den zahlungswirksamen Aufwendungen und Erträgen und den zahlungsunwirksamen (d. h. in früheren oder späteren Perioden zahlungswirksamen) Erfolgspositionen bietet. Über die Grundstruktur dieser Variante gibt *Abbildung 16* Auskunft.

Die Trennung zwischen den zahlungswirksamen und den zahlungsunwirksamen Aufwendungen und Erträgen bietet die Möglichkeit zur Abstimmung mit der Finanzierungsrechnung und zur Unterteilung in eine leistungsbezogene Laufende Rechnung und in eine rein finanzwirtschaftliche Laufende Rechnung. Sie lässt die Struktur des Überschusses (des Fehlbetrages) aus der Laufenden Rechnung („Cashflows") besser erkennen und signalisiert andererseits, inwieweit der Periodenerfolg im Sinne der Substanzmehrung oder –verminderung von den zahlungsunwirksamen Erfolgspositionen (vor allem planmässige Abschreibungen, Vorsorge für Abfertigungen und Pensionslasten) bestimmt wird.

Der zahlungsunwirksame Teil des Betriebsergebnisses (Zeile 20) weist auf die Belastung künftiger Jahre mit Zahlungen für Personal und für Erneuerungsinvestitionen hin, die mit den gegenwärtigen Leistungen verknüpft sind und von ihnen verursacht werden. Ihm kann das Finanzergebnis (Zeile 24) gegenübergestellt werden, das im Wesentlichen die aufwandsseitige Belastung der Rechnungsperiode mit den Kreditaufnahmen zur Liquiditätsstützung in früheren Jahren hervorhebt.

## Kosten- und Leistungsrechnungen (Ergebnisrechnungen)

| | | |
|---|---|---|
| 1 | Umsatzerlöse aus entgeltlicher Leistungsabgabe | |
| 2 | Mitgliedsbeiträge | |
| 3 | Solidaritätsbeiträge von Nicht-Mitgliedern | |
| 4 | Spendenaufkommen | |
| 5 | Leistungsbezogene Subventionen | |
| 6 | **Zahlungswirksamer Teil der Betriebsleistung** | (1+2+3+4+5) |
| 7 | Materialaufwand (soweit Ausgaben) | |
| 8 | Personalaufwand (soweit Ausgaben) | |
| 9 | Aufwand für ehrenamtlich Mitwirkende - Milizeraufwand (soweit Ausgaben) | |
| 10 | Fremdleistungsaufwand (soweit Ausgaben) | |
| 11 | Förderausgaben (periodisiert) | |
| 12 | **Zahlungswirksamer Teil des Betriebsaufwandes** | (7+8+9+10+11) |
| 13 | **Zahlungswirksamer Teil des Betriebsergebnisses** (6-12)<br>(= Saldo aus Laufender Rechnung im Rahmen der Finanzierungsrechnung) | |
| 14 | Bestandsveränderungen an produzierten Waren | |
| 15 | Aktivierte Eigenleistungen (selbsterstellte Anlagen) | |
| 16 | **Zahlungsunwirksamer Teil der Betriebsleistung** | (14-15) |
| 17 | Abschreibungen für Vermögensnutzung | |
| 18 | Rückstellungen für ungewisse Verbindlichkeiten | |
| 19 | **Zahlungsunwirksamer Teil des Betriebsaufwandes** | (17+18) |
| 20 | **Zahlungsunwirksamer Teil des Betriebsergebnisses** | (16-19) |
| 21 | **Betriebsergebnis** (13+20) | |
| 22 | Finanzerträge (Zinserträge, Wertpapiererträge, Erträge aus Beteiligungen) | |
| 23 | Finanzaufwendungen (Zinsaufwand, Abschreibungen auf Beteiligungen) | |
| 24 | **Finanzergebnis** (22-23) | |
| 25 | **Ergebnis der gewöhnlichen Geschäftstätigkeit** (21+24) | |
| 26 | A.o. Erträge (z. B. Erlöse aus Anlagenverkäufen) | |
| 27 | A.o. Aufwendungen (z. B. aussergewöhnlicher Schaden) | |
| 28 | **A.o. Ergebnis** (26+27) | |
| 29 | **Ergebnis vor Steuern** (25+28) | |
| 30 | Steuern | |
| 31 | **Jahresüberschuss/-fehlbetrag** (29-30) | |
| 32 | Gewinnvortrag/Verlustvortrag | |
| 33 | Auflösung und Dotierung von Rücklagen | |
| 34 | (Pagatorisches) **Bilanzergebnis** (31+32+33) | |

Abbildung 16: Pagatorische Ergebnisrechnung in Staffelform (Variante)

### 4.2.2 Kalkulatorische Ergebnisrechnung

Der kalkulatorischen Ergebnisermittlung werden die Realgüterströme zu Grunde gelegt. **Umfang und Bewertung** der Kosten- und Leistungs-(Nutzen-)Grössen hängen vom jeweiligen Zweck ab, der der einzelnen Ergebnisrechnung unterstellt wird. Es handelt sich demnach um kein einheitliches Rechnungsgebäude, sondern um ein Bündel von zweckgerichteten Verfahren.

Die Kosten- und Leistungsrechnung ist im NPO-Bereich bedeutend für:

1) die **Beurteilung der Wirtschaftlichkeit** des Handelns der NPO (Kosten- und Leistungsbewusstsein)

    a) **projektbezogen** im Vergleich zu alternativen Verfahrensmöglichkeiten (Eigenerstellung oder Auftrag an fremde Unternehmen); die Entscheidung zwischen der Eigenerstellung von Leistungen oder dem Bezug dieser Leistungen von fremden Organisationen kann sinnvoll nur auf der Grundlage eines Kostenvergleichs zwischen den Kosten, die bei der Eigenerstellung anfallen (würden), und den Kosten, die durch die Fremdvergabe entstehen, erfolgen.

    b) **zeitraumbezogen** im Vergleich von Plan-Kosten und Plan-Leistungen mit den anfallenden Ist-Kosten und Ist-Leistungen für Kontrollaufgaben (begleitende Kontrolle).

    Bei der zeitraumbezogenen Wirtschaftlichkeitskontrolle wird man die NPO nicht nur als eine Einheit betrachten, sondern diese in betriebliche Teilbereiche (Kostenstellen) gliedern, sodass der Grad der Informationsgewinnung und damit auch die Steuerungsmöglichkeiten erhöht werden.

2) die Bestimmung **der Kosten je Leistungseinheit**

    a) als Grundlage für die Prioritätenfestsetzung in der Aufgabenerfüllung von Verbänden und anderen Nonprofit-Organisationen;

    b) als Basis für Gebühren- und Beitragsfestsetzungen bei entgeltlicher Leistungsabgabe auf erfolgswirtschaftlicher (und nicht: fiskalischer) Grundlage.

3) die Beurteilung von **Investitionsvorhaben**

    Für die Beurteilung der Wirtschaftlichkeit von Investitionsprojekten sind Informationen über die laufenden Folgekosten und die jährlichen Vermögenskosten (Abschreibungen, Zinsen, Wagniskosten) von Bedeutung. Damit kann auch die oftmals bedeutsame Frage beantwortet werden, ob bestimmte Anlagen (Wirtschaftsgüter des Anlagevermögens) gekauft oder gemietet (Leasing) werden sollen.

4) die **Planung des Leistungsprogrammes**

Im Mittelpunkt stehen Kapazitätsüberlegungen, Fragen des Beschäftigungsgrades und der Auslastung sowie die Differenzierung zwischen Leistungsbereitschaft und Leistungsinanspruchnahme. Ein Grossteil der Kosten der NPO wird durch die vorgehaltene Leistungsbereitschaft (Kapazität an Personal, Anlagen) verursacht und nur der geringere Teil durch die tatsächliche Inanspruchnahme von Leistungen. Die Tatsache, dass einmal aufgebaute Kapazitäten nur relativ schwer reduziert werden können, unterstreicht die Notwendigkeit einer aufgabenadäquaten Kapazitätsplanung. Vielfach orientiert sich die Kapazität einer NPO am Spitzenbedarf der Nachfrage. In nachfrageschwächeren Zeiten kommt es daher zu Minderauslastungen der verfügbaren Kapazitäten, die sich in den sogenannten **Leerkosten** (Kosten der nicht genutzten Kapazitäten) niederschlagen. Es gilt, diese Leerkosten offenzulegen, damit sie durch organisatorische Massnahmen möglichst in **Nutzkosten** (Kosten der ausgelasteten Kapazitäten) umgewandelt werden können.

5) die Beurteilung **der Konsequenzen normativer Vorhaben**

Zweck der Berechnungen sind Kosten-Nutzen-Untersuchungen in und ausserhalb von NPO (Richtlinien, Verhaltensnormen, Verordnungen, Gesetze). Positive und negative Effekte im Umfeld von NPO sind im Wege von sozialen Nutzen- und Kostengrössen zu berücksichtigen.

## 4.3 Grundlegende Verfahren der Kosten- und Leistungsrechnung

Bei der Ermittlung von Kosten und Leistungen kann zunächst von den **traditionellen Grundformen** ausgegangen werden, sie entsprechen den grundsätzlichen Fragestellungen im Hinblick auf die Systematisierung der Kosten- und Leistungsrechnung:

1) Kostenartenrechnung: **Welche** Kosten fallen im Zuge der Leistungserstellung an? (Analyse der Kostenstruktur im Zeitablauf oder im Vergleich mit anderen NPO als Anhaltspunkt für Rationalisierungsmassnahmen).

2) Kostenstellenrechnung: **Wo** (in welchen Teilbereichen der NPO) entstehen diese Kosten? (Kostenverantwortlichkeit in Kostenstellen nach dem Organisationsgrundsatz der Übereinstimmung von Aufgabe, Kompetenz und Verantwortung).

3) Kostenträgerrechnung **(Leistungsrechnung)**: **Wofür** (für welche Leistungen) entstehen die Kosten? (Anteilige Zurechnung der entstandenen Kosten auf der Grundlage der Kostenverursachung zu den erbrachten Leistungen).

Für die Durchführung der Kosten- und Leistungsrechnung ist folgender Ablauf prägend:

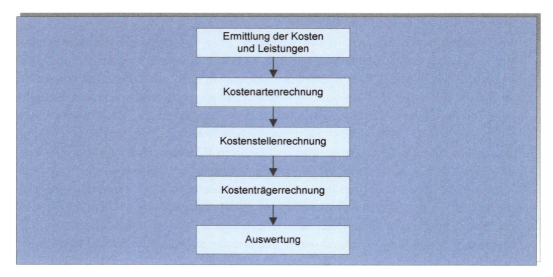

Abbildung 17: Ablauf der Kosten- und Leistungsrechnung

Die Kostenartenrechnung und die Kostenstellenrechnung werden üblicherweise in einem Tableau zusammengefasst, das als **Betriebsabrechnung** bezeichnet wird (demzufolge spricht man auch von einem Betriebsabrechnungsbogen, abgekürzt: BAB). *Abbildung 20* zeigt dessen grundlegende Struktur.

### 4.3.1 Ermittlung von Kosten und Leistungen

Erster Hauptschritt zur Entwicklung der Kosten- und Leistungsrechnung ist die Ermittlung der Kosten und Leistungen. Sie kann auf zwei Arten geschehen:

1) auf der Grundlage des Mengengerüsts des Ressourceneinsatzes und der erbrachten Leistungen (**direkte** oder **synthetische** Ermittlung):

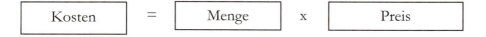

Die Kosten ergeben sich aus der Menge des Ressourceneinsatzes (z. B. Zahl der geleisteten Arbeitsstunden) mal dem Preis bzw. Wert für eine Einheit dieses Produktionsfaktoreinsatzes (z. B. Stundensatz). Dies bedingt entsprechende statistische Aufzeichnungen über den Ressourceneinsatz (z. B. Arbeitszeitaufschreibungen oder –messungen) und Vereinbarungen über den Wert des Produktionsfaktoreinsatzes (z. B. Vorgabe von Durchschnittssätzen für die Bewertung einer geleisteten Arbeitsstunde).

$$\boxed{\text{Leistung(s-erträge)}} = \boxed{\text{Leistungsmenge}} \times \boxed{\text{Preis (Leistungsentgelt)}}$$

Analoges gilt für die Leistungsermittlung, wobei nur bei den marktgängigen Individualleistungen (z. B. Beratungsleistungen) eine Multiplikation mit einem Leistungsentgelt (tatsächlicher oder fiktiver Marktpreis) möglich ist. Bei den Kollektivleistungen (z. B. Interessenvertretung) ist keine Bewertung möglich, die Wertzuweisung erfolgt pauschal durch Zuweisung (Budgetierung) von Finanzmitteln (Mitgliedsbeiträgen, Spendenaufkommen usw.).

2) aus der Überleitung aus den Ausgaben (Einnahmen) der Finanzierungsrechnung bzw. aus den Aufwendungen (Erträgen) der pagatorischen Ergebnisrechnung (Aufwands- und Ertragsrechnung; auch: Gewinn- und Verlustrechnung). Es handelt sich in diesem Fall um eine **indirekte** (**analytische**) Ermittlung von Kosten und Leistungen.

|   | Ausgaben/Aufwendungen |
|---|---|
| − | neutrale Ausgaben/Aufwendungen |
| − | vermögenswirksame Ausgaben |
| + | kalkulatorische Kosten (Zusatzkosten) |
| = | **Kosten** |

|   | Einnahmen/Erträge |
|---|---|
| − | neutrale Einnahmen/Erträge |
| − | vermögenswirksame Einnahmen |
| + | kalkulatorische Erträge (Zusatzleistungen) |
| = | **Leistungen** |

Aufwendungen und Erträge sind durch **Periodisierung** aus den Ausgaben und Einnahmen abgeleitete Grössen, indem nicht der Zeitraum der Zahlung, sondern der Zeitraum der sachlichen Verursachung dieser Zahlung massgeblich wird.

Zu den **Aufwendungen** gehören insbesondere:

- Aufwendungen für in Anspruch genommene Arbeits- und Dienstleistungen sowie für die verbrauchten Güter (Wareneinsatz); hierzu gehören auch die Abgänge vom Bestand an fertigen und unfertigen Erzeugnissen (negative Bestandsveränderungen);
- planmässige Abschreibungen von Sachanlagen (abnutzbaren Gütern des Anlagevermögens, z. B. Gebäude, Gebäudeeinrichtung, Fahrzeuge, EDV-Systeme);
- ausserplanmässige Abschreibungen oder Wertberichtigungen von Gegenständen des Anlagevermögens bzw. Umlaufvermögens (Warenbestände, Forderungen) sowie Abschreibungen des Buchwertes beim Verkauf von Vermögensgegenständen (ihnen sind die Veräusserungserlöse als Ertrag gegenüberzustellen);
- Dotierung von Rückstellungen (für noch ungewisse Verbindlichkeiten) und Rücklagen (mit Vorsorgecharakter).

Zu den **Erträgen** gehören insbesondere:

- Erträge aus der Abgabe von Dienstleistungen im Rechnungszeitraum bzw. mittelbar den Kollektivleistungen zurechenbare Erträge wie z. B. Mitgliedsbeiträge (es ist auch die Bezeichnung **Erlöse** gebräuchlich);
- Zugänge zum Bestand an fertigen und unfertigen Erzeugnissen (positive **Bestandsveränderungen**), an noch nicht abgerechneten Dienstleistungen und an selbsterstellten Anlagen (sog. **aktivierte Eigenleistungen**, da sie in die Bestandsrechnung als Aktiven aufzunehmen sind);
- Erlöse auf Grund des Verkaufs von Vermögensgegenständen sowie (Wert-)Zuschreibungen zu Vermögensgegenständen (auf Grund von Bewertungsänderungen);
- Auflösung von Wertberichtigungen, von Rückstellungen und Rücklagen.

**Neutrale** Einnahmen/Ausgaben stehen in keinem unmittelbaren Zusammenhang mit der Leistungserstellung. Man unterscheidet dabei drei Gruppen:

- betriebsfremde Einnahmen/Ausgaben (z. B. Einnahmen für Mieten aus Wohnungen; Ausgaben für ein Gebäude, das nicht unmittelbar dem Betrieb bzw. der Leistungserstellung der NPO dient);
- zeitfremde Einnahmen/Ausgaben (z. B. Nachzahlung von Steuern aus früheren Jahren, erhaltene Anzahlungen für die nächste Periode);

- aussergewöhnliche Einnahmen/Ausgaben: hierher gehören Zahlungen, die die Vergleichbarkeit stören würden (z. B. Ausgaben im Zusammenhang mit Diebstählen usw.).

**Vermögenswirksame** Einnahmen/Ausgaben sind deshalb auszuscheiden, weil sie keine unmittelbare Auswirkung auf die Leistungserstellung haben. Ausgaben für Anlagen sind z. B. über die Abschreibungen auf die gesamte Nutzungsdauer zu verteilen. Ein erhaltenes Darlehen erhöht das Vermögen, steht aber in keinem direkten Zusammenhang mit der Betriebsleistung, sondern ist ebenso wie die Tilgung dieses Darlehens ein reiner Geldvorgang. Nur die entsprechenden Zinsen haben Aufwandscharakter.

Analog ist vorzugehen, wenn die Aufwands- und Ertragsrechnung Ausgangspunkt für die Ermittlung der Kosten und Leistungen ist. Neben den betriebsfremden Aufwendungen und den aussergewöhnlichen Aufwendungen sind die

- **sonstigen neutralen Aufwendungen** auszuscheiden (buchmässige Abschreibungen und Fremdkapitalzinsen sowie jene Aufwendungen, die dem Bewertungsprinzip der jeweiligen Form der Kostenrechnung nicht entsprechen; sie werden durch die Zusatzkosten ersetzt).

**Zusatzleistungen** sind nicht mit Einnahmen verbunden, wie z. B. unentgeltlich abgegebene Betriebsleistungen. Sie sind mit marktüblichen Preisen, anderen Vergleichswerten oder mit den Selbstkosten zu bewerten.

Der um die neutralen Aufwendungen verminderte Gesamtaufwand (auch: Zweckaufwand) wird durch die **Zusatzkosten** (auch: kalkulatorische Kosten) ergänzt:

- Kalkulatorische **Abschreibungen**: Sie stellen den rechnerischen Gegenwert für die nutzungsbedingte Wertminderung technischer und wirtschaftlicher Art für die Anlagegüter dar, die dem Leistungsprozess gewidmet sind. Sie werden unabhängig von den buchmässigen Abschreibungen, die am vergangenheitsorientierten Anschaffungspreis anknüpfen, ermittelt und sollen der effektiven Wertminderung (und damit dem Prinzip der Substanzerhaltung) Rechnung tragen. Sie sind auf die voraussichtliche Nutzungsdauer der Anlage abgestimmt. Die Bewertung erfolgt unter Berücksichtigung des der Kostenrechnung unterstellten Rechnungszweckes (z. B. Wiederbeschaffungspreise am Kalkulationsstichtag).

- Kalkulatorische **Zinsen:** neben den Zinsen für das Fremdkapital sind auch Zinsen für das eingesetzte Eigenkapital anzusetzen, wenn der Nutzenentgang abzugelten ist, der dadurch entsteht, dass man eigenes Kapital ausserhalb der NPO nicht ertragbringend anlegt (**Opportunitätskosten**). In dieser Sicht bringen die kalkulatorischen Zinsen die Kosten des im Vermögen der NPO gebundenen Kapitals zum Ausdruck, wobei es für die Berechnung unerheblich ist, wie dieses Vermögen finanziert wurde. Dies setzt jedoch zumindest zum Teil rentabilitätsorientierte Zielvorstellungen voraus. Wenn es den Sachzielen der NPO entspricht, wird daher im Gegensatz zu erwerbswirtschaftlich ausgerichteten Organisationen eine Verzinsung des eingesetzten Eigenkapitals nicht angestrebt. Der Ansatz kalkulatorischer Zinsen dient dann nur der Normalisierung des Zinsaufwandes für das Fremdkapital (Durchschnittsbildung in Anlehnung an den marktüblichen Fremdkapitalzinssatz).

- Kalkulatorische **Wagnisse**: als solche ist der Durchschnitt der Schadensfälle aus mehreren Perioden anzusetzen (damit soll eine aussergewöhnliche Belastung in einem Schadensjahr vermieden werden). Kalkulatorische Wagnisse sind nicht anzusetzen, wenn das Risiko durch Versicherungen gedeckt ist und in der Aufwandsrechnung daher Versicherungsprämien aufscheinen.

- **Sonstige kalkulatorische Kosten**: Es ist für viele Nonprofit-Organisationen typisch, dass im Rahmen ihrer Leistungserstellung Ressourcen eingesetzt bzw. verbraucht werden, die zu keinem Zeitpunkt zu Auszahlungen führen bzw. geführt haben (z. B. Einsatz von freiwilligen Helfern, ehrenamtliche Aktivitäten, Verbrauch von unentgeltlich überlassenen Medikamentenmustern). Auch Subventionen in Naturalleistungen (z. B. unentgeltliche Überlassung von Fahrzeugen, Räumen, Personen) gehören erfasst. Nach der mengenmässigen Erfassung dieses Ressourceneinsatzes erfolgt eine Bewertung zu marktäquivalenten Preisen (z. B. Bewertung der Arbeitsstunden von freiwilligen Helfern zu einem Stundensatz, der dem Einsatz von hauptamtlich tätigen Personen entspricht).

Daraus folgt, dass der wertmässige Kostenbegriff durch folgende Merkmale gekennzeichnet ist:

- **Mengenmässiger Einsatz**: Dieses Merkmal bringt zum Ausdruck, dass ein mengenmässiger Gütereinsatz (in Form von Realgütern und Nominalgütern) vorliegen muss. Die Mengenkomponente bezieht sich auf die Art und Menge der durch eine Kostenart zu erfassenden Einsatzgüter.

- **Zweckbezogenheit**: Dieses Merkmal bringt zum Ausdruck, dass ein Beziehungszusammenhang zwischen dem Gütereinsatz und der Leistungserstellung sowie Leistungsabgabe gegeben sein muss. Daher sind Kosten nur jener bewertete Ressourceneinsatz, der mit jener Leistung (jenem Leistungsbündel) im Zusammenhang steht, die zum Gegenstand der Rechnung erhoben wird.

- **Bewertung des Ressourceneinsatzes**: Bei der Erfassung und Auswertung der Kosten würde die alleinige Verwendung von Mengengrössen wegen der Heterogenität der zu berücksichtigenden Produktionsfaktoren zu unüberwindlichen Schwierigkeiten führen. Aus diesem Grund müssen die genutzten und verbrauchten Ressourcen durch die Veranschlagung in Geldgrössen (Bewertung) gleichnamig gemacht werden. Dabei hängt es vom Zweck der Rechnung ab, welcher Preis bzw. Wert im einzelnen Fall gewählt wird. Die Möglichkeiten reichen vom Marktpreis (Anschaffungspreis, Wiederbeschaffungspreis) bis zur Anwendung von Verrechnungspreisen (Durchschnittspreise, Lenkungspreise, Grenzpreise, Schätzpreise). Dadurch unterscheidet sich die Kostenrechnung wesentlich von der durch handels- und steuerrechtliche Vorschriften bestimmten Erfolgsrechnung (Gewinn- und Verlustrechnung), die aus dem externen Informationsbedürfnis der Rechenschaftslegung heraus eine weitgehend einheitliche Bewertung (meist zu Anschaffungswerten) verlangt.

Die *Abbildung 18* zeigt die Zusammenhänge zwischen Ausgaben, Aufwand und Kosten sowie zwischen Einnahmen, Ertrag und Leistung.

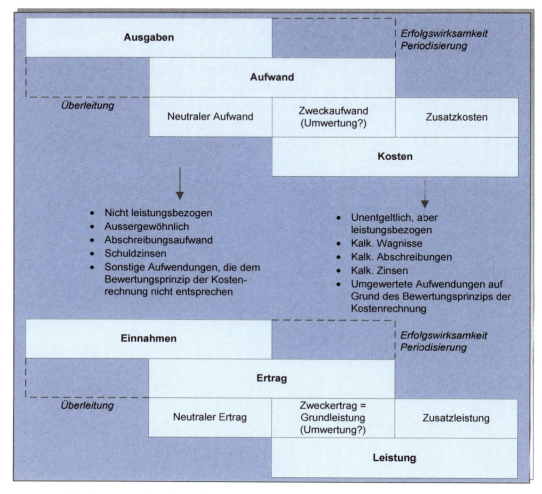

Abbildung 18: Schematische Darstellung der Überleitung in Kosten und Leistungen

### 4.3.2 Kostenartenrechnung

Als **Kostenarten** werden die nach verrechnungstechnischen Erfordernissen aufgegliederten Ressourceneinsätze bezeichnet. Die Tiefe der Gliederung der Kostenarten ergibt sich einerseits aus der Rechnungsorganisation und andererseits aus den Erfordernissen, die der jeweilige Rechnungszweck stellt. Das Kostengefüge ist umso transparenter, je weitergehend die Kostenartengliederung ist. Eine differenzierte Kostenartengliederung erleichtert die Umlage des Werteinsatzes auf die Kostenstellen und deren Analyse.

Für die Kostenarten**gliederung** bestehen folgende Möglichkeiten:

- nach der **Entstehung**: diese Gliederung ergibt sich z. B. durch eine systematische Ordnung innerhalb eines Einheitskontenrahmens;
- nach ihrer **Abhängigkeit vom Beschäftigungsgrad**: in diesem Falle erfolgt eine Trennung des Werteinsatzes in dessen (kapazitätsabhängige) fixe und (leistungsabhängige) variable Teile;
- nach ihrer **Zurechenbarkeit zu den erbrachten Leistungen**: hier wird auf die kostentheoretisch bedeutsame Unterscheidung zwischen Einzelkosten (direkt den Leistungen zurechenbar) und Gemeinkosten (nur indirekt über eine Kostenschlüsselung zurechenbar) Bedacht genommen;
- nach **typischen (Kostenarten-)Gruppen**: diese Gliederung dient dem zwischenbetrieblichen Vergleich und dem Vergleich über mehrere Perioden hinweg, sie ist stets nur als eine Ergänzung anderer Kostenartengliederungen zu verstehen.

Für Nonprofit-Organisationen sind folgende typische Kostenartengruppen sinnvoll:

1) **Personalkosten** (Löhne und Gehälter, gesetzliche und freiwillige Sozialleistungen, lohn- und gehaltsabhängige Abgaben; Kosten für freiwillige Helfer bzw. ehrenamtliche Tätigkeiten)
2) **Materialkosten** (Verbrauchsgüter)
3) **Vermögenskosten** (auch als Kapitalkosten bezeichnet; Abschreibungen, Zinsen, Wagniskosten)
4) **Fremdleistungskosten** (Kosten für alle von „aussen" bezogenen Leistungen wie z. B. Reparaturkosten, Raummieten, Fahrzeugmieten, Leasingraten, Rechts- und Beratungskosten, Energiekosten, Transportkosten, Versicherungen)
5) **Steuern und Gebühren**, soweit sie mit der Leistungserstellung in Verbindung stehen (z. B. Grundsteuer)
6) „**Förderungskosten**": wenn die Leistung der NPO in der Hingabe von Geld besteht (Subvention, finanzielle Förderung) und kein Anspruch auf Rückzahlung erhoben wird.

Die Kostenartenrechnung bietet eine erste und einfache Möglichkeit, einen Überblick über die **Struktur** und (beim Zeitvergleich) die **Entwicklung** der Kostenarten zu erhalten. Besondere Überlegungen sind bei den Personalkosten, den Materialkosten und bei den Vermögenskosten anzustellen:

- **Personalkosten**

Die Personalkosten umfassen alle Kosten, die im Zuge des Personaleinsatzes anfallen. Wenn dieser Einsatz von haupt- und ehrenamtlich tätigen Personen im Rahmen von Arbeitszeitaufschreibungen direkt einzelnen Leistungen der NPO zugerechnet werden kann, so bezeichnet man dies als Produktivstunden, die Personalkosten können in diesem Fall als **Einzelkosten** direkt auf den Kostenträger, die zu berechnende Leistung, verrechnet werden.

In vielen Fällen begründet der Personaleinsatz nur eine Leistungsbereitschaft, eine unmittelbare Zuordnung zu einzelnen, konkreten Leistungen (Projekten usw.) ist nicht möglich (z. B. Arbeit in der Telefonvermittlung). Diese Arbeitsstunden werden (für den Laien etwas missverständlich) als unproduktive Arbeitszeit angesehen. Die dafür anfallenden Personalkosten (meist Gehälter) zählen zu den **Gemeinkosten**, sie können jedoch der Kostenstelle verrechnet werden, in welchen sie angefallen sind, also durch die Leistungsbereitschaft verursacht wurden. Ist eine unmittelbare Verrechnung nicht möglich, weil der Gehaltsempfänger für mehrere Kostenstellen tätig ist, so sind die Personalkosten nach Schlüsselwerten (auch Stunden) zu verteilen. Es besteht auch die Möglichkeit, diese Kosten einer gesonderten Kostenstelle (Hilfskostenstelle) anzulasten, von wo aus die Weiterverrechnung im Wege der Kostenumlage erfolgt (siehe Abschnitt 4.3.3).

- **Materialkosten**

Für die Ermittlung der Materialkosten sind zwei Abgrenzungsschritte durchzuführen:

1) die periodische Abgrenzung des Verbrauchsgütereinsatzes von den Materialbeschaffungsausgaben. Dies erfolgt durch Aufzeichnungen über Lagervorräte und ihre Änderungen (**Lagerbuchführung**), woraus der Materialverbrauch ermittelt werden kann. Bei geringen Lagerschwankungen kann aus Gründen der Wirtschaftlichkeit von einer exakten Verbrauchsermittlung abgesehen werden und der Lagerzugang mit dem Verbrauch gleichgesetzt werden (z. B. beim Büromaterial).

2) die Abgrenzung zwischen Verbrauchsgütern und Gebrauchsgütern (Betriebsmitteln). Für die Gebrauchsgüter, deren Nutzungsdauer länger als ein Jahr (eine Abrechnungsperiode) ist, ist eine **Anlagenbuchführung** zu entwickeln, aus der die der Nutzung in einer Periode entsprechenden Abschreibungsbeträge (Anschaffungs- oder Wiederbeschaffungswert, geteilt durch die voraussichtliche Nutzungsdauer) abzuleiten sind, die dann unter den Vermögenskosten ausgewiesen werden. Gebrauchsgüter mit einer geringeren Nutzungsdauer als ein Jahr werden in voller Höhe als Materialkosten zum Ausweis gebracht. Aus Vereinfachungsgründen kann man für Gebrauchsgüter Wertgrenzen einführen, bei deren Unterschreitung auf eine Abschreibung über mehrere Rechnungsperioden verzichtet wird und ein sofortiger Ansatz der Anschaffungsausgaben als Verbrauch und damit als Materialkosten erfolgt (z. B. 400,--; für die Kostenrechnung können diese steuerrechtlich vorgegebenen Grenzen individuell festgelegt werden).

- **Vermögenskosten**

Zu den Vermögenskosten zählen die kalkulatorischen Abschreibungen, die kalkulatorischen Zinsen und die kalkulatorischen Wagnisse. Die **kalkulatorischen Abschreibungen** sollen die Wertminderung der abnutzbaren Gegenstände des Anlagevermögens während der Rechnungsperiode erfassen. Die Wertminderung ergibt sich aus der Nutzung im Zuge der Leistungserstellung sowie durch technische und wirtschaftliche Überholung. In der Literatur überwiegt die Meinung, die Abschreibungskosten (A) auf der Basis des Tages- bzw. Wiederbeschaffungswertes (WBW) und der wirtschaftlich sinnvollen Nutzungsdauer (n) zu berechnen (A = WBW / n), um dem Substanzerhaltungsprinzip zu entsprechen.

Die Bewertung zum Wiederbeschaffungswert setzt eine entsprechende Marktpreiserhebung voraus, die gerade im Anlagenbereich oftmals nicht möglich ist. Eine Alternative stellt die Multiplikation des Anschaffungswertes mit einem geeigneten **Index-Wert** (z. B. Baukostenindex) dar, der die Preisentwicklung bis zum Rechnungszeitpunkt pauschal widerspiegelt.

Eine andere Alternative, der bei der staatlichen Genehmigung von Leistungsentgelten oftmals der Vorzug gegeben wird, stellt die Ermittlung der Abschreibungskosten auf Basis von Anschaffungspreisen (die aus der Anlagenbuchführung ohne Schwierigkeiten entnommen werden können) und die Berechnung der kalkulatorischen Zinsen auf der Grundlage eines **marktüblichen Zinssatzes** dar, der zumeist die Geldentwertungsrate enthält und um einen Risikozuschlag für Prognoseunsicherheiten erhöht werden kann. Eine nicht begründbare Doppelverrechnung läge allerdings vor, wenn man Abschreibungen und Zinsen auf Tages- bzw. Wiederbeschaffungswertbasis berechnet und auch bei der Zinsberechnung einen Marktzinsfuss (der eine Geldentwertungsrate enthält) berechnet.

Die Zinsen auf das Fremdkapital werden generell zu den Kosten gezählt. Vielfach wird es für zweckmässig erachtet, auch Zinsen auf das der NPO zur Verfügung stehende Widmungskapital (Fondskapital, Organisationskapital) in die Kostenrechnung aufzunehmen, da das Kapital zumindest im Idealfall anderweitig zinsbringend angelegt werden könnte. Diese (kalkulatorischen) Zinsen können getrennt von den Fremdkapitalzinsen zum Ansatz gelangen, da sie im Gegensatz zu diesen mit keiner Ausgabenbelastung verbunden sind. Fremdkapital- und Eigenkapitalzinsen (Zinsen auf das Widmungskapital) können jedoch auch zusammen als **kalkulatorische Zinsen** ausgewiesen werden. Ihrer Berechnung kann ein Mischzinssatz zu Grunde gelegt werden. Die Basis der Zinsberechnung bilden die (über den Zeitraum der Vermögensnutzung) durchschnittlichen Kosten der Kapitalbindung im Vermögen (Anschaffungswert + Restwert / 2). Wird in einer NPO eine Verzinsung des eingesetzten Eigenkapitals nicht angestrebt, dient der Ansatz der kalkulatorischen Zinsen nur der Normalisierung (Durchschnittsbildung) des Zinsaufwandes für das Fremdkapital.

Der Ansatz von **kalkulatorischen Wagnissen** als Kosten soll die einzelnen Rechnungsperioden mit einem Durchschnittswert für Schadensrisiken belasten, die im Zeitablauf zufallsabhängig und daher ungleichmässig verteilt auftreten. Zu den Wagnissen zählen insbesondere das Beständewagnis (Gefahr von Schwund und Zerstörung), die Gewährleistungsverpflichtung für erbrachte Leistungen (Qualitätsrisiko), das Debitorenrisiko (Zahlungsunfähigkeit der Leistungsabnehmer) und das Valutarisiko (bei Forderungen und Verbindlichkeiten in ausländischer Währung). Wird gegen diese Risiken eine Versicherung abgeschlossen, wird die entsprechende Versicherungsprämie als (ausgabengleiche) Kostenart angesetzt.

Die **Kostenerfassung** erfordert bei allen Kostenarten ein organisiertes Belegwesen, in dem sowohl der Mengeneinsatz als auch der Werteinsatz eine Abbildung findet.

Zur Unterstützung des Überleitungsvorganges von Ausgaben/Aufwand in Kosten dient der sogenannte **Betriebsüberleitungsbogen (BÜB)**. Er nimmt auf die zeitlichen, sachlichen und wertmässigen Unterschiede von Ausgaben und Kosten Rücksicht.

| Finanz-/Aufw.-rechnung | | Zeitliche Abgrenzung | | Sachliche Abgrenzung | | Wertmässige Abgrenzung | | Kosten | Kostenartennummer |
|---|---|---|---|---|---|---|---|---|---|
| Post | Betrag | – | + | – | + | – | + | Betrag | |
| | | | | | | | | | |
| | | | | | | | | | |
| | | | | | | | | | |
| | | | | | | | | | |

Abbildung 19: Betriebsüberleitungsbogen

### 4.3.3 Kostenstellenrechnung

**Kostenstellen** sind Leistungs- bzw. Verantwortungsbereiche, die nach funktionalen (abgrenzbaren) Verrichtungen oder nach räumlichen Gesichtspunkten gebildet werden und unter der persönlichen Verantwortung eines Bereichsleiters (Kostenstellenleiters) stehen. Die **Kostenstellenrechnung** gibt Auskunft, wo welche Kosten in welcher Höhe entstehen bzw. zu verantworten sind. Sie ist immer dann notwendig, wenn verschiedene Teilbereiche der NPO bei der Erbringung der Leistungen in einem unterschiedlichen Ausmass beansprucht werden.

Es ist sinnvoll, wenn die Kostenstellengliederung mit der Organisationsstruktur der NPO übereinstimmt. Organisationsschaubilder, Stellen- und Arbeitsverteilungspläne, aber auch Gruppen von Leistungen („Produkte") sind daher wichtige Unterlagen für die Kostenstellenbildung. Die Einrichtung einer Kostenstelle ist jedoch nur insoweit sinnvoll, als in diesem Bereich Kosten **beeinflusst** werden können. Nur dann kann für diesen Bereich die Planung der Kosten und deren Steuerung im Leistungsvollzug zielgerichtet entwickelt werden (**Kosten-Controlling**). Durch die Gegenüberstellung der Sollkosten (Plankosten) mit den Istkosten kann die Wirtschaftlichkeit in der Führung einer Kostenstelle beurteilt werden, im Falle von Wirtschaftlichkeitsabweichungen gegenüber den Planungsüberlegungen können die notwendigen Massnahmen ergriffen werden. Dies setzt in jedem Falle eine unterjährige (in der Regel monatliche oder zumindest quartalsweise) Kostenanalyse voraus.

Für eine erfolgreiche Einrichtung von Kostenstellen als Verantwortungsbereiche müssen folgende Voraussetzungen gegeben sein:

1) Der Leiter einer Kostenstelle muss für deren wirtschaftliche Führung verantwortlich sein. Er kann aber nur für jene Kosten verantwortlich gemacht werden, auf deren Ausmass und Gestaltung er Einfluss nehmen kann.

2) Diese Kosten sind direkt an der Kostenstelle zu erfassen (**primäre Kosten**). Alle nicht direkt einer Kostenstelle zurechenbaren Kosten (**sekundäre Kosten**) sind verantwortungsgemäss jenem anderen oder übergeordneten Bereich zuzuordnen, dem sie direkt zugerechnet werden können. Diese Tatsache ändert nichts daran, dass die Kosten anschliessend nach einem möglichst sachgerechten Verteilungsverfahren auf jene Kostenstellen umgelegt werden, die als Empfänger der von der Kostenstelle erbrachten innerbetrieblichen Leistungen anzusehen sind (**innerbetriebliche Leistungsverrechnung**).

Aus diesen Überlegungen heraus ergeben sich folgende **Kostenstellengruppen**:

- **Hauptkostenstellen**: Sie umfassen jene organisatorischen Bereiche einer NPO, in welchen die nach aussen hin wirksamen Leistungen erstellt werden. Sie werden häufig auch als Endkostenstellen bezeichnet (z. B. Rechtsberatung, Interessenvertretung, Flüchtlingshilfe).

- **Nebenkostenstellen**: Diese dienen nicht unmittelbar dem Hauptzweck einer NPO, betreffen hingegen eine Nebenleistung und sind ebenfalls als Endkostenstellen zu betrachten (z. B. das Buffet in einer Sportanlage, die Schwesternschule in einem Krankenhaus).

- **Hilfskostenstellen**: Sie wirken nicht unmittelbar an den nach aussen abgegebenen Leistungen mit, ihre Leistungen werden hingegen von den übrigen Kostenstellen in Anspruch genommen. Die Serviceleistungen der Hilfskostenstellen sind oftmals die Voraussetzung für die Aufrechterhaltung der Leistungsbereitschaft der NPO, da sonst die Aufgaben in den Hauptkostenstellen nicht wahrgenommen werden können (z. B. Poststelle, Technischer Dienst, Werkstätten, Fuhrpark).

- **Allgemeine (Verwaltungs-)Kostenstellen**: Diese erbringen Leistungen für alle Haupt-, Neben- und Hilfskostenstellen (z. B. Rechnungswesen, Gebäudeverwaltung, Gebäudereinigung). Sie werden oftmals auch als Hilfskostenstellen bezeichnet.

Der Ablauf der Kostenstellenrechnung erfolgt in drei Phasen, dabei bedient man sich des Betriebsabrechnungsbogens (BAB) als Rechnungsinstrument. *Abbildung 20* zeigt dessen grundlegende Struktur.

## Phase 1: Verrechnung der primären Kosten auf die Kostenstellen (Primärkostenrechnung)

Die Hauptaufgabe der Primärkostenrechnung besteht in der verursachungsgerechten Zuordnung der primären Kosten auf die Kostenstellen. Die primären Kosten fallen beim Verbrauch von Gütern und Leistungen an, die von aussen über die Beschaffungsmärkte bezogen werden. Ihre Verrechnung auf die Kostenstellen erfolgt direkt auf Grund der Angaben in der Belegorganisation und indirekt über Schlüsselgrössen. Damit sollen einerseits die Kostenplanung und andererseits die Kostenkontrolle ermöglicht werden.

Eine direkte Verrechnung ist möglich, wenn aus den Kostenartenbelegen eindeutig ersichtlich ist, welche Kostenstelle die Kosten verursacht hat (oder verursachen wird). Als Beispiel können die Kosten des Personals dienen, das einer Kostenstelle zugeordnet ist. Man bezeichnet die direkt einer Kostenstelle zurechenbaren Kosten auch als **Kostenstelleneinzelkosten**.

Ist aus den Kostenartenbelegen nicht eindeutig ersichtlich, welche Kostenstelle die Kosten in welcher Höhe verursacht hat oder verursachen wird, so muss die Verrechnung dieser Kosten auf indirektem Wege mit Hilfe von Schlüsseln erfolgen (z. B. Mietkosten nach der Nutzfläche in m²). Die durch Umlageschlüssel zugerechneten primären Kosten werden als **Kostenstellengemeinkosten** bezeichnet.

Die Primärkostenrechnung dient somit in erster Linie der Wirtschaftlichkeitskontrolle in den einzelnen Kostenstellen.

## Kosten- und Leistungsrechnungen (Ergebnisrechnungen)

| Kostenarten (KA) | Kostenstellen (KSt) | | | | | |
|---|---|---|---|---|---|---|
| | Haupt-Kostenstellen | | | Hilfs-Kostenstellen | | |
| 1. Personalkosten<br>2. Materialkosten<br>3. Vermögenskosten<br>4. Fremdleistungskosten<br>5. Steuern<br>6. Förderungskosten | | | | | | |
| Kostenstellen-Summe<br>(primäre Kosten) | | | | | | |
| Kostenumlage<br>(sekundäre Kosten) | | | | (innerbetriebliche Leistungsverrechnung) | | |
| Haupt-KSt-Summe | | | | | | |
| Bezugsgrösse<br>z. B. Arbeitsstunden,<br>Betreuungsfälle | | | | | | |
| Kosten je Bezugsgrösse<br>(Leistungseinheit) | | | | | | |

Abbildung 20: Kostenarten-/Kostenstellenrechnung (Betriebsabrechnung)

**Phase 2:** Verrechnung der sekundären Kosten auf die Kostenstellen (innerbetriebliche Leistungsverrechnung)

Die **Sekundärkosten** sind durch innerbetriebliche Leistungen verursacht, die nicht nach aussen verwertet werden, sondern innerhalb der NPO von den sogenannten leistenden Stellen an die empfangenden Stellen erbracht werden (z. B. Laborleistungen).

Innerbetriebliche Leistungen werden vor allem von Hilfskostenstellen, aber in vielen Fällen auch von Hauptkostenstellen erstellt. Sie werden im Rahmen der **innerbetrieblichen Leistungsverrechnung** den leistenden Kostenstellen gutgeschrieben (die betreffenden Kostenstellen erfahren eine Kostenentlastung) und den empfangenden Kostenstellen angelastet. Damit soll die Zuordnung aller Kosten an die Haupt- und Nebenkostenstellen ermöglicht werden, damit die Gesamtkosten (primäre und sekundäre Kosten) je Endkostenstelle den in diesen Kostenstellen erbrachten und nach aussen hin abgegebenen Leistungen im Wege einer geeigneten Leistungs-Bezugsgrösse gegenübergestellt werden können. Damit soll eine Aussage über die Kosten je Leistungseinheit in einer Kostenstelle ermöglicht werden.

Für die Sekundärkostenverrechnung ist eine möglichst verursachungsgerechte Zurechnung der Kostenarten auf die Kostenstellen anzustreben, wobei allerdings die Verrechnung selbst unter Wirtschaftlichkeitsaspekten zu sehen ist (die Wirtschaftlichkeit in der Verrechnung hat Vorrang vor einer übertriebenen Genauigkeit).

Für die **Kostenschlüsselung** können allgemeine Unterlagen herangezogen werden, welche bei Veränderungen in den Grundwerten zu korrigieren bzw. zu ergänzen sind. Zu ihnen zählen Angaben über die Zahl der Beschäftigten mit Hinweisen auf die Zugehörigkeit zu Kostenstellen in der NPO (Stellenpläne), Angaben über Flächenverhältnisse (Grundflächen, Nutzflächen), Angaben über die Vermögensverteilung (Anlageverzeichnis) usw.

Die Zahl der Beschäftigten ist beispielsweise die Bestimmungsgrösse für die Umlage der Kosten der Unfallversicherung, der Haftpflichtversicherung, der Kosten der Personalabteilung usw. Die Angaben über Flächenverhältnisse dienen der Aufteilung aller Kosten, die von gewidmeten Flächen abhängig sind. Dazu zählen Raummieten, die Grundsteuer oder die Energiekosten (wenn keine Energieverbrauchszähler verfügbar sind). Das Anlageverzeichnis enthält Angaben über das in den Kostenstellen gebundene Vermögen und erlaubt eine verursachungsgerechte Verrechnung der kalkulatorischen Abschreibungen und Zinsen.

Neben allgemeinen Unterlagen sind besondere Unterlagen zu führen. Das sind Einzelbelege oder solche Zusammenstellungen, die die Aufgliederung von Kosten zum Inhalt haben, wenn mehrere Kostenstellen betroffen sind. Einzelbelege sind besonders in jenen Organisationen anzutreffen, in welchen es Materiallager (z. B. medizinisches Verbrauchsmaterial, Apotheke) gibt, die die Lagerentnahmen mit Hilfe von Materialentnahmescheinen nachweisen werden.

Die **innerbetriebliche Leistungsverrechnung** erfolgt am einfachsten im sogenannten Treppenumlageverfahren. Sind Kostenstellen umzulegen, die ihrerseits von anderen Kostenstellen Leistungen empfangen, sind zunächst jene Stellen umzulegen, die von anderen Kostenstellen keine Kosten mehr empfangen. Sind mehrere Kostenstellen in einem gegenseitigen Leistungsaustausch, kann die gegenseitige Belastung simultan (mit Hilfe von Gleichungen) oder näherungsweise im Wege von Schätzungen berechnet werden. Die Simultanbelastung ist jedoch aus verrechnungstechnischen Gründen nur für eine beschränkte Anzahl von Kostenstellen möglich.

*Abbildung 21* zeigt einen Betriebsabrechnungsbogen für eine Sozialorganisation mit drei Hauptkostenstellen (Geschäftsabteilung 1 und 2, Schiedskommission) und insgesamt fünf Hilfskostenstellen, deren Primärkosten im Treppenumlageverfahren auf die drei Hauptkostenstellen umgelegt werden. Er weist nur die primären und sekundären Kosten nach.

Eine **Erweiterung zur Ergebnisrechnung** erfährt die Kostenstellenrechnung, wenn den Kostenstellen auch die relevanten Erträge zugerechnet werden. Für den Verbandsbereich, in dem neben dem marktbezogenen Leistungsbereich der Kollektivleistungsbereich bedeutsam ist, ist zu beachten, dass die Kostenstellen im Kollektivleistungsbereich mit Ausnahme der Kostenstelle „Finanzen" über keine eigenen Erträge verfügen, sondern durch einen Budgetierungsvorgang alimentiert werden, damit die dort anfallenden Kosten gedeckt werden können. Es empfiehlt sich daher eine Unterscheidung zwischen „Internen Verrechnungen", die der Dotierung der Kostenstellen im Kollektivbereich dienen, und „Internen Kostenumlagen, die die in den Hilfskostenstellen (Interne Dienste) angesammelten Primärkosten den Hauptkostenstellen im Leistungsbereich und im Kollektivbereich anlasten. Die *Abbildung 22* zeigt eine dieser Überlegung entsprechende Struktur der Kostenstellen-Rechnung.

Während nur den Kostenstellen im Leistungsbereich und in der Finanzabteilung Erträge zugeordnet werden können (Zeile 1), sind primäre Kosten in allen Haupt- und Hilfskostenstellen zurechenbar (Zeile 2) und führen zum Bereichsergebnis I (Zeile 3), das in den Kostenstellen des (Markt-)Leistungsbereiches als Deckungsbeitrag zur Abdeckung des noch nicht angelasteten Gemeinkostenblocks zu interpretieren ist. In den Kostenstellen des Kollektivbereiches ist eine Gegenüberstellung mit den Budgetdotierungen aus dem Finanzbereich notwendig, die als Interne Verrechnungen (Zeile 4) ausgewiesen sind. Sie führen zum Bereichsergebnis II, das die Wirtschaftlichkeit im Kollektivbereich dokumentiert (Zeile 5).

Die in den Hilfskostenstellen der Internen Dienste angesammelten Primärkosten werden danach mit den Internen Kostenumlagen den Hauptkostenstellen des Leistungsbereiches und des Kollektivbereiches angelastet (Zeile 6) und führen zu einem (schliessenden) Bereichsergebnis III für die einzelnen Hauptkostenstellen (Zeile 7). Die Zahlenansätze in diesem Beispiel weisen in den Kostenstellenbereichen Verbandsorgane und Politische Abteilungen idealtypisch ein Bereichsergebnis III von Null aus, es weist eine zur Kostendeckung ausreichende Dotierung mit Ressourcenzugängen (Erträgen) nach. Das negative Bereichsergebnis im Schulungsbereich, das beispielsweise durch eine sozialpolitisch erwünschte Entgeltgestaltung verursacht sein könnte, ist durch Überschüsse aus anderen Marktleistungsbereichen, aber auch durch eine Quersubventionierung aus dem Kollektivbereich abzudecken.

## Betriebsabrechnungsbogen - Sozialdienst

| Kostenarten | Kosten | Hausverwaltung | Bereichsleitung | Sekretariat | Buchhaltung | Ärztlicher Dienst | Geschäftsabteilung 1 | Geschäftsabteilung 2 | Schiedskomm. |
|---|---|---|---|---|---|---|---|---|---|
| 1. Personalkosten | 16.381.853 | 1.516.838 | 606.735 | 2.578.625 | 5.157.250 | 606.735 | 1.668.522 | 3.943.780 | 303.368 |
| 2. Materialkosten | 160.000 | 1.250 | 27.500 | 8.750 | 38.750 | 8.750 | 22.500 | 50.000 | 2.500 |
| 3. Energiekosten | 254.800 | 8.400 | 25.200 | 61.600 | 78.400 | 8.400 | 22.400 | 44.800 | 5.600 |
| 4. Kommunikationskosten | 240.000 | 3.000 | 18.000 | 15.000 | 57.000 | 3.000 | 102.000 | 39.000 | 3.000 |
| 5. Instandhaltung Reparatur | 54.600 | 1.800 | 5.400 | 13.200 | 16.800 | 1.800 | 4.800 | 9.600 | 1.200 |
| 6. Sonstige Kosten | 1.663.000 | 0 | 65.000 | 6.000 | 17.000 | 2.000 | 510.000 | 960.000 | 103.000 |
| 7. Kalk. Abschreibungen | 474.140 | 12.640 | 50.320 | 111.260 | 136.220 | 16.120 | 49.220 | 89.580 | 8.780 |
| 8. Kalk. Zinsen | 323.400 | 4.200 | 21.000 | 16.800 | 75.600 | 4.200 | 121.800 | 75.600 | 4.200 |
| PRIMÄRKOSTEN | 19.551.793 | 1.548.128 | 819.155 | 2.811.235 | 5.577.020 | 651.005 | 2.501.242 | 5.212.360 | 431.648 |
| Umlage Hausverwaltung | | -1.548.128 | 143.641 | 399.002 | 542.642 | 47.880 | 127.681 | 255.361 | 31.921 |
| Umlage Bereichsleitung | | | -962.796 | 307.779 | 315.671 | 31.567 | 86.809 | 205.186 | 15.784 |
| Umlage Sekretariat | | | | -3.518.016 | 196.680 | 393.360 | 1.376.761 | 1.157.855 | 393.360 |
| Umlage Buchhaltung | | | | | -6.632.013 | 552.615 | 3.750.476 | 1.552.615 | 776.307 |
| Umlage Ärztlicher Dienst | | | | | | -1.676.427 | 758.810 | 612.408 | 305.209 |
| SUMME PRIMÄRE UND SEKUNDÄRE KOSTEN | 19.551.793 | 0 | 0 | 0 | 0 | 0 | 8.601.779 | 8.995.785 | 1.954.229 |

Abbildung 21: Betriebsabrechnungsbogen für eine Sozialorganisation

# Kosten- und Leistungsrechnungen (Ergebnisrechnungen)

**ERGEBNISRECHNUNG als Kostenstellen-Rechnung** (Zeitraum)

| | | LEISTUNGSBEREICH | | KOLLEKTIVBEREICH | | | INTERNE DIENSTE | Summen |
|---|---|---|---|---|---|---|---|---|
| | | Schulung | Druck-sachen | andere | Organe | Politische Abtei-lungen | Finanzen | |
| 1 | Erträge | 1000 | 800 | 500 | | | 1100 | 3400 |
| 2 | Zurechenbare Kosten | -1150 | -750 | -250 | -300 | -400 | -100 | -400 | -3350 |
| 3 | *Bereichsergebnis I* | -150 | +50 | +250 | -300 | -400 | +1000 | -400 | +50 |
| 4 | Interne Verrechnungen | | | | +350 | +450 | -800 | | |
| 5 | *Bereichsergebnis II* | -150 | +50 | +250 | +50 | +50 | +200 | -400 | " - |
| 6 | Interne Kostenumlagen | -100 | -50 | -50 | -50 | -50 | -100 | +400 | |
| 7 | *Bereichsergebnis III* | -250 | 0 | +200 | 0 | 0 | +100 | 0 | " - |
| 8 | **Gesamtergebnis** | | | | | | | | **50** |

Abbildung 22: Ergebnisrechnung als Kostenstellenrechnung

**Phase 3: Bildung von Zuschlagssätzen in den (Haupt)Kostenstellen als Grundlage für die Zurechnung der Gemeinkosten auf die Kostenträger**

Die Kostenstellenrechnung dient in erster Linie der Wirtschaftlichkeitskontrolle in den einzelnen Kostenstellen. Sie ermöglicht in der Folge die Ermittlung der Grundlagen für die Kostenträgerrechnung, indem die in den Hauptkostenstellen angelasteten primären und sekundären Kosten auf eine für die Kostenstelle prägende Leistungsbezugsgrösse zugeordnet werden, die die Ermittlung von Kosten je Leistungseinheit ermöglichen. Während die der Kostenstelle zugeordneten Einzelkosten direkt den dort erbrachten Leistungen zurechenbar sind, sind die Gemeinkosten in Form von Gemeinkostenzuschlägen auf der Basis einer geeigneten Bezugsgrösse (Zuschlagsbasis) den Leistungen zuzuordnen.

Die Berechnung von **Zuschlagssätzen** verfolgt somit den Zweck, den Kostenträgern (den Leistungen) neben den Einzelkosten auch die Gemeinkosten auf der Basis einer errechneten Relation (z. B. zwischen dominierenden Einzelkosten und Gemeinkosten) zuzurechnen. Es muss eine Relation gewählt werden, die mit dem Kostenträger einerseits in einem unmittelbaren Zusammenhang steht (z. B. Leistungsstunden, Personaleinsatzstunden) und andererseits den Umfang der Gemeinkosten wesentlich bestimmt. Dieser Zusammenhang lässt sich bei den variablen Gemeinkosten leicht nachvollziehen, bei den Fixkosten würde dieser Zusammenhang nur für jene Beschäftigung bzw. jene Leistungsplanungsstufe gelten, auf deren Basis der Betriebsabrechnungsbogen erstellt wurde. Dennoch handelt man bei der Ermittlung der Zuschlagsbasen und Zuschlagssätze häufig so, als gelte das für die variablen Gemeinkosten Zutreffende in gleicher Weise auch für die Fixkosten.

Für alle entscheidungsorientierten Aufgaben der Kostenrechnung würden Zuschlagssätze, die auf der Grundlage der vollen Gemeinkosten ermittelt werden, zu falschen Entscheidungsgrundlagen führen. In diesen Fällen dürfen im Hinblick auf eine zusätzliche Inanspruchnahme von Ressourcen nur die variablen Gemeinkosten in den Zuschlagssatz eingehen (**Teilkostenrechnung**).

Als Zuschlagsbasen werden in vielen NPO die anfallenden Personal-Einzelkosten, die auf der Grundlage von Zeitaufschreibungen ermittelt werden, herangezogen. Neben diesen ist jedoch zu untersuchen, ob auch andere Kostenarten einen hohen Einzelkostenanteil bei der Leistungserstellung aufweisen. Diese müssten dann bei der Ermittlung der Zuschlagssätze ebenso berücksichtigt werden.

Bei einer Dominanz der Personal-Einzelkosten im Rahmen der Leistungserstellung würde sich der Gemeinkostenzuschlagssatz wie folgt ergeben:

$$\text{Gemeinkostenzuschlagssatz} = \frac{\text{Gemeinkosten der Kostenstelle}}{\text{Personal-Einzelkosten}}$$

Sind in einer Kostenstelle keine Einzelkosten von Bedeutung, sondern ihr nur Gemeinkosten aus dem Gesichtspunkt der Kostenverursachung zuzurechnen, so werden diese einer Bezugsgrösse zugeordnet, die den Aufgabenbereich der Kostenstelle weitgehend prägt. Diese Bezugsgrösse kann eine Einsatzgrösse (z. B. Personaleinsatzstunden) oder eine Leistungsgrösse (z. B. Zahl der Beratungsfälle) sein. Der Gemeinkosten(verrechnungs)satz ergibt sich dann wie folgt:

$$\text{Gemeinkostensatz} = \frac{\text{Kosten zur Verteilung (Gemeinkosten)}}{\text{Bezugsgrösse (Einsatz- oder Ergebnismenge)}}$$

### 4.3.4 Kostenträgerrechnung (Leistungsrechnung)

In der Kostenträgerrechnung werden die auf die (Haupt- und Neben-)Kostenstellen verteilten Kostenarten auf die ihnen zuzuordnenden **Leistungseinheiten (Kostenträger)** verrechnet. Dadurch wird die **Kalkulation** von Leistungsentgelten, Beiträgen, Gebühren usw. ermöglicht.

Ein **Kostenträger** ist als eine bestimmte Art gleichartiger Leistungen anzusehen, z. B. gleichartige Untersuchungen, Beratungen, Schulungen. Die Kostenträger ergeben sich deshalb aus dem Leistungsprogramm (Leistungskatalog, Aufgabengliederung usw.) der NPO.

Die betriebswirtschaftliche Bedeutung des Begriffs „Kostenträger" unterscheidet sich somit deutlich vom juridischen Begriffsinhalt bzw. von der oftmals festzustellenden Verwendung im allgemeinen Sprachgebrauch, in welchen als Kostenträger jener Rechtsträger (jenes Rechtssubjekt) angesprochen wird, der für alle jene Kostenanteile der Leistungserstellung endgültig aufzukommen hat, die durch eine entgeltliche Leistungsabgabe nicht bedeckt werden können oder von vornherein (z. B. aus sozialen Erwägungen) nicht bedeckt werden sollen.

Liegt ein **klar strukturierter Leistungskatalog** nicht vor, so sollte dieser vor der Einführung einer Kosten- und Leistungsrechnung erarbeitet werden. Erst auf diesem Leistungskatalog aufbauend und auf der Grundlage einer damit verbundenen Leistungsbereitschaft können die Kosten erhoben und den Leistungen zugerechnet werden. Die Erarbeitung des Leistungskataloges kann Hand in Hand mit einer mengenmässigen Zuordnung wichtiger (kostenintensiver) Produktionsfaktoren gehen.

Für die Kostenträgerrechnung sind **drei Verrechnungsprinzipien** massgeblich, die in Abhängigkeit von den betrieblichen Gegebenheiten in der NPO zur Anwendung kommen.

| **Grundprinzipien für die Kostenträgerrechnung:** |
| --- |
| • Kostenverursachungsprinzip |
| • Durchschnittsprinzip |
| • Kostenbelastbarkeitsprinzip |

- **Kostenverursachungsprinzip:** Es wird von der Überlegung getragen, dass die Leistungserstellungs- und Leistungsverwertungsprozesse die Ursachen des Kostenanfalls sind und demnach den einzelnen Kostenstellen und in der Folge den einzelnen Kostenträgern ausschliesslich die von ihnen verursachten Kosten zuzurechnen sind. Hiefür ist es notwendig, eine sehr differenzierte Analyse von Kostenanfall und Kostenzurechnung (z. B. im Wege der Gemeinkostenschlüsselung) durchzuführen. Dieses Grundprinzip gilt als Leitlinie für die Kostenträgerrechnung, aus Gründen der Wirtschaftlichkeit der Erfassungs- und Verrechnungsvorgänge können jedoch einfachere Verrechnungsverfahren bevorzugt werden.
- **Durchschnittsprinzip:** Es wird von der Überlegung getragen, die anfallenden Kosten im Wege einer (vereinfachenden) Durchschnittsbildung den Leistungen zuzurechnen. Bei der Anwendung dieses Verrechnungsprinzips ist auf die Wahl der für die Kostenverteilung erforderlichen Schlüsselwerte besonderes Augenmerk zu richten, um eine möglichst verursachungsgerechte Kostenzurechnung sicherzustellen. Nach diesem Prinzip werden auch die kapazitätsbezogenen fixen Kosten im Wege einer Durchschnittsbildung auf die Leistungen verrechnet. Dies geschieht in jedem Falle bei der sogenannten Vollkostenrechnung, die keine Trennung der Kosten in fixe und variable (leistungsabhängige) Bestandteile kennt.
- **Kostenbelastbarkeitsprinzip (Kostentragfähigkeitsprinzip):** Es wird von der Überlegung getragen, die Zurechnung der Kosten auf die Kostenträger in Abhängigkeit von der Belastbarkeit vorzunehmen. Als Mass für die Belastbarkeit wird der **Deckungsbeitrag** je Kostenträger herangezogen. Er ergibt sich aus der Differenz zwischen dem erzielbaren Preis (Entgelt) für die Leistungen und den diesen Leistungen zurechenbaren

variablen Kosten und dient als Grundlage für die Verteilung der Fixkosten auf die jeweiligen Kostenträger. Je grösser der Deckungsbeitrag des Kostenträgers, desto grösser ist seine Belastbarkeit und desto grösser ist auch der Teil der gesamten Fixkosten der Periode, der ihm zugerechnet wird.

In Verbänden und anderen Nonprofit-Organisationen dominiert vielfach die Erstellung von **Dienstleistungen**. Die Kostenträgerrechnung und damit die Kalkulation dieser Dienstleistungen ist von spezifischen Merkmalen geprägt:

- Immaterialität der Leistungen, daher ist auch keine Speicherfähigkeit für diese Leistungen gegeben;
- Hoher Anteil an Fixkosten (über 80 %), d. h. die Kosten der Leistungsbereitschaft und deren Auslastung bestimmen die Kosten je abgegebener Leistungseinheit;
- die der einzelnen Leistung direkt zurechenbaren Einzelkosten (variable Kosten) sind als Basis für die prozentuelle Verrechnung von Gemeinkosten nicht geeignet, die Zuschlagskalkulation als traditionelle Form der Kostenträgerrechnung ist daher im Dienstleistungsbereich nur in Ausnahmefällen einsetzbar, als Alternative wird die Prozesskostenrechnung – siehe Abschnitt 5.5 – diskutiert.

In der Regel sind folgende **Kalkulationsverfahren** anwendbar:

1) **Einfache Divisionskalkulation** (bei Herstellung einheitlicher, d. h. gleichartiger Leistungen):

Die Einheitskosten (k) ergeben sich aus der Division der Gesamtkosten der Rechnungsperiode (K) durch die Zahl der erzeugten Leistungseinheiten (M).

$$k = K / M$$

| | | |
|---|---|---|
| *Beispiel:* | Gesamtkosten der Kostenstelle „Beratung" (K) | 600.000 |
| | Beratungsstunden (M) | 5.000 |
| | Kosten je Beratungsstunde | 120 |
| | Kosten je Beratungsfall (3,5 Stunden) | 420 |

2) **Einfache Divisionskalkulation unter Berücksichtigung von Kostengruppen:**

Aus analytischen Erwägungen (Wirtschaftlichkeitskontrolle) werden die Gesamtkosten in Kostengruppen untergliedert (die Leistungsmenge M bleibt hingegen gleich):

- nach Kostenarten (Personalkosten, Energiekosten, Transportkosten, Kosten für Fremdleistungen usw.)
- nach Kostenstellen (z. B. Pflegebereich, Transportbereich, Verwaltungsbereich)
- nach individuellen Verfahrensweisen in der Leistungserstellung (Leistungsprozesse, z. B. Laboruntersuchungen)

$$k = K_1 / M + K_2 / M + K_3 / M + ..... + K_n / M$$

3) **Stufenförmige Divisionskalkulation (Stufendivisionskalkulation):**

Die stufenförmige Divisionskalkulation ist anzuwenden, wenn der Leistungsprozess in mehrere Verfahrensstufen unterteilt ist und hiefür auch unterschiedliche Leistungsmengen zu berücksichtigen sind. Die Kalkulation der nach aussen hin abgegebenen Leistungseinheiten setzt sich aus so vielen (einfachen) Divisionskalkulationen zusammen, wie Verfahrensstufen vorliegen.

Einheitskosten Stufe I: $\quad k_I = K_I / M_I$

Einheitskosten Stufe II: $\quad k_{II} = K_{II} / M_{II}$

Einheitskosten Stufe III: $\quad k_{III} = K_{III} / M_{III}$

$$\text{Gesamtkosten} \quad k = k_I + k_{II} + k_{III}$$

Bei der Erstellung von Sachgütern setzt dieses Kalkulationsverfahren die Zwischenlagerung nach jeder Stufe im Leistungsprozess voraus. Aber auch im Dienstleistungsbereich ist die Stufendivisionskalkulation denkbar, wenn einzelne Leistungselemente auf unterschiedlichen Mengen an Bezugsgrössen aufbauen. Beispiel: Behandlung eines Patienten in der Notfallambulanz eines Krankenhauses, wenn neben der Leistung des Ambulanzarztes (I) eine Blutuntersuchung im Labor (II) und eine Röntgenuntersuchung (III) notwendig wird. Laboranalyse und Röntgenbefund sind nicht bei jedem Ambulanzfall notwendig, die betreffenden Einrichtungen sind auch bei stationären Behandlungen im Einsatz, die entsprechenden Bezugsgrössen $M_{I-III}$ sind somit unterschiedlich.

## 4) Äquivalenzzahlenrechnung (Kostenverhältniszahlenrechnung):

Die Äquivalenzzahlenrechnung ist eine spezielle Form der Divisionskalkulation und wird bei der Erstellung von Leistungen angewendet, die in der Leistungserstellung artverwandt (verfahrensähnlich) und daher auch kostenverwandt sind (z. B. Normalkost, Schonkost, Diätkost in der Aktion „Essen auf Rädern"). Zur Durchführung der Rechnung werden hinsichtlich der erstellten Leistungen Kostenverhältniszahlen ermittelt. Die Leistungsmengen der einzelnen Leistungsarten werden mit den für sie festgestellten Äquivalenzzahlen vervielfacht, sodass man die Zahl der sog. Einheitsleistungen erhält. Die Division der Gesamtkosten durch die Summe der Einheitsleistungen ergibt die Kosten je Einheitsleistung. Multipliziert man die Kosten je Einheitsleistung mit der Äquivalenzzahl der jeweiligen Leistungsart, so erhält man die effektiven Kosten der einzelnen Leistungseinheit, die an die Leistungsabnehmer erbracht wurde.

*Beispiel:*

Gesamtkosten 60.500

| Leistungsart | Leistungs-menge | Äquiva-lenzzahl | Einheits-leistungen | Kosten der Einheitsleistung | Kosten je Leistungseinheit |
|---|---|---|---|---|---|
| I | 200 | 0,5 | 100 | 110 | 55 |
| II | 100 | 1,5 | 150 | 110 | 165 |
| III | 300 | 1,0 | 300 | 110 | 110 |
|  |  |  | 550 |  |  |

60.500 : 550 = 110

## 5) Zuschlagskalkulation:

In Sonderfällen (wenn materielle Leistungen erbracht werden) ist auch im NPO-Bereich die Zuschlagskalkulation anwendbar. Sie beruht auf der Trennung von Einzelkosten, Sonderkosten und Gemeinkosten. Einzelkosten und Sonderkosten (ihrem Charakter nach Einzelkosten) werden den Leistungsträgern direkt zugerechnet. Die Gemeinkosten (d. s. Kosten, die für mehrere oder alle Leistungen zusammen entstehen) werden in den Kostenstellen erfasst und mit Hilfe von Schlüsseln auf die Kostenträger umgelegt. Von der Wahl der richtigen (adäquaten) Schlüssel hängt die Genauigkeit der Kalkulation ab. Die Schlüssel haben dem Zusammenhang der Kostenentstehung mit den Besonderheiten des Leistungsprozesses Rechnung zu tragen.

| | | | | |
|---|---|---|---|---|
| Material-Einzelkosten | Material-kosten | | | |
| Materialgemeinkosten | | | | |
| Personal-Einzelkosten | Fertigungs-kosten | **Herstellkosten** | **Selbstkosten** ausschliesslich der Sonderkosten des Vertriebes | **Volle Selbstkosten** zuzüglich kalk. Gewinnzuschlag |
| Gemeinkosten der Leistungserstellung | | | | |
| Sonderkosten der Leistungserstellung | | | | |
| Verwaltungsgemeinkosten in % der Herstellkosten | | | | |
| Vertriebsgemeinkosten in % der Herstellkosten | | | | |
| Kalkulatorischer Gewinnaufschlag | | | | |
| Sonderkosten des Vertriebes z. B. Skonto, Provisionen | | | | |
| Umsatzsteuer | | | | |

Diese differenzierte Zuschlagskalkulation ist in NPO jedoch nur bei jenen Leistungen anzuwenden, bei welchen eine detaillierte Berechnung von Materialgemeinkosten, von Gemeinkosten der Leistungserstellung, von Verwaltungsgemeinkosten und von Vertriebsgemeinkosten möglich erscheint. Andernfalls muss mit den einfacheren Formen der Divisionskalkulation gearbeitet werden, was bei Nonprofit-Organisationen sehr häufig wegen des Dienstleistungscharakters der Fall ist.

Die Kalkulation kann einerseits mit **Plan**-Zuschlagssätzen durchgeführt werden und dient bei preisfinanzierten Leistungen der Angebotslegung. Andererseits erlaubt eine Nachkalkulation mit **Ist**-Zuschlagssätzen die Kontrolle, inwieweit die Preise die entstandenen Selbstkosten gedeckt haben.

## 4.4 Leitlinien für das Kosten- und Leistungsmanagement

Bei der **Kostengestaltung** dürfen einige (durchaus trivial erscheinende) Grundsätze nicht ausser Acht gelassen werden:

- Kosten entstehen und werden durch Entscheidungen gestaltet.
- Die Entscheidung über Kosten bedeutet eine Auswahl aus Alternativen.
- Entscheidungen über Fixkosten stellen Entscheidungen über Leistungspotenziale (Leistungsbereitschaften, Kapazitäten) dar.

- Beim Aufbau von Kosten wird gleichzeitig auch über die Möglichkeiten des Kostenabbaus entschieden, Kostenremanenzen sind zu beachten (der Abbau von Kosten geht langsamer vor sich als der Aufbau von Kosten).
- Die Dauer einer Verpflichtung hat Einfluss auf die Höhe der Kosten (z. B. führt eine längere Vertragsdauer für Miet- oder Leasingverträge zu günstigeren Periodenkosten und umgekehrt).
- Kurzfristig wirkende Kostensenkungsprogramme müssen auch in Betracht ziehen, welche Kosten für einen später eventuell wieder notwendigen Kapazitätsaufbau entstehen werden.

Analoges gilt für die **Leistungsgestaltung**. Es ist weiters in Betracht zu ziehen, dass die erbrachten Leistungen Problemlösungen für die in der NPO übertragenen Aufgaben darstellen. Daraus ergibt sich ein Spannungsfeld:

- Einer Aufgabe ist (nur) durch eine Kombination mehrerer Leistungsarten (Leistungs-Mix) zu entsprechen.
- Ein und dieselbe Leistungsart dient unterschiedlichen Aufgaben.

Auswirkungen ergeben sich auf die **Effizienzbeurteilung** (im weiteren Sinn), die demgemäss in zwei Stufen zu erfolgen hat:

1. Primärebene: Aufgaben der NPO erfüllt durch Leistungen (Effektivitätsbeurteilung)
2. Sekundärebene: Leistungen erbracht durch Kosten (Personal- oder Sachmitteleinsatz; Wirtschaftlichkeitsbeurteilung)

Damit wird deutlich, dass jede Massnahme im Bereich der Kostengestaltung, die auch Einfluss auf das Leistungsvolumen hat, gleichzeitig auch auf der Primärebene die Aufgabenerfüllung berührt.

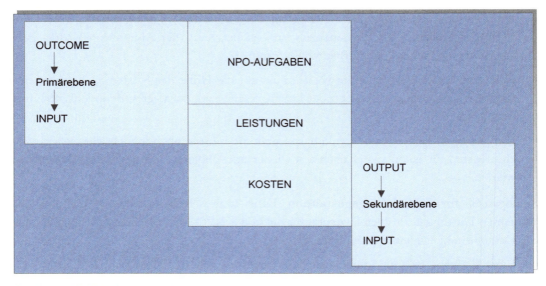

Abbildung 23: Effizienzbeurteilung

Bei den Kostenanalysen sollten **Missverständnisse** vermieden werden:

- Je weniger Kosten, desto besser?

  Kosten können nur gemeinsam mit Leistungen optimiert werden.)

- Je höher die Kosteneinsparung, desto besser?

  (Gefahr unentdeckter qualitativer Leistungsminderungen)

- Je mehr Kostensenkungsprogramme, desto besser?

  (In gleicher Weise müssen Ansätze zur Leistungssteigerung verfolgt werden; wichtigen Leistungen sollten auch mehr Mittel als bisher zugewiesen werden.)

Die Organisation eines Systems der Kosten- und Leistungsrechnung wird ausführlich in der Fallstudie 1 im Teil II erläutert.

# 5. Besondere Fragestellungen in der Kosten- und Leistungsrechnung

## 5.1 Grundlagen der Kostenanalyse

Für die Kostenanalyse des Leistungsprozesses in Nonprofit-Organisationen sind drei Analyseschritte notwendig, und zwar unabhängig davon, ob die Analyse vergangenheitsbezogen oder zukunftsbezogen entwickelt wird:

- **Ursache-Wirkungsanalyse:** Bedingt eine in Aussicht genommene oder verwirklichte Massnahme einen konkreten Einsatz von Ressourcen (Produktionsfaktoreinsatz)? Diese Fragestellung führt im Ergebnis zur qualitativen Kostenanalyse.
- **Analyse des Mengengerüsts:** Welche Mengen an Produktionsfaktoren (Ressourcen) sind notwendig, um diese Massnahme zu verwirklichen? Diese Fragestellung führt im Ergebnis zur quantitativen Kostenanalyse.
- **Bewertungsverfahren:** Wie ist dieser Ressourcenbedarf in Geldgrössen zu veranschlagen (pagatorische oder kalkulatorische Bewertung)?

### 5.1.1 Ursache-Wirkungsanalyse

Bei der Kostenermittlung für einen bestimmten Leistungsbereich stehen beispielsweise folgende Fragen im Vordergrund:

- Welche Bereiche der NPO sind direkt und welche indirekt von den (zu planenden) Leistungen betroffen?
- Welche Personalstellen sind dafür heranzuziehen oder müssen neu geschaffen werden?
- Welche Qualifikationen müssen die Stelleninhaber besitzen? Welche Aus- und Weiterbildungsmassnahmen sind zu setzen?
- Wie verändern sich die Aufbau- und die Ablauforganisation im betreffenden NPO-Bereich?
- Welche neuen Zuständigkeiten ergeben sich?
- Welche Wirkungen ergeben sich auf die Leistungsadressaten?

Ziel ist das Erkennen von **Kausalzusammenhängen** zwischen Mitteleinsatz, erbrachten Leistungen und damit Erfüllungsgraden für die vorgegebenen NPO-Ziele.

| WER | macht |
|---|---|
| WELCHE | Tätigkeit? |
| IN WELCHER | Stelle? |

Daraus ergibt sich ein Grundschema für das Analyseergebnis:

| Bearbeitungs-(Vorgehens-)schritte | Bearbeiter | Stelle |
|---|---|---|
|  |  |  |

### 5.1.2 Analyse des Mengengerüsts

An die qualitative Analyse schliesst sich die quantitative Analyse an. Es gilt, die ermittelten Mitteleinsatz-Ergebnis-Beziehungen mengenmässig zu erfassen, z. B.

- Zahl von Arbeitsgängen
- durchschnittliche Bearbeitungszeiten
- Bedarf an Sachmitteln, Energie usw.
- Nutzungsdauer von Anlagen
- notwendige Instandhaltungsmassnahmen
- Anpassungsintensität bei unterschiedlichen Beschäftigungslagen

| WIE OFT | werden diese Tätigkeiten durchgeführt? |
|---|---|
| WIE LANGE | dauert die Bearbeitung? |

## Besondere Fragestellungen in der Kosten- und Leistungsrechnung

Das Analyseergebnis ist folgendem Grundschema zuzuordnen:

| Bearbeitungs-(Vorgehens-)schritte | Zeit | Anzahl der Tätigkeiten |
|---|---|---|
|  |  |  |

### 5.1.3 Bewertungsverfahren

Kosten sind als (Produktionsfaktor-)Menge mal (Produktionsfaktor-)Preis zu verstehen. In vielen Fällen kann mit **durchschnittlichen** Kosten das Auslangen gefunden werden, z. B.
- durchschnittliche Personalkosten
- durchschnittliche Kosten je Arbeitsplatz

| Bearbeitungsschritte | Arbeitszeit | Personalkosten je Zeiteinheit | Personalkosten |
|---|---|---|---|
| 1 | 2 | 3 | 1x2x3 |
|  |  |  |  |

Die Preisermittlung setzt Bewertungs**regeln** voraus, beispielsweise:

| | |
|---|---|
| Materialkosten<br>Personalkosten<br>Fremdleistungskosten | Orientierung an den tatsächlich zu bezahlenden Preisen |
| Vermögenskosten:<br>a. Abschreibungskosten<br><br>b. Kalkulatorische Zinsen<br><br><br><br>c. Kalkulatorische Wagnisse | anschaffungs- oder wiederbeschaffungswertorientiert<br><br>aa. nur Fremdkapitalzinsen<br>bb. Mischzinssatz<br>cc. Einheitlicher Zinssatz auf das gesamte Vermögen<br>durchschnittliche Schadenserwartungen |
| Förderkosten | Subventionsbeträge |

## 5.2 Verhalten der Kosten bei Veränderungen des Beschäftigungsgrades

Veränderungen des Beschäftigungsgrades (der Auslastung der verfügbaren Kapazitäten) im Zeitablauf bzw. die Veränderung der Anzahl der geplanten Leistungen haben auf die anfallenden Kosten unterschiedliche Auswirkungen. Es sind zwei Kategorien von Kosten zu unterscheiden: beschäftigungsfixe und beschäftigungsvariable Kosten.

**Fixe Kosten** sind die in einem Abrechnungszeitraum (Beobachtungszeitraum, z. B. Quartal) für die Bereitstellung von Leistungserstellungskapazitäten anfallenden Kosten. Sie sind vom Ausmass der Nutzung dieser Produktionsfaktoren, also von der Beschäftigung, unabhängig. Sie bleiben von Beschäftigungsänderungen unberührt und fallen unabhängig von Leistungsschwankungen an. Typische fixe Kosten sind Bereitschaftskosten für die Bereitstellung von Personal- und Sachkapazitäten, z. B. Gehälter für das Personal, soweit es den einzelnen Leistungen auf Grund von Zeitaufschreibungen nicht zugerechnet werden kann, kalkulatorische Abschreibungen vom Anlagevermögen oder kalkulatorische Zinsen und Wagnisse.

**Sprungfixe Kosten** sind jene Kosten, die sich innerhalb bestimmter Beschäftigungsbereiche fix verhalten. Wird die Kapazitätsgrenze überschritten, fallen zusätzliche Kapazitätskosten an, die sich innerhalb dieses (erhöhten) Beschäftigungsbereiches wieder fix verhalten (deshalb: „sprungfix").

**Variable Kosten** verändern sich mit der erbrachten Leistungsmenge, sie sind abhängig vom Beschäftigungsgrad. Nimmt die Leistungserstellung und damit der Beschäftigungsgrad zu, so nehmen auch die variablen Kosten zu und umgekehrt. Als Beispiele seien die leistungsabhängigen Energiekosten, die Telefonkosten (ohne zeitbezogene Grundentgelte) oder der Büromaterialverbrauch genannt.

Es lassen sich Kosten feststellen, die zur Gänze fix sind. Daneben sind Kosten feststellbar, die zur Gänze variabel sind. Meist existieren jedoch sogenannte „Mischkosten". Das sind Kosten, die zu einem Teil beschäftigungsunabhängig sind und mit dem anderen Teil auf Beschäftigungsschwankungen reagieren. Die Aufspaltung der Mischkosten in ihren fixen und in ihren variablen Teil wird als **Kostenauflösung** bezeichnet. Bei der Kostenplanung ist dafür ein Variator hilfreich (siehe auch Abschnitt 5.7.2). Ein Variator von 10 gibt an, dass es sich zur Gänze um variable Kosten handelt, ein Variator von 0 weist auf eine zur Gänze fixe Kostenart hin. Ein Variator von 7 zeigt beispielsweise an, dass die geplante Kostensumme zu 70 % aus variablen und zu 30 % aus fixen Kostenelementen besteht.

*Beispiel:*

| Kostenart | Plankosten (BG = 100 %) | Variator | Sollkosten bei BG = 90 % | Sollkosten bei BG = 80 % |
|---|---|---|---|---|
| Energiekosten | 200.000 | 6 | 188.000 | 176.000 |
| Telefonkosten | 150.000 | 8 | 138.000 | 126.000 |
| Personalkosten | 800.000 | 0 | 800.000 | 800.000 |

Die Energiekosten sind bei einem Variator von 6 mit 40 % (80.000) als fix und mit 60 % (120.000) als variabel anzusetzen. Bei einem erwarteten Beschäftigungsgrad (BG) von 90 % sind als Soll-Kosten anzusetzen:

| | |
|---|---|
| Fixe Kosten: | 80.000 |
| Variable Kosten (90 % von 120.000) | 108.000 |
| | 188.000 |

Analog ist bei den anderen Kostenarten und bei der Planung anderer Beschäftigungsgrade vorzugehen.

In der Kostenrechnung wird in der Regel von **linearen Kostenverläufen** bei sich verändernden Beschäftigungssituationen ausgegangen. Die variablen Kostenelemente verhalten sich demnach proportional zur Veränderung des Beschäftigungsgrades. Progressive Kostenverläufe (z. B. überproportional ansteigende Instandhaltungskosten bei Vollauslastung von Maschinen) oder regressive Kostenverläufe (z. B. unterproportional ansteigende EDV-Verbrauchskosten) stellen eher die Ausnahme dar und bedürfen eines Kostennachweises im Einzelfall.

In Nonprofit-Organisationen, in welchen die **Personalkosten** dominant sind, empfiehlt sich eine eingehende Analyse dieser Kostenart. Bei einer pagatorischen Betrachtungsweise wären die gesamten Personalkosten als fixe Kosten einzustufen, weil die Gehälter zeit- und nicht leistungsabhängig einzustufen sind. Dies würde jedoch dazu führen, dass für die gesamte NPO ein Fixkostenblock in der Höhe von etwa 80 – 90 % der Gesamtkosten anzusetzen wäre. Eine Starrheit bzw. hohe Inflexibilität wäre die Folge, da von der Kostenseite kein ausreichender Bewegungsfreiraum für die NPO besteht.

Aus diesem Grund ist es sinnvoll, die Personalkosten auf sog. „produktive" und „unproduktive" Kosten hin zu untersuchen. Die in der Praxis gängige Wortwahl ist erläuterungsbedürftig. Unter **produktiven Kosten** sind jene Personalkosten anzusehen, die auf der Grundlage von Zeitaufschreibungen direkt den erbrachten Leistungen (Projekte, Beratungsleistungen usw.) zugerechnet werden können. Als **unproduktive Kosten** würden jene Personalkosten angesehen werden, die durch die Leistungsbereitschaft entstehen, aber einzelnen Leistungen nicht direkt zugerechnet werden können (z. B. Kosten für Personalschulungen, Urlaube usw.).

**Produktive** Kosten können bei der Berechnung der Selbstkosten im Rahmen der Kalkulation direkt auf die erbrachten Leistungen (Kostenträger) zugeordnet werden. Sie haben somit im Rahmen einer vorgegebenen Beschäftigungslage den Charakter von variablen Kosten. Die **unproduktiven** Kosten der Leistungsbereitschaft sind über Gemeinkostenzuschläge den Leistungen zuzurechnen.

Als **Leitsatz** für die Ermittlung der Personalkosten in NPO kann gelten: „Je differenzierter eine Unterscheidung des Personaleinsatzes in produktive und unproduktive Leistungsstunden durchgeführt wird, umso breiter wird die Einsatzmöglichkeit der Kosten- und Leistungsrechnung als innerbetriebliches Steuerungsinstrument".

## 5.3 Vollkosten- und Teilkostenrechnungen

Die **Vollkostenrechnung** lastet den einzelnen Kostenträgern sämtliche durch sie verursachten Kosten an. Bei **Teilkostenrechnungen** begnügt man sich mit der Verrechnung nur von Teilen der entstandenen Kosten. Die Kostenrechnung kann mit vergangenheitsbezogenen Werten (Ist-Kostenrechnung), daraus abgeleiteten Durchschnittswerten (Durchschnittskostenrechnung) und zukunftsbezogenen Planwerten (Plankostenrechnung) entwickelt werden. *Abbildung 24* gibt einen Überblick.

| | Vergangenheits-bezogene Wertansätze | Durchschnitts-werte | Zukunfts-bezogene Wertansätze |
|---|---|---|---|
| Bezeichnung des Kostenrechnungs-systems nach der Art der Verrechnung der Kosten auf Kostenträger | Vollkostenrechnung mit Ist-Kosten | Vollkostenrechnung mit Normal-(Durchschnitts-)werten | Vollkostenrechnung mit Plan-Kosten |
| | Teilkostenrechnung mit Ist-Kosten | Vollkostenrechnung mit Normal-(Durchschnitts-)werten | Teilkostenrechnung mit Plan-Kosten |

Abbildung 24: System der Voll- und Teilkostenrechnungen

Als wichtigste Form der Teilkostenrechnung kann die **Grenzkostenrechnung** angesehen werden. Als Grenzkosten werden die mit einer Erhöhung des Leistungsvolumens zusätzlich anfallenden Kosten bezeichnet, in der Regel sind dies die variablen Kosten. Nur bei einer Erweiterung der Leistungsbereitschaft ergeben sich auch sprungfixe Kosten.

In Verbindung mit den aus der Leistungsabgabe resultierenden Erträgen (Leistungserlösen) entsteht die (Fix-)**Kostendeckungsbeitragsrechnung**.

Eine besonders in Zeiten von Liquiditätsengpässen wichtige Form der Teilkostenrechnung ist die **Ausgabenbezogene Kostenrechnung**. Sie berücksichtigt nur solche Kosten, die unmittelbar (auf die Rechnungsperiode bezogen) mit Ausgaben verbunden sind. Damit soll zumindest eine Deckung der mit liquiditätsbelastenden Ausgaben verbundenen Kosten durch Leistungsentgelte erreicht werden.

Als weitere Formen der Teilkostenrechnung können die **stufenweise Fixkostendeckungsrechnung** bzw. die **relative Einzelkostenrechnung** angesehen werden (siehe Abschnitt 5.4).

Die ausschliessliche Anwendung einer **Vollkostenrechnung** bringt einige Nachteile mit sich:

- Es kommt zu einer (künstlichen) **Proportionalisierung der Fixkosten**; dies kann im Zusammenhang mit Änderungen des Beschäftigungsgrades zu „falschen" Kostensätzen führen.

- Bei Leistungsentgelten, die die vollen Kosten nicht decken, wird die genaue Ermittlung von **Preisuntergrenzen** erforderlich; in der Vollkostenrechnung ist die Höhe der variablen Kosten, die jedenfalls in den Entgelten zu decken wären, nicht bekannt.

- Ohne Kenntnis der variablen Kosten ist keine Ermittlung des **„Break-even-Points"** (des Kostenvergleichspunktes) möglich, der anzeigt, bei welcher Leistungsmenge eine Kostendeckung mit Leistungsentgelten (Subventionserträgen) möglich ist.

- Ergebnisoptimierende **Leistungsprogrammentscheidungen** bedingen die Kenntnis des Fixkostendeckungsbeitrages, der aus den einzelnen Leistungsbereichen resultiert. Die alleinige Gegenüberstellung von Leistungsentgelten und Vollkosten führt zu falschen Schlussfolgerungen.

- Vollkostenrechnungen erlauben oft nur eine **unzureichende Kontrolle der Wirtschaftlichkeit**, weil Kostenabweichungen nicht so erfasst werden können, dass sie die dafür verantwortlichen Instanzen mit ausreichender Deutlichkeit erkennen lassen.

Es ist somit ratsam, bei der Erfassung der Kosten festzuhalten, ob und inwieweit es sich um **fixe und/oder variable** Kosten handelt, sodass sowohl eine Vollkostenrechnung als auch eine zweckmässig gestaltete Teilkostenrechnung daraus abgeleitet werden können.

## 5.4 Deckungsbeitragsrechnung

Um den Kostenabhängigkeiten einerseits und den Zurechnungsmöglichkeiten für Erträge (Gebühren, Entgelte, Beiträge) andererseits entsprechen zu können, kann die Leistungsrechnung sinnvoll auch als **Deckungsbeitragsrechnung** aufgebaut werden. Als Deckungsbeitrag wird der Saldo zwischen dem Leistungserlös (Gebühr, Entgelt, Preis) und den direkt zurechenbaren, variablen Kosten angesehen:

|   | Leistungserlös (Gebühr, Entgelt, Preis) |
|---|---|
| – | variable Kosten (oder Einzelkosten) |
| = | **Deckungsbeitrag** |

Im Rahmen der Teilkostenrechnung (auch: **Direct Costing**) werden die Gesamtkosten einer Rechnungsperiode in (beschäftigungs)fixe und (beschäftigungs)variable Kostenelemente aufgeteilt. Den Leistungen (Kostenträgern) werden nur die variablen Kosten zugerechnet. Für den verbleibenden Block fixer (kapazitätsabhängiger) Kosten besteht ein **Deckungsbedarf**, der aus dem Überschuss der Leistungserlöse über die variablen Kosten (= **Deckungsbeitrag**) abzudecken ist.

*Beispiel:*

|   | Kollektivbereich | Dienstleistung 1 | Dienstleistung 2 | Summe |
|---|---:|---:|---:|---:|
| Erträge:<br>Umlagen<br>Leistungserlöse<br>– variable Kosten | 2.000<br><br>150 | <br>5.000<br>1.800 | <br>1.500<br>1.000 | <br>8.500<br>2.950 |
| Deckungsbeitrag (DB)<br>– Fixkostenanteile | 1.850<br>1.400 | 3.200<br>2.800 | 500<br>1.000 | 5.550<br>5.200 |
| = Überschuss/Fehlbetrag | 450 | 400 | – 500 | 350 |

## Besondere Fragestellungen in der Kosten- und Leistungsrechnung

Die Fixkosten können im Allgemeinen nicht als einheitlicher Kostenblock angesehen werden, sondern sind in differenzierter Weise einzelnen Leistungsgruppen, Kostenstellen oder Organisationsbereichen zuzuordnen. Wird dieser Differenzierung Rechnung getragen, entsteht eine **stufenweise Fixkostendeckungsrechnung**.

Sie kann zur **relativen Einzelkostenrechnung** weiterentwickelt werden, wenn sowohl eine Proportionalisierung der Fixkosten wie auch eine schlüsselmässige Verteilung der Gemeinkosten unterbleibt. Als Deckungsbeitrag wird die auf eine einzelne, den Leistungsprozess gestaltende Entscheidung zurückgehende Differenz zwischen Entgelten (Umlagen, Beiträgen) und Kosten angesehen.

Gegenüber der kaufmännischen Kosten- und Leistungsrechnung ergeben sich bei Verbänden und anderen Nonprofit-Organisationen **Besonderheiten**:

1) Ein grosser Teil der Kosten in Verbänden stellt zeitabhängige **Fixkosten** dar. Die Möglichkeit zu deren Disposition ist bei der Kostenstellengliederung zu beachten. Eine künstliche (nur durch die Verrechnung gegebene) Proportionalisierung von Fixkosten soll vermieden werden.

2) Ein differenzierter **Leistungsnachweis** ist die Vorbedingung für die verursachungsgerechte Kostenzuordnung. Es ist zu differenzieren zwischen:

   - Leistungsbereitschaft (Kapazität)
   - Leistungsangebot („Betriebsleistung")
   - Leistungsinanspruchnahme („Marktleistung")

   Aus dieser Differenzierung ergeben sich unterschiedliche Bemessungsgrundlagen für die Kostenzuordnung und in der Folge für die Kosten- bzw. Leistungsbeeinflussung (Nutzungsgrad verfügbarer Kapazitäten, Auslastungsgrad angebotener Betriebsleistungen).

3) Die Möglichkeiten zur **Leistungsquantifizierung** sind (wie auch in anderen Dienstleistungsorganisationen) beschränkt. Die Verbandsleistungen im Sinne von Vertretung, Verhandlung, Koordination, Beratung, Schulung und anderen Dienstleistungen sind oft nur in Leistungsbündeln konkretisierbar.

4) Verbände sind als **„Aufwandswirtschaften"** zu charakterisieren, wenn zwischen der Mittelaufbringung (z. B. Umlagen) und der Mittelverwendung kein direkter Bezug besteht. Die Wirtschaftlichkeit des Verbandes kann dann aus monetärer Sicht nur über den Mitteleinsatz, nicht aber auch über einen (Markt-)Wert der erbrachten Leistungen sichergestellt werden. Die beschränkten Möglichkeiten in der Leistungsquantifizierung führen in der Regel zu Kosten-Wirksamkeits-Beziehungen und nicht zu den sonst üblichen Kosten-Ertrags-Beziehungen.

| ERGEBNISRECHNUNG (DECKUNGSBEITRAGSRECHNUNG) (Zeitraum) | | | | | |
|---|---|---|---|---|---|
| | | Schulungen Veranstaltungen | Drucksachen Literatur | Andere ... | Bereichssummen | Salden Gesamtverband |
| **A. Entgeltlicher Leistungsbereich** | | | | | | |
| 1 | Umsatzerlöse, Direktsubventionen | 1000 | 800 | 500 | 2300 | |
| 2 | - direkt zurechenbare variable Kosten (z.B. Honorare) | - 500 | - 400 | - 200 | - 1100 | |
| 3 | *Deckungsbeitrag A1* | 500 | 400 | 300 | 1200 | |
| 4 | - zurechenbare Personalkosten | - 400 | - 330 | - 50 | - 780 | |
| 5 | *Deckungsbeitrag A2* | 100 | 70 | 250 | 420 | |
| 6 | - zurechenbare Betriebskosten | - 200 | - 20 | 0 | - 220 | |
| 7 | - zurechenbare Vermögenskosten | - 50 | 0 | 0 | - 50 | |
| 8 | *Deckungsbeitrag A3* | - 150 | 50 | 250 | 150 | 150 |
| **B. Kollektiver Leistungsbereich** | | | | | | |
| 9 | Mitgliederbeiträge (Umlagen) | | | 700 | | |
| 10 | Spenden, allgemeine Subventionen | | | 300 | 1000 | |
| 11 | - zurechenbare Personalkosten (nach Projekten) | | - 200 | | | |
| 12 | - zurechenbare Betriebskosten (nach Projekten) | | - 100 | | | |
| 13 | - zurechenbare Vermögenskosten (Abschreibungen, Zinsen) | | 0 | | - 300 | |
| 14 | *Deckungsbeitrag B* | | | | 700 | 700 |
| **C. Allgemeiner Verbandsbereich** | | | | | | |
| 15 | Nichtleistungserträge (Zinserträge, Erlöse aus Vermögensverwertung) Nicht den Leistungsbereichen A + B einzeln zurechenbare: | | | 100 | 100 | |
| 16 | o Personalkosten | | - 500 | | | |
| 17 | o Betriebskosten | | - 100 | | | |
| 18 | o Vermögenskosten (Abschreibungen, Zinsen) | | - 300 | | | |
| 19 | = Allgemeine Verbandsfixkosten (Bereitschaftskosten) | | - 900 | | - 900 | |
| 20 | *Deckungsbeitrag B* | | | | - 800 | - 800 |
| 21 | ***Gesamtergebnis (Vermögensmehrung/-minderung)*** | | | | | **50** |

Abbildung 25: Periodenergebnisrechnung als Deckungsbeitragsrechnung

Die *Abbildung 25* zeigt eine NPO-spezifische Form der **Deckungsbeitragsrechnung,** die weitgehend auf (durch Schlüsselwerte festgelegte) Fixkostenverteilungen verzichtet:

- Für einzelne Aktivitäten (z. B. Projekte) können individuelle Deckungsbeiträge (DB) geplant werden.
- Bei umstrittenen Kostenverteilungsschlüsseln geben bereits die Deckungsbeiträge wichtige Aufschlüsse über die Wirtschaftlichkeitssituation eines NPO-Bereiches.
- Im Mehrperiodenvergleich ist der Spartendeckungserfolg ein brauchbarer Führungs- und Beurteilungsmassstab.

In diesem Beispiel wird zwischen dem Entgeltlichen Leistungsbereich (Marktleistungsbereich; A) und dem Kollektiven Leistungsbereich (B) unterschieden, wobei zunächst nur die diesen Bereichen direkt zurechenbaren Kosten zur Ermittlung von Deckungsbeiträgen zugeordnet werden. Alle jene Kapazitätskosten, die von beiden Bereichen gemeinsam verursacht werden, werden dem Allgemeinen Verbandsbereich C zugeordnet.

Da auf eine Kostenschlüsselung (im Sinne der relativen Einzelkostenrechnung) verzichtet wird, werden die Bereichsergebnisse (Deckungsbeiträge) zur Steuerungsgrösse, weil nicht deren absoluter Wert (mit positivem oder negativem Vorzeichen), sondern nur das Verhältnis zur Planungsgrösse, die für eine Planperiode diesem Bereich vorgegeben wurde, für den wirtschaftlichen Erfolg ausschlaggebend ist.

## 5.5 Prozesskostenrechnung

In letzter Zeit wurde vermehrt der Vorschlag gemacht, die Planungs- und Kontrollaktivitäten nicht allein kostenstellenbezogen und damit entsprechend der Aufbauorganisation auszurichten, sondern **verrichtungsorientiert** aufzubauen. Diese Ausrichtung auf Verrichtungen eröffnet eine entscheidungsorientierte Betrachtungsweise, die den von den NPO zu erfüllenden Funktionen stärkeres Gewicht beimessen lässt. Die Funktionen (z. B. Interessenvertretung, Beratung) werden dabei als Entscheidungspakete aufgefasst, die in periodischer, wenn auch nicht immer in jährlicher Abfolge auf ihre Kostenwirkungen und ihre Nutzenwirkungen hin zu überprüfen sind.

Im NPO-Bereich hängen die Kosten in der Regel auch nicht direkt vom Leistungs-Output ab, sie sind vielmehr durch die Leistungsbereitschaft und deren Auslastung determiniert. Da der Anteil der Gemeinkosten an den Gesamtkosten besonders hoch ist, besteht bei der Anwendung der traditionellen Vollkostenrechnung die Gefahr des Treffens von Fehlentscheidungen. Der undifferenzierte Pauschalzuschlag der Verwaltungs- und Vertriebskosten auf die Herstellkosten im Rahmen der Zuschlagskalkulation kann zu einer ungerechtfertigten

Verteilung derselben auf die einzelnen Leistungen führen, da diese den Verwaltungs- und Vertriebsbereich in unterschiedlichem Ausmass in Anspruch nehmen.

Dieses Problems hat sich die **Prozesskostenrechnung** angenommen, die versucht, die Kosten jener Kostenstellen, die mit der Leistungserstellung in keinem unmittelbaren Bezug stehen (Kosten des „Overheads"), in leistungsmengenabhängige (leistungsmengeninduzierte) und leistungsmengenneutrale Kosten zu unterteilen:

**lmi** leistungsmengeninduzierte (-abhängige) Kostenelemente
**lmn** leistungsmengenneutrale Kostenelemente

Die leistungsmengeninduzierten Kosten sind von bestimmten mengenmässigen **kostentreibenden** Faktoren („cost drivers", wie z. B. Stückzahl, Zahl der Beratungsfälle, Betreuungsstunden, Abrechnungsfälle usw.) abhängig. Während die leistungsmengenneutralen Kosten der Verwaltungs- und Vertriebsstellen mangels anderer Zurechnungsmöglichkeiten nach wie vor auf die Herstellkosten bezogen werden, werden die leistungsinduzierten Kosten nach einer oder mehreren der oben genannten Bezugsgrössen auf die Kostenträger aufgeteilt.

Die Prozesskostenrechnung ist ein **Verfahren**, das die abteilungsübergreifenden Prozesse und ihre Abhängigkeit von Einflussgrössen (Kostentreibern) aufzeigen möchte:

- Kern der Prozesskostenrechnung ist die Prozess-Sichtweise: Im Mittelpunkt der Betrachtungen stehen **Leistungsprozesse** statt Kostenstellen und damit Verfahrensabläufe an Stelle von Strukturen. Dies ermöglicht eine (Leistungs-)Prozessidentifikation, die Neugestaltung von Prozessketten und letztlich ein „Process Reengineering".
- Als Quelle der Kostenverursachung sind **Kostentreiber** zu identifizieren, sie sind in der weiteren Folge einer Planung und Wirtschaftlichkeitsanalyse zuzuführen.
- Als Zwecke der Prozesskostenrechnung und des damit verbundenen Prozessmanagements kommen in Frage:
  - Ineffiziente Arbeitsabläufe aufdecken
  - Einsparungspotenziale finden
  - Schnittstellenprobleme aufzeigen
  - Kernaufgaben neu überdenken
  - Leistungen prozessorientiert kalkulieren

Die Prozesskostenrechnung ist von **Vorbedingungen** abhängig:

- Sie ist nur im Zusammenhang mit **repetitiven Vorgängen**, d. h. sich relativ gleichmässig wiederholenden Tätigkeiten, sinnvoll anwendbar.

- Es wird ein **proportionaler Zusammenhang** zwischen den kostentreibenden Einflussgrössen (Kostentreibern) und den verursachten Kosten unterstellt.
- Da ein Grossteil der Dienstleistungskosten durch Personalkosten bedingt ist, sind **Tätigkeitsanalysen** nach Art und Zeitdauer notwendig, um die kostentreibenden Aktivitäten definieren zu können.
- Eine verursachungsgerechte Kalkulation setzt einen **kausalen Zusammenhang** zwischen den verrechneten Kostenarten und den jeweiligen Aktivitäten voraus.

**Grundbegriffe:**

- **Aktivität oder Tätigkeit** (= elementarer Grundbaustein von Prozessen): zweckgerichtete menschliche Handlung als Einzelvorgang (oder Einzelmassnahme), die weder in ihrer Beschreibung noch in ihrer zeitlichen Erfassung weiter unterteilt wird.
- **Teilprozess**: sinnvolle Zusammenfassung von Aktivitäten
- **Prozess**: sinnvolle Zusammenfassung von Teilprozessen, die zu einem Ergebnis führen, das durch einen internen oder externen Leistungsabnehmer nachgefragt wird. Ein Prozess hat einen definierten Beginn und ein definiertes Ende, eine strukturierte, determinierte Abfolge, ist repetitiv; erbringt in seiner Gesamtheit einen Wert; besteht aus ausführend-operativen und führend-dispositiven Aktivitäten.
- **Hauptprozess (Wertkette)**: Aggregation von Einzelprozessen zu einer logisch geschlossenen Folge mit Ergebnisorientierung (Wertschöpfung).

*Beispiel: Hauptprozesse (HP) und mögliche Teilprozesse (TP) in einer karitativen NPO*

|  | Prozess | Kostentreiber |
|---|---|---|
| **HP 1** | **Aufnahme eines Patienten** | **Anzahl der Neuzugänge** |
| TP 1.1 | Einweisung | Anzahl der Neuzugänge |
| TP 1.2 | Datenaufnahme | Anzahl der Neuzugänge |
| TP 1.3 | Grunduntersuchung | Anzahl der Neuzugänge |
| **HP 2** | **Tagespflege** | **Anzahl der zu verpflegenden Patienten** |
| TP 2.1 | Betten machen | Anzahl der belegten Betten |
| TP 2.2 | Körperpflege | Anzahl der hilfsbedürftigen Patienten |
| TP 2.3 | Essensausgabe | Anzahl der zu verpflegenden Patienten |
| **HP 3** | **Medikamentenversorgung** | **Anzahl der verordneten Medikamente** |
| TP 3.1 | Erstellen der Pflegedokumentation | Anzahl der verordneten Medikamente |
| TP 3.2 | Medikamentenzuteilung je Patient | Anzahl der Medikamente/Patient |
| TP 3.3 | Ausgabe der Medikamente | Anzahl der mit Medikamenten zu versorgenden Patienten |

Dem Grunde nach können **Prozesse kostenstellenübergreifend** entwickelt sein:

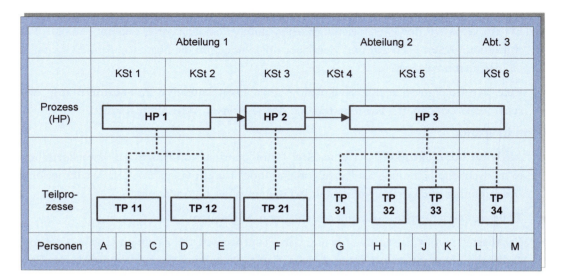

Abbildung 26: Grundaufbau der Prozesskostenrechnung

**Prozessmengen und Prozesskostensätze**

Für die einzelnen Teilprozesse sind **Prozesskostensätze** (Kennzahlen) zu bestimmen. Diese sind Voraussetzung für eine prozessorientierte Wirtschaftlichkeitskontrolle und Preisermittlung (Entgeltermittlung). Diese Kennzahlen enthalten nur die leistungsmengeninduzierten Kosten (lmi). Die leistungsmengenneutralen Kosten (lmn; zum Beispiel Leitung einer Abteilung) lassen sich (nur) über eine Zuschlagsbildung verteilen, z. B. proportional zu den Kosten der leistungsmengeninduzierten Prozesse. Dies geschieht mit pauschalen, aber nach Prozessen (und nicht nach Kostenstellen) aufgebauten Zuschlägen auf eine Wertbasis. Dadurch erhält man einen Umlagesatz. Dieser ergibt mit dem Prozesskostensatz den Gesamtkostensatz.

Die vorgegebenen und ermittelten Kennzahlen ermöglichen über die Kostenstellen hinweg für sachlich zusammenhängende Prozesse eine **kostenstellenweise und auch abteilungsübergreifende Kontrolle**. Abweichungen und damit eventuelle Unwirtschaftlichkeiten lassen sich mit Hilfe eines Vergleichs von Soll- und Ist-Kennzahlen auf den einzelnen, verursachenden Prozess zurückführen. Diese Kennzahlen erlauben auch Betriebsvergleiche und Zeitreihenanalysen.

*Beispiel:*
Prozesskostenrechnung für die Aktivitäten der Kostenstelle Vorprüfung in einer Förderstelle Bauwesen (aus Zimmermann 1994, S. 74)

| Teilprozess | | Massgrösse/ Bezugsgrösse | Planprozessmengen | Plankosten | sonstige Gemeinkosten | Prozesskosten | Prozesskostensatz (lmi) | Umlagesatz (lmn) | Gesamtprozesskostensatz |
|---|---|---|---|---|---|---|---|---|---|
| • Registrierung eingehender Bauanträge | lmi | Anzahl der Bauanträge | 400 | 20.000 | 1.600 | 21.600 | 5,40 | 0,66 | 6,06 |
| • Überprüfen der Unterlagen auf Vollständigkeit | lmi | Anzahl der Anlagen | 2.000 | 24.000 | 1.920 | 25.920 | 1,30 | 0,16 | 1,46 |
| • Zurückweisen von Anträgen, die so unvollständig sind, dass sie nicht bearbeitet werden können | lmi | Anzahl der Zurückweisungen | 500 | 10.000 | 800 | 10.800 | 21,60 | 2,65 | 24,25 |
| • Prüfung nachbarlicher Einwände | lmi | Anzahl der Stunden | 900 | 39.250 | 3.140 | 42.390 | 47,10 | 5,77 | 52,87 |
| • Prüfung der Bauzeichnungen | lmi | Brutto-Rauminhalt in 1000 m3 | 7.600 | 190.000 | 15.200 | 205.200 | 0,027 | 0,003 | 0,03 |
| • Ausnahmen und Befreiungen vorbereiten | lmi | Anzahl der Befreiungen | 500 | 29.000 | 2.320 | 31.320 | 62,64 | 7,68 | 70,32 |
| • Genehmigung von Bauvoranfragen vorbereiten | lmi | Anzahl der Vorbescheide | 750 | 14.000 | 1.120 | 15.120 | 20,16 | 2,47 | 22,63 |
| Summe | | | | 326.250 | 26.100 | **352.350** | | | |
| Abteilung leiten | lmn | | | 40.000 | 3.200 | **43.200** | | 0,1226 | |
| Gesamtsumme | | | | 366.250 | 29.300 | 395.550 | | | |

Die Kennzahlen für die Teilprozesse erleichtern die Zielvorgabe für die Kostenstellen, sie tragen zur Verbesserung der Kostenplanung bei. Sie zeigen damit Ansatzpunkte für Rationalisierungsüberlegungen auf. Aus der Effizienzentwicklung lassen sich die Wirkungen von Rationalisierungsmassnahmen ableiten.

**Kritische Würdigung:**

*Vorteile:*

- Gegenüber der traditionellen Vollkostenrechnung sachgerechtere Kostenzurechnung und Kalkulation
- wirtschaftlichere Gestaltung des Leistungsprogrammes durch Förderung der Leistungen mit einer grösseren Spanne zwischen Selbstkosten und Marktpreis (Leistungsentgelt)

*Nachteile:*

- Die Prozesskostenrechnung proportionalisiert die Fixkosten und ist daher bei schwankendem Beschäftigungsgrad problematisch.
- Sie ist nicht für kurzfristige Verfahrensentscheidungen (z. B. Entscheidungen über Eigenerstellung oder Fremdbezug von Leistungen) bzw. für preispolitische Massnahmen (z. B. Feststellung von Preisuntergrenzen) geeignet.
- Sie gibt keine Möglichkeit zur Ermittlung des Break-even-points (Kostenvergleichspunktes).
- Sie arbeitet in einem wesentlichen Bereich der Kostenverteilung (Aufteilung der Kostenblöcke auf die Teilprozesse) mit Näherungswerten, obwohl diese Kostenverteilung letztlich die Grundlage für die Kosten der Prozessmengeneinheit bildet.
- Die den einzelnen Prozessen zugerechneten Kostenblöcke sind überwiegend Fixkosten; Beschäftigungsschwankungen müssen sofort zu geänderten Prozesseinheitskosten führen.

Die sachgerechte Zurechnung der indirekten Gemeinkosten auf die einzelne Leistungseinheit (den Kostenträger) ist mit einer **stufenweisen Fixkostendeckungsrechnung** ebenfalls zu erzielen, der grosse Nachteil der Proportionalisierung der Fixkosten entfällt jedoch. Im Zusammenhang mit der Deckungsbeitragsrechnung kann die Prozesskostenrechnung eine sehr gute Ergänzung in den indirekten Leistungsbereichen sein (z. B. zur Erfassung und Verrechnung von projektabhängigen Fixkosten).

## 5.6 Kostenvergleich: Eigenerstellung oder Fremdbezug von Leistungen

Bei der Nutzung und beim Verbrauch von Ressourcen (Einsatz der Produktionsfaktoren) ist eine grundsätzliche Entscheidung zwischen **Eigenerstellung** oder **Fremdbezug** von Leistungen zu treffen. Dies bezieht sich auf

- Anlagen und Materialien;
- die Personalrekrutierung (innerbetriebliche Ausbildung oder externe Schulung oder Einstellung „fertiger" Mitarbeiter von aussen);
- die Informationsbereitstellung (Eigenversorgung z. B. über den Aussendienst oder Fremdbeschaffung über externe Informationsdienste wie z. B. Meinungsforschungsinstitute).

Konkrete Beispiele für den Fremdbezug von Leistungen im NPO-Bereich wären etwa die Heranziehung von Vertragsanwälten in der Rechtsberatung oder die Herausgabe der Verbandszeitschrift durch eine PR-Agentur.

Die Grundsatzentscheidung über Eigenerstellung oder Fremdbezug ist sinngemäss auch für die Kapitalbeschaffung notwendig, wenn über das Ausmass der **Innenfinanzierung** (z. B. Selbstfinanzierung) und der **Aussenfinanzierung** (z. B. Fremdfinanzierung) zu befinden ist.

Die **Eigenerstellung von Leistungen** erfordert in der Regel die Vorhaltung von Personal- und Sachkapazitäten. Die damit bewirkte Leistungsbereitschaft verursacht **fixe Kosten** (Kapazitätskosten), die zunächst zeitabhängig und nicht leistungsabhängig zu sehen sind. Im Zuge der Nutzung dieser Personal- und Sachkapazitäten resultiert ein mehr oder weniger hoher Beschäftigungsgrad (Auslastungsgrad). Je höher (intensiver) die Leistungsbereitschaft genutzt werden kann, desto weniger Fixkostenanteile entfallen auf die einzelnen Leistungseinheiten (**Fixkostendegression**). Der Anteil an direkt leistungsabhängigen Kosten (**variablen Kosten**) ist im Vergleich zu den fixen Kosten gering.

Beim **Fremdbezug von Leistungen** entstehen in der Regel variable Kosten, gegebenenfalls in Verbindung mit einer Mindestbezugsmenge und somit einem Grundsockel an Fixkosten.

Die Entscheidung zwischen Eigenerstellung und Fremdbezug ist aus ökonomischer Sicht als ein **Investitionsproblem** zu sehen (siehe auch die Ausführungen über Investitionsrechnungen in Kapitel 11) und bedingt eine vergleichende Analyse (z. B. Kostenvergleich). Drei Problembereiche treten dabei besonders in den Vordergrund:

- **Mindestauslastung** vorhandener oder neu eingerichteter Leistungskapazitäten (Ermittlung des Kostenvergleichspunktes).
- Ermittlung von **Preisuntergrenzen** (Verkaufspreise oder Verrechnungspreise) für eigene Leistungen zur Anhebung der Kapazitätsauslastung (die Fixkostendegression soll die Vorteilhaftigkeit der Eigenerstellung von Leistungen gegenüber dem Fremdbezug von Leistungen sicherstellen).
- **Möglichkeit des Kostenabbaus** beim Übergang von der bisherigen Eigenerstellung auf den Fremdbezug von Leistungen (Problem der Kostenremanenz). Bisher als fix anzuse-

hende Kosten können partiell in variable Kosten transformiert werden. Besonders zu beachten ist beim Übergang auf den Fremdbezug von Leistungen jedoch das Problem der Qualitätssicherung, denn es besteht die Möglichkeit, dass bisher erworbenes Know-how an den Partner übergeht und in der eigenen Organisation nicht mehr verfügbar ist.

*Beispiel:*

Ein gemeinnütziges Seminar- und Bildungszentrum verfügt auch über einen Nächtigungstrakt. Dieser verfügt über 50 Betten und ist parallel zur Veranstaltungssaison insgesamt 310 Tage geöffnet. Für das kommende Jahr sind für diesen Bereich – bei einer durchschnittlichen Auslastung von 45 % – Gesamtkosten in Höhe von 237.150 geplant, wobei 85 % davon als fix anzusehen sind. Als durchschnittlicher Preis pro Bett und Nacht wird ein Wert von 30 als erzielbar angesehen. Für den Nächtigungstrakt wird darüber hinaus vom Träger ein gesonderter Zuschuss von 20.000 für das gesamte Jahr geleistet.

1) Erreicht der Nächtigungstrakt unter Einbeziehung des Zuschusses ein positives Betriebsergebnis?
2) Bei welcher Nächtigungszahl wird unter Berücksichtigung des Zuschusses der Break-Even-Point erreicht?
3) Ein fremder Seminarveranstalter macht Ihnen das Angebot, in der auslastungsschwachen Zeit eine Gruppe von 12 Personen für 21 Tage zu buchen, allerdings nur zu einem Preis von 22 pro Bett und Nacht. Sollen Sie diese Buchung akzeptieren, wenn die Annahme dieses Angebots zusätzliche Fixkosten von 2.500 verursachen würde?
4) Die Leitung des Bildungshauses überlegt, das Haus in einem auslastungsschwachen Monat vorübergehend zu schliessen. Von den für diesen Monat geplanten Fixkosten in Höhe von 18.000 sind 70 % nicht abbaubar. Wie viele Nächtigungen zum Preis von 30 pro Bett und Nacht dürfen maximal wegfallen, damit die Schliessung des Hauses aus rechnerischer Sicht sinnvoll ist? Welche negativen Begleiterscheinungen könnte eine derartige Schliessung haben?

*Lösung:*

## 1. Betriebsergebnis:

| | | |
|---|---|---:|
| Gesamtkapazität: | 50 Betten x 310 Tage | 15.500 |
| Auslastung: | 45 % | 6.975 |
| | | |
| Erlöse | 6.975 Nächtigungen x 30 | 209.250 |
| + Zuschuss | | 20.000 |
| - Gesamtkosten | | - 237.150 |
| Betriebsergebnis | | **- 7.900** |

## 2. Break-Even-Point:

| | | |
|---|---|---:|
| Fixe Kosten ($K_f$): | 85 % von 237.150 | 201.577,5 |
| Variable Kosten ($K_v$) | variabel | 35.572,5 |
| Variable Kosten ($K_v$) je Nächtigung | (35.572,5 / 6.975) | 5,1 |
| | | |
| Erlöse je Nächtigung | | 30,0 |
| - Variable Kosten ($K_v$) | | - 5,1 |
| Deckungsbeitrag je Nacht | | 24,9 |

Mindestnächtigungszahl (Break-Even-Point):
X = Fixe Kosten ($K_f$) – Zuschuss / Deckungsbeitrag
X = (201.577,5 – 20.000) / 24,9
**X = 7.292,27     ( 7.293 Nächtigungen oder Auslastung 47 %)**

## 3. Angebot des Fremdveranstalters:

| | |
|---|---:|
| Zusätzliche Buchungen (12 Pers x 21 Tage) | 252 |
| Zusätzliche Erlöse (252 Nächtigungen x 22) | 5.544 |
| Zusätzliche Fixkosten | 2.500 |
| | |
| Zusätzlicher Deckungsbeitrag: (22 – 5,1) x 252 | 4.258,80 |
| Zusätzliche Fixkosten | 2.500,00 |
| **Ergebnisverbesserung** | **1.758,80** |
| Ursprüngliches Ergebnis | - 7.900,00 |
| Neues Betriebsergebnis (-7.900,00 plus 1.758,80) | **- 6.141,20** |

*4. Teilweise Schliessung des Hauses:*

| | |
|---|---|
| Geplante Fixkosten/Monat | 18.000 |
| Nicht abbaubar 70 % | 12.600 |
| Abbaubare Fixkosten | 5.400 |

Wegfallende Deckungsbeiträge <= abbaubare Fixkosten

24,9 X <= 5.400

X <= 216,87

**216 Nächtigungen** dürfen maximal wegfallen.

## 5.7 Plankostenrechnung (Budgetkostenrechnung)

Die Verwendung der Ist-Kostenrechnung als Instrument für Gegenwarts- und Zukunftsentscheidungen ist nur vertretbar, wenn unterstellt werden kann, dass in der Vergangenheit entstandene Kostensituationen auch für die Gegenwart und für die Zukunft massgeblich sind. Muss für die Zukunft eine sich ändernde Entwicklung angenommen werden, so sind **Soll-Kostenrechnungen** notwendig, deren Wertansätze auf Erfahrung, auf dem Wissen um zukünftige Gegebenheiten und auf Schätzungen aufbauen.

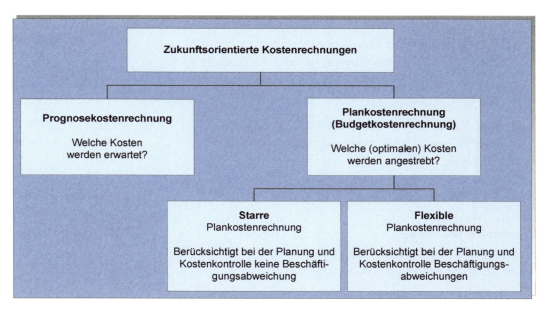

Abbildung 27: Zukunftsorientierte Kostenrechnungen

## Besondere Fragestellungen in der Kosten- und Leistungsrechnung

Im Gegensatz zur Ist-Kostenrechnung, die auf Vergangenheitswerten beruht und bereits bekannte Daten der Rechnung zu Grunde legt, baut die Kostenermittlung bei der Soll-Kostenrechnung auf der Kostenvorschau auf. Je nach Intensität der Kostenplanung und des Vorgabecharakters, der mit der Kostenplanung verbunden wird, unterscheidet man die **Prognosekostenrechnung** und die eigentliche **Plankostenrechnung (Budgetkostenrechnung)**. In gleicher Weise wie bei der Ist-Kostenrechnung können auch die zukunftsbezogenen Kostenrechnungen auf der Basis von Vollkosten und von Teilkosten durchgeführt werden.

Die Prognosekostenrechnung dient der (zunächst unverbindlichen) **Kostenvorschau**, ist sie für die Kostenstellenverantwortlichen mit Verbindlichkeit im Sinne einer **Kostenvorgabe** verbunden, entsteht daraus die Plankostenrechnung.

Da es in Dienstleistungsbereichen wegen der externen Produktionsfaktoren in der Regel nicht möglich ist, optimale Kostenstrukturen (entsprechend „optimalen" Arbeitsabläufen) festzulegen, wird gerne von einem **Kostenbudget** (Budgetkostenrechnung) ausgegangen. In Verbindung mit der Leistungsplanung entsteht daraus das **Leistungsbudget**.

### 5.7.1 Starre Plankostenrechnung

Bei der starren Plankostenrechnung erfolgt die Kostenplanung nur für eine **bestimmte Planbeschäftigung (mengenmässig erwartetes Leistungsvolumen)**, wobei die in der Planungsperiode zu erwartende durchschnittliche Beschäftigung zu Grunde gelegt wird. Als Planbeschäftigung kann in der Kostenstelle Mitgliederberatung beispielsweise die geplante Anzahl von Beratungsfällen oder Beratungsstunden herangezogen werden. Den auf dieser Basis ermittelten Plankosten (Planmenge mal Planpreis) werden die Istkosten (bewertet zu Planpreisen: Istmenge mal Planpreis) gegenübergestellt. Die sich hierbei für die einzelnen Kostenstellen und ihre Kostenarten ergebenden Mengenabweichungen sind aber nur solange aufschlussreich, als die Istbeschäftigung gleich der Planbeschäftigung ist.

### 5.7.2 Flexible Plankostenrechnung

Die flexible Plankostenrechnung ist eine Vollkostenrechnung, die aus der Erkenntnis entstanden ist, dass die Gesamtkosten einer Periode je nach der Höhe des Anteils an variablen Kosten massgeblich von der Höhe des Beschäftigungsgrades beeinflusst wird. Zur Angleichung der Sollkosten an den Beschäftigungsgrad wird meist die **Variatormethode** verwendet (siehe Abschnitt 5.2). Hierbei werden die Plankosten zunächst für einen bestimmten

Planbeschäftigungsgrad ermittelt und daraus mittels Variator die Sollkosten für andere Beschäftigungsgrade abgeleitet.

### 5.7.3  Kostenüberwachung (Soll-Ist-Vergleich)

Die Kostenüberwachung hat grundsätzlich die Aufgabe, die Wirtschaftlichkeit bzw. den Erfolg der erbrachten Leistungen festzustellen. Eine Wirtschaftlichkeitsüberwachung ist nur dann möglich, wenn der **Ist-Zustand an einer Norm gemessen** wird, die in Form der Plankostenrechnung (des Kostenbudgets) vorgegeben sein kann. Beim Fehlen einer derartigen Norm wird als Ersatznorm häufig das Ergebnis der Vorperiode oder einer Vergleichsorganisation herangezogen.

Eine Kostenplanung erreicht nur dann ihren Zweck, wenn durch die nachfolgende Kontrolle die Einhaltung der Vorgaben festgestellt, entstandene Abweichungen analysiert und daraus die notwendigen Konsequenzen gezogen werden. Abweichungen können sich im Wesentlichen aus drei Ursachen ergeben:

- Preisabweichungen
- Verbrauchsabweichungen (Mengenabweichungen, Wirtschaftlichkeitsabweichungen)
- Beschäftigungsabweichungen

1) **Preisabweichungen**

Preisabweichungen liegen dann vor, wenn die Produktionsfaktoren teurer oder billiger als geplant beschafft wurden. Dazu gehören Preisänderungen beim Materialeinkauf, höhere Preise bei den Fremdleistungen und Lohn- und Gehaltssteigerungen. Die Ermittlung der Preisabweichungen erfolgt nach folgendem Schema:

|   | Istmenge x Planpreis (bei Ist-Beschäftigung) |
|---|---|
| − | Istmenge x Istpreis |
| = | **Preisabweichung** |

2) **Verbrauchsabweichungen**

Verbrauchsabweichungen ergeben sich, wenn im Zuge der Leistungserstellung mehr oder weniger Einsatzmengen an Produktionsfaktoren (z. B. Arbeitsstunden) als geplant verbraucht worden sind, um die geplante Leistung zu erreichen. Verbrauchsabweichungen können somit durch geringere oder höhere **Leistungsintensität** (das geplante Verhältnis von Leistungserstellungszeit und Leistungsmenge wird nicht eingehalten) oder durch andere **Verfahrensabläufe** (Verfahren der Leistungserstellung) entstehen.

|   | Planmenge x Planpreis (bei Ist-Beschäftigung) |
|---|---|
| − | Istmenge x Planpreis |
| = | **Verbrauchsabweichung** |

3) **Beschäftigungsabweichung**

Durch die Beschäftigungsabweichung sollen die Leerkosten ermittelt werden. **Leerkosten** sind jener Teil der Fixkosten, der der nicht ausgelasteten Kapazität bei einer vorgegebenen Normal- bzw. Durchschnittsbeschäftigung entspricht. Als **Nutzkosten** werden die durch die Beschäftigung ausgelasteten Fixkosten bezeichnet. Die Beschäftigungsabweichung ist (nur) eine theoretische Abweichungsgrösse, die jedoch bei regelmässiger Analyse langfristig Informationen über den **Ausnutzungsgrad der vorgehaltenen Leistungsbereitschaft** in einer NPO liefern kann.

|   | Ideale Plankosten bei Ist-Beschäftigung |
|---|---|
| − | Sollkosten für den Ist-Beschäftigungsgrad |
| = | **Beschäftigungsabweichung** |

Die idealen (auch: verrechneten) Plankosten der Ist-Beschäftigung (die *Abbildung 28* zeigt die Zusammenhänge) ergeben sich unter der (theoretischen) Annahme, dass alle geplanten Kosten als variabel anzusehen wären, es somit keine Fixkostenbelastung gäbe. Das Ergebnis ist als Einsparungspotenzial bezogen auf die Kosten des erreichten Leistungsvolumens zu werten, das durch eine verbesserte Kapazitätsauslastung erreichbar wäre (die Leerkosten würden dann in Nutzkosten umgewandelt).

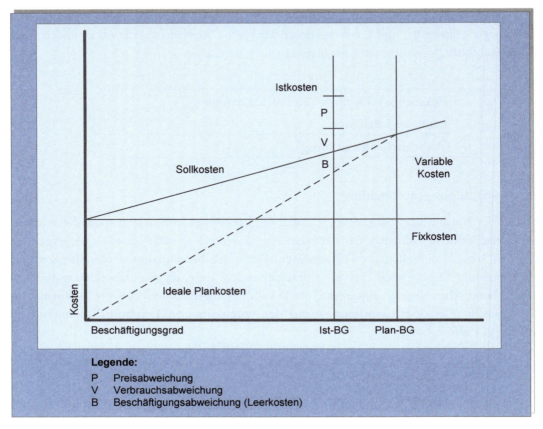

Abbildung 28: Graphische Darstellung der Kostenabweichungen

*Beispiel:*

**Plan:** Planbeschäftigung 500 Betreuungsfälle, geplante Löhne (5.000 Stunden à 20) 100.000 (Variator 8).

**Ist:** Erreichter Beschäftigungsgrad 450 Betreuungsfälle (90 %), Lohnerhöhung 5 %, Istkosten 98.700 (4.700 Stunden).

**Gesamtabweichung:**

| | | |
|---|---|---|
| (100.000 / 500) x 450 = | 90.000 | (Ideale Plankosten bei Ist-BG) |
| | − 98.700 | (Istkosten) |
| | − 8.700 | Gesamtabweichung |

**Beschäftigungsabweichung**:

|  |  |  |
|---|---|---|
|  | 90.000 | (Ideale Plankosten bei Ist-BG) |
| 20.000 + (80.000 / 500) x 450 = | − 92.000 | (Planmenge x Planpreis = Sollkosten) |
|  | − 2.000 | Beschäftigungsabweichung |

**Verbrauchsabweichung**:

|  |  |  |
|---|---|---|
|  | 92.000 | (Planmenge x Planpreis = Sollkosten) |
| 4.700 x 20 = | − 94.000 | (Istmenge x Planpreis) |
|  | − 2.000 | Verbrauchsabweichung |

**Preisabweichung**:

|  |  |  |
|---|---|---|
|  | 94.000 | (Istmenge x Planpreis) |
| 4.700 x 21 = | − 98.700 | (Istmenge x Istpreis = Istkosten) |
|  | − 4.700 | Preisabweichung |

## 5.8 Auswertung der Kosten- und Leistungsrechung (Reporting)

Die Kosten- und Leistungsrechnung soll Informationen zur Beeinflussung und Überwachung der Kosten der Leistungserstellung in den verschiedenen Kostenstellen (Leistungsbereichen), aber auch Unterlagen zur Ermittlung (Kalkulation) der Selbstkosten der Leistungserstellung liefern. Zu diesem Zweck wären die Ergebnisse der Kosten- und Leistungsrechnung allein zu wenig aussagekräftig. Vielmehr müssen diese in Verbindung mit Angaben aus der Betriebsstatistik (Leistungsstatistik) ausgewertet und je nach Fragestellung und Empfängerkreis entsprechend interpretiert werden.

Zum einen ergibt sich die Notwendigkeit zu einer zeitlichen Abfolge von Auswertungsschritten, zum anderen ist auch, ausgehend von Basisauswertungen, ein Fortschreiten zu immer umfassenderen Auswertungsverfahren und –erkenntnissen zweckmässig:

| | |
|---|---|
| 1. | Durchführung von Basisauswertungen<br>Erarbeitung von Grundlagen für die Kalkulation<br>Erarbeitung von Basisinformationen (Kennzahlen) zur Wirtschaftlichkeit und Effektivität |
| 2. | Ermittlung von Standards (Soll-Werte) |

| 3. | Durchführung von Soll-Ist-Vergleichen und sonstigen ergebnisorientierten Analysen |
|---|---|
| 4. | Durchführung von Zeit- und Betriebsvergleichen |
| 5. | Erarbeitung von Verbesserungsvorschlägen |
| 6. | Erstellen von Kosten- und Leistungsberichten Berichterstattung über vorgeschlagene, beabsichtigte oder durchgeführte Verbesserungsmassnahmen |

Grundsätzlich ist zu berücksichtigen, dass je nach Adressat der Berichte die Auswertungen unterschiedlich verdichtet sein müssen. Während für den Kostenstellenverantwortlichen ausführliche Informationen (z. B. Monatsberichte, Zeitvergleiche über mehrere Perioden usw.) benötigt werden, sind die Berichte an die Geschäftsleitung bzw. die Trägerorganisation bereichsorientiert zu verfassen und auf die wesentlichsten Informationselemente zu konzentrieren. Zweckmässig sind sog. „One-Page-Berichte" mit den wichtigsten Kennzahlen, die die Aufmerksamkeit des Managements auf entscheidungsrelevante Sachverhalte lenken sollen.

# 6. Leistungserfassung und Leistungsanalyse (Value for Money-Reporting)

## 6.1 Dimensionen der Leistung

Der Nachweis des „Value for Money" (siehe Abschnitt 2.4) erfolgt einerseits über die Kostenrechnung, welche die Möglichkeit zur Überprüfung der Wirtschaftlichkeit und der Sparsamkeit bietet. Die Darstellung und Messung der Effektivität andererseits, die angibt, in welchem Ausmass die angebotenen Leistungen zur Erfüllung der angestrebten Wirkungen beitragen, hat durch eine Leistungsrechnung (im weiteren Sinne) zu erfolgen. Dabei ist zu berücksichtigen, dass in Nonprofit-Organisationen oftmals Leistungen erbracht werden, die zwar marktfähig sind, aber bewusst nicht zu Marktpreisen abgegeben werden (**meritorische Güter**). Oder es werden Leistungen angeboten, die überhaupt nicht marktfähig sind, da sie nicht einem Individuum, sondern einer Gruppe zugutekommen (**kollektive** und **öffentliche** Leistungen). Eine Bewertung mit einem Marktpreis ist somit in vielen Fällen nicht möglich. Ein Transfer der Leistungsrechnung aus dem erwerbswirtschaftlichen Bereich kann dann nicht durchgeführt werden. Zum anderen wird in Nonprofit-Organisationen der Nachweis der Sachzielerfüllung in den Mittelpunkt der Leistungsrechnung gerückt und das monetäre Ergebnis verliert an Bedeutung.

Um die Leistungen einer Organisation messen zu können, müssen klare Ziele gesetzt werden. Nur ein Soll-Ist-Vergleich gibt letztlich Auskunft über die Leistungsfähigkeit der NPO. Da wegen der **Sachzieldominanz** (im Gegensatz zu den rentabilitätsorientierten erwerbswirtschaftlichen Unternehmungen) in der Regel kein übergeordnetes Gesamtziel vorgegeben ist, von dem hierarchisch Unterziele abgeleitet werden können, werden die verschiedensten (Wirkungs-)Ziele verfolgt, die sich zum Teil auch konfliktär darstellen können. Zudem handelt es sich häufig auch um Ziele, die keine unmittelbar beobachtbaren bzw. wahrnehmbaren Wirkungen bezeichnen und deshalb kaum zahlenmässig fassbar sind.

Um dennoch eine **Operationalisierung** der Ziele vornehmen zu können, ist es notwendig, einzelne Zielelemente (Dimensionen) festzuhalten, die einer Messung zugänglich sind. Die Zielerreichung ergibt sich aus den durch die Leistungserbringung resultierenden Wirkungen. Die Wirkungen, wie z. B. der aus der Interessenvertretung gestiftete Nutzen oder der in der Sozialbetreuung erreichte Zufriedenheitsgrad, können in der Regel nicht objektiv gemessen, sondern nur subjektiv empfunden werden. Die Bindungen der Träger/Mitglieder an die NPO werden über die wahrgenommene Dienstleistungsqualität gestärkt oder geschwächt. Mitglieder zu binden, heisst die Beziehungen zu ihnen zu stärken.

Da **Wirkungen** oftmals auch nicht sofort, sondern erst nach einer unbestimmten Zeit eintreten und ausserdem kaum auf eine isolierte Leistung zurückzuführen sind, können Informationen über die Leistungserbringung zusätzliche Aussagen über ein zielgerichtetes Handeln der NPO liefern. Somit sind als Dimensionen der Leistung von Bedeutung:

- Leistungsbereitschaft
- tatsächlich realisierte Leistungen
- direkt zurechenbare Wirkungen (die wahrgenommene Dienstleistungsqualität)

Soweit möglich, sind diese drei Merkmale mengenmässig, wertmässig und in ihrer Qualität abzubilden. Den Zusammenhang erläutert *Abbildung 29*.

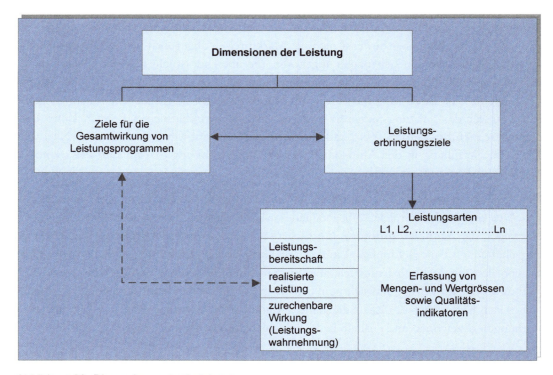

Abbildung 29: Dimensionen der Leistung

## 6.2. Erfassung und Messung der Leistungsdimensionen

### 6.2.1 Leistungswirkung

Unter dieser Dimension werden jene Wirkungen erfasst, die nicht auf einzelne Leistungen zurechenbar sind, sondern Leistungsprogramme betreffen, beispielsweise die Schaffung eines international qualifizierten Mitarbeiterpotenzials mit Hilfe eines dualen Ausbildungssystems (aus dem Leitbild eines Wirtschaftsverbandes) oder die Verbesserung der Lebenssituation Hilfesuchender und sozial benachteiligter Menschen (aus dem Leitbild einer Sozialhilfeorganisation).

Manche dieser angestrebten Wirkungen sind direkt messbar (z. B. die Verringerung der Rückfälligkeitsrate von Straftätern). Andere – und hierbei handelt es sich um die Mehrzahl der angestrebten Wirkungen – können nicht direkt quantifiziert werden. Es sind dies jene Wirkungen, die nicht unmittelbar wahrnehmbar bzw. beobachtbar sind. In derartigen Fällen muss eine indirekte Messmethode angewandt werden. Man versucht, mit Hilfe von einigen beobachtbaren Sachverhalten eine angestrebte Wirkung, die sich wegen ihrer Komplexität einer umfassenden und exakten Messung entzieht, ausschnittsweise bzw. stellvertretend abzubilden. Die Darstellung dieser Sachverhalte erfolgt durch **Indikatoren**.

Grundsätzlich sind zwei Arten von Indikatoren möglich:

- **Input**indikatoren: Sie erfassen die Handlungen bzw. die Leistungen von Personen, die die gewollten Wirkungen erzielen sollen. Sie bilden die zur Erreichung des Sachziels benötigten Mittel ab (auch: Sekundärleistungen).
- **Output**indikatoren (genauer: **Outcome**indikatoren): Sie beschreiben unmittelbar die gewollten Wirkungen der Handlungen auf den bzw. die Zieladressaten. Sie zielen somit direkt auf die Erfassung der Sachzielerreichung ab (auch: Primärleistungen).

Inputindikatoren sind von geringerer Gültigkeit, da hier nicht festgestellt werden kann, ob im Sinne der Ziele gehandelt wurde. Als Vorteil können jedoch die grössere Genauigkeit und die geringeren Erfassungsprobleme genannt werden. Für eine effektive Darstellung von Leistungswirkungszielen ist die Bildung von Outcomeindikatoren jedoch unverzichtbar, denn Inputindikatoren können keine Wirkungsziele im engeren Sinn, sondern nur Erbringungsziele abbilden.

**Angestrebte Wirkungen** beziehen sich zumeist auf die Verbesserung einer vorhandenen Situation. Zur Erfassung der Zielerreichung (Wirkung) ist vorerst der Ist-Zustand zu ermitteln, in der Folge sind Ziele für die Veränderung festzulegen und letztlich ist durch die Erfassung der veränderten Situation der Zielerreichungsgrad zu bestimmen.

Wirkungen können selten durch einen einzigen Indikator abgebildet werden. Der Sachverhalt muss daher in mehrere Zielbereiche zerlegt werden, für die dann gegebenenfalls weitere Untergruppen zu definieren sind. Für die unterste Ebene der hierarchischen Pyramide sind dann Indikatoren festzulegen. Um die unterschiedliche Bedeutung eines Indikators für die Darstellung der Gesamtsituation zum Ausdruck zu bringen, kann eine **Gewichtung der Indikatoren** vorgenommen werden. Um die Aussagefähigkeit der Indikatoren zu sichern, muss eine Reihe von Anforderungen erfüllt sein:

- Stetigkeit: die Bildung der Indikatoren muss im Zeitablauf nach dem gleichen Verfahren erfolgen.
- Vergleichbarkeit: dem Grundsatz der Stetigkeit folgend, dürfen nur gleichartige Indikatoren einander gegenübergestellt werden.
- Zielbezogenheit: die Indikatoren müssen sich auf die festgesetzten Ziele beziehen.
- Anzahl: man muss sich auf eine beschränkte Anzahl von (Schlüssel-)Indikatoren einigen; es soll sich dabei um jene handeln, die voraussichtlich das beste Ergebnis bringen.
- Durchführbarkeit: sind die Ziele, auf welchen die Indikatoren aufbauen, realistisch? Können die Ziele mit vernünftigen Massnahmen erreicht werden?
- Wertmassstab: Indikatoren müssen ein Massstab sein, um werten zu können.
- Zielprojektion: Indikatoren sollen Zielprojektionen ermöglichen, um Fortschritte erzielen zu können.

Als Messmöglichkeiten für die **Wirkungsbeurteilung** kommen (siehe auch Abschnitt 4.1) in Frage:

- Wirkungstyp I: Es bieten sich für die Messung der Wirkungserzielung nur zwei Resultate an (angestrebte Wirkung erzielt: ja/nein)
- Wirkungstyp II: Der Wirkungsgrad wird durch eine Prozentzahl ausgedrückt.
- Wirkungstyp III: Die Wirkung kann mit einer absoluten Zahl angegeben werden.

### 6.2.2 Leistungserbringung

Am Beginn der Erhebung der Daten der Leistungserbringung steht die Erfassung der Leistungsarten. Es ist notwendig festzulegen, was als Leistung zu bezeichnen ist, ein **Leistungskatalog** ist zu entwickeln. Leistung ist generell alles, was nach aussen bzw. an andere Abteilungen abgegeben wird. Für den Leistungsabnehmer, das Mitglied bzw. den Nutzniesser der Leistung, sind jedoch nur alle jene Leistungen von Interesse, mit welchen er direkt konfrontiert wird. Insofern ist für eine outputorientierte Steuerung, welche sich an den Bedürfnissen der Leistungsabnehmer orientiert, vor allem die Erfassung der nach aussen abgegebenen Leistungen von Bedeutung.

Um nicht durch eine Vielzahl von einzelnen Leistungen eine Steuerung des Leistungsbereiches zu erschweren, hat es sich als vorteilhaft erwiesen, die sachlich zusammengehörigen Leistungen zu **Leistungspaketen** zusammenzufassen. Überlegungen über mögliche Leistungspakete sind üblicherweise bereits bei der Einführung der Kostenträgerrechnung anzustellen.

Wie in der Kostenrechnung sind analog zu den Kostenstellen **Leistungsstellen** einzurichten, wobei sich diese zumeist nach der Aufbauorganisation der NPO richten. Innerhalb der Leistungsstellen sind dann alle Leistungspakete, die zur Erfüllung der von der NPO wahrzunehmenden Aufgaben notwendig sind, zu erfassen. Es ist dabei zu beachten, dass ein Leistungspaket nur einer Leistungsstelle zugeordnet wird. Damit soll die erforderliche Einheit von Leistungs- und Ressourcenverantwortung gewährleistet werden.

Je nach Organisationsgrösse können die Leistungspakete in **Leistungsgruppen** und diese wieder in **Leistungsbereiche** zusammengefasst werden. Dadurch wird eine Verdichtung der Informationen ermöglicht, sodass jede Steuerungsebene nur die für sie relevanten Informationen erhält.

**Grundsätze** für die Erfassung von Leistungspaketen sind somit:

- die definierten Leistungspakete müssen das gesamte Aufgabenfeld der Organisation abdecken;
- es sollten nur so viele Leistungspakete unterschieden werden, wie für Steuerungszwecke notwendig sind; wesentliche Unterscheidungskriterien sind die NPO-Strategien und die Sicht der Leistungsabnehmer;
- jedem Leistungspaket sollten die Kosten möglichst verursachungsgerecht zugeordnet werden können;
- ein Leistungspaket ist jeweils nur einem Verantwortungsbereich zuzuordnen;
- für Steuerungszwecke werden die Leistungspakete zu Leistungsgruppen und Leistungsbereichen zusammengefasst; diese Gliederung ist laufend auf ihre Nützlichkeit zu überprüfen und gegebenenfalls zu ändern.

Die Grunddaten für ein Leistungspaket können z. B. im folgenden Deckblatt zusammengefasst werden (*Abbildung 30*).

Danach sind für jedes Leistungspaket quantitative und qualitative Ziele für die Leistungsbereitschaft, die zu realisierende Leistung sowie für die direkt zurechenbaren Wirkungen (Wahrnehmungen) zu erarbeiten.

| | |
|---|---|
| **Leistungspaket:** | Investitionsförderung |
| **Leistungsgruppe:** | Förderungsabwicklung |
| **Leistungsbereich:** | Mitgliederservice |
| **Kurzbeschreibung:** | Informationsmaterial erstellen und versenden, Antragsprüfung (auf sachliche und fachliche Richtigkeit), Auszahlung der Förderung, Verwendungsnachweis gegenüber staatlichen Stellen erbringen |
| **Auftragsgrundlage:** | Ü <br> (G = gesetzliche Grundlage, Ü = Leistungen des übertragenen Wirkungsbereiches, F = freiwillige Leistungen) |
| **Verantwortlicher:** | Leiter der Abteilung für Investitionsförderung |
| **Zielgruppe:** | Bauern |
| **Sonstige Anmerkungen:** | |

Abbildung 30: Grunddaten für ein Leistungspaket

1) **Erfassung von Mengengrössen**

Da Dienstleistungsorganisationen und damit auch NPO generell durch eine hohe Personalintensität gekennzeichnet sind, kann die Leistungsbereitschaft vorwiegend durch die Stunden an Personalkapazität ausgedrückt werden. Es sind jedoch auch andere Bezugsgrössen, wie z. B. Fahrzeuge, Lehrsäle oder Pflegebetten denkbar. Diese Form der Bezugsgrössen spiegelt dann die Leistungsbereitschaft der eingesetzten Betriebsmittel wider. Es können auch kombinierte Grössen Verwendung finden (z. B. Öffnungszeit).

Da zwischen Leistungsmenge und Leistungsbereitschaft ein Zusammenhang besteht, können die geplanten bzw. erreichten Werte der beiden Merkmale auch zahlenmässig miteinander verknüpft werden. Als Ergebnis erhält man den **Auslastungsgrad**.

2) **Erfassung von Wertgrössen**

Aus der Kostenstellen- und Kostenträgerrechnung können die Bereitschaftskosten sowie die Kosten je Leistungseinheit übertragen werden. Handelt es sich um Individualleistungen, die gegen ein bestimmtes Entgelt abgegeben werden, können auch Kostendeckungsgrade ermittelt werden. Bei Kollektivgütern ist die budgetäre Bedeckung bedeutsam.

3) **Den Leistungsarten direkt zurechenbare Wirkungen**

Können den erbrachten Leistungen unmittelbar Wirkungen zugeordnet werden, so bildet die mengenmässige Erfassung in der Regel kein Problem. Eine monetäre Bewertung solcher Wirkungen (sozialer Nutzen) ist zumeist nur unter erheblichem Aufwand und überdies nur ungenau möglich. Der Ermittlung von Mengengrössen ist daher der Vorzug einzuräumen.

### 6.2.3 Erfassung von Qualitätsdaten für die einzelnen Leistungsdimensionen

Der Begriff „Qualität" ist mehrfach interpretierbar:

- Ein absoluter Qualitätsbegriff drückt den Grad der Vortrefflichkeit einer Leistung im Sinne von „hervorragend" aus.
- Produktorientierter Ansatz: jede Leistung besteht aus einem genau festgelegten Eigenschaftsbündel, das einer genauen Messung unterzogen werden kann (technische Orientierung).
- Abnehmerorientierter Ansatz: für die Bestimmung der Qualität einer Leistung stehen die individuellen Nachfragebedürfnisse im Mittelpunkt der Betrachtung. Die beste Leistung ist jene, die die Bedürfnisse am besten befriedigt.
- Herstellungsorientierter Ansatz: Qualität wird als die Einhaltung vorgegebener Standards definiert. Die Sollvorgaben können entweder auf der Grundlage des produktorientierten Ansatzes oder auf der Grundlage des abnehmerorientierten Ansatzes mit Hilfe von Einstellungs- und Zufriedenheitswerten bestimmt werden.
- Wertorientierter Ansatz: Qualität wird nach dem Preis-Leistungsverhältnis beurteilt.

Wegen der Immaterialität von Dienstleistungen und wegen des Einbezugs eines externen Produktionsfaktors (der Leistungsabnehmer) in den Leistungserstellungsprozess eignen sich der produktorientierte und der herstellungsorientierte Ansatz weniger für die Bestimmung der Leistungsqualität in NPO. Der Prozess der Leistungserstellung ist nicht ausreichend plan- und steuerbar. Der wertorientierte Ansatz, der grundsätzlich für Dienstleistungen in Frage kommen würde, kann in Nonprofit-Organisationen dann keine Anwendung finden, wenn die Leistungen nicht dem Marktprinzip unterliegen. Somit erweist sich der abnehmerorientierte Ansatz als die geeignetste Methode zur Qualitätsbestimmung in NPO. Die von den Leistungsabnehmern **wahrgenommene Dienstleistungsqualität** prägt die Einstellung gegenüber diesen Organisationen und bestimmt die Attraktivität der NPO.

Das Freiburger Management Modell ist dem **Total Quality Management**-Ansatz (TQM-Ansatz) verpflichtet (siehe Lichtsteiner/Gmür/Giroud/Schauer 2015, S. 77 ff. und S. 139 ff.). Er beinhaltet den Vorrang der Mitglieder-/Klientenorientierung bei gleichzeitiger Befriedigung der Bedürfnisse aller übrigen Austauschpartner/Stakeholder. Die Qualität als Nutzenstiftung wird zum umfassenden Ziel der Gestaltung von Leistungen, Prozessen und Strukturen sowohl in den Aussenbereichen (Beschaffung, Leistungserbringung) wie auch im Innenbereich. Eine NPO ist dann von hoher Qualität, wenn sie die vorrangigen Bedürfnisse und Erwartungen der Stakeholder zu deren Zufriedenheit effektiv (zielgerichtet) und effizient (wirtschaftlich) erfüllt, wobei die Zufriedenheit der Mitglieder/Klienten einerseits und der Mitarbeitenden in der NPO andererseits im Mittelpunkt steht.

Zur Messung der auf dem subjektiven Qualitätsbegriff beruhenden Leistungsqualität stehen mehrere Methoden zur Verfügung. Mit Hilfe von (1) **Multiattributmodellen** wird die Qualität in verschiedene Dimensionen unterteilt, für die dann mit Hilfe von „Konsumenten"befragungen quantitative Daten ermittelt werden. Unter den Multiattributmodellen ist das von Parasuraman, Zeithaml und Berry entwickelte Messinstrument **SERVQUAL** das am weitesten Verbreitete. SERVQUAL ist branchenunabhängig und verwendet als relevante Qualitätsdimensionen

- die Annehmlichkeit des tangiblen Umfeldes („tangibles") als Gesamtheit des physischen Umfeldes einer Dienstleistung;
- die Verlässlichkeit („reliability") als Fähigkeit, die versprochene Leistung zuverlässig und gewissenhaft auszuführen;
- die Reagibilität („responsiveness") als Schnelligkeit und Aufgeschlossenheit bei der Lösung der Kundenprobleme;
- die Leistungskompetenz („assurance") als das Know-how, die Reputation und die Vertrauenswürdigkeit der Angestellten; und
- das Einfühlungsvermögen („empathy") als die Bereitschaft, die individuellen Kundenwünsche zu berücksichtigen.

In Anlehnung an Blümle (1991, S. 7 f.) können für den Verbandsbereich die in *Abbildung 31* angeführten qualitätsrelevanten Aussagen getroffen werden. Als Messinstrument zur Beurteilung der einzelnen Aussagen dient eine 7-Punkte-Doppelskala, die von „stimme völlig zu" (= 7) bis „lehne entschieden ab" (= 1) reicht.

## Leistungserfassung und Leistungsanalyse (Value for Money-Reporting)

|  | Stimme völlig zu |  |  |  |  |  | lehne entschieden ab |
|---|---|---|---|---|---|---|---|
|  | 7 | 6 | 5 | 4 | 3 | 2 | 1 |
| 1. Die technische Ausstattung des Verbandes sollte dem neuesten Stand entsprechen. | | | | | | | |
| 2. Die Geschäftsräume sollten ansprechend gestaltet sein. | | | | | | | |
| 3. Die Mitarbeiter des Verbandes sollten einen sympathischen Eindruck machen. | | | | | | | |
| 4. Die Gestaltung der Geschäftsräume sollte dem Auftrag des Verbandes gemäss gestaltet sein. | | | | | | | |
| 5. Wenn der Verband die Zusage für eine Dienstleistung bis zu einem bestimmten Zeitpunkt verspricht, sollte dieser Termin auch eingehalten werden. | | | | | | | |
| 6. Die Probleme der Mitglieder sollten ernst genommen und mitfühlend behandelt werden. | | | | | | | |
| 7. Man sollte sich auf seinen Verband verlassen können. | | | | | | | |
| 8. Die Dienstleistung sollte zu dem Zeitpunkt ausgeführt werden, zu dem sie versprochen wurde. | | | | | | | |
| 9. Der Verband sollte eine zweckmässige Terminkontrolle besitzen. | | | | | | | |
| 10. Man sollte vom Verband erwarten, dass den Mitgliedern genau darüber Auskunft gegeben werden kann, wann eine Leistung ausgeführt wird. | | | | | | | |
| 11. Es ist unrealistisch, als Mitglied einen prompten Service von den Mitarbeitern des Verbandes zu erwarten. | | | | | | | |
| 12. Die Mitarbeiter des Verbandes müssen nicht permanent gewillt sein, den Mitgliedern zu helfen. | | | | | | | |
| 13. Es ist in Ordnung, wenn die Mitarbeiter des Verbandes zu beschäftigt sind, um Mitgliederwünsche zu erfüllen. | | | | | | | |
| 14. Die Mitglieder sollten den Mitarbeitern vertrauen können. | | | | | | | |
| 15. Die Mitglieder sollten sich während des Kontaktes mit den Mitarbeitern des Verbandes sicher fühlen können. | | | | | | | |
| 16. Die Mitarbeiter des Verbandes sollten höflich sein. | | | | | | | |
| 17. Die Mitarbeiter des Verbandes sollten von ihren Vorgesetzten eine angemessene Unterstützung erhalten, um ihre Tätigkeit gut ausfüllen zu können. | | | | | | | |
| 18. Von den Mitarbeitern des Verbandes sollte nicht erwartet werden, dass sie jedem Mitglied individuelle Aufmerksamkeit schenken. | | | | | | | |
| 19. Von den Mitarbeitern des Verbandes kann nicht erwartet werden, dass sie sich persönlich um die Mitglieder kümmern. | | | | | | | |
| 20. Es ist unrealistisch, von den Mitarbeitern des Verbandes zu erwarten, dass sie die Bedürfnisse der Mitglieder kennen. | | | | | | | |
| 21. Es ist unrealistisch, von den Verbandsmitarbeitern zu erwarten, dass sie nur das Interesse der Mitglieder im Auge haben. | | | | | | | |
| 22. Man sollte vom Verband nicht erwarten, dass die Öffnungszeiten angenehm für die Mitglieder sind. | | | | | | | |

Abbildung 31: Servqual-Aussagen zur Messung der Erwartungen in einem Verband

Die Aussagen 1 – 4 betreffen die Dimension Annehmlichkeit des tangiblen Umfeldes, die Aussagen 5 – 9 beziehen sich auf die Verlässlichkeit, die Aussagen 10 – 13 repräsentieren die Reagibilität der Organisation, die Aussagen 14 – 17 verkörpern die Leistungskompetenz und die Aussagen 18 – 22 betreffen das Einfühlungsvermögen.

Zunächst soll erfragt werden, welche qualitätsrelevanten Erwartungshaltungen der Leistungsabnehmer an den Verband (die NPO) stellt („so sollte es sein"). Ergänzt man die Erhebung nun um eine zweite Antwortmöglichkeit („so ist es"), lassen sich die erlebten Leistungserfahrungen abbilden. Die verschiedenen Fragestellungen zu den Erwartungen wie zu den Erfahrungen lassen sich beispielsweise in der Art einer Doppelskala darstellen:

|  | stimme völlig zu | | | | lehne entschieden ab | | |
|---|---|---|---|---|---|---|---|
|  | 7 | 6 | 5 | 4 | 3 | 2 | 1 |
| 2.a.  Die Geschäftsräume sollten ansprechend gestaltet sein. | | | | | | | |
| 2.b.  Die Geschäftsräume sind dem Auftrag des Verbandes entsprechend gestaltet. | | | | | | | |

Bildet man die Differenz zwischen den markierten Ausprägungen der Erwartung und der Wahrnehmung, so erhält man einen Wert zwischen –6 und +6, der die wahrgenommene Qualität der Dienstleistung widerspiegelt. Je höher diese Werte sind, desto grösser ist die wahrgenommene Dienstleistungsqualität in diesem Bereich. Um zu einem Urteil über die einzelnen der fünf Qualitätsdimensionen zu kommen, wird der Durchschnitt aus allen Bereichen, die einer Dimension angehören, gebildet.

Neben dem Lernprozess im Rahmen der Organisationsentwicklung bietet sich für NPO die Möglichkeit, Erwartungen wie Erfahrungen ihrer Leistungsabnehmer zu erfassen, bei wiederholter Erhebung Veränderungen über die Zeit zu erkennen, vor allem aber Stärken und Schwächen eines Verbandes im Lichte des Mitgliederurteils systematisch herauszuarbeiten. Das Stärke- und Schwächeprofil der wahrgenommenen Dienstleistungsqualitäten ermöglicht als Entscheidungsgrundlage die Entwicklung eines Konzepts zur Profilierung im Sinne einer bedürfnisgerechteren Leistungserstellung.

Eine erweiterte Basis für die Qualitätsbestimmung stellt (2) das **Lückenmodell (GAP-Modell)** dar. *Abbildung 32* zeigt dessen Grundstruktur.

Der Differenz zwischen der vom Leistungsabnehmer erwarteten und wahrgenommenen Dienstleistung (GAP 5) werden Unterschiede zwischen den Leistungserwartungen der Leistungsabnehmer und der NPO-Führung (GAP 1) gegenübergestellt. Innerhalb der NPO gilt es, die Wahrnehmung der NPO-Führung gegenüber der Umsetzung dieser Wahrnehmungen durch die zuständigen Fachabteilungen (GAP 2) und der tatsächlichen Dienstleistungserstellung (GAP 3) und der an die Leistungsabnehmer gerichteten Kommunikation über die Leistungserbringung (GAP 4) abzugrenzen.

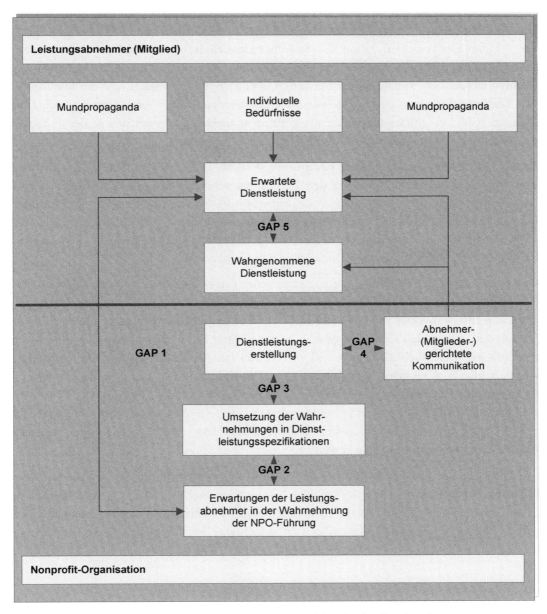

Abbildung 32: Struktur des Lückenmodells (GAP-Modells) für die Qualitätsbestimmung

Mit den bisher dargestellten Methoden kann jedoch eine Reihe von qualitätsrelevanten Problemen bei den Leistungsabnehmern und deren empfundene Dringlichkeit nicht richtig erfasst werden. Hier kann die **Problemberichterstattung** Abhilfe leisten. Zwei relativ einfache Methoden sind die Beschwerdeanalyse und die Methode der kritischen Ereignisse.

Bei der **Beschwerdeanalyse** ist keine spezifische Methode der Datengewinnung vorgesehen. Es geht hier vor allem darum, das **Beschwerdeverhalten zu stimulieren**, um die relevanten Informationen zu erhalten. Sie sind eindeutig und aktuell und können kostengünstig ermittelt werden. Es ist allerdings zu erwarten, dass sich nur ein kleiner Teil der unzufriedenen Leistungsabnehmer beschwert und die Informationen daher unvollständig sind. Eine wichtige Rolle als Informationslieferant kommt in diesem Zusammenhang der Funktion eines Ombudsmannes (einer Ombudsfrau) zu.

Bei der **Methode der kritischen Ereignisse** (Critical Incident Technique) versucht man jene Vorfälle zu ermitteln, die von den Leistungsabnehmern als aussergewöhnlich positiv oder negativ empfunden und daher im Gedächtnis behalten werden. Ermittelt werden diese Vorfälle durch eine mündliche Befragung mittels standardisierter, direkter offener Fragen im Rahmen von Marktforschungserhebungen. Die Methode bietet die Chance zu verbesserten Ergebnissen hinsichtlich der Vollständigkeit der Informationen.

Obwohl im Dienstleistungsbereich unumstritten der subjektive Qualitätsbegriff für die Beurteilung der Leistungsqualität heranzuziehen ist, erweist sich eine zusätzliche Beurteilung mit Hilfe von **intersubjektiv nachprüfbaren (= objektiven) Indikatoren** oftmals als sinnvoll. Dies berücksichtigt den Umstand, dass es in der Realität kaum Dienstleistungen gibt, deren Ergebnis ausschliesslich als immateriell einzustufen ist. Als Beispiel möge die Versorgung von Personen in Altenheimen genannt werden. Die Grösse und Ausstattung der Zimmer ist als materielles Element der Dienstleistung anzusehen. Die Anzahl der Ein- und Zweibettzimmer mit entsprechenden Sanitäreinrichtungen einerseits und die Anzahl von Zimmern mit vier oder mehr Betten andererseits können als Indikatoren für die gute oder schlechte Qualität der Versorgung aufgefasst werden.

Die Wahl des geeigneten Instruments zur Qualitätsmessung ist unter Berücksichtigung von Wirtschaftlichkeitsaspekten zu treffen. Der Nutzen, der durch den Einsatz eines derartigen Instruments erreicht wird, muss die anfallenden Kosten rechtfertigen. Für eine abnehmerorientierte Steuerung des NPO-Geschehens ist jedoch eine Erfassung von Qualitätsdaten unabdingbar.

# 7. Bestandesrechnung (Bilanz)

## 7.1 Bilanzstruktur und Informationsgehalt

Die Wahrnehmung der Aufgaben der NPO bedingt teilweise sehr bedeutende Bestände an **Sachmitteln** (z. B. Gebäude, Schulungsheime, Werkstätten) und **immateriellen Vermögenswerten** (z. B. Rechten, Finanzanlagen) sowie von **Fremdmitteln** (Schulden), die zur Vermögensfinanzierung notwendig wurden. Der geordnete Nachweis dieser Bestände und deren Veränderungen im Zeitablauf entspricht einem wichtigen Informationsbedürfnis.

In der Bestandesrechnung wird eine **duale** Information geboten (= **Bilanz**).

|  Bestandesrechnung (Bilanz) | |
| --- | --- |
| Mittelverwendung | Mittelherkunft |
| („Aktiven") | („Passiven") |

Die Mittelverwendung wird durch den Ausweis von Vermögen (Anlagevermögen, Umlaufvermögen) konkretisiert, die als Aktiven bzw. Aktiva zusammengefasst sind. Die Mittelherkunft (Eigenkapital, Fremdkapital) zeigt an, aus welchen Kapitalquellen die Vermögenswerte finanziert sind. Sie werden als Passiven bzw. Passiva zusammengefasst.

Der **Begriff „Eigenkapital"** ist im NPO-Bereich nicht unproblematisch (siehe auch Abschnitt 2.1). Er darf nicht im Sinne eines von den Eigentümern investierten Erwerbskapitals verstanden werden, das dem Grunde nach einen Rückzahlungsanspruch impliziert. Das „Eigenkapital" ist vielmehr als ein von den Trägern/Mitgliedern/Spendern der NPO zur Aufgabenerfüllung „gewidmetes" Kapital zu verstehen, das keinem Rückzahlungsanspruch unterliegt und somit auch dem Zugriff der Träger entzogen ist. Es ist daher empfehlenswert, es in NPO als „**Organisationskapital**" zu bezeichnen.

Im schweizerischen Sprachgebrauch wird in der Bilanz das Begriffspaar „Aktiven" und „Passiven", in Deutschland und Österreich hingegen das Begriffspaar „Aktiva" und „Passiva" verwendet. Unterschiede gibt es auch in der Reihenfolge der Anordnung der Vermögens- und Kapitalposten. Die in der Schweiz nach Art. 959 ff. Obligationenrecht (OR) vorgegebene Gliederung entspricht der Bilanzgliederung, wie sie auch im angloamerikanischen Bereich üblich ist, die Bilanzgliederung in Deutschland und Österreich entspricht der 4. EG-Richtlinie (sog. „Bilanzrichtlinie").

Der Bilanzaufbau weist somit folgende Grundstrukturen auf:

Schweiz:

| Aktiven | Passiven |
|---|---|
| Umlaufvermögen | Kurzfristiges Fremdkapital |
| Anlagevermögen | Langfristiges Fremdkapital |
|  | Eigenkapital |
| Bilanzsumme | Bilanzsumme |

Deutschland, Österreich:

| Aktiva | Passiva |
|---|---|
| Anlagevermögen | Eigenkapital |
| Umlaufvermögen | Fremdkapital |
| Bilanzsumme | Bilanzsumme |

Die Grundlage für die Aufstellung der Bilanz ist das **Inventar** (Bestandsverzeichnis von Vermögen und Schulden). Die Aufstellung des Inventars setzt ihrerseits eine **Inventur** voraus. Unter diesem Begriff ist der Vorgang der mengen- und wertmässigen Bestandsaufnahme aller Vermögensteile und der Schulden einer Organisation zu einem bestimmten Stichtag zu verstehen.

In der Gliederung der einzelnen Vermögens- und Kapitalposten sind folgende Unterschiede gegeben, die jedoch für den betriebswirtschaftlichen Tatbestand, der durch die Bilanz aufbereitet wird, unerheblich sind. Die Mindestgliederung der Bilanz ist in der Schweiz in Art. 959a OR geregelt, in Deutschland in § 247 und § 266 HGB sowie in Österreich in § 198 und § 224 UGB. Art. 959a Abs. 3 OR eröffnet die Möglichkeit, das Fondskapital als zusätzlichen Bilanzposten auf der Passivseite aufzunehmen, da „dies für die Beurteilung der Vermögens- oder Finanzierungslage durch Dritte wesentlich" bzw. aufgrund der Tätigkeit einer NPO üblich ist (siehe auch Kapitel 8.3). Ähnliche Optionen bestehen auch in Deutschland und Österreich.

## Bestandesrechnung (Bilanz)

| Aktivseite (Aktiven, Aktiva) | |
|---|---|
| Schweiz | Deutschland, Österreich |
| A Umlaufvermögen<br>    Flüssige Mittel und kurzfristig gehaltene<br>        Aktiven mit Börsenkurs<br>    Forderungen aus Lieferungen und Leistungen<br>    Übrige kurzfristige Forderungen<br>    Vorräte u. nicht fakturierte Dienstleistungen<br>    Aktive Rechnungsabgrenzungen<br>B Anlagevermögen<br>    Finanzanlagen<br>    Beteiligungen<br>    Sachanlagen<br>    Immaterielle Werte<br>    Nicht einbezahltes Grund-, Gesellschafter-<br>        oder Stiftungskapital | A Anlagevermögen<br>    Immaterielle Vermögensgegenstände<br>    Sachanlagen<br>    Finanzanlagen<br>B Umlaufvermögen<br>    Vorräte<br>    Forderungen und sonstige Vermögens-<br>        gegenstände<br>    Wertpapiere und Anteile<br>    Liquide Mittel<br>C Rechnungsabgrenzungsposten |
| **Passivseite (Passiven, Passiva)** | |
| Schweiz | Deutschland, Österreich |
| C Kurzfristiges Fremdkapital<br>    Verbindlichkeiten aus Lieferungen<br>        und Leistungen<br>    Kurzfristige verzinsliche Verbindlichkeiten<br>    Übrige kurzfristige Verbindlichkeiten<br>    Passive Rechnungsabgrenzungen<br>D Langfristiges Fremdkapital<br>    Langfristige verzinsliche Verbindlichkeiten<br>    Übrige langfristige Verbindlichkeiten<br>    Rückstellungen sowie vom Gesetz vorge-<br>        sehene ähnliche Positionen<br>E Eigenkapital<br>    Grund-, Gesellschafter- oder Stiftungskapital,<br>        gegebenenfalls gesondert nach<br>        Beteiligungskategorien<br>    Gesetzliche Kapitalreserve<br>    Gesetzliche Gewinnreserve<br>    Freiwillige Gewinnreserve oder kumulierte<br>        Verluste (als Minusposten)<br>    Eigene Kapitalanteile (als Minusposten) | A Eigenkapital<br>    Nennkapital (Kapitalgesellschaften)<br>    Kapitalrücklagen<br>    Gewinnrücklagen<br>    Bilanzgewinn (Bilanzverlust), davon<br>        Gewinnvortrag/Verlustvortrag<br>B Unversteuerte Rücklagen<br>C Rückstellungen<br>D Verbindlichkeiten<br>E Rechnungsabgrenzungsposten |

Eigenkapitalbestandteile, die nicht auf dem nominellen Eigenkapitalkonto (je nach Rechtsform) ausgewiesen werden, werden als gesonderte **Rücklagen** nachgewiesen. Dafür ist in der Schweiz auch die Bezeichnung „**Reserven**" gebräuchlich. Sie stammen in der Regel aus erwirtschafteten Gewinnen und dienen der Vorsorge für künftig mögliche Verluste, die mit den Reserven ausgeglichen werden können. Von den Rücklagen (Reserven) streng zu trennen sind die **Rückstellungen** für ungewisse Verbindlichkeiten, die dem Grunde, der Höhe und dem Zeitpunkt der Fälligkeit nach noch unbekannt sind und nach dem Grundsatz der kaufmännischen (unternehmerischen) Vorsicht im Zeitpunkt ihres Erkennens als Passivposten zum Ansatz kommen. Ihnen stehen entsprechende Aufwandsposten in der Gewinn- und Verlustrechnung gegenüber. Rückstellungen werden üblicherweise für Steuerverbindlichkeiten oder für die betriebliche Alters- bzw. Pensionsvorsorge gebildet.

Stark kameralistisch ausgerichtete NPO neigen zu **Teilvermögensrechnungen**, die nur finanzielle Bestände (liquide Mittel, Forderungen und Schulden) nachweisen. Aus diesen Rechnungen sind der Bestand an Sachvermögen und sonstigen Anlagen, die Veränderungen durch Nutzung, Veräusserungen und Investitionen sowie künftige Erneuerungsbedürfnisse nicht ableitbar. Um sich nicht der Gefahr von Informationsdefiziten auszusetzen, sind **Vollvermögensrechnungen** vorzuziehen.

Bei der Gestaltung der Vermögensrechnung können **finanzwirtschaftliche** Interessen (Kenntnis der Deckungsverläufe) mit **erfolgswirtschaftlichen** Überlegungen (Kenntnis der nutzungsabhängigen Wertminderungsverläufe) im Widerstreit stehen. Dieses Problem kann durch den getrennten Aufbau einer finanzwirtschaftlichen Bestandesrechnung (Deckungsrechnung) und einer erfolgswirtschaftlichen Bestandesrechnung (Bilanz) gelöst werden.

## 7.2 Finanzwirtschaftliche Deckungsrechnung

Der Zweck der Deckungsrechnung liegt im Nachweis des Deckungserfolges für die zur Aufgabenerfüllung benötigten Vermögenswerte und damit im Ausweis der noch erforderlichen „Nachdeckung", die eine Liquiditätsbelastung künftiger Perioden darstellt.

| Finanzwirtschaftliche Deckungsrechnung | (Zeitpunkt) |
|---|---|
| 1. Anlagevermögen<br>(bewertet zu Anschaffungspreisen)<br>  a. Immaterielle Vermögensgegenstände<br>    (Rechte)<br>  b. Sachanlagen<br>  c. Finanzanlagen<br>    aa. Beteiligungen<br>    bb. Rücklagen (Fonds, Reserven)<br>2. Umlaufvermögen<br>  a. Vorräte<br>  b. Forderungen<br>  c. Wertpapiere<br>  d. Liquide Mittel | 1. Vorausdeckung<br>  a. Erneuerungsrücklagen<br>  b. Erweiterungsrücklagen<br>  (Vorsorge für künftige Investitions-<br>  ausgaben)<br>2. Sofortdeckung<br>  (Bisher aus der laufenden Rechnung zur<br>  Vermögensfinanzierung herangezogene<br>  Beiträge) |
| | 3. Nachdeckung<br>  (Zur Vermögensfinanzierung herangezogene<br>  und noch nicht getilgte Kredite) |

Abbildung 33: Gliederung der finanzwirtschaftlichen Deckungsrechnung

## 7.3 Erfolgswirtschaftliche Bestandesrechnung (Bilanz)

Der Zweck der erfolgswirtschaftlich ausgerichteten Bestandesrechnung (Bilanz) ist der Nachweis des Reinvermögens (aus dem „Widmungskapital" stammende Vermögenswerte) und dessen Veränderung im Zeitablauf durch die Leistungsprozesse im Sinne von Substanzschmälerungen und Substanzmehrungen. Da Nonprofit-Organisationen, vor allem wenn sie in der Rechtsform von Vereinen oder auf öffentlich-rechtlicher Basis agieren, über kein Nennkapital wie Kapitalgesellschaften verfügen, ist es zweckmässig, das Eigenkapital in die Posten „Allgemeines Kapital" (auch: „Organisationskapital") und „Gebundenes Kapital" zu trennen. Das Allgemeine Kapital ist als „Widmungskapital" der Verbandsmitglieder, der Spender oder anderer Finanzmittelgeber für die Aufgaben der NPO zu verstehen und entsteht primär dadurch, dass in einer Periode nicht alle gewidmeten Gelder aufgebraucht, sondern in sachlichen oder immateriellen Vermögenswerten gebunden wurden oder als Flüssige Mittel weiterhin zur Verfügung stehen. In der Folge dient dieser Kapitalposten als Saldogrösse für alle durch Periodenabschlüsse dokumentierten Substanzmehrungen bzw. Substanzminderungen. Mit einer Zweckbindung ausgestattetes Eigenkapital ist hingegen als „Gebundenes Kapital" (Fonds, Rücklage) auszuweisen.

Wie die einzelnen Vermögenswerte und Schulden bewertet werden, ist durch Vereinbarungen über anzuwendende **Bewertungsregeln** festzulegen: es kommen eine unternehmensrechtliche (handelsrechtliche) oder eine steuerrechtliche Bewertung in Frage. In Sonderfällen können auch Sonderregeln (z. B. Festwerte) zur Anwendung kommen.

Dem in der Schweiz üblichen Bilanzaufbau würde folgende NPO-spezifische Gliederung entsprechen:

**BESTANDESRECHNUNG (BILANZ)** (Zeitpunkt)

1. Umlaufvermögen
   a. Flüssige Mittel
   b. Wertschriften
   c. Forderungen aus Lieferungen und Leistungen
   d. Sonstige kurzfristige Forderungen
   e. Aktive Rechnungsabgrenzungen (Leistungsforderungen)
2. Anlagevermögen
   a. Finanzanlagen
   b. Sachanlagen (Ausweis von Buchwerten)
   c. Immaterielle Anlagen (Rechte)
3. Zweckgebundenes Anlagevermögen (Fondsvermögen)

1. Kurzfristiges Fremdkapital
   a. Verbindlichkeiten aus Lieferungen und Leistungen
   b. Übrige kurzfristige Verbindlichkeiten
   c. Kurzfristige Rückstellungen
   d. Passive Rechnungsabgrenzungen (Leistungsschulden)
2. Langfristiges Fremdkapital
   a. Langfristige Finanzverbindlichkeiten
   b. Langfristige Rückstellungen
3. Fondskapital (zweckgebundenes Kapital)
   a. Fonds mit einschränkender Zweckbindung
   b. Stiftungsfonds
4. Organisationskapital
   („Widmungskapital" der Mitglieder, Spender usw; Saldogrösse für Substanzmehrungen und -minderungen)
   a. Einbezahltes Kapital
   b. Neubewertungsreserven
   c. Zweckgebundene Rücklagen
   d. Freie Fonds (Rücklagen)
   e. Jahresergebnis

Abbildung 34: Gliederung der NPO-Bestandsrechnung (Variante Schweiz)

In Deutschland und Österreich ist folgende Bilanzgliederung zu empfehlen:

| BESTANDESRECHNUNG (BILANZ) | (Zeitpunkt) |
|---|---|
| 1. Anlagevermögen<br>   a. Immaterielle Vermögensgegenstände (Rechte)<br>   b. Sachanlagen (Ausweis zu Buchwerten)<br>2. Umlaufvermögen<br>   a. Vorräte<br>   b. Forderungen<br>   c. Wertpapiere (Wertschriften)<br>   d. Liquide Mittel<br>3. Posten der aktiven Rechnungsabgrenzung (Leistungsforderungen) | 1. Allgemeines Kapital („Widmungskapital/Organisationskapital" der Verbandsmitglieder bzw. des Trägers; Saldogrösse für Substanzmehrungen bzw. -minderungen)<br>2. Gebundenes Kapital / Rücklagen (mit Zweckbindung)<br>3. Freie Rücklagen<br>4. Rückstellungen<br>5. Verbindlichkeiten<br>6. Posten der passiven Rechnungsabgrenzung (Leistungsschulden) |

Abbildung 35: Gliederung der NPO-Bestandsrechnung (Deutschland und Österreich)

Durch eine **Bilanzanalyse** soll die Aussagekraft bzw. der Erkenntniswert der Bilanz hinsichtlich der Vermögensstruktur, der finanziellen und wirtschaftlichen Lage, der Liquidität und der Substanzerhaltung verbessert werden. Folgende betriebswirtschaftlich relevanten Sachverhalte stehen im Vordergrund:

- Analyse und Wertung des Vermögensaufbaus (z. B. Feststellung und Wertung der erkennbaren Relationen von Anlagevermögen und Umlaufvermögen);
- Analyse und Wertung des Kapitalaufbaus (z. B. Gegenüberstellung von Eigen- und Fremdkapital; Bewertung der Eigenkapitalbasis; Analyse der Kapitalerhaltung unter Beachtung vorgenommener Abschreibungen);
- Analyse und Wertung des wirtschaftlichen Erfolges (Feststellung des Bilanzergebnisses und Interpretation im Sinne von Substanzmehrung oder Substanzminderung);
- Analyse und Wertung der (statischen) Liquidität der Organisation (z. B. Gegenüberstellung der liquiden Mittel und der kurzfristigen Forderungen zu den kurzfristigen Verbindlichkeiten mit einer Restlaufzeit unter einem Jahr).

An diesen Aussagen sind vorrangig die Kapitalgeber (Mitglieder, Spender usw.), die Gläubiger (Lieferanten und Kreditinstitute), der Staat (aus der Sicht der Steuereinhebung, aber auch der Sicht eines Subventionsgebers), die Arbeitnehmer (aus der Sicht der gesetzlich verankerten Mitbestimmung) und die Öffentlichkeit (z. B. wegen der gesellschaftlichen Bedeutung der NPO) interessiert.

# 8. Externe Rechnungslegungsstandards

## 8.1 Das Informationsinteresse

Nonprofit-Organisationen übernehmen immer bedeutendere und gewichtigere Aufgaben im Dienste der Allgemeinheit und erfüllen damit gesellschaftliche Anliegen. Die Darstellung der finanziellen und leistungswirtschaftlichen Beziehungen zu den Transaktionspartnern einer NPO (Träger, Mitglieder, Geldgeber, Partner im Leistungsaustausch, externe Nutzniesser, Staat usw.) gewinnt aus dieser Sicht an Bedeutung. Ein grosser Teil der Nonprofit-Organisationen finanziert die erbrachten Leistungen zu einem hohen Anteil über Spenden bzw. öffentliche Zuwendungen. Demgemäss steigt das **Interesse der Spender und der Öffentlichkeit** an einer entsprechenden Transparenz über das Ausmass der Aufbringung von Spendenmitteln und über deren Verwendung im Interesse der Spender. Umgekehrt haben auch die **spendensammelnden Nonprofit-Organisationen** ein Interesse, von sich aus der Öffentlichkeit über die zweckentsprechende Verwendung von Spendenmitteln bzw. von öffentlichen Zuwendungen zu berichten. Aber auch bei anderen Nonprofit-Organisationen ist ein erhöhtes (internes wie externes) Bedürfnis nach Transparenz und Ordnung im finanzwirtschaftlichen Bereich erkennbar. Eine sinnvolle Rechnungslegung soll einen entsprechenden Einblick in die wirtschaftliche Situation der NPO geben.

Im deutschen Sprachraum wurden im Laufe der Zeit verschiedene Wege beschritten, um dem öffentlichen Interesse an der externen Rechnungslegung von Nonprofit-Organisationen zu entsprechen:

1) Einführung eines **Gütezeichens** für spendensammelnde Nonprofit-Organisationen, deren Jahresabschluss geprüft und mit einem uneingeschränkten Bestätigungsvermerk versehen worden ist und die den Nachweis der zweckentsprechenden Spendenverwendung erbringen können. Dieses Gütezeichen wird allgemein als „**Spendengütesiegel**" bezeichnet. In der Schweiz hat das ZEWO-Gütesiegel eine lange Tradition.

2) Erarbeitung von **Fachempfehlungen zur Rechnungslegung** spendensammelnder Organisationen durch die Interessensvertretungen der NPO selbst oder durch Berufsvereinigungen der Wirtschaftstreuhänder bzw. Wirtschaftsprüfer. Sie haben die zweckentsprechende Ausgestaltung der Rechnungslegung durch die spendensammelnden NPO und die Prüfung dieser Rechnungslegung durch Wirtschaftsprüfer zum Inhalt. In der Schweiz ist die seit 2002 bestehende und 2007 geringfügig revidierte und mit Wirkung vom 1.1.2016 überarbeitete Fachempfehlung „FER 21 – Rechnungslegung für gemeinnützige, soziale Nonprofit-Organisationen" richtungweisend.

3) **Festlegung rechtsverbindlicher Rechnungslegungsnormen** durch den Gesetzgeber. Dies ist in der Schweiz durch das zum 1. Januar 2008 neu gefasste Revisionsrecht erfolgt, das unabhängig von der jeweiligen Rechtsform einer Organisation eine Revisionspflicht vorsieht, die auf organisationsspezifischen Buchführungs- und Rechnungslegungsvorschriften basiert. Am 1. Januar 2013 trat ein neues Rechnungslegungsrecht (32. Titel des Obligationenrechts – OR), das für alle Unternehmen bzw. Organisationen unabhängig von ihrer Rechtsform, also auch für Vereine und Stiftungen, gilt, in Kraft. Es ist ab dem Geschäftsjahr 2015 (in Bezug auf die Rechnungslegung von Konzernen ab dem Geschäftsjahr 2016) für die Buchführung und Rechnungslegung von Bedeutung. In Österreich ist das Vereinsgesetz 2002 für alle ideellen Vereine (und damit für die meisten Nonprofit-Organisationen) massgeblich. Für sie gelten in Abhängigkeit von ihrer Grösse Rechnungslegungsnormen, die weitgehend unternehmensrechtlichen Vorschriften entsprechen. Spezielle Rechnungslegungsvorschriften gelten für öffentlich-rechtlich organisierte Nonprofit-Organisationen (z. B. Kammern).

## 8.2 Formen des externen Rechnungsabschlusses

Die externe Rechnungslegung ist von der Rechtsform der NPO und den jeweils geltenden gesetzlichen (unternehmens- und steuerrechtlichen) Regelungen abhängig und erfolgt in ihrer einfachsten Form als **Einnahmen-Ausgaben-Rechnung.** Sie ist als vergangenheitsbezogene Finanzierungsrechnung (siehe Kapitel 3) anzusehen und orientiert sich an den Zahlungsströmen, die die einzelnen Geschäftsfälle begleiten (cash basis). Sie sollte zumindest eine Trennung zwischen **Laufender Rechnung** (leistungswirksame Zahlungen) und **Vermögensänderungsrechnung** (lediglich bestandswirksame Zahlungen) vorsehen. Vermehrt wird in der Praxis eine Gliederung im Sinne einer **Geldflussrechnung** (in der Schweiz auch: **Mittelflussrechnung**) vorgesehen, die die Zahlungsströme (Cashflows) drei Aktivitätsbereichen zuordnet:

- Cashflow aus der laufenden Geschäftstätigkeit
- Cashflow aus der Investitionstätigkeit
- Cashflow aus der (Aussen-)Finanzierungstätigkeit

Da die Einnahmen-Ausgaben-Rechnung nur Zahlungsbewegungen, aber keine Bestände ausweist, ist sie durch eine **Vermögensübersicht** zu ergänzen. Diese kann sich nur auf Finanzvermögensteile (Kassen-, Bankbestände, Wertschriften, Forderungen) beschränken oder auch das Anlagevermögen und das Vorratsvermögen umfassen. Im Falle zweckgebundener Vermögensbestände (Fonds) sind Informationen über Fondsvermögen und Fondsveränderungen zweckmässig. Wesentlich wäre in jedem Fall, dass in die Vermögensübersicht auch die bestehenden Verbindlichkeiten (Schuldenübersicht) aufgenommen werden. Mögliche (drohende) Zahlungsverpflichtungen sollten im Wege einer Anmerkung offen gelegt werden. In ihrer umfassendsten Form kommt die Vermögensübersicht einer Bestandesrechnung (siehe Kapitel 7) gleich.

Grössere Nonprofit-Organisationen unterliegen in der Regel einer Buchführungspflicht und sind zu einem **kaufmännischen (unternehmerischen) Jahresabschluss** verpflichtet. Er besteht in seiner Grundform aus **Bilanz**, **Gewinn- und Verlustrechnung** (in der Schweiz: Betriebsrechnung) und **Anhang** (ergänzende Informationen, insbesondere zur Bewertung von einzelnen Posten in Bilanz und Gewinn- und Verlustrechnung). Dies entspricht den Grundlagen einer Bestands- und Ergebnisrechnung, wie sie in Kapitel 2 dargestellt wurden. Welche Vermögenswerte und Schulden zum Ansatz kommen, wie sie gegliedert und bewertet werden, entspricht sinngemäss den unternehmensrechtlichen Ansatz-, Gliederungs- und Bewertungsvorschriften, die gegebenenfalls an NPO-spezifische Informationsbedürfnisse anzupassen sind. Die Buchführungspflicht knüpft dabei nicht an die Zahlungsströme an, sondern bereits an das Entstehen von Verfügungsrechten bzw. Verpflichtungen (**accrual basis**). Daraus folgt die Notwendigkeit einer periodengerechten Abgrenzung der Zahlungsströme zu Aufwendungen und Erträgen sowie der Ausweis von lediglich bestandswirksamen Geschäftsfällen (z. B. Forderungen, Verbindlichkeiten).

Die Gliederung der Gewinn- und Verlustrechnung (Betriebsrechnung) kann im Sinne unternehmensrechtlicher Normen nach dem **Gesamtkostenverfahren** oder nach dem **Umsatzkostenverfahren** erfolgen. Das Gesamtkostenverfahren sieht eine Gliederung aller Erträge und Aufwendungen nach ihrer Art (Leistungserträge, Spendenerträge, Subventionserträge, Personalaufwand, Materialaufwand, Aufwand für Fremdleistungen, Zinsenaufwand usw.) vor und wird üblicherweise in Staffelform gegliedert, um einen getrennten Ausweis von Betriebsergebnis, Finanzergebnis und ausserordentlichem Ergebnis zu ermöglichen (siehe Abschnitt 4.2.1). In einigen Fällen wird auch bei NPO das Umsatzkostenverfahren angewendet, das eine Gliederung von Erträgen und Aufwendungen nach den Zielen (dem Leistungsprogramm) der NPO zur Grundlage hat und eine Zuordnung nach Aufgabenbereichen, (Kosten-)Stellen, Projekten (Segmenten) usw. ermöglicht.

Werden an die NPO die gleichen Informationsanforderungen wie an Kapitalgesellschaften gestellt, so ist ein möglichst getreues Bild der Finanz-, Vermögens- und Ertragslage zu geben. Dies erfordert eine Erweiterung des Jahresabschlusses um eine **Geldflussrechnung** (Mittelflussrechnung), da Bilanz und Ergebnisrechnung (Betriebsrechnung) keine adäquaten Informationen zur Finanzlage liefern. Zweckgebundene Kapitalanteile (Fondskapital) veranlassen zu einer detaillierten **Rechnung über die Veränderung des Kapitals** (Fund Accounting;

siehe Abschnitt 3.3). Ein **Leistungsbericht** soll schliesslich über die Erreichung der Sachziele, die der NPO vorgegeben sind, Auskunft geben (Nachweis von Effektivität und Effizienz). Informative Kennzahlen auf der Grundlage eines NPO-spezifischen Kennzahlensystems (siehe Kapitel 9) bieten dafür eine geeignete Grundlage.

Für den Jahresabschluss gelten die **Grundsätze ordnungsmässiger Rechnungslegung und Berichterstattung (Bilanzierung)**: Vollständigkeit, Klarheit, Vorsicht und Stetigkeit in der Darstellung, Offenlegung und Bewertung sowie das Bruttoprinzip (Verbot der Saldierung von Erträgen und Aufwendungen, Vermögen und Schulden). Sie setzen eine ordnungsmässige Buchführung voraus. Die **Grundregeln der Ordnungsmässigkeit der Buchführung (GoB)** verlangen

a) die vollständige Aufzeichnung aller Vermögensteile, des Eigenkapitals (Organisationskapitals) und der Schulden einer Organisation sowie deren Veränderungen im Zeitablauf (**Vollständigkeitsregel**);

b) die verständliche und richtige Ordnung des Buchungsstoffes in zeitlicher und sachlicher Hinsicht (**Verständlichkeits- bzw. Ordnungsregel**);

c) die Objektivierung und Referenzierung jeder Buchung auf einen den aufzeichnungspflichtigen Geschäftsfall nachweisenden Beleg (**Referenzregel**);

d) die Möglichkeit des Nachvollzugs und damit der Nachprüfbarkeit (Revision) der in Buchhaltung und Jahresabschluss erfassten Vorgänge innerhalb einer angemessenen Frist (**Nachvollziehbarkeitsregel**).

Die Einhaltung der Grundsätze ordnungsmässiger Buchführung und damit auch die Ordnungsmässigkeit der externen Rechnungslegung sind in der NPO durch ein funktionstüchtiges **Internes Kontrollsystem (IKS)** sicherzustellen (siehe Abschnitt 8.6).

## 8.3 Gesetzliche Vorschriften

### 8.3.1 Schweiz

Mit dem 1. Januar 2013 trat in der Schweiz das neu gefasste Recht der kaufmännischen Buchführung und Rechnungslegung („**neues Rechnungslegungsrecht – RLR**") in Kraft, das unabhängig von ihrer Rechtsform für alle Einzelunternehmen und Personengesellschaften sowie für die juristischen Personen des Zivilgesetzbuches – ZGB - (Vereine und Stiftungen) und des Obligationenrechts (Aktiengesellschaften, Gesellschaften mit beschränkter Haftung, Kommanditaktiengesellschaften und Genossenschaften) gilt und ins Obligationenrecht (Art. 662 ff. und Art. 957 ff. OR) eingebettet ist.

Der Pflicht zur Buchführung und Rechnungslegung und damit zum Ausweis einer Bilanz, einer Erfolgsrechnung und eines Anhangs („accrual accounting") unterliegen Einzelunternehmen und Personengesellschaften, sofern sie im letzten Jahr einen Umsatzerlös von mindestens 500.000 SFR erzielt haben, sowie die juristischen Personen. Vereine ohne Pflicht zur Eintragung ins Handelsregister sowie Stiftungen, die von der Pflicht zur Bezeichnung einer Revisionsstelle befreit sind, dürfen eine vereinfachte Buchführungsmethode anwenden. Sie haben eine Einnahmen-Ausgaben-Rechnung („cash accounting"), ergänzt um eine Aufstellung der Vermögenslage, zu führen (sog. „Milchbüchlein-Rechnung"). Diese Vereinfachung gilt auch für Einzelunternehmen und Personengesellschaften, die die erwähnte Umsatzgrenze nicht erreichen.

Das neue Rechnungslegungsrecht (RLR) regelt den Inhalt und die Gliederung von Bilanz, Erfolgsrechnung und Anhang und enthält Grundsätze für die Bewertung der Aktiven und Passiven. Grössere Organisationen, für die eine ordentliche Revision verpflichtend ist (siehe die nachfolgenden Angaben), haben neben der handelsrechtlichen Jahresrechnung im Sinne es Obligationenrechts zusätzlich auch einen Abschluss nach einem anerkannten Standard zur Rechnungslegung vorzulegen. Als solche Standards gelten: IFRS (International Financial Reporting Standards), IFRS für KMU (Kleinere und mittlere Unternehmen), Swiss GAAP FER (Swiss General Accepted Accounting Principles – Fachempfehlungen Rechnungswesen), US GAAP (United States General Accepted Accounting Principles) und IPSAS (International Public Sector Accounting Principles).

Bereits mit 1. Januar 2008 trat ein revidiertes Revisionsrecht durch Änderungen im Zivilgesetzbuch (ZGB) und im Obligationenrecht (OR) in Kraft. Es sieht **unabhängig von der jeweiligen Rechtsform** (AG, GmbH, Stiftung, Verein) eine **Revisionspflicht** vor, wobei zwischen einer ordentlichen Prüfung und einer eingeschränkten Prüfung unterschieden wird. Das **Ziel** einer Abschlussprüfung ist die Abgabe eines Urteils darüber, ob der Abschluss in allen wesentlichen Punkten den anzuwendenden Rechnungslegungsnormen entspricht (Schweizer Prüfungsstandard 120.11).

Bei einem **Verein** hat der Vorstand über die Einnahmen und Ausgaben sowie über die Vermögenslage des Vereins Buch zu führen. Ist der Verein zur Eintragung in das Handelsregister verpflichtet, so finden die Vorschriften des Obligationenrechts über die kaufmännische Buchführung und Rechnungslegung Anwendung (Art 69a ZGB).

Bei einer **Stiftung** hat das oberste Stiftungsorgan die Geschäftsbücher nach den Vorschriften des Obligationenrechts über die kaufmännische Buchführung zu führen. Betreibt die Stiftung für ihren Zweck ein nach kaufmännischer Art geführtes Gewerbe, so sind die Vorschriften des Obligationsrechts über die kaufmännische Buchführung und Rechnungslegung sinngemäss anzuwenden (Art. 83a ZGB).

Für **Aktiengesellschaften, Gesellschaften mit beschränkter Haftung und Genossenschaften** gelten die Buchführungs- und Rechnungslegungsvorschriften des Obligationenrechts (Art. 727 ff. OR).

Einer **ordentlichen Prüfung** (Revision) haben sich alle Organisationen zu unterziehen, bei welchen zwei der nachstehenden Grössen in zwei aufeinander folgenden Geschäftsjahren überschritten werden (Schwellwerte gültig seit 1. Januar 2012):

- Bilanzsumme von 20 Mio. SFR;
- Umsatzerlös von 40 Mio. SFR;
- 250 Vollzeitstellen im Jahresdurchschnitt.

Es handelt sich um eine **umfassende** Prüfung, die von einem zugelassenen Revisionsexperten (Wirtschaftsprüfer) durchzuführen ist und einen **hohen Sicherheitsgrad** anstrebt („Gemäss unserer Beurteilung entsprechen die Buchführung und die Jahresrechnung … dem schweizerischen Gesetz."). Eine ordentliche Revision muss auch dann vorgenommen werden, wenn Aktionäre einer AG, die zusammen mindestens 10 Prozent des Aktienkapitals vertreten, dies verlangen (Art. 727 OR). Bei einer GmbH kann eine ordentliche Revision der Jahresrechnung von einem Gesellschafter, der einer Nachschusspflicht unterliegt, verlangt werden (Art. 818 OR). Bei einer Genossenschaft können 10 % der Genossenschafter oder Genossenschafter, die zusammen mindestens 10 % des Anteilscheinkapitals vertreten, oder Genossenschafter, die einer persönlichen Haftung oder einer Nachschusspflicht unterliegen, eine ordentliche Revision der Jahresrechnung verlangen.

Ein Verein muss seine Buchführung durch einen zugelassenen Revisor **eingeschränkt prüfen** lassen, wenn ein Vereinsmitglied, das einer persönlichen Haftung oder einer Nachschusspflicht unterliegt, dies verlangt (Art. 69b ZGB). Aktiengesellschaften müssen ihre Jahresrechnung durch eine Revisionsstelle eingeschränkt prüfen lassen, wenn die Voraussetzungen für eine ordentliche Revision nicht gegeben sind (Art. 727a OR). Mit Zustimmung sämtlicher Aktionäre kann auf die eingeschränkte Revision verzichtet werden, wenn die Gesellschaft nicht mehr als zehn Vollzeitstellen im Jahresdurchschnitt hat. Die aktienrechtlichen Regelungen gelten auch für GmbH (Art. 818 OR) und sinngemäss für Stiftungen, soweit für sie keine besonderen Vorschriften bestehen (Art. 83b ZGB). Bei der **eingeschränkten Prüfung** wird ein mittlerer Sicherheitsgrad angestrebt („Bei unserer eingeschränkten Prüfung sind wir nicht auf Sachverhalte gestossen, aus denen wir schliessen müssten, dass die Jahresrechnung nicht mit dem Gesetz übereinstimmt.").

Alle Organisationen, die der ordentlichen Prüfung unterliegen, haben ein funktionsfähiges **Internes Kontrollsystem (IKS)** nachzuweisen (siehe Abschnitt 8.6). Als Internes Kontrollsystem werden von der Schweizer Treuhand-Kammer (1998, S. 171) „alle von Verwaltungsrat, Geschäftsleitung und übrigen Führungsverantwortlichen angeordneten Vorgänge, Methoden und Massnahmen verstanden, die dazu dienen, einen ordnungsmässigen Ablauf des betrieblichen Geschehens sicherzustellen. Die organisatorischen Massnahmen der Internen Kontrolle sind in die betrieblichen Arbeitsabläufe integriert."

### 8.3.2 Österreich

In Österreich wurden durch das Bundesgesetz über Vereine (Vereinsgesetz 2002 – VerG; BGBl. I Nr. 66/2002) zwingende Rechnungslegungsvorschriften für alle ideellen Vereine (und damit für den Grossteil der NPO) erlassen. § 21 VerG verlangt vom Leitungsorgan eines Vereins, dass die Finanzlage des Vereins rechtzeitig und hinreichend erkennbar ist. Es ist ein den Anforderungen des Vereins entsprechendes Rechnungswesen einzurichten. Insbesondere ist für die laufende Aufzeichnung der Einnahmen und Ausgaben zu sorgen.

Die Form der Rechnungslegung ist abhängig von der Grösse des Vereins. Die Vereine werden in kleine, mittelgrosse und grosse Vereine eingeteilt, was zu unterschiedlichen Pflichten hinsichtlich der Erfolgsermittlung (Gewinnermittlung) und der Prüfung des Jahresabschlusses führt. Grundsätzlich werden alle Vereine zunächst als kleine Vereine eingestuft, sofern sie nicht durch Überschreiten von „Schwellenwerten" in zwei aufeinander folgenden Rechnungsjahren als mittelgrosse oder grosse Vereine einzustufen sind.

- **Kleine Vereine** sind jene, deren gewöhnliche Einnahmen oder Ausgaben bzw. Spenden € 1,0 Mio. nicht überschreiten. Sie haben (wie bisher) eine Einnahmen-Ausgaben-Rechnung zu führen und einen jährlichen Rechenschaftsbericht zu erstellen. Diese Aufzeichnungen sind um eine Vermögensübersicht zu ergänzen, in der die wichtigsten Posten des Vereinsvermögens anzuführen sind. In der Regel gibt ein Anlagenverzeichnis Auskunft über die körperlichen Vermögensgegenstände. Zur Vermögensübersicht gehören weiters Aufzeichnungen über offene Forderungen und offene Verbindlichkeiten sowie eine Aufstellung des Vereinskapitals (z. B. Guthaben bei Kreditinstituten, Wertpapierbestände).
- **Mittelgrosse Vereine** sind jene, deren gewöhnliche Einnahmen oder gewöhnliche Ausgaben in zwei aufeinander folgenden Rechnungsjahren jeweils höher als € 1,0 Mio. waren. Sie haben ab dem darauffolgenden Jahr eine doppelte Buchführung einzurichten und einen Jahresabschluss, das heisst eine Bilanz und eine Gewinn- und Verlustrechnung, im Sinne der für Unternehmen, die ins Firmenbuch eingetragen sind, geltenden §§ 189 bis 216 Unternehmensgesetzbuch (UGB) aufzustellen (§ 22 Abs. 1 VerG).
- **Grosse Vereine** sind jene, deren gewöhnliche Einnahmen oder gewöhnliche Ausgaben in zwei aufeinander folgenden Rechnungsjahren jeweils höher als € 3,0 Mio. oder deren

Spendeneinnahmen höher als € 1 Mio. waren. Sie haben wie kleine Kapitalgesellschaften einen erweiterten Jahresabschluss (Bilanz, Gewinn- und Verlustrechnung, Anhang) im Sinne von §§ 222 ff. UGB aufzustellen (§ 22 Abs. 2 VerG).

Für die mittelgrossen und grossen Vereine besteht die Verpflichtung zur Aufstellung eines Jahresabschlusses nach UGB somit seit 2005. Die Ansatz- und Bewertungsvorschriften des UGB gelten sinngemäss. Der anschaffungswertorientierten, pagatorischen Bewertung wird der Vorzug eingeräumt. Abweichungen sind entsprechend zu erläutern. Was als „gewöhnliche" Einnahmen bzw. Ausgaben zu gelten hat, ist im Einzelfall festzustellen. Es empfiehlt sich, „ausserordentliche" Zahlungen in der Einnahmen-Ausgaben-Rechnung gesondert auszuweisen. Bei grossen Vereinen ist im Anhang jedenfalls Auskunft über Mitgliedsbeiträge, öffentliche Subventionen, Spenden (Publikumsspenden) und sonstige Zuwendungen (Gliederung nach Spendengruppen bzw. Zweckbindungen), Einkünfte aus wirtschaftlichen Tätigkeiten und die ihnen jeweils zugeordneten Aufwendungen zu geben.

Die folgende Übersicht zeigt die Zusammenhänge auf:

|  | kleine Vereine | mittelgrosse Vereine | grosse Vereine |
|---|---|---|---|
| Voraussetzungen | gewöhnliche **Einnahmen** oder gewöhnliche **Ausgaben** ≤ € 1 Mio. | gewöhnliche **Einnahmen** oder gewöhnliche **Ausgaben** in zwei aufeinander folgenden Rechnungsjahren > € 1 Mio. und ≤ € 3 Mio. | gewöhnliche **Einnahmen** oder gewöhnliche **Ausgaben** in zwei aufeinander folgenden Rechnungsjahren > € 3 Mio. *oder:* jährliches Aufkommen an **Publikumsspenden** in zwei aufeinander folgenden Rechnungsjahren > € 1 Mio. |
| Erfolgsermittlung | Einnahmen-Ausgaben-Rechnung samt Vermögensübersicht | doppelte Buchführung, Jahresabschluss (Bilanz, Gewinn- und Verlustrechnung) gemäss §§ 189 – 216 UGB | doppelte Buchführung, erweiterter Jahresabschluss (Bilanz, Gewinn- und Verlustrechnung, Anhang) gemäss §§ 189 – 246 UGB |
| Prüfungspflicht | zwei Rechnungsprüfer | zwei Rechnungsprüfer | externer Abschlussprüfer (Wirtschaftsprüfer oder Buchprüfer) |

Den unternehmensrechtlichen Vorschriften entsprechend hat der Jahresabschluss ein möglichst getreues Bild der Vermögens-, Finanz- und Ertragslage zu vermitteln. Gleichzeitig hat der Jahresabschluss den Grundsätzen ordnungsmäßiger Buchführung (GoB) zu entsprechen.

Damit hat die Verbuchung nach dem Prinzip der wirtschaftlichen Zurechnung und mit dem Entstehen der wirtschaftlichen Verfügungsmacht zu erfolgen, der Zeitpunkt der Zahlung (wie in der Einnahmen-Ausgaben-Rechnung) ist nicht mehr massgeblich. Bei einem bilanzierenden Verein sind die Schwellenwerte aus den gewöhnlichen Erträgen oder Aufwendungen ableitbar, da diese die periodenbezogene wirtschaftliche Tätigkeit eines Vereins genauer als die Einnahmen und Ausgaben als Zahlungsstromgrössen abbilden.

Da das gesetzliche Interesse primär auf die Finanzlage des Vereins ausgerichtet ist, ist bei unternehmensrechtlichen Jahresabschlüssen der aus Bilanz und Gewinn- und Verlustrechnung abgeleiteten **Geldflussrechnung** (Cashflow-Rechnung) ein entsprechendes Gewicht beizumessen.

Der **Rechnungsabschluss** muss innerhalb von fünf Monaten nach Ablauf eines Rechnungsjahres erstellt werden und ist von zwei Rechnungsprüfern (bei grossen Vereinen von einem Wirtschaftsprüfer oder Buchprüfer) innerhalb von weiteren vier Monaten zu prüfen. Soweit ein öffentlicher Subventionsgeber eine gleichwertige Prüfung vorsieht, ist der jeweilige Bereich nicht in die angeführten Schwellenwerte einzubeziehen und auch nicht von den Rechnungsprüfern bzw. vom Abschlussprüfer zu prüfen. Werden die angeführten Schwellenwerte in zwei aufeinander folgenden Rechnungsjahren nicht (mehr) überschritten, so wird der Verein mit dem Beginn des darauf folgenden Rechnungsjahres wieder zu einem kleinen bzw. mittelgrossen Verein.

Der Gesetzgeber konnte sich jedoch nicht dazu entschliessen, die Vereine steuerrechtlich den Kapitalgesellschaften gleichzustellen und die jeweiligen Einkünfte gemeinsam als eine Einkunftsart (Einkünfte aus gewerblicher Tätigkeit) mit allfälligen Ausnahmen für Sondersituationen zu erfassen. Daher müssen Vereine für ihre oft unterschiedlichen Tätigkeiten und damit auch Einkünfte, wie die Aktivitäten der eigentlichen Vereinssphäre, die Vermögensverwaltung, die Vermietung und Verpachtung, wirtschaftliche Geschäftsbetriebe und Gewerbebetriebe, steuerlich getrennte Aufzeichnungen führen und getrennte Einzelabschlüsse für die jeweiligen wirtschaftlichen Geschäftsbetriebe (unentbehrlicher/entbehrlicher Hilfsbetrieb, steuerschädlicher Geschäftsbetrieb) aufstellen.

### 8.3.3 Deutschland

In Deutschland bestehen keine generellen Rechnungslegungsvorschriften für Nonprofit-Organisationen. **Vereine** sind nach dem Bürgerlichen Gesetzbuch zu einer geordneten Zusammenstellung der Einnahmen und Ausgaben verhalten (§ 259 Abs. 1 BGB). Wenn sie nach Art und Umfang ihres Gewerbebetriebes als Kaufmann in das Handelsregister eingetragen sind, sind sie für den Betrieb ihres Handelsgewerbes verpflichtet, eine Rechnungslegung nach den für alle Kaufleute geltenden Vorschriften der §§ 238 – 263 HGB vorzunehmen. Die steuerliche Buchführungspflicht (doppelte Buchführung mit Bilanz und Gewinn- und Verlustrechnung) in den wirtschaftlichen Geschäftsbetrieben eines Vereines beginnt bei einem Jahresumsatz von mehr als € 500.000 bzw. einem Jahresgewinn von mehr als € 50.000. In bestimmten Fällen gelten auch die ergänzenden Vorschriften für Kapitalgesellschaften (§§ 264 – 335b HGB) mit den damit verbundenen Publizitätsvorschriften. In ähnlicher Weise sind auch die Rechnungslegungsvorschriften für **Stiftungen** geregelt, wobei die in den einzelnen Landesstiftungsgesetzen normierten Anforderungen an die Rechnungslegung von Stiftungen in der Regel konkreter sind als die des BGB.

Nonprofit-Organisationen in der Rechtsform einer **Kapitalgesellschaft** (AG, GmbH) unterliegen ungeachtet ihres Gesellschaftszweckes den allgemeinen Vorschriften der §§ 238 ff. HGB und darüber hinaus den für Kapitalgesellschaften geltenden Vorschriften der §§ 238 – 335b HGB.

Für ambulante Pflegedienste und für Pflegeheime gilt unabhängig von ihrer Rechtsform die **Pflege-Buchführungsverordnung (PBV)** aus 1995 (BGBl. I. S. 1528 idgF), die sich an den Regeln der kaufmännischen doppelten Buchführung orientiert und für den Jahresabschluss eine Bilanz, eine GuV-Rechnung sowie einen Anhang mit an diese Einrichtungen angepassten Gliederungen vorschreibt. Ähnlich wie die PBV ist auch die **Krankenhaus-Buchführungsverordnung (KHBV)** aus 1987 (BGBl. I. S. 1045 idgF) ausgerichtet.

## 8.4 Fachempfehlungen zur Rechnungslegung

### 8.4.1 Swiss GAAP FER 21

Die von der Schweizer Treuhand-Kammer initiierte Stiftung für Fachempfehlungen zur Rechnungslegung FER – Swiss GAAP FER (Swiss General Accepted Accounting Principles – Fachempfehlungen Rechnungswesen) – hat Ende 2002 die Fachempfehlung „FER 21 – Rechnungslegung für gemeinnützige, soziale Nonprofit-Organisationen" verabschiedet. Sie war für Jahresabschlüsse betreffend die Geschäftsjahre beginnend mit 1. Januar 2003 anzuwenden. Mit Wirkung vom 1. Januar 2007 wurde sie ohne wesentliche Änderungen im Zuge der Neufassung von Swiss GAAP FER neu veröffentlicht (siehe im Detail im Internet: http://www.fer.ch). Mit dieser Fachempfehlung wird angestrebt, die Aussagekraft und Vergleichbarkeit der Jahresrechnung und Berichterstattung (Einzelabschlüsse sowie konsolidierte Abschlüsse) zu erhöhen. Ihre Einhaltung sollte geprüft und bestätigt werden. FER 21 wurde im Jahr 2014 im Hinblick auf die seit 2013 geltenden obligationsrechtlichen Vorschriften überarbeitet, Anfang 2015 mit Geltung für alle gemeinnützigen Nonprofit-Organisationen neu veröffentlicht und tritt mit 1.1.2016 in Kraft. Eine frühzeitigere Anwendung ist denkbar, um etwa eine gleichzeitige Erstanwendung mit den Vorschriften des neuen Rechnungslegungsrechts (siehe 8.3.1) zu ermöglichen.

Grundsätzlich ist das **gesamte** Regelwerk der Swiss GAAP FER einzuhalten. **Kleinere** Organisationen, die zwei der nachstehenden Kriterien in zwei aufeinander folgenden Jahren nicht überschreiten, können sich auf die Anwendung der sogenannten „Kern-FER" beschränken:

- Bilanzsumme von 10 Mio. SFR;
- Jahresumsatz von 20 Mio. SFR;
- 50 Vollzeitstellen im Jahresdurchschnitt.

Die „Kern-FER" bestehen aus folgenden Empfehlungen:

- FER Rahmenkonzept
- FER 1: Grundlagen (Bilanz, Erfolgsrechnung, Geldflussrechnung, Anhang)
- FER 2: Bewertung
- FER 3: Darstellung und Gliederung (von Bilanz und Erfolgsrechnung)
- FER 4: Geldflussrechnung
- FER 5: Ausser-Bilanzgeschäfte
- FER 6: Anhang

Gemeinnützige Nonprofit-Organisationen haben zusätzlich FER 21 zu beachten. Als solche gelten ungeachtet der Rechtsform insbesondere Organisationen, die

- gemeinnützige, insbesondere soziale Leistungen unabhängig von einem Anspruch für Aussenstehende und/oder einer Mitgliedschaft im Interesse der Allgemeinheit erbringen und
- sich öffentlich an eine unbestimmte Zahl von Spendern wenden oder unentgeltliche Zuwendungen erhalten und/oder sich mehrheitlich mit Geldern der öffentlichen Hand finanzieren.

Wesentlich ist somit, dass sich der Kreis der Leistungsempfänger vom Kreis der Leistungserbringer (Spender, Stifter, Mitglieder, Gönner, Mitarbeitende usw.) unterscheidet.

Organisationen, die andere Organisationen beherrschen (konsolidierungspflichtige NPO), haben zusätzlich auch FER 30: Konzernrechnung anzuwenden (FER 21, Ziffer 2).

FER 21 sieht eine allgemein gültige **Grundversion** für alle NPO vor. Als **kleine** gemeinnützige NPO gelten Organisationen, die an zwei aufeinander folgenden Bilanzstichtagen zwei der nachfolgenden Grössen nicht erreichen:

- Bilanzsumme 2 Mio. SFR;
- Erlöse aus Zuwendungen (Spenden, Legate), aus zweckbestimmten Gelder der öffentlichen Hand (öffentliche Beiträge) und aus Lieferungen und Leistungen; insgesamt 1 Mio. SFR;
- 10 bezahlte Vollzeitstellen im Durchschnitt des Geschäftsjahres.

Sie können auf die Erstellung einer Geldflussrechnung verzichten.

Die **Jahresrechnung** von Nonprofit-Organisationen hat ein den tatsächlichen Verhältnissen entsprechendes Bild der Vermögens-, Finanz- und Ergebnislage (true & fair view) zu vermitteln. Aufwand und Ertrag sind grundsätzlich nach dem Entstehungszeitpunkt periodengerecht abzugrenzen (accrual basis).

Die Jahresrechnung hat den üblichen **Bilanzierungsgrundsätzen** von Vollständigkeit, Klarheit, Vorsicht, Stetigkeit in Darstellung, Offenlegung und Bewertung sowie dem Bruttoprinzip (Verrechnungsverbot) zu folgen. Das Bruttoprinzip gilt insbesondere auch für organisatorisch ausgegliederte Projekte. Die jeweiligen Aufwände und Erträge sind brutto in der Betriebsrechnung (Ergebnisrechnung) oder im Anhang darzustellen. Für die **Bewertung** der einzelnen Bilanzpositionen kommen historische Anschaffungs- oder Herstellungskosten (historical costs) und bzw. aktuelle Werte (Fair Value) in Betracht. Die angewandten Bewertungsgrundlagen (es gilt der Grundsatz der Einzelbewertung der Aktiven und Passiven) sind jedenfalls im Anhang offen zu legen. Wertschriften des Umlaufvermögens sind zu aktuellen Werten zu bewerten, sonst sind in der Regel die Anschaffungs- bzw. Herstellungskosten, abzüglich notwendiger (zumeist nutzungsbedingter) Abschreibungen, massgeblich.

Eine NPO muss die Jahresrechnung mit anderen Organisationen, die ihrem beherrschenden Einfluss unterliegen und mit welchen eine Art von **Konzern** gebildet ist, gemäss Ziffer 2 **konsolidieren**. Dies hat in der Regel im Wege der Vollkonsolidierung zu geschehen, in Ausnahmefällen ist auch eine Konsolidierung nach der Equity-**Methode** möglich (siehe später).

Die **Jahresrechnung** (Einzelabschluss wie konsolidierter Abschluss) umfasst fünf Bestandteile: Bilanz, Betriebsrechnung, Geldflussrechnung, Rechnung über die Veränderung des Kapitals sowie Anhang. Der Leistungsbericht ist Teil des Geschäftsberichts und kann in den Jahresbericht integriert werden (Ziffer 3 und 4).

Die Aktiven in der **Bilanz** gliedern sich in Umlaufvermögen und Anlagevermögen. Die Passiven gliedern sich in Fremdkapital, Fondskapital und Organisationskapital. Das Organisationskapital gliedert sich in Grundkapital (abhängig von der Rechtsform), gebundenes Kapital und freies Kapital. Zuwendungen mit einschränkender Zweckbindung (zweckgebundene Fonds) sind gesondert unter der Position Fondskapital auszuweisen, ebenso Stiftungsfonds (gewidmete Mittel mit eigenem Reglement ohne eigene Rechtspersönlichkeit). Hingegen sind Mittel ohne Verfügungseinschränkungen durch Dritte (freie Fonds) als Position des Organisationskapitals (und somit des „Eigenkapitals" der NPO) auszuweisen. Zuwendungen mit einschränkender Zweckbindung in Form von unveräusserbaren Sach- oder Finanzanlagen sind im Anlagevermögen gesondert als zweckgebunden auszuweisen.

Die **Betriebsrechnung** (in der Schweiz wird diesem Begriff vielfach der Vorzug gegenüber Ergebnisrechnung, Erfolgsrechnung oder Gewinn- und Verlustrechnung gegeben) lässt sowohl eine Gliederung nach dem **Gesamtkostenverfahren** (Gliederung aller Erträge und Aufwendungen nach ihrer Art) als auch nach dem **Umsatzkostenverfahren** (Gliederung der Erträge und Aufwendungen nach Aufgabenbereichen, Projekten, Kostenstellen usw.) zu. Der administrative Aufwand ist unabhängig von der gewählten Form der Betriebsrechnung gesondert auszuweisen. Die Veränderungen der zweckgebundenen Fonds sind ebenfalls gesondert und brutto auszuweisen.

Die Betriebsrechnung ist nach Ziffer 11 und 12 mindestens wie folgt zu gliedern:

| Gesamtkostenverfahren | Umsatzkostenverfahren |
| --- | --- |
| Erhaltene Zuwendungen (z. B. Spenden, Legate, Gönnerbeiträge) | Erhaltene Zuwendungen (z. B. Spenden, Legate, Gönnerbeiträge) |
| Beiträge der öffentlichen Hand | Beiträge der öffentlichen Hand |
| Erlöse aus Lieferungen und Leistungen | Erlöse aus Lieferungen und Leistungen |
| - Entrichtete Beiträge und Zuwendungen<br>- Personalaufwand<br>- Sachaufwand<br>- Abschreibungen | - Projekt- oder Dienstleistungsaufwand<br>- Fundraising- und allgemeiner Werbeaufwand<br>- Administrativer Aufwand |
| = Betriebsergebnis | = Betriebsergebnis |
| Finanzergebnis | Finanzergebnis |
| Betriebsfremdes Ergebnis | Betriebsfremdes Ergebnis |
| Ausserordentliches Ergebnis | Ausserordentliches Ergebnis |
| = Ergebnis vor Veränderung des Fondskapitals | = Ergebnis vor Veränderung des Fondskapitals |
| +/- Veränderung des Fondskapitals | +/- Veränderung des Fondskapitals |
| = Jahresergebnis (vor Zuweisungen an Organisationskapital) | = Jahresergebnis (vor Zuweisungen an Organisationskapital) |

Die **Geldflussrechnung** (früher: Mittelflussrechnung) soll darstellen, wie sich die flüssigen Mittel auf Grund von Ein- und Auszahlungen aus der Betriebstätigkeit, aus der Investitionstätigkeit und aus Vorgängen im Finanzierungsbereich verändern. Grosse NPO haben die Geldflussrechnung zwingend zu erstellen.

Die **Rechnung über die Veränderung des Kapitals** stellt die Zuweisungen, Verwendungen und Bestände der Mittel aus der Eigenfinanzierung (Organisationskapital) sowie aus zweckgebundenen Mitteln (Fonds) dar. Transfers zwischen den Fonds sind einzeln auszuweisen, die Gründe dafür im Anhang offen zu legen.

Der **Anhang** soll die angewandten Bilanzierungs- und Bewertungsgrundsätze, Erläuterungen der Positionen der Bilanz, Betriebsrechnung, Mittelflussrechnung sowie der Rechnung über die Veränderung des Kapitals und weitere (im Detail näher bezeichnete) Offenlegungen enthalten.

Der **Leistungsbericht** soll in angemessener Weise über die Leistungsfähigkeit (Effektivität) und die Wirtschaftlichkeit (Effizienz) der gemeinnützigen, sozialen NPO Auskunft geben. Insbesondere ist eine Information über den Zweck der Organisation, die leitenden Organe und ihre Amtszeit, die für die Geschäftsführung verantwortlichen Personen, die Verbindungen zu nahestehenden Organisationen (sofern nicht schon im Anhang erläutert) sowie über die gesetzten Ziele und deren Erreichung durch die erbrachten Leistungen einerseits und die Verwendung der zur Verfügung stehenden Mittel andererseits zu geben. Auch sollte über den Umfang und das Leistungsspektrum der ehrenamtlichen, freiwilligen Arbeit in der NPO berichtet werden.

Im Anhang zu FER 21 sind **Beispiele** für eine Bilanz, eine Betriebsrechnung, eine Geldflussrechnung und eine Rechnung über die Veränderung des Kapitals enthalten, die die Anwendung der FER 21 illustrieren sollen (alle Werte in 1000 SFR) und hier geringfügig verändert wiedergegeben werden (siehe im Detail Fachkommission FER 2014, S. 634 ff).

|   | Aktiven | 20X2 | 20X1 |
|---|---|---|---|
| A | Umlaufvermögen | | |
|   | Flüssige Mittel | 1031 | 1291 |
|   | Wertschriften | 65 | 44 |
|   | Forderungen aus Lieferungen und Leistungen | 20 | 10 |
|   | Sonstige kurzfristige Forderungen | 60 | 120 |
|   | Vorräte | 15 | 22 |
|   | Aktive Rechnungsabgrenzungen | 12 | 8 |
|   | | **1203** | **1495** |
| B1 | Anlagevermögen | | |
|   | Finanzanlagen | 14 | 15 |
|   | Sachanlagen | 60 | 70 |
|   | Immaterielle Anlagen | 25 | 19 |
| B2 | Zweckgebundenes Anlagevermögen (Fondsvermögen) | | |
|   | Zweckgebundene Anlagen | 0 | 0 |
|   | | **99** | **104** |
|   | | **1302** | **1599** |
|   | **Passiven** | | |
| C | Kurzfristige Verbindlichkeiten | | |
|   | Verbindlichkeiten aus Lieferungen und Leistungen | 10 | 0 |
|   | Übrige kurzfristige Verbindlichkeiten | 6 | 14 |
|   | Kurzfristige Rückstellungen | 10 | 25 |
|   | Passive Rechnungsabgrenzungen | 35 | 22 |
|   | | **61** | **61** |
| D | Langfristige Verbindlichkeiten | | |
|   | Langfristige Finanzverbindlichkeiten | 0 | 15 |
|   | Langfristige Rückstellungen | 10 | 10 |
|   | | **10** | **25** |
| E | Fondskapital (zweckgebundene Fonds) | | |
|   | Fonds mit einschränkender Zweckbindung | 696 | 908 |
|   | | **696** | **908** |
| F | Organisationskapital | | |
|   | Grundkapital | 70 | 70 |
|   | Gebundenes Kapital | 300 | 630 |
|   | Freies Kapital | 165 | 175 |
|   | | **535** | **605** |
|   | | **1302** | **1599** |

Abbildung 36: Muster für eine Bilanz nach FER 21

## Teil I: Grundlagen

| | Gesamtkostenverfahren | | Umsatzkostenverfahren | 20X2 | 20X1 |
|---|---|---|---|---|---|
| A | Betriebsertrag | | Betriebsertrag | | |
| | Erhaltene Zuwendungen | | Erhaltene Zuwendungen | 1590 | 1892 |
| | *davon zweckgebunden* | | *davon zweckgebunden* | *800* | *1400* |
| | *davon frei* | | *davon frei* | *790* | *492* |
| | Beiträge der öffentlichen Hand | | Beiträge der öffentlichen Hand | 240 | 260 |
| | Erlöse aus Lieferungen und Leistungen | | Erlöse aus Lieferungen und Leistungen | 60 | 30 |
| | | | | **1890** | **2182** |
| B | Betriebsaufwand | | | | |
| | Entrichtete Beiträge und Zuwendungen | | | 1600 | 1520 |
| | Personalaufwand | | | 470 | 445 |
| | Sachaufwand | | | 110 | 80 |
| | Abschreibungen | | | 16 | 17 |
| | | | | **2196** | **2062** |
| | | B | Betriebsaufwand | | |
| | | | Projekt- oder Dienstleistungsaufwand | 1941 | 1792 |
| | | | Fundraising- und allgemeiner Werbeaufwand | 145 | 155 |
| | | | Administrativer Aufwand | 110 | 115 |
| | | | | **2196** | **2062** |
| C | = **Betriebsergebnis (A-B)** | C | = **Betriebsergebnis (A-B)** | -306 | 120 |
| D1 | Finanzergebnis (Ertrag und Aufwand sind brutto auszuweisen) | D1 | Finanzergebnis (Ertrag und Aufwand sind brutto auszuweisen) | 4 | 2 |
| D2 | Betriebsfremdes Ergebnis (Ertrag und Aufwand sind brutto auszuweisen) | D2 | Betriebsfremdes Ergebnis (Ertrag und Aufwand sind brutto auszuweisen) | 20 | 20 |
| D3 | Ausserordentliches Ergebnis | D3 | Ausserordentliches Ergebnis | 0 | -5 |
| E | = **Ergebnis vor Veränderung des Fondskapitals** | E | = **Ergebnis vor Veränderung des Fondskapitals** | -282 | 137 |
| F | Veränderung des Fondskapitals | F | Veränderung des Fondskapitals | 212 | -196 |
| G | = **Jahresergebnis** (vor Zuweisungen an Organisationskapital) | G | = **Jahresergebnis** (vor Zuweisungen an Organisationskapital) | **-70** | **-59** |
| H | *Zuweisungen/Verwendungen* | H | *Zuweisungen/Verwendungen* | | |
| | *Startfinanzierung für neue Projekte* | | *Startfinanzierung für neue Projekte* | 72 | 95 |
| | *25 Jahre Jubiläum 20x9* | | *25 Jahre Jubiläum 20x9* | *-12* | *-10* |
| | *Freies Kapital* | | *Freies Kapital* | 10 | -26 |
| | | | | 0 | 0 |

Anmerkungen (siehe nächste Seite)

Abbildung 37: Muster für eine Betriebsrechnung nach FER 21

Anmerkungen:

- Der administrative Aufwand (inkl. Personalaufwand) und der Fundraising- und allgemeine Werbeaufwand (inkl. Personalaufwand) sind je gesondert im Anhang auszuweisen, sofern sie, wie hier bei der Darstellung nach dem Gesamtkostenverfahren, nicht in der Betriebsrechnung ausgewiesen sind (FER 21, Ziffer 22).
- Die Angaben zu den Zuweisungen/Verwendungen sind freiwillig.

|   |   | 20X2 | 20X1 |
|---|---|---:|---:|
| A | **Geldfluss aus Betriebstätigkeit** | | |
|   | Jahresergebnis (vor Zuweisungen an Organisationskapital) | -70 | -59 |
|   | Veränderung des Fondskapitals | -212 | 196 |
|   | Abschreibungen | 16 | 17 |
|   | (Abnahme)/Zunahme der Rückstellungen | -15 | 0 |
|   | Abnahme/(Zunahme) der Wertschriften | -21 | 76 |
|   | Abnahme/(Zunahme) der Forderungen | 50 | 10 |
|   | Abnahme/(Zunahme) der Vorräte | 7 | 0 |
|   | Abnahme/(Zunahme) der aktiven Rechnungsabgrenzungen | -4 | 16 |
|   | (Abnahme)/Zunahme der kurzfr. Finanzverbindlichkeiten | 2 | 0 |
|   | (Abnahme)/Zunahme der passiven Rechnungsabgrenzungen | 13 | -4 |
|   | *Geldfluss aus Betriebstätigkeit* | **-234** | **252** |
| B | **Geldfluss aus Investitionstätigkeit** | | |
|   | (Investitionen) in Sachanlagen | -2 | 0 |
|   | Desinvestitionen von Sachanlagen | 0 | 0 |
|   | (Investitionen) in Finanzanlagen | -2 | -1 |
|   | Desinvestitionen von Finanzanlagen | 3 | 1 |
|   | (Investitionen) in immaterielle Anlagen | -10 | 0 |
|   | Desinvestitionen von immateriellen Anlagen | 0 | 0 |
|   | *Geldfluss aus Investitionstätigkeit* | **-11** | **0** |
| C | **Geldfluss aus Finanzierungstätigkeit** | | |
|   | (Abnahme)/Zunahme der Finanzverbindlichkeiten | -15 | 0 |
|   | *Geldfluss aus Finanzierungstätigkeit* | **-15** | **0** |
| D | **Veränderung der Flüssigen Mittel** | **-260** | **252** |
|   | Bestand an Flüssigen Mitteln (1.1. 20xy) | 1291 | 1039 |
|   | Bestand an Flüssigen Mitteln (31.12. 20xy) | 1031 | 1291 |
|   | *Nachweis Veränderung der Flüssigen Mittel* | **-260** | **252** |

Geldflüsse, die in Klammern dargestellt werden, sind als Minusposten anzusetzen:
z. B. (Abnahme) der Rückstellungen -15

Abbildung 38: Muster für eine Geldflussrechnung nach FER 21

## Teil I: Grundlagen

| Kapitalveränderungs-rechnung 20x2 | Bestand 1.1. | Zuweisungen | Interne Transfers | Verwendung | Zuweisung Finanzergebnis | Total Veränderung | Bestand 31.12. |
|---|---|---|---|---|---|---|---|
| **Fondskapital a)** | | | | | | | |
| Velowerkstatt Luzern | 80 | 30 | 40 b) | 150 | | -80 | 0 |
| Soziale Integration Schweiz | 382 | 370 | -40 b) | 310 | | 20 | 402 |
| Projekt Fussballfans gegen Gewalt Kolumbien | 70 | 20 | | 60 | | -40 | 30 |
| Unterstützung von Kleinbauern International | 238 | 380 | | 479 | | -99 | 139 |
| Unterstützungsfonds für Klienten (Legat Meier) | 138 | 0 | 0 | 15 | 2 | -13 | 125 |
| Zweckgebundene Fonds | | | | | | | |
| **Total Fondskapital** | **908** | **800** | **0** | **1014** | **2** | c) **-212** | **696** |
| **Organisationskapital** | | | | | | | |
| Stiftungskapital | 70 | | | | | | 70 |
| Grundkapital | 70 | | | | | | 70 |
| Wertschwankungsreserve | 10 | | | | | | 10 |
| Startfinanzierung für neue Projekte | 300 | | | 72 | | -72 | 228 |
| 25 Jahre Jubiläum 20x9 | 50 | 12 | | 0 | | 12 | 62 |
| Gebundenes Kapital a) | 360 | 12 | 0 | 72 | | -60 | 300 |
| Freies Kapital | 175 | | | 10 | | -10 | 165 |
| **Total Organisationskapital** | **605** | **12** | **0** | **82** | | d) **-70** | **535** |
| **Total Kapital** | **1513** | | | | | e) **282** | **20** |

Anmerkungen:

a) Die Zweckbestimmung der Positionen des Fondskapitals und des gebundenen Organisationskapitals ist durch eine aussagekräftige Bezeichnung anzugeben sowie nötigenfalls im Anhang zu erläutern (FER 21, Ziffer 18 und 40).
b) Transfers zwischen zweckgebundenen Fonds sind einzeln auszuweisen und zu begründen (FER 21, Ziffer 19).
c) Das Total Veränderung des Fondskapitals entspricht der Veränderung des Fondskapitals gemäss Betriebsrechnung.
d) Das Total Veränderung Organisationskapital entspricht dem Jahresergebnis gemäss Betriebsrechnung.
e) Das Total Veränderung Kapital entspricht dem Ergebnis vor Veränderung des Fondskapitals gemäss Betriebsrechnung.

Abbildung 39: Muster für eine Rechnung über die Veränderung des Kapitals nach FER 21

Die **Konsolidierung** von Rechnungsabschlüssen zwischen einer beherrschenden NPO und einer oder mehreren von ihr beherrschten Organisationen (Konzernabschluss, konsolidierter Jahresabschluss) bedingt, dass alle Organisationen über den gleichen Zeitraum Rechnung legen und die gleichen Ansatz-, Gliederungs- und Bewertungsregeln anwenden.

Eine **Vollkonsolidierung** besteht zunächst in einer Zusammenfassung aller Positionen aus den jeweiligen Bestands- und Ergebnisrechnungen, die in der Folge folgenden Modifikationen unterworfen werden:

- **Kapitalkonsolidierung** (Elimination der konzerninternen Beteiligungsverhältnisse; Aufrechnung der Beteiligung bei der Mutterorganisation mit dem Eigenkapitalausweis bei der Tochterorganisation);
- **Schuldenkonsolidierung** (Elimination der konzerninternen Schuldverhältnisse; Aufrechnung der gegenseitigen Forderungen und Verbindlichkeiten innerhalb des Konzerns)
- **Ergebniskonsolidierung** (Elimination der Aufwendungen und Erträge aus konzerninternen Transaktionen; Aufrechnung von gegenseitigen Aufwendungen und Erträgen aus Leistungsbeziehungen innerhalb des Konzerns; Zwischenüberschüsse, soweit sie nicht als realisiert gelten, sind zu eliminieren).

Bei einer **Equity-Konsolidierung** wird nur jener Anteil des Tätigkeitsbereiches einer nachgeordneten Organisation in den konsolidierten Jahresabschluss übernommen, der mit den Hauptzielen der Konzernorganisation im Einklang steht. Andere Tätigkeitsbereiche, deren Einbezug in die Konsolidierung die Aussagekraft der konsolidierten Jahresrechnung beeinträchtigen würde, bleiben ausser Betracht.

Wenn keine oder nur unwesentliche Innenbeziehungen (organisationsinterne Transaktionen) bestehen, kann zur Konsolidierung auch die **Additionsmethode** (Poolingmethode) angewendet werden (die einzelnen Positionen der Bilanz und der Aufwands- und Ertragsrechnung werden aufsummiert).

Im Anhang zur konsolidierten Jahresrechnung sind jedenfalls der Konsolidierungskreis, die Konsolidierungsmethode sowie Transaktionen mit nahe stehenden Personen und Organisationen (FER 21 Ziffer 46 f.) offen zu legen. Ausserdem soll für einen besseren Überblick das Gesamtbild der Organisation graphisch dargestellt werden.

Eine grundsätzliche **Konsolidierungspflicht** zwischen Organisationen besteht, wenn eine finanzielle und/oder führungsmässige Beherrschung (Wird die Mehrheit der Organe bestellt oder kontrolliert? Liegt ein wesentliches Weisungsrecht vor?) besteht. Wenn ein gemeinsamer Auftritt im Spendenmarkt gegeben ist bzw. wenn anderen Organisationen finanzielle Mittel zur Verfügung gestellt werden, so **empfiehlt** ZEWO eine Konsolidierung.

### 8.4.2 Swiss Sport GAAP

Die Swiss Olympic Association, die Dachorganisation der Schweizer Sportverbände, die olympische und nichtolympische Sportarten vertreten, hat im November 2004 Richtlinien zur Rechnungslegung („**Swiss Sport GAAP**") veröffentlicht, die in Anlehnung an FER 21 erarbeitet wurden. Die Richtlinien gelten sowohl für die Berichterstattung der einzelnen Mitgliedverbände als auch für die Rechnungslegung von Swiss Olympic. Sie wurden im Februar 2009 in einer überarbeiteten Version vorgelegt.

Die **Jahresrechnung** besteht aus Bilanz, Erfolgsrechnung, Geldflussrechnung, Rechnung über die Veränderung des Fonds- und Verbandskapitals, Anhang und Leistungsbericht. Als Basis bei der Erstellung der Jahresrechnung sind sowohl die Grundsätze zur ordnungsgemässen Rechnungslegung gemäss Art. 662a OR wie auch die gesetzlichen Bewertungsvorschriften gemäss Art. 664 bis 670 OR einzuhalten. Bei der Bewertung der Bilanzpositionen sind jeweils die aktienrechtlich zulässigen Höchstwerte einzusetzen, ein Abschluss nach Swiss Sport GAAP enthält **keine stillen Reserven**.

Eine **konsolidierte Verbandsrechnung** ist zu erstellen, wenn in einem Verband Konzernverhältnisse bestehen. Diese liegen vor, wenn der Verband durch Stimmenmehrheit oder auf andere Weise eine oder mehrere Organisationen unter einheitlicher Leitung zusammenfasst. Eine konsolidierte Verbandsrechnung ist jedenfalls zu erstellen, wenn der Verband zusammen mit seinen Unterorganisationen zwei der nachstehenden Grössen in zwei aufeinander folgenden Geschäftsjahren überschreitet:

- Bilanzsumme von 10 Mio. SFR;
- Umsatzerlös von 20 Mio. SFR;
- 200 Arbeitnehmer im Jahresdurchschnitt.

Eine konsolidierte Jahresrechnung ist auch dann zu erstellen, wenn die Bilanzsumme oder die Umsatzerlöse der Unterorganisation mehr als 20 % der Bilanzsumme oder der Umsatzerlöse des Verbandes ausmachen.

Ein Rechnungslegungshandbuch für den Abschluss nach Swiss Sport GAAP ist unter http://www.swissolympic.ch abrufbar.

### 8.4.3 Swiss NPO-Code

Im März 2006 verabschiedete die Konferenz der Präsidentinnen und Präsidenten grosser Hilfswerke der Schweiz (KPGH) Corporate Governance-Richtlinien für Nonprofit-Organisationen in der Schweiz („Swiss NPO-Code"). Der Swiss NPO-Code (www.swiss-npocode.ch) ist ein Gemeinschaftswerk von 20 grossen Schweizer Nonprofit-Organisationen im humanitären Bereich, die gemeinsam in Eigenverantwortung die Grundsätze für eine verantwortungsvolle, transparente und zeitgemässe Corporate Governance im NPO-Bereich festgelegt haben. Die Empfehlungen zur Rechnungslegung Swiss GAAP FER, insbesondere FER 21, gelten als integrierter Bestandteil dieses Codes (§ 25).

### 8.4.4 Swiss Foundation Code

Im Oktober 2005 wurde der Swiss Foundation Code als handlungsleitender Governance Code für Förderstiftungen in Europa erstmals veröffentlicht, 2009 wurde er in einer überarbeiteten und kommentierten Form vorgelegt. Der Swiss Foundation Code 2009 richtet sich an grosse, mittelgrosse und kleine Förderstiftungen und hat rein empfehlenden Charakter (www.swissfoundations.ch/de/swiss-foundation-code). Die drei zentralen Grundsätze „Wirksame Umsetzung des Stiftungszwecks", „Checks and Balances" sowie „Transparenz" werden in 26 Empfehlungen vertieft, welche die Bereiche Stiftungsgründung, Organisation, Führung, Fördertätigkeit sowie Finanz- und Anlagepolitik thematisieren. In Empfehlung 26 wird zum Ausdruck gebracht, dass die Jahresrechnung ein den tatsächlichen Verhältnissen entsprechendes vollständiges und transparentes Bild der finanziellen Verhältnisse der Stiftung zu vermitteln hat. Der Stiftungsrat sieht das Jahresbudget, die Jahresrechnung und den Jahresbericht als Führungs- und Überwachungsinstrumente an.

### 8.4.5 Institut der Wirtschaftsprüfer in Deutschland

Das Institut der Wirtschaftsprüfer in Deutschland hat 2013 eine Stellungnahme zur Rechnungslegung von **Vereinen** (IDW RS HFA 14, veröffentlicht in: Die Wirtschaftsprüfung, Supplement 1/2014, S. 131 ff.) abgegeben. Diese Stellungnahme ist in Verbindung mit dem Standard zur **Prüfung** von Vereinen (IDW PS 750) zu sehen (veröffentlicht in: Die Wirtschaftsprüfung 9/2006, S. 646 ff.). Danach hat in Abhängigkeit von der Rechtsform, den Statuten und anderer ergänzender Festlegungen die Rechnungslegung (1) entweder in Gestalt eines Jahresabschlusses und Lageberichts oder (2) als Einnahmen-/Ausgaben-Rechnung und Vermögensrechnung zu erfolgen. Vereinen, die in einem wesentlichen Umfang Anlagevermögen, Forderungen, Verbindlichkeiten, Rückstellungen oder Abgrenzungsposten zu verzeichnen haben, wird empfohlen, freiwillig nach handelsrechtlichen Grundsätzen zu bilanzieren. Nimmt ein Verein in nicht unwesentlichem Umfang Geld- und Sachmittel als freigebige Zuwendung (ohne Gegenleistung) entgegen, so ist (auch) die Stellungnahme IDW RS HFA 21 über Besonderheiten der Rechnungslegung **Spenden sammelnder Organisationen** zu beachten (in: Die Wirtschaftsprüfung, Supplement 2/2010, S. 50 ff.; sie ersetzt die frühere Stellungnahme HFA 4 aus 1995). Sie beschäftigt sich mit der Ertragsrealisierung von Spenden. Empfangene Spenden sind zunächst erfolgsneutral als „Noch nicht verbrauchte Spendenmittel" nach dem Eigenkapital in der Bilanz auszuweisen. Erst wenn der entsprechende Aufwand aus ihrer Verwendung angefallen ist, sind sie als „Ertrag aus Spendenverbrauch" in der Erfolgsrechnung anzusetzen. Diese Vorgehensweise stellt auf den zeitlichen und den sachlichen Zusammenhang zwischen Erträgen und Aufwendungen ab. Besondere Regelungen erstrecken sich auf die Rechnungslegung über erhaltene Sachspenden, Spenden in Form von Arbeits- oder Dienstleistungen, die Spendenwerbung im Verbund bzw. durch beauftragte Dritte, über Mitgliedsbeiträge, Bußgelder und Förderbeiträge, erhaltene Sponsorenleistungen sowie erhaltene Zuwendungen der öffentlichen Hand. Eine gesonderte Darstellung des Spendenaufkommens in der Gewinn- und Verlustrechnung oder im Anhang wird empfohlen.

Der **Jahresabschluss** muss zumindest aus einer Bilanz und einer Gewinn- und Verlustrechnung bestehen (im Sinne der für alle Kaufleute geltenden §§ 238 – 263 HGB). Erfüllt ein Verein die Größenkriterien des § 267 Abs. 2 oder 3 HGB (Überschreiten von zwei der drei folgenden Kriterien: 4,84 Mio. € Bilanzsumme, 9,68 Mio. € Umsatz, 50 Arbeitnehmer im Jahresdurchschnitt) oder erfordert es die Komplexität der Vereinstätigkeit, so empfiehlt sich die Anwendung der ergänzenden Vorschriften für den Jahresabschluss von Kapitalgesellschaften (§§ 264 ff. HGB). Dabei sollte anstelle der Umsatzerlöse auf die Gesamterträge (Umsatzerlöse, Beiträge, Spenden) abgestellt werden.

Das **Reinvermögen** eines Vereins ergibt sich aus der Differenz zwischen den Buchwerten der Vermögensgegenstände und Schulden und wird als **Eigenkapital** bezeichnet. In der Bilanz sollte eine Gliederung nach (a) Vereinskapital, (b) Rücklagen und (c) Ergebnisvortrag erfolgen.

Ferner wird empfohlen, einen **Lagebericht** nach den handelsrechtlichen Vorschriften für Kapitalgesellschaften (§ 289 HGB) aufzustellen. Da eine Spenden sammelnde Organisation aus ihren originären Aktivitäten keine Umsatzerlöse ausweist, kann stattdessen anderen finanziellen Leistungsindikatoren eine besondere Bedeutung für die Beurteilung der Wirtschaftlichkeit zukommen (z. B. Kosten der allgemeinen Verwaltung, der Werbung oder des Personaleinsatzes).

Da gesetzliche Vorgaben zur Form der **Einnahmen-/Ausgaben-Rechnung** nicht bestehen, wird folgendes Grundschema empfohlen, das die Mittelbewegungen im Sinne einer Geldflussrechnung nach laufendem Geschäft, Investitionstätigkeit und Finanzbereich darstellt. Die Summe der Mittelbewegungen aus diesen drei Bereichen entspricht der Änderung der Geldmittel im engeren Sinne (des Finanzmittelfonds) in der Berichtsperiode.

| | | |
|---|---|---|
| 1. | | Einnahmen aus laufender Tätigkeit |
| 2. | − | Ausgaben aus laufender Tätigkeit |
| 3. | = | Einnahmen-/Ausgabenüberschuss aus laufender Tätigkeit |
| 4. | | Einnahmen aus Abgängen von Gegenständen des Anlagevermögens mit Ausnahme der Finanzanlagen |
| 5. | − | Ausgaben für Investitionen in das Anlagevermögen mit Ausnahme der Finanzanlagen |
| 6. | = | Einnahmen-/Ausgabenüberschuss aus der Investitionstätigkeit |
| 7. | | Einnahmen aus dem Finanzbereich |
| 8. | − | Ausgaben aus dem Finanzbereich |
| 9. | = | Einnahmen-/Ausgabenüberschuss aus dem Finanzbereich |
| 10. | | Erhöhung/Verminderung des Finanzmittelfonds (Summe der Zeilen 3, 6 und 9) |
| 11. | + | Finanzmittelfonds am Anfang der Periode |
| 12. | = | Finanzmittelfonds am Ende der Periode |

**Einnahmen aus laufender Tätigkeit** sind Leistungsentgelte, Mitgliedsbeiträge, Spenden, öffentliche Zuschüsse, Schenkungen, Erbschaften, Vermächtnisse, Bussgelder, Einnahmen aus der Vermögensverwaltung (z. B. Zinseinnahmen, Einnahmen aus Vermietung und Verpachtung, aus Beteiligungen und Wertpapieren) und sonstige Einnahmen. **Ausgaben aus laufender Tätigkeit** sind satzungsgemässe Mittelzuweisungen an Dritte, Personalausgaben, Sachausgaben und sonstige Ausgaben.

Die dargestellte Einnahmen-/Ausgaben-Rechnung ist nicht ident mit der steuerlichen Einnahmen-Überschuss-Rechnung nach § 4 Abs. 3 EStG. Diese müsste im Sinne einer indirekten Cashflow-Rechnung um die Veränderungen des Bestandes an Geldmitteln, die sich aus Investitions- und Finanzierungsmassnahmen ergeben, korrigiert werden.

Für die Form der **Vermögensrechnung** bestehen gleichfalls keine gesetzlichen Vorschriften. Es sollten jedoch zumindest folgende Vermögensgegenstände und Schulden gesondert ausgewiesen werden:

**Vermögensgegenstände:**

- immaterielle Vermögensgegenstände;
- Sachanlagen;
- Finanzanlagen;
- Zahlungsmittel;
- übrige Vermögensgegenstände.

**Eigenkapital und Schulden:**

- Eigenkapital;
- Verbindlichkeiten gegenüber Kreditinstituten;
- übrige Verpflichtungen.

Zur Rechnungslegung von **Stiftungen** hat das Institut der Wirtschaftsprüfer in Deutschland 2013 eine Stellungnahme zur „Rechnungslegung von Stiftungen" (IDW RS HFA 5, veröffentlicht in: Die Wirtschaftsprüfung, Supplement 1/2014, S. 117 ff.) neu verabschiedet (Erstfassung 2000). Damit in Verbindung steht der Prüfungsstandard „Prüfungen von Stiftungen" (IDW PS 740, in: Die Wirtschaftsprüfung 8/2000, S. 385 ff.). Sie beziehen sich ausschliesslich auf rechtsfähige Stiftungen des bürgerlichen Rechts. Die Rechnungslegung von Stiftungen des öffentlichen Rechts ergibt sich aus den konstitutiven öffentlich-rechtlichen Vorschriften. Die IDW-Stellungnahme unterscheidet in Abhängigkeit von der Komplexität und dem Umfang der Geschäftsfälle sowie der Größe zwischen Stiftungen, die einen kaufmännischen Jahresabschluss und gegebenenfalls einen Lagebericht aufstellen, und solchen, die nur eine Einnahmen-/Ausgabenrechnung mit Vermögensübersicht erstellen.

Für die Bewertung des Stiftungsvermögens ist in der Regel das Realisationsprinzip (Anschaffungswertprinzip) massgeblich, es soll zur Erhaltung des Stiftungsvermögens beitragen. Das Eigenkapital einer Stiftung sollte in (a) Stiftungskapital, (b) Rücklagen (Kapital- und Ergebnisrücklagen), (c) Umschichtungsergebnisse und (d) Ergebnisvortrag gegliedert werden. Das Stiftungskapital sollte dem Wert desjenigen Vermögens entsprechen, das der Stiftung bei ihrer Errichtung übertragen wurde und das in der Regel ungeschmälert erhalten werden sollte. Als Kapitalrücklagen sind sonstige Zuwendungen anzusehen, die zwar dauerhaft in das Eigenkapital der Stiftung, aber nach dem Willen des Zuwendenden nicht in das Stiftungskapital geleistet werden. Ergebnisrücklagen werden ausschliesslich aus dem erwirtschafteten Ergebnis gebildet und können verschiedenen Zweckbindungen unterworfen sein. Umschichtungsergebnisse entstehen bei der Umschichtung von Vermögensgegenständen durch Kauf oder Verkauf. Der Ergebnisvortrag dient der Übertragung des Ergebnissaldos in die Folgeperiode.

### 8.4.6 Kammer der Wirtschaftstreuhänder und Institut Österreichischer Wirtschaftsprüfer

Der Fachsenat für Unternehmensrecht und Revision in der Kammer der Wirtschaftstreuhänder in Österreich beschloss 2012 das Fachgutachten „Prüfung von Vereinen" (KFS/PE 22). Es ersetzt hinsichtlich der Prüfungsaspekte die 2001 vom Institut Österreichischer Wirtschaftsprüfer veröffentlichte Richtlinie zur Rechnungslegung und Prüfung von Vereinen. (siehe im Detail Institut Österreichischer Wirtschaftsprüfer 2001, S. 154 ff.). Bereits 2003 hat der gleiche Fachsenat zu verschiedenen Fragen zur Rechnungslegung der Vereine Stellung genommen (KFS/RL 19).

Kleine Vereine, die ihre Rechnungslegungspflicht durch eine **Einnahmen-Ausgaben-Rechnung** erfüllen können, haben diese durch ein Anlagenverzeichnis und eine Vermögensübersicht zu ergänzen. Für Spenden, sonstige Vermögenserwerbe und öffentliche Zuschüsse, die einer Widmung unterliegen, ist eine gesonderte Verrechnung vorzusehen. Dabei sind Anfangsbestand, Zugang, Verwendung, Umwidmung und Endbestand getrennt nach Spendengruppen und -jahren anzuführen. Als Einnahmen und Ausgaben sind alle Zu- und Abflüsse an Geld- und Sachmitteln anzusehen. Die Einnahmen-Ausgaben-Rechnung ist getrennt nach dem laufenden Geschäft, Investitionstätigkeit und Finanzbereich darzustellen. Dabei hat die Summe der Mittelbewegungen aus diesen drei Bereichen der Änderung der Geldmittel im engeren Sinne in der Berichtsperiode zu entsprechen (der Informationsgehalt einer Geldfluss-Rechnung wird somit auch hier für erforderlich gehalten).

Mittelgroße Vereine haben im Sinne des Unternehmensgesetzbuches (UGB) einen **Jahresabschluss** vorzulegen, der aus Bilanz und Gewinn- und Verlustrechnung besteht. Grosse Vereine haben den Jahresabschluss nach den für Kapitalgesellschaften massgeblichen Vorschriften (Bilanz, Gewinn- und Verlustrechnung sowie Anhang) aufzustellen. Für Spenden, sonstige Vermögenserwerbe und öffentliche Zuschüsse, die einer Widmung unterliegen, sind in der Bilanz „Verbindlichkeiten aus Zweckbindungen" auszuweisen, wenn am Bilanzstichtag noch eine Verwendungsverpflichtung besteht. Für den Ausweis des „Eigenkapitals" sieht die Richtlinie auf der Passivseite der Bilanz die Positionen „Nettovereinsvermögen" (es müsste richtig „Nettovereinskapital" heissen, da Vermögenswerte auf der Aktivseite darzustellen sind) und „Gewidmete Rücklagen" vor. Die Gewinn- und Verlustrechnung ist in Staffelform nach dem Gesamtkostenverfahren (§ 231 Abs. 2 UGB) aufzustellen. Dabei sind insbesondere Mitgliedsbeiträge (in der satzungsmässig festgelegten Höhe), Spenden und sonstige Vermögenserwerbe (allenfalls mit Zweckwidmung), öffentliche Zuschüsse und die aufwands- bzw. ertragswirksamen Veränderungen des Postens „Verbindlichkeiten aus Zweckbindungen" gesondert auszuweisen. Im Anhang sind für Spendenaufkommen und

Spendenverwendung die entsprechend getrennten Verrechnungen nachzuweisen und generell die Finanzlage zu erläutern (wie oben bei der Einnahmen-Ausgaben-Rechnung).

## 8.5 Gütesiegel-Standards

### 8.5.1 ZEWO-Gütesiegel

In der **Schweiz** ist die Stiftung ZEWO (Schweizerische Zertifizierungsstelle für gemeinnützige, Spenden sammelnde Organisationen) schon seit 1934 bemüht, Lauterkeit im Sammlungswesen sicherzustellen. Zu diesem Zweck vergibt sie ein Gütesiegel an gemeinnützige Organisationen, die sich zur Einhaltung einer Reihe von Kriterien verpflichten, die über die Transparenz in der Rechnungslegung (Herkunft und Verwendung der Mittel) und die Prüfung des Rechnungsabschlusses hinausgehen und eine den Zielen gemeinnütziger Organisationen adäquate Organisationsprüfung darstellen (Internet: http://www.zewo.ch).

Dem **Reglement über das ZEWO-Gütesiegel** für gemeinnützige Organisationen folgend, ist die Buchführung dieser NPO nach kaufmännischen Grundsätzen zu führen und soll es ermöglichen, die Vermögens- und Finanzlage sowie die Betriebsergebnisse und die Leistungen der einzelnen Geschäftsjahre festzustellen (Art. 11). Die NPO hat einen Jahresbericht über ihre gesamte Tätigkeit zusammen mit einer den tatsächlichen Verhältnissen entsprechenden Jahresrechnung (Bilanz, Betriebs- bzw. Erfolgsrechnung, Anhang) sowie einen Leistungsbericht zu erstellen. Wünschenswert ist die Erwähnung des Umfangs der Freiwilligenarbeit.

Für die Berichterstattung der mit dem ZEWO-Gütesiegel zertifizierten Organisationen hat ZEWO die Fachempfehlung Swiss GAAP FER 21 (siehe 8.4.1) für verbindlich erklärt. Dabei soll insbesondere der Leistungsbericht in angemessener Weise über die zweckgerichtete Tätigkeit informieren und Auskunft über die Wirtschaftlichkeit und die Leistungsfähigkeit geben. Insbesondere die Jahresziele (gemäss Statuten, Reglementen und Beschlüssen des leitenden Organs) sind mit geeigneten Angaben darüber, wie das Erreichen der qualitativen und quantitativen Ziele gemessen und beurteilt wird, offen zu legen.

Die Buchführung und die Jahresrechnung (Bilanz, Betriebsrechnung und Anhang) sind durch eine vom leitenden Organ und von der Geschäftsführung der NPO völlig unabhängige und fachlich befähigte Instanz zu prüfen (Art. 12). Die von der ZEWO zertifizierten Institutionen sind hinsichtlich ihrer Grösse sehr heterogen, deswegen werden an die Revisionsorgane unterschiedlich hohe Anforderungen gestellt. Die **Revision** hat nach den Berufs- und Standesregeln der Treuhand-Kammer (Schweizerische Kammer der Wirtschaftsprüfer, Steuerexperten und Treuhandexperten, Zürich) zu erfolgen.

Die Unterscheidung zwischen **kleinen** und **grossen** NPO orientiert sich an den Grössenordnungskriterien von Swiss GAAP FER 21 (siehe 8.4.1).

### 8.5.2 DZI-Gütesiegel

In **Deutschland** vergibt **das Deutsche Zentralinstitut für soziale Fragen (DZI)** seit 1992 ein Gütesiegel an geprüfte Spendenorganisationen aus dem humanitär-karitativen Bereich (Internet: http://www.dzi.de). Für die Vergabe des Gütesiegels sind eine Selbstverpflichtung zur Befolgung der vom DZI entwickelten Leitlinien sowie eine unabhängige, externe Prüfung durch Wirtschaftstreuhänder massgeblich. Die Prüfkriterien sind in den „Leitlinien zur Selbstverpflichtung überregional spendensammelnder Organisationen" festgeschrieben und verlangen in Bezug auf das Rechnungswesen eine eindeutige und nachvollziehbare Rechnungslegung sowie die Prüfung der Jahresrechnung.

### 8.5.3 Österreichisches Spendengütesiegel

In **Österreich** wurde im Mai 2001 von der **Kammer der Wirtschaftstreuhänder** in Kooperation mit sechs NPO-Dachverbänden ein „System der Standards für Non Profit Organisationen in den Bereichen Spendenmittelaufbringung und Spendenverwaltung (Österreichisches Spendengütesiegel)" eingerichtet (nähere Details im Internet: http://www.osgs.at). Es basiert auf einer freiwilligen Selbstverpflichtung der NPO. Ähnlich wie bei der Stiftung ZEWO in der Schweiz ist auch in Österreich ein Kriterienkatalog für die externe Prüfung massgebend, der deutlich über die Ordnungsmässigkeit der Rechnungslegung hinausgeht und eine den Zielen gemeinnütziger Organisationen adäquate Organisationsprüfung ermöglicht.

Der **Kriterienkatalog** sieht keine spezifischen Rechnungslegungsstandards vor. Es wird lediglich festgehalten, dass die NPO über ein geordnetes Rechnungswesen mit internem Kontrollsystem und einen dem Organisationsumfang entsprechenden Abschluss des Rechnungswesens verfügen muss. Nähere Spezifizierungen sind in den §§ 21 und 22 des Vereinsgesetzes 2002 (siehe die Erläuterungen in Abschnitt 8.3.2) sowie in der Richtlinie zur Rechnungslegung und Prüfung von Vereinen des Instituts Österreichischer Wirtschaftsprüfer (siehe Abschnitt 8.4.5) enthalten.

## 8.6 Compliance, Internes Kontrollsystem (IKS) und Risikomanagement

Mit dem Begriff „**Compliance**" wird neuerdings die Einhaltung von gesetzlichen Bestimmungen und Richtlinien, von regulatorischen Standards sowie von der Organisation selbst gesetzter ethischer Standards und Anforderungen bezeichnet (siehe auch Abschnitt 2.3). Alle Massnahmen, die die Einhaltung dieser Regeln gewährleisten und damit Regelverstösse verhindern sollen, werden als **Compliance-Managementsystem** bezeichnet. Dazu zählen einerseits alle Massnahmen im Rahmen des **Internen Kontrollsystems (IKS)**, die auf die systematische Erkennung und Analyse von Risikobereichen ausgerichtet sind und auf die Steigerung von Effektivität und Effizienz abzielen. In den Beziehungen zu den verschiedenen Anspruchsgruppen (Stakeholdern) zählen andererseits die Beachtung von **Governance-Regeln** (Governance-Kodizes) dazu.

Mit zunehmender Grösse der NPO und damit auch mit zunehmender Arbeitsteilung in der NPO wächst auch die Bedeutung des IKS. Das Interne Kontrollsystem besteht einerseits aus Regelungen zur Steuerung der Geschäftsaktivitäten (internes **Steuerungssystem**) und Regelungen zur Überwachung der Einhaltung dieser Vorgaben (internes **Überwachungssystem**).

Die **interne Steuerung** zielt auf eine organisatorische Optimierung der Verfahrensabläufe im Rechnungswesen und den angrenzenden Bereichen (z. B. Personalwesen) und die Erkennung und **Analyse von Risikobereichen** ab. Folgende Risiken müssen besonders beachtet werden, wobei es einerseits um die Identifikation von Bedrohungen und Gefahren und andererseits um Massnahmen zur Risikobewältigung geht:

- Politische/wirtschaftliche Risiken (z. B. Aufgabenüberwälzung ohne finanziellen Ausgleich; Risikobewältigung z. B. durch verstärkte Interessenvertretung, Ausarbeitung von best case/worst case-Szenarien)
- Marktrisiken (z. B. Abhängigkeit von einzelnen Lieferanten, Leistungsabnehmern, Banken usw.; Risikobewältigung z. B. durch stärkere Marktbeobachtung, Streuung der Lieferanten-, Leistungsabnehmer- und Bankbeziehungen)
- Vermögensrisiken (z. B. bei Anlagen, Warenlagern, Geldbeständen, Wertschriftenbeständen; Risikobewältigung z. B. durch Zugangsbeschränkungen im Anlagen- und Lagerbereich, regelmässige Kontrollen und Berichte über Geldvermögens- und Wertschriftenbestände)
- Andere Risiken (z. B. Abhängigkeit von Schlüsselpersonal; IT-Risiken wie Datenverlust, Datenmissbrauch, Vertragsrisiken wie „schlummernde Zeitbomben in Verträgen", steuer-

liche Risiken; Risikobewältigung durch Personalentwicklungsmassnahmen, Versicherung bzw. Abwälzung von Risiken im IT-Bereich, Vertragsüberprüfungen, „Notfallpläne").

Der Umgang mit Ausnahmesituationen sollte so weit wie möglich durch eine antizipierende Eventualplanung vorbereitet werden, damit in diesen Situationen weitgehend plangemäss agiert werden kann und nicht allein von den Umständen her situativ reagiert werden muss.

Die **interne Überwachung** kann einerseits durch organisatorische Sicherungsmassnahmen erfolgen, die in die einzelnen Leistungsprozesse integriert sind (z. B. Sicherstellung des Vier-Augen-Prinzips, Trennung unvereinbarer Tätigkeiten), oder in Form von Massnahmen der Internen Revision erfolgen, die unabhängig von den einzelnen Leistungsprozessen eingerichtet werden (z. B. unangekündigte Überprüfung von Kassenbeständen, Vorratsbeständen, Forderungsausweisen). Die Funktionsfähigkeit des Internen Kontrollsystems wird zu einem wichtigen Prüfungsbereich der externen Revisionsorgane (Rechnungsprüfer bzw. Abschlussprüfer). Dabei sind drei Ebenen in gleicher Weise zu berücksichtigen:

- **Kontrollen auf Organisationsebene**: sie stellen übergreifende Kontrollen dar, die mehrere Aspekte der Organisation und damit auch mehrere Prozesse in einer Organisation betreffen (z. B. Kompetenzregelungen, Durchsetzung von Weisungen)
- **Kontrollen auf Prozessebene**: sie decken die Risiken von wesentlichen Fehlaussagen in der Buchführung und Rechnungslegung ab (z. B. Vollständigkeitsprüfungen, Prüfungen auf richtige Bewertungen, Abstimmungsprüfungen, Plausibilitätskontrollen)
- **Kontrollen auf IT-Ebene**: sie sollen die Funktionsfähigkeit der automatisiert ablaufenden Buchungs- und Rechnungslegungsvorgänge überprüfen.

Mit „**Governance**" bezeichnet man den Ordnungsrahmen für die Leitung und Überwachung einer Organisation. Er wird einerseits durch gesetzliche Bestimmungen (z. B. Vereinsrecht, Unternehmensrecht) und andererseits durch den Träger bzw. die Eigentümer der Organisation und deren Einfluss auf die Organisationsstrukturen und Arbeitsabläufe bestimmt. Mit einem **Governance-Kodex** soll ein Ordnungsrahmen für die Leitung und Überwachung einer Organisation im Sinne eines „best practice"-Grundsatzes zur Verfügung gestellt werden. Die Verpflichtung einer Organisation auf die Beachtung eines solchen Regelwerks stellt eine freiwillige Selbstbindung dar, um das Vertrauen der verschiedenen Stakeholder durch eine erhöhte Transparenz, durch eine Qualitätsverbesserung in der Zusammenarbeit mit den verschiedenen Gremien einer Organisation und deren Geldgebern und durch die Ausrichtung auf eine nachhaltige Erreichung der NPO-Ziele zu fördern. Vorbild für diese Kodizes sind die Corporate Governance Kodizes börsenotierter Aktiengesellschaften.

Auf den **Swiss NPO-Code** und den **Swiss Foundation Code** wurde bereits hingewiesen (siehe die Abschnitte 8.4.3 und 8.4.4). Zu erwähnen sind auch die Empfehlung zu guter Führung (Corporate Governance) von Wohnbaugenossenschaften des Schweizerischen Verbands für Wohnungswesen (SVW) sowie der Good Governance Code der Stiftung für das Tier im Recht und der Verhaltenskodex für Mitglieder der Organe, Führungskräfte und Mitarbeitenden im Touring Club Schweiz (TCS). In **Deutschland** fanden die Kodizes des Verbands der Diözesen Deutschlands und der Kommission für caritative Fragen der Deutschen Bischofskonferenz sowie des Diakonischen Werks der Evangelischen Kirche in Deutschland e.V. eine überregionale Beachtung (siehe im Detail von Schnurbein/Stöckli 2010, S. 495 ff.).

In Österreich wurde im Oktober 2013 der **Österreichische NPO-Governance Kodex** vorgestellt. Er versteht sich als Empfehlung zur Gestaltung der Leitung und Aufsicht einer NPO und vereint jene Regelungen und Praktiken, die aus rechtlicher Sicht und aus der Perspektive eines verantwortungsvollen Managements als Good Practice bezeichnet werden können (http://www.wu.ac.at/npo/competence/npo-governance-kodex_austria). Abschnitt C, Punkt 12 behandelt die Rechnungslegung, die Berichtslegung und die Kontrolle. Das Rechnungswesen der NPO muss jederzeit ein den tatsächlichen Verhältnissen entsprechendes Bild der Vermögens-, Finanz- und Ertragslage darstellen und bei mittelgrossen und grossen NPO (siehe Abschnitt 8.3.2) durch eine geeignete Kosten- und Leistungsrechnung eine Kontrolle der Wirtschaftlichkeit ermöglichen. Grosse NPO haben im Anhang des Jahresabschlusses jedenfalls die Mitgliedsbeiträge, öffentlichen Subventionen, Spenden und sonstigen Zuwendungen sowie die Einkünfte aus wirtschaftlichen Tätigkeiten und die ihnen jeweils zugeordneten Aufwendungen auszuweisen. Abschnitt C, Punkt 13 behandelt das Interne Kontrollsystem und das Risikomanagement. Das Interne Kontrollsystem hat auf den drei Säulen Ordnungsmässigkeit, Sicherheit und Wirtschaftlichkeit zu beruhen. Es trägt zur Wirksamkeit und Effizienz der betrieblichen Tätigkeit sowie zur Zuverlässigkeit der Rechnungs- und Berichtslegung bei. Das Risikomanagement regelt den systematischen Umgang mit Unsicherheiten, Gefahren und Chancen. Die Systematisierung umfasst dabei zumindest die Risikopolitik, ein Früherkennungssystem sowie operative Handlungen zum Umgang mit Risiken (Punkte 13.4 und 13. 5 des Kodex).

## 8.7 Internationale Rechnungslegung

International agierende Nonprofit-Organisationen sehen sich veranlasst, auch Rechnungsabschlüsse nach internationalen Rechnungslegungsstandards vorzulegen. Solche Standards, die auf die Spezifika von NPO ausgerichtet sind, existieren allerdings nicht. Wollen NPO einen Rechnungsabschluss nach internationalen Standards aufstellen, so können sie sich an den International Financial Reporting Standards (IFRS) des International Accounting Standards Board (IASB) orientieren, die jedoch für erwerbswirtschaftlich ausgerichtete Unternehmen entwickelt wurden. Bei der Entwicklung von Swiss GAAP FER (siehe Abschnitt 8.4.1) hat man sich jedoch weitgehend – soweit dies zweckmässig war – daran orientiert und so sind die für gemeinnützige NPO massgeblichen FER 21 in den Grundzügen auch IFRS-Grundsätzen entsprechend.

Einen zentralen Sachverhalt, der in den IFRS nicht geregelt ist, stellen die „Zuwendungen ohne Gegenleistungen" dar. Geht man von einer Verpflichtung zur Mittelverwendung aus, so sind sie, sinngemäss der IFRS-Logik entsprechend, zunächst erfolgsneutral in der Bilanz zum Fair Value anzusetzen und erst zum Zeitpunkt ihrer Verwendung in der Ergebnisrechnung auszuweisen. Bassen (2012) weist nach, dass NPO auch bei nicht explizit in den IFRS geregelten Sachverhalten einen IFRS-konformen Abschluss aufstellen können.

So folgt etwa das Internationale Komitee vom Roten Kreuz (IKRK) in seiner jährlichen Rechnungslegung den IFRS. Es legt nach einer Konsolidierung mit den Teilorganisationen in den verschiedenen Ländern und den eingerichteten Verrechnungskreisen folgende Rechnungsabschlussteile (Statements) vor:

- Statement of Financial Position (Bilanz)
- Statement of Comprehensive Income (Ergebnisrechnung)
- Statement of Cash Flows (Geldflussrechnung)
- Statement of Changes in Reserves (Kapitalveränderungsrechnung)
- Notes (Anhang)

Das „Eigenkapital" wird beim IKRK als „Reserves" bezeichnet und in zweckgebundene Reserven (restricted reserves: funds and foundations) und freie Reserven (unrestricted reserves) unterteilt.

# 9. Kennzahlen als Führungsmittel für das NPO-Management

## 9.1 Kennzahlen als Informationsinstrument

Die gezielte Vorbereitung von Management-Entscheidungen erfordert laufend aktuelle Informationen über das NPO-Geschehen, die dem Management die **Stärken** und **Schwächen** der eigenen Organisation in verdichteter und aussagekräftiger Form aufzeigen.

**Kennzahlen** sind Zahlen mit spezifischem Erkenntniswert, die in konzentrierter Form (als Absolutzahlen oder Verhältniszahlen) quantifizierbare Sachverhalte einer Organisation zum Ausdruck bringen. Sie sind aus den Ermittlungsrechnungen abzuleiten. Kennzahlen haben **instrumentalen** Charakter und dienen der Informationsbeschaffung. Sie können sowohl vergangenheitsorientiert (Ist-Zahlen) als auch zukunftsbezogen (Soll-Zahlen) entwickelt werden. Sie dienen damit einerseits der **Kontrolle** und liefern andererseits Unterlagen für die **Planung**.

Für den **Erkenntniswert** von Kennzahlen ist nicht deren absolute oder relative Form entscheidend, sondern die Tatsache, inwieweit die verwendete Zahl zu einer vorgegebenen Problemstellung eine Information für die Problemlösung geben kann. Eine volle Aussagekraft besitzen die Kennzahlen üblicherweise nur dann, wenn man den ökonomischen Hintergrund kennt, auf dem sie beruhen. Oft genügen wenige Kennzahlen, um einen ausreichenden Einblick in die Lage einer Organisation zu erhalten. Umgekehrt reichen umfassende Zusammenstellungen für die Beurteilung von Wirtschaftsabläufen dann nicht aus, wenn die Kennzahlenauswahl unsystematisch ist und den Gesamtzusammenhang nicht ausreichend berücksichtigt.

Die Erstellung NPO-spezifischer Kennzahlen richtet sich nach den unterschiedlichen Informationsbedürfnissen der daran interessierten Entscheidungsträger bzw. externen Anspruchsgruppen (Geschäftsführung, Mitglieder, Gläubiger, Spender, Mitarbeiter, Staat usw.). Eine Kennzahl soll:

- **Information** bieten, die das Wesentliche für das Management heraushebt;
- **Massstab** sein, um werten und wägen zu können;
- **Zusammenhänge** zeigen, um Ursachen erforschen und Konsequenzen ableiten zu können;
- **Zielprojektionen** ermöglichen, um Fortschritte erzielen zu können;
- eine **Ergebnis-Kontrolle** bieten, um die Entwicklung steuern zu können.

In NPO sind Kennzahlen für die operationale Darstellung der Sachziele (Leistungsziele), zur Erfolgsbeurteilung im Sinne der Effizienzmessung und zur Darstellung von Zielerfüllungsgraden besonders bedeutsam, weil das Rechnungswesen in der Regel nur auf Mengenkomponenten des Leistungsgeschehens Bezug nehmen kann.

## 9.2 Arten von Kennzahlen

Kennzahlen können **absolute** oder **relative** Zahlen sein. Oft braucht man beide Arten, um die Aussagekraft zu erhöhen. Als **Absolutzahlen** sind Einzelzahlen, Summen, Salden, Mittelwerte, Mengen, Geldwerte oder Punktewerte anzusehen. Meistens sind Kennzahlen **Verhältniszahlen (Relativzahlen)**, die ein Verhältnis (eine Proportion) zwischen betrachteten Sachverhalten zum Ausdruck bringen. Die Verhältniszahlen können in drei Gruppen unterteilt werden:

- **Gliederungszahlen**  (z. B. Personalaufwand zu Gesamtaufwand)
- **Beziehungszahlen**   (z. B. Umsatz je Beschäftigtem)
- **Indexzahlen**  (z. B. Personalstand in verschiedenen Jahren zu Personalstand eines Basisjahres = 100)

Gliederungszahlen decken die Struktur einer Gesamtmenge auf und machen diese leichter überschaubar. Meist werden dafür Prozentzahlen verwendet. Beziehungszahlen erlauben es, verschiedene Tatbestände zueinander ins Verhältnis zu setzen. Sie werden zu den erklärenden Kennzahlen gezählt, da nur solche Verhältnisse sinnvolle Aussagen ergeben, die auf realen Beziehungen beruhen. Indexzahlen (auch: Messzahlen) beziehen selbständige, durchaus gleichartige Positionen auf eine „Basisposition" (Index 100) und sind daher imstande, zeitliche Unterschiede bzw. Veränderungen der in Betracht gezogenen Grösse darzustellen.

Im Hinblick auf die in den Kennzahlen abgebildeten betriebswirtschaftlichen Sachverhalte ist zwischen **finanzwirtschaftlichen** und **leistungswirtschaftlichen** Kennzahlen zu unterscheiden.

## 9.3 Finanzwirtschaftliche Kennzahlen

### 9.3.1 Investitionsanalyse

Die Investitionsanalyse beschäftigt sich mit den folgenden Sachverhalten:

- **Vermögensstruktur** (Anlagevermögen : Umlaufvermögen)
- **Umschlagshäufigkeit** von Lagerbeständen, von Forderungen und von Verbindlichkeiten (Umsatz : Lagerbestand, Forderungsbestand; Einkauf : Verbindlichkeiten)
- **Investitionsdeckung** (Neuinvestitionen : Abschreibungen)

Grundsätzlich erhöht ein geringes **Anlagevermögen** die Flexibilität einer Organisation, ist aber bei normaler bis steigender Beschäftigungslage mit höheren laufenden Kosten verbunden, die als variable Kosten mit der Beschäftigung mitsteigen und den sonst möglichen Vorteil der Fixkostendegression nicht zulassen. Ein zu hohes Anlagevermögen bringt hingegen die Gefahr mit sich, dass die gesamte Kapazität der Organisation schlecht ausgelastet ist und in Folge der hohen Fixkostenbelastung die Risikobelastung steigt.

Die **Umschlagshäufigkeit** gibt an, wie oft sich ein Vermögens- oder Kapitalposten bzw. das gesamte Vermögen in einer Periode erneuert. Daraus ergibt sich die **Umschlagsdauer** als jener Zeitraum, innerhalb dessen sich ein bestimmter Bestand einmal erneuert. Je höher die Umschlagshäufigkeit, desto kürzer ist die Umschlagsdauer. Daraus ergeben sich bei gleichem Umsatz bzw. Aufwand geringere Vermögensbestände und eine kürzere Kapitalbindung. Geringere Vermögensbestände bedeuten weniger Raumbedarf und damit verbunden weniger Kosten sowie eine Verringerung des Vermögenswagnisses (Schwund, Überalterung). Eine kürzere Kapitalbindung bedeutet die Inanspruchnahme von weniger Krediten, was zur Verbesserung sowohl der Kreditstruktur (Ausschaltung teurer Kredite) als auch des Verschuldungsgrades (Verbesserung des Kreditpotenzials) führt. Eine hohe Umschlagshäufigkeit bzw. deren Verbesserung im Zeitablauf zeigt aber auch, welche Aufmerksamkeit die NPO-Führung dem „Vermögensmanagement", etwa der Lagerorganisation bzw. dem Mahnwesen im Forderungsbestand (Debitorenmanagement), widmet. Auch die Sorge um das rechtzeitige Zufliessen der Mitgliedsbeiträge oder zugesagter Subventionen gehört dazu. Das Problem der Umschlagshäufigkeit wird in NPO häufig übersehen oder nicht bedeutend genug eingeschätzt.

Kennzahlen der Investitionspolitik, wie etwa das Verhältnis von Neuinvestitionen zu Abschreibungen, sollen zeigen, ob die NPO ihre Kapazität erweitert, gleich hält oder verkleinert und ob damit die einmal erreichte Substanz erhalten oder verändert wird.

### 9.3.2 Finanzierungsanalyse

Durch die Finanzierungsanalyse sollen die **Kapitalstruktur** (der Eigenfinanzierungsgrad bzw. der Verschuldungsgrad) sowie die **Kreditstruktur** festgestellt und daraus das **Kreditpo-**

tenzial sowie in Verbindung mit den Zinskosten die **kostengünstigste Finanzierung** einer NPO ermittelt werden.

- Kapitalstruktur: Eigenfinanzierungsgrad (Eigenkapital : Gesamtkapital)
  Verschuldungsgrad (Fremdkapital : Gesamtkapital)
- Kreditstruktur (Verhältnis der einzelnen Kreditformen zueinander)

**Eigenkapital** (zur Problematik des Begriffes siehe Abschnitt 7.1) ist liquiditätsschonend, da bei schlechter Ertragslage keine Tilgungsquoten und Zinsausgaben berücksichtigt werden müssen. Eine umfangreiche Fremdmittelaufnahme erhöht die Gefahr von Liquiditätsengpässen und Rückzahlungsschwierigkeiten. Je risikoreicher Investitionen sind, desto höher müsste der Eigenkapitalanteil sein. Die Höhe eines möglichen Verschuldungsgrades hängt somit nicht von der Chance der Erzielung eines bestimmten Ertrages, sondern vom Risiko des Ertragsausfalles ab.

Für die Auswahl der aufzunehmenden **Fremdmittel** sind die Kosten und die Fristigkeit von besonderer Bedeutung.

### 9.3.3 Liquiditätsanalyse

Durch die Liquiditätsanalyse soll festgestellt werden, ob die für den Bestand der NPO wichtige Bedingung der dauernden Aufrechterhaltung der **Zahlungsfähigkeit** erfüllt ist. Die Bilanzanalyse ist für diesen Zweck nur bedingt geeignet. Die Bilanz gibt nur einen Augenblickszustand wieder, der zum Zeitpunkt der Analyse bereits überholt ist.

Liquidität 1. Grades: Liquide Mittel in Bezug zu kurzfristigen Verbindlichkeiten

Liquidität 2. Grades: Liquide Mittel + kurzfristige Forderungen / kurzfristige Verbindlichkeiten

Liquidität 3. Grades: Liquide Mittel + kurzfristige Forderungen + Vorräte / kurzfristige Verbindlichkeiten

Die Bilanzanalyse ist daher nur geeignet, die grundsätzliche Liquidität einer Organisation bzw. deren Entwicklung im Zeitablauf festzustellen. Zu diesem Zweck werden einerseits reine Bestandsgrössen und andererseits Stromgrössen herangezogen. Im Mittelpunkt der **Bestandsgrössenanalyse** stehen:

- Horizontale Finanzierungsregel (**fristenkongruente Finanzierung**): der Umfang des langfristig gebundenen Vermögens soll der Grösse des langfristig zur Verfügung stehenden Kapitals entsprechen.

- **Working Capital** (Umlaufvermögen minus kurzfristige Verbindlichkeiten): dieser Saldo steht zur Deckung der durch die Geschäftstätigkeit bedingten laufenden Aufwendungen zur Verfügung und bietet einen mehr oder weniger grossen Spielraum zum Ausgleich der regelmässigen und unregelmässigen Schwankungen und Anspannungen in der Geschäftsabwicklung.

Im Mittelpunkt der **Stromgrössenanalyse** stehen:

- **Cashflow** (Überschuss der umsatzbezogenen Einnahmen über die umsatzbezogenen Ausgaben): der Saldo zeigt an, welche Mittel in einer bestimmten Periode aus der Tätigkeit der NPO zur Innenfinanzierung herangezogen werden können. Im Wesentlichen handelt es sich um eine Transformation der Aufwands- und Ertragsrechnung in eine Einnahmen-Ausgaben-Rechnung. Der Cashflow gibt den Bargeldüberschuss an, der in der Rechnungsperiode aus dem Leistungsprozess im engeren Sinne resultiert. Bei der Verwendung dieser Kennzahl muss man sich bewusst sein, dass der Cashflow mit der Höhe des Anlagevermögens (und damit der Abschreibungen) steigt, erfolgsneutrale Vermögens- und Kapitalumschichtungen nicht berücksichtigt und keine Aussage über die Verwendung der freigesetzten Mittel trifft. Um daher zu einem aussagekräftigen Ergebnis zu kommen, ist der Cashflow entweder in Relation zu den bestehenden Verbindlichkeiten zu setzen (Theoretische Schuldentilgungskraft = Verbindlichkeiten / Cashflow) oder durch eine auch die Aussenfinanzierungsvorgänge umfassende Geldflussrechnung (auch: Kapitalflussrechnung) zu ersetzen.

- **Geldflussrechnung** (Mittelflussrechnung): Sie stellt drei zur Beurteilung der Liquidität bedeutsame Stromgrössensalden in den Mittelpunkt:
    - Cashflow aus der betrieblichen Tätigkeit (cashflow from operating activities)
    - Cashflow aus der Investitionstätigkeit (cashflow from investing activities)
    - Cashflow aus der (Aussen-)Finanzierungstätigkeit (cashflow from financing activities)

Es darf aber nicht übersehen werden, dass die retrospektiv entwickelte Geldflussrechnung eine **Finanzplanung** (siehe Abschnitt 3.2) keinesfalls ersetzen kann.

## 9.4 Leistungswirtschaftliche Kennzahlen

### 9.4.1 Produktivitätsanalyse

Bei der Produktivitätsanalyse werden Leistungsgrössen (-mengen) in Beziehung zu einzelnen Produktionsfaktoreinsätzen gesetzt (z. B. Zahl der Beratungen je Mitarbeiter; Ausbildungsleistungen je Lehrkraft; Seminartage je Kursraum). Da es verschiedene Produktionsfaktoren gibt, liegen auch mehrere Möglichkeiten vor, Produktivitätsmessungen anzustellen. In der Regel wird zwischen **Arbeits**produktivität, **Anlagen**produktivität und **Materialeinsatz**produktivität unterschieden.

### 9.4.2 Analyse der Aufwands- und Ertragsstruktur

Die Feststellung der Aufwands- und Ertragsstruktur und ihre Entwicklung über mehrere Perioden hinweg lässt die Abhängigkeit der NPO von bestimmten Aufwandsarten (und damit Produktionsfaktoren) bzw. von bestimmten Ertragsquellen erkennen:

- Personalintensität (Personalaufwand : Gesamtaufwand)
- Materialintensität (Materialaufwand : Gesamtaufwand)
- Anlagenintensität (Abschreibungsaufwand : Gesamtaufwand)
- Energieintensität (Energieaufwand : Gesamtaufwand)

- Marktleistungsintensität (Umsatzerlöse : Gesamterträge)
- Spendenintensität (Spendenerträge : Gesamterträge)
- Subventionsintensität (Subventionserträge : Gesamterträge)

### 9.4.3 Wirtschaftlichkeitsanalyse

Ergänzend zur (vertikalen) Analyse der Aufwands- und Ertragsstruktur stehen die Beziehungen zwischen Inputgrössen (Aufwand, Kosten) und Outputgrössen (Erträge, Leistungen) im Mittelpunkt der (horizontal) ausgerichteten Wirtschaftlichkeitsanalyse. Im Gegensatz zur mengenmässig ausgerichteten Produktivitätsanalyse führt die Wirtschaftlichkeitsanalyse zu einer wertmässigen Darstellung von Input-Output-Relationen.

### 9.4.4 Rentabilitätsanalyse

Auch wenn das Rentabilitätsziel in Nonprofit-Organisationen nicht dominant ist, ist es sowohl für die Bestandessicherung als auch für eine kostengünstige Finanzierung sinnvoll, das Verhältnis einer Erfolgsgrösse (Gewinn; Gewinn + Zinsen) zum Kapitaleinsatz (Eigenkapital, Fremdkapital, Gesamtkapital) einer Analyse zu unterziehen:

- Eigenkapitalrentabilität (Gewinn zu Eigenkapital)
- Fremdkapitalrentabiltität (Zinsen zu Fremdkapital)
- Gesamtkapitalrentabilität (Gewinn + Zinsen zu Eigenkapital + Fremdkapital)

Die Erfolgsgrösse kann auch auf den Leistungsumsatz bezogen werden (Umsatzrentabilität).

Aus dem angloamerikanischen Bereich kommend, gewinnen auch im deutschen Sprachraum einige Kapital- und Umsatzrentabilitätskennzahlen an Bedeutung, wobei sie zumeist in Form von Abkürzungen Erwähnung finden:

1) *Kapitalrentabilitätskennzahlen*:

- ROI (return on investment):
  Gewinn + Zinsen : Gesamtkapital
- ROE (return on equity):
  Gewinn : Eigenkapital
- EBIT (earnings before interests and taxes):
  Gewinn vor Zinsen und Steuern : Gesamtkapital
- EBITDA (earnings before interests, taxes, amortization and depreciation):
  Gewinn vor Zinsen, Steuern und Abschreibungen/Wertberichtigungen : Gesamtkapital

2) *Umsatzrentabilitätskennzahlen*:

- ROS (return on sales):     Gewinn : Umsatz
- EBIT-Margin:               EBIT : Umsatz
- EBITDA-Margin:             EBITDA : Umsatz
- Cashflow-Margin:
  Cashflow aus der lfd. Geschäftstätigkeit (cashflow from operating acitivties) : Umsatz

## 9.4.5 Break-even-Analyse

Die Break-even-Analyse soll jenes Ertragsvolumen ermitteln, bei dem gerade Aufwandsdeckung (Kostendeckung) erzielt werden kann (Deckung der Fixkosten durch Deckungsbeiträge aus den einzelnen Ertragsbereichen). Diese Information kann bei externen Analysen in der Regel überhaupt nicht und im Rahmen interner Analysen nur dann ermittelt werden, wenn das Verhalten der Kosten (Aufwendungen) im Verhältnis zum wechselnden Beschäftigungsgrad (Gliederung in fixe und variable Kosten) und der Deckungsbeitrag je Leistungsbereich bekannt ist.

### 9.4.6 Wertschöpfungsanalyse

Mit der Errechnung der Wertschöpfung will man einerseits den Beitrag der Organisation zum Sozialprodukt ermitteln (Entstehungsrechnung) und andererseits feststellen, wie der Wertschöpfungsbetrag auf Kapitaleigner (Gewinn), Arbeitnehmer (Personalaufwand), Fremdkapitalgeber (Zinsaufwand) und öffentliche Hand (Abgaben) aufgeteilt wird (Verteilungsrechnung).

Entstehungsrechnung: Gesamtleistung

abzüglich Vorleistungen (Fremdleistungen)

Wertschöpfung

Verteilungsrechnung: Anteil Arbeitnehmer (Personalaufwand)

Anteil Öffentliche Hand (Abgaben)

Anteil Fremdkapitalgeber (Zinsaufwand)

Anteil Eigentümer (Gewinn)

Wertschöpfung

## 9.5 NPO-Kennzahlensystem

Der begrenzten Aussage einzelner Kennzahlen kann durch die Entwicklung von Kennzahlensystemen entgegnet werden. Ein **Kennzahlensystem** stellt eine Menge geordneter Kennzahlen dar, die miteinander in sachlicher Beziehung stehen und einen Organisationsbereich ausgewogen (und möglichst vollständig) abbilden.

Der Nutzen der Informationsgewinnung durch Kennzahlen und Kennzahlensysteme erhöht sich durch **vergleichende Betrachtungen** innerhalb einer Organisation und zwischen Organisationen (**Betriebsvergleich**):

- zwischenzeitlicher Vergleich
- zwischenbetrieblicher Vergleich
- Soll-/Ist-Vergleich

Der **innerbetriebliche** Vergleich erfolgt meist als Zeitvergleich und hat den Vergleich einzelner betrieblicher Grössen zu unterschiedlichen Zeitpunkten oder für verschiedene Zeiträume zum Inhalt. Daneben sind auch die Soll-/Ist-Vergleiche von Bedeutung, bei welchen vorgegebene Soll-Grössen den effektiven Ist-Grössen gegenübergestellt werden.

Der **zwischenbetriebliche** Vergleich umfasst mehrere gleichartige Organisationen und hat den Vergleich mehrerer, als aussagekräftig angesehener Ist-Grössen zum Inhalt. Diese Art des Betriebsvergleiches wird oft als zweckmässiger angesehen, da beim innerbetrieblichen Vergleich verschiedene Massgrössen im Zeitablauf unverändert bleiben können. Es ist jedoch sicherzustellen, dass die Rahmenbedingungen der in den Vergleich einbezogenen Organisationen ähnlich sind. Zwischenbetriebliche Vergleiche erfordern in der Regel erhebliche Anstrengungen, sind aber wegen ihrer besonderen Rolle als „Konkurrenzersatz" von hohem Erkenntniswert. Das Vergleichsverfahren ist im Benchmarking (siehe Abschnitt 9.6) zu einem Konzept der Organisationsentwicklung verfeinert worden.

In einer NPO muss das Kennzahlensystem organisationsspezifisch aufgebaut werden, weil es wesentlich vom vorgegebenen Auftrag und damit von den **Sachzielen (Leistungsprogramm)** her zu entwickeln ist. Die bekannten Kennzahlenschemata (z. B. ROI, Du Pont, ZVEI) sind formalzielorientiert und daher in dieser Form für die Anwendung in NPO weniger geeignet. Zielführend ist das von Etlin/Etlin (1992, S. 39) aus dem NPO-Management-Modell abgeleitete Kennzahlensystem, das hier leicht verändert übernommen wird (siehe *Abbildung 40*).

Das **Freiburger Management-Modell für NPO** (Lichtsteiner/Gmür/Giroud/Schauer 2015, S. 62 ff.) weist der Messung von **Effizienz** und **Effektivität**, die in einem gegenseitigen Abhängigkeitsverhältnis stehen, eine zentrale Bedeutung zu. Aus dem **Ressourcen-Management** ergeben sich Potenziale der Leistungsbereitschaft. Das **Marketing-Management** befindet über den Leistungsvollzug und damit über die Inanspruchnahme der Leistungsbereitschaft. Mitteleinsatz und Leistungsergebnisse müssen die gewünschten Wirkungen auf die System-Umfeld-Verknüpfungen ergeben, die Gestaltung der hiefür notwendigen Strukturen und Prozesse ist zentrale Aufgabe des **System-Managements**.

Die **Potenzialmessung** führt zu Aussagen über die für die Zielerreichung und Leistungserstellung notwendigen und vorhandenen Mittel der NPO. Zweckmässig sind die Potenziale der NPO in Human Ressourcen sowie sachliche und finanzielle Mittel zu gliedern. Die Basisdaten für die Potenzialmessung leiten sich hauptsächlich aus der Bilanz und der Ergebnisrechnung (Erfolgsrechnung) in ihren verschiedenen Formen ab und bilden primär **organisationsbezogene** Kennzahlen.

| NPO-Management-Modell |||
|---|---|---|
| **System-Management** | **Marketing-Management** | **Ressourcen-Management** |
| Zweckbestimmung, Wirkungsfelder, Strukturen und Prozesse der Willensbildung, Planung, Controlling | Leistungs-/Massnahmenbestimmung und -einsatz, Leistungsadressaten | Humanressourcen und Betriebsmittelbeschaffung, Bereitstellung |

| Zielsystem der NPO |||
|---|---|---|
| **Ziele** (Aufgaben) | **Leistungen** (Massnahmen) | **Mittel** (Produktionsfaktoren) |
| **Effektivität, Wirksamkeit** (Sachziel) || **Effizienz, Wirtschaftlichkeit** (Formalziel) |

| NPO-Kennzahlensystem |||
|---|---|---|
| **Wirkungsmessung** | **Leistungsmessung** | **Potenzialmessung** |
| **Objektive Kennzahlen** | **Kollektiv- und interne Leistungen** | **Human Ressourcen** |
| Kennzahlen aus der volkswirtschaftlichen und der fachbezogenen amtlichen Statistik | Produktivität Leistungsergiebigkeit Beschäftigungsgrad | Personalstruktur Ergiebigkeitsgrad Fluktuation |
| **Subjektive Kennzahlen** | **Marktleistungen** | **Sachliche Mittel** |
| Kennzahlen aus der Leistungsmessung Value-for-money-reporting | Wirtschaftlichkeit Produktivität Marktanteil Mindestumsatz | Anlagenstruktur Kapazität Auslastung |
| | **Strukturvergleiche** | **Finanzielle Mittel** |
| | Leistungsstruktur Erlös-/Kostenstruktur | *Finanz-Controlling* Sicherheit Liquidität Deckungsgrade *Ergebnis-Controlling* Cashflow Rentabilität Fundaccounting *Strukturvergleiche* Aufwands-/Ertragsstruktur |

Abbildung 40: NPO-spezifisches Kennzahlensystem

Im **Personalbereich** sind es vor allem Strukturen, Arbeitsproduktivitäten (Ergiebigkeitsgrade) und Fluktuationen, die wichtige Kennzahlen über dieses Potenzial liefern können. Im Bereich der **sachlichen Mittel** interessieren vor allem die Anlagenkapazität, deren Struktur und Auslastung.

Die Potenzialmessung der finanziellen Mittel vollzieht sich über das Finanz- und Ergebnis-Controlling. Das **Finanz-Controlling** misst Werte wie Verschuldungs- und Eigenfinanzierungsgrad, Deckungsverhältnisse, Liquiditätsgrade und Working Capital und gibt Aussagen zur finanziellen Sicherheit. Das **Ergebnis-Controlling** geht vom Cashflow als zentraler Kenngrösse aus und errechnet Kennzahlen wie Umsatz-Rentabilität, Verschuldungsfaktor und Fonds-Positionen im Rahmen des Fund Accounting.

Bei der **Leistungsmessung** geht es einerseits um die Messung der Produktivität und Wirtschaftlichkeit der Leistungserstellung. Andererseits analysiert man die Strukturen der Leistung und deren Entwicklung. Hier handelt es sich in erster Linie um bereichsbezogene Kennzahlen.

Die Basis für die Leistungsmessung ist die Kostenrechnung mit der Kostenstellen- und Kostenträgerrechnung einerseits und das Mengengerüst der NPO mit Stunden-, Stück- und Fallleistungen andererseits. Gemessen wird die **Wirtschaftlichkeit**, sofern es sich um Marktleistungen handelt und Erträge den Kosten zugeordnet werden können. Im Bereich der Kollektivleistungen und der internen Leistungen wird vor allem die **Produktivität** gemessen, die sich in den aufgezeigten Alternativen ableiten lässt. Zum Bereich der Leistungsmessung gehören auch der Vergleich und die Entwicklung der Leistungsstruktur sowie die Entwicklung der Marktanteile der einzelnen Leistungen.

Die **Wirkungsmessung** hat die Messung der Leistungs-Effektivität zum Inhalt. Es wird eine Antwort auf die Frage gesucht, wie wirksam die erbrachten Leistungen bezüglich der Erreichung der gesteckten lang- und kurzfristigen Ziele sind. Eine **objektive** Messung ist in der Regel schwierig und hängt wesentlich von den Zielen der jeweiligen NPO ab. In Einzelfällen kann die Messung an Hand von Kennzahlen aus der volkswirtschaftlichen Statistik über einen für die NPO-Ziele relevanten Sachverhalt erfolgen und einem längerfristigen Zeitvergleich unterworfen werden. Daraus kann ein Entwicklungstrend im Hinblick auf die Zielerreichung abgeleitet werden. Eine objektive Zielmessung ist auch über interne Marketing-Kennzahlen möglich, wenn etwa die Entwicklung der Marktanteile einzelner Dienstleistungen oder der erreichten Leistungsabnehmer im Zeitvergleich analysiert wird. Bei der **subjektiven** Messung handelt es sich um die Erhebung von Meinungen über die erreichte Leistungsqualität und die Wirksamkeit der erbrachten Leistungen (siehe im Detail Kapitel 6).

## 9.6 Benchmarking

Das Konzept des **Benchmarking** bezweckt, auf der Basis von Vergleichs- und Richtwerten (sog. Benchmarks) anderer Organisationen in führender Position nachhaltige Verbesserungen der eigenen Tätigkeit zu realisieren. Im Zentrum der Überlegungen steht die **Best Practice**. Dabei ist zu unterscheiden, ob eine Organisation in ihrem Leistungsbereich (in ihrer „Branche") Bester ist (**Best in Class**) oder überhaupt einen Standard über alle Branchen hinweg vorgibt (**Business Excellence**).

Der **Benchmarking-Prozess** besteht im Wesentlichen aus fünf aufeinanderfolgenden Teilschritten, die in der folgenden *Abbildung 41* (verändert entnommen aus Töpfer 1997, S. 203) dargestellt sind. Er darf keine einmalige Aktion bleiben, sondern muss bei professioneller Anwendung im Rahmen von Veränderungsprozessen und vor dem Hintergrund des organisationalen Lernens als ein kontinuierlicher Vorgang, bei dem immer wieder die aufgeführten Teilschritte des Prozesses durchlaufen werden, angesehen werden.

Im NPO-Bereich kann Benchmarking auf drei Ebenen stattfinden:

1) Benchmarking für die Mitglieder (man vergleicht z. B. Mitgliederbetriebe und will damit Rationalisierungspotenziale bei den Mitgliedern eröffnen);
2) Benchmarking zwischen Gliedern einer NPO (es werden z. B. Landesverbände verglichen);
3) Benchmarking für die Gesamt-NPO:
    a) Vergleich mit anderen NPO;
    b) Vergleich mit öffentlichen Institutionen;
    c) Vergleich mit gewinnorientierten Unternehmen (PO).

In den Fällen von 3 b) und 3 c) ist ein Vergleich in der Regel nur in einzelnen Teilbereichen möglich und sinnvoll.

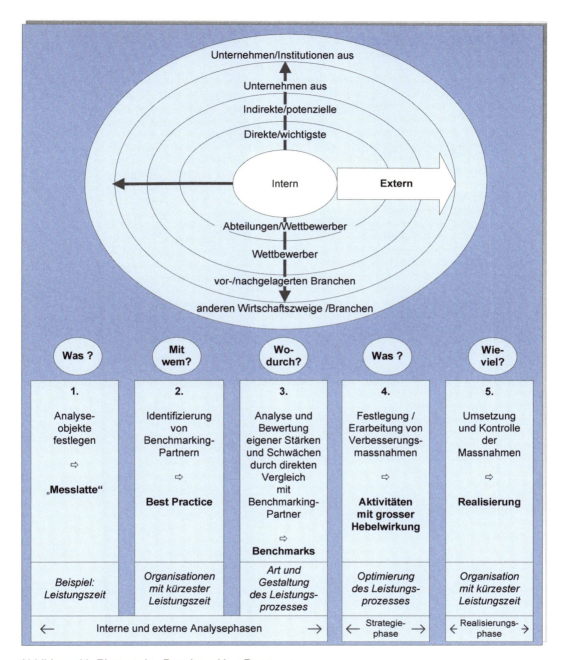

Abbildung 41: Phasen des Benchmarking-Prozesses

# 10. Integrierte Planungsrechnungen

## 10.1 Pläne für die Dimensionierung der Leistungsbereitschaft und für die Leistungsabgabe

Ergebnisplan (Erfolgsplan, Leistungsplan), Finanzplan und Planbilanz ergeben das **integrierte Budget**. Es wird in der Regel für ein Jahr erstellt. Es ergibt sich als Summe der Teilpläne für alle Organisationsbereiche, die, aufeinander abgestimmt, erst die Aufstellung des Gesamtbudgets ermöglichen:

1) Pläne für die Leistungsabgabe
   - Kollektivgüterbereich
   - Individualgüterbereich (Absatzmengen- und Absatzerlösplan)

2) Pläne für die Dimensionierung der **Leistungsbereitschaft** und für die **Leistungserstellung**
   - Personalplan
   - Kapazitätsplan für Sachmittel
   - Beschaffungsplan
   - Investitionsplan (Anlagenanschaffungen)
   - Produktionsplan (Dienstleistungsplan)
   - Lagerplan
   - Verwaltungskostenplan
   - Vertriebskostenplan
   - Forschungs- und Entwicklungsplan (immaterielle Investitionen)

3) Pläne der **Finanzierung**
   - Plan des Zahlungsmittelbedarfs auf Grund obiger Teilpläne
   - Kreditbedarfsplan
   - Kredittilgungsplan
   - Zinsendienstplan

Aus dem Gesichtspunkt der Datenbeschaffenheit ist in allen Teilplänen zwischen **Mengenplanung** und **Werteplanung** (Menge x Preis) zu unterscheiden (Ausnahme: Zahlungsmittelströme und -bestände).

## 10.2 Finanzbudget und Leistungsbudget als Gesamtpläne

Alle Teilpläne der NPO sind im Hinblick auf die Zielsetzungen von Liquidität, Effizienz und Effektivität im Finanzbudget, im Leistungsbudget und in der Planbilanz zusammenzuführen.

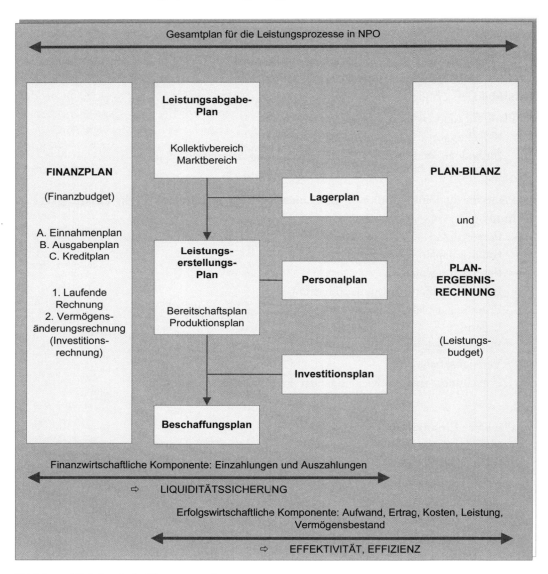

Abbildung 42: Integrierte Planungsrechnungen

Die **Budgetrechnung** umfasst die zukunftsbezogene Budgetierung und die rückschauende Budgetkontrolle. Durch die Vielfalt an Aufgaben in Nonprofit-Organisationen und die daraus folgende Gliederung in der Aufbauorganisation kann es empfehlenswert sein, das Gesamtbudget in die Budgets einzelner Teilorganisationen aufzugliedern. Die Grundprinzipien der Budgetierung bleiben erhalten. Der Planungsprozess kann „**top down**" von der obersten Führungsebene bis zu den ausführenden Ebenen durch stete Aufteilung der Budgetvorgaben erfolgen. Er kann aber auch von den unteren Organisationsebenen beginnend „**bottom up**" im Wege einer Zahlenverdichtung erfolgen und erfordert dann laufende Abstimmungen im Wege von Rückkoppelungen, um Zielkonflikte auszuräumen. Der Planungsprozess kann auch im **Gegenstromverfahren** organisiert werden. Hier werden von den obersten Führungsebenen „top down" zunächst nur Rahmenangaben („von – bis") für die Planung vorgegeben, die den unteren Entscheidungsebenen als Orientierung für die Detailplanung dienen und im Wege des „bottom up"-Verfahrens verdichtet und abgestimmt werden.

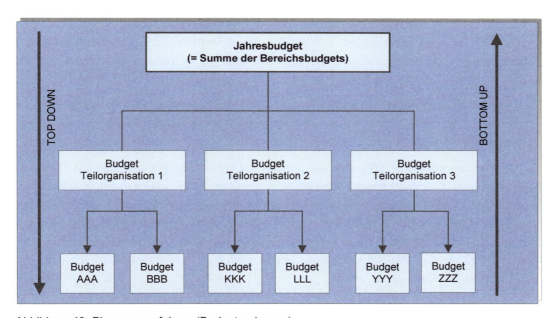

Abbildung 43: Planungsverfahren (Budgetrechnung)

Den Zusammenhang zwischen Finanzierungsrechnung, Bestandesrechnung (Bilanz) und Ergebnisrechnung (Erfolgsrechnung) zeigt *Abbildung 44* auf.

Die **Finanzierungsrechnung** wird in die Laufende Rechnung und die Vermögensänderungsrechnung (Investitionsrechnung) unterteilt. Die Laufende Rechnung führt zu einem Einnahmenüberschuss, der den (in den Erträgen gedeckten) Abschreibungen vom Anlagevermögen **1**, den dotierten (im Aufwand berücksichtigten) Rückstellungen **6** und dem erzielten (Bar-)Überschuss **4** entspricht. Die Investitionsrechnung berücksichtigt die Investitionsausgaben **2** bzw. die für den Planungszeitraum vorgesehenen Kredittilgungen **3** und zeigt auf, wie diese vermögenswirksamen Ausgaben finanziert werden. Neben allenfalls eingehenden Investitionsbeiträgen steht die Finanzierung aus dem Cashflow (**1**, **4** und **6**) zur Verfügung, reicht dieser Betrag nicht aus, so ist über die Kreditaufnahme **5** für den finanziellen Ausgleich zu sorgen.

Die Finanzierung der Investitionen kann aber auch durch die Umschichtung vom Umlaufvermögen (Flüssige Mittel) ins Anlagevermögen erfolgen, man spricht dann von einem **Aktivtausch**.

Umgekehrt kann auch die Schuldentilgung nicht allein aus dem Cashflow, sondern auch durch Vermögensveräusserungen bzw. durch die entsprechende Disposition Flüssiger Mittel erfolgen. Man spricht dann von einer **Bilanzverkürzung**. Die Bestände an Liquiden Mitteln werden zur Schuldentilgung herangezogen, dadurch verringern sich sowohl die Aktiven und die Passiven. Werden Investitionen nur mit Kreditmitteln finanziert, ist eine **Bilanzverlängerung** gegeben, da sich sowohl der Vermögensbestand als auch der Schuldenbestand erhöhen.

Die (pagatorische) **Ergebnisrechnung** hat neben den zahlungsgleichen Aufwendungen und Erträgen auch die nicht zahlungswirksamen Internen Verrechnungen zum Inhalt, die sich in Verbindung mit anderen Geschäftsfeldern, aber auch mit der Periodenabgrenzung ergeben.

Die **Bestandesrechnung (Bilanz)** weist zunächst den Vermögensabgang aus den nutzungsbedingten Abschreibungen **1** aus und berücksichtigt den Schuldenabgang aus Kredittilgungen **3**. Ein Vermögenszugang ergibt sich aus den getätigten Investitionen **2**, aber auch aus dem für Investitionen und Kredittilgungen nicht verwendeten Cashflow **4** (Zugang Flüssiger Mittel). Die Kreditaufnahme führt zahlungswirksam **5** zu einer Erhöhung der Verbindlichkeiten, die Dotierung der Rückstellungen ergibt zahlungsunwirksam **6** die Erhöhung des Standes an Verbindlichkeiten.

# Integrierte Planungsrechnungen

| Laufende Finanzierungsrechnung | | Pagatorische Ergebnisrechnung | | Bestandesrechnung | |
|---|---|---|---|---|---|
| **Einnahmen** | **Ausgaben** | **Aufwand** | **Ertrag** | **Vermögen** | **Schulden** |
| Umlagen, Erlöse, Vermögenserträge, Eingegangene Beiträge, Subventionen, Entnahmen aus Spezialfinanzierungen | Ausgabengleicher Aufwand: - Personalaufwand - Sachaufwand - Schuldzinsen - Beiträge - Einlagen in Spezialfinanzierungen | Ausgabengleicher Aufwand | Einnahmengleiche Erträge | Bisheriges Vermögen | Bisherige Schulden |
| | | | | ./. Vermögensabgang **1** | ./. Schuldenabgang **3** |
| | Einnahmenüberschuss (Cashflow) **1 und 6** | Interne Verrechnungen | Interne Verrechnungen | Vermögenszugang zahlungswirksam **2 und 4** | Schuldenzugang zahlungswirksam **5** |
| | darüber hinausgehend **4** | Abschreibungen **1** Dotierung Rückstellungen **6** | | zahlungsunwirksam | zahlungsunwirksam **6** |
| | | Ertragsüberschuss | | | Organisationskapital Ertragsüberschuss |

| Investitionsrechnung | |
|---|---|
| **Einnahmen** | **Ausgaben** |
| Eingehende Investitionsbeiträge | Investitionsausgaben **2** |
| Überschussfinanzierung **1, 4, 6** | |
| Kreditaufnahme **5** | Kredittilgung **3** |

Abbildung 44: Integration von Finanzierungs-, Ergebnis- und Bestandsrechnung

Ein ergebnisorientiertes Rechnungswesen kann nur dann aufgabengerecht entwickelt werden, wenn auch eine entsprechende Planungs- und Überwachungskonzeption im Verband bzw. in der NPO existiert. Ein unzulängliches Planungskonzept muss zwangsläufig zu einem nur wenig leistungsfähigen Rechnungswesen führen. Gleiches gilt für das Überwachungskonzept und damit für die Kontrolle des Leistungsvollzugs hinsichtlich der Einhaltung der Planvorgaben. Der Zusammenhang von Planung und Kontrolle ist in *Abbildung 45* (aus Budäus 1987, S. 12) dargestellt.

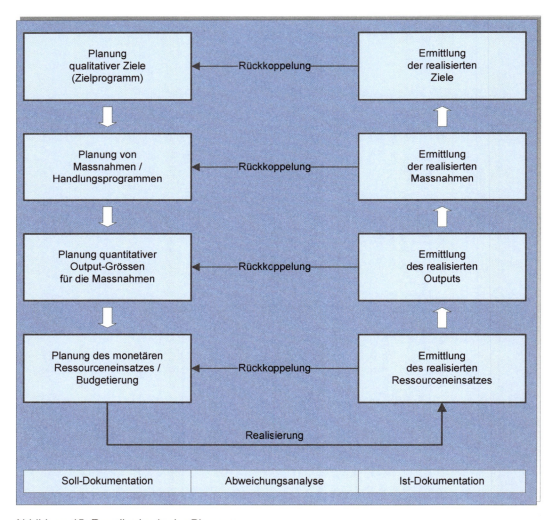

Abbildung 45: Regelkreise in der Planung

Eine wesentliche Voraussetzung für eine ergebnisorientierte Steuerung des Führungsprozesses in Verbänden und anderen Nonprofit-Organisationen ist der Ausweis von Soll- und Ist-Grössen sowohl des Outputs als auch der Input-Grössen. Bezogen auf die Führungsfunktion Planung dient das Rechnungswesen somit der Dokumentation der angestrebten Ziele, der zur Zielerreichung geplanten Massnahmen, der geplanten Wirkungen (der geplanten Zielerreichungsgrade) und des geplanten Ressourceneinsatzes. *Abbildung 46* zeigt die Grundstruktur (entnommen aus Budäus 1987, S. 13).

| Zielsystem | Massnahmen-/ Handlungsprogramme | Zielerreichung (Wirkungen) der Massnahmen | | Finanzbedarf | | Deckung des Finanzbedarfes | | | | | |
|---|---|---|---|---|---|---|---|---|---|---|---|
| | | | | | | Leistungsentgelte | | Beiträge | | Externe Finanzmittel | |
| | | Soll | Ist | Soll | Ist | Soll | Ist | Soll | Ist | Soll | Ist |
| Zielelement 1 | | | | | | | | | | | |
| Zielelement 2 | | | | | | | | | | | |
| Zielelement i | | | | | | | | | | | |
| Zielelement n | | | | | | | | | | | |

Abbildung 46: Grundstruktur eines ergebnisorientierten Rechnungswesens

## 10.3 Beispiele

### 10.3.1 Integrierte Planungsrechnung

**Ausgangslage:**

(Betragsangaben in 1000 Geldeinheiten)

Ein Interessensverband von Unternehmen im Bereich der Energieversorgung führt im entgeltlichen Leistungsbereich (1) Schulungen und Veranstaltungen durch, vertreibt (2) Publikationen, führt (3) staatlich geförderte Forschungsarbeiten durch und nimmt (4) Prüfungen technischer Geräte ab. Im Bereich kollektiver Verbandsleistungen stehen die Mitgliederinformationen durch eine Verbandszeitschrift, verschiedene PR–Aktivitäten sowie die Interessensvertretung im Vordergrund. Dafür stehen die Beiträge der Mitglieder zur Verfügung.

Folgende EINNAHMEN sind in der Planperiode zu erwarten:

| | |
|---|---:|
| Umsatzerlöse aus Schulungen/Veranstaltungen | 100 |
| Verkaufserlöse für Publikationen | 80 |
| Staatliche Förderung der Forschungsarbeit | 80 |
| Private Zuwendungen für die Forschungsarbeit | 40 |
| Erträge aus Prüfungstätigkeit | 100 |
| Mitgliedsbeiträge | 150 |
| Allg. Subventionen | 20 |
| Zinserträge | 30 |
| | 600 |

Mit folgenden laufenden AUSGABEN ist zu rechnen:

| | |
|---|---:|
| Personalaufwand | 205 |
| Honorare | 95 |
| Betriebskosten | 190 |
| Aufwandszinsen | 5 |
| Steuern | 5 |
| | 500 |

Die Erweiterung der technischen Labors (Einrichtungen) bedingt in der Planungsperiode Investitionsausgaben von 120, sie können aus einem mit Wertpapieren gedeckten Investitionsfonds finanziert werden. An Abschreibungen (Vermögenskosten) sind in der Planperiode 50 zu veranschlagen. Ein allfälliger Überschuss/Abgang (Gewinn/Verlust) ist dem Allgemeinen Verbandskapital zuzurechnen.

Der PERSONALAUFWAND ist auf Grund des Stellenplanes wie folgt auf die Verbandsbereiche zu verteilen:

| | | |
|---|---|---|
| Schulungen/Veranstaltungen | (S) | 15 |
| Publikationen | (P) | 10 |
| Forschungsarbeit | (F) | 20 |
| Technische Prüfungen | (T) | 20 |
| Interessensvertretung | (M) | 30 |
| Allg. Verbandsbereich | (V) | 110 |
| | | 205 |

Der Aufwand für HONORARE (95) kann dem entgeltlichen Leistungsbereich direkt zugeordnet werden:

S: 50     P: 0     F: 30     T: 15

An BETRIEBSKOSTEN (z. B. Büromaterial, Telefon, Postgebühren, Instandhaltung, Rechts– und Beratungskosten, Versicherungen, Mieten usw.) sind 190 zu erwarten. Sie sind wie folgt zu verteilen:

S: 40     P: 40     F: 10     T: 10     M: 10     V: 80

Die oben bereits erwähnten VERMÖGENSKOSTEN (Abschreibungen) sind auf Grund der Anlagenausstattung zu verteilen:

S: 5     P: 10     F: 5     T: 10     M: 5     V: 15

Dem allg. Verbandsbereich (V) sind weiters Zinsaufwand, Zinserträge sowie Steuern zuzuordnen.

Die ERÖFFNUNGSBILANZ für die Planperiode wird voraussichtlich folgende Struktur aufweisen:

| AKTIVA | | PASSIVA | |
|---|---|---|---|
| Einrichtungen | 80 | Organisationskapital | 50 |
| Wertpapiere | 300 | Fonds | 520 |
| Forderungen | 60 | Rückstellungen | 20 |
| Kassa/Bank | 250 | Verbindlichkeiten kfr | 100 |
| | 690 | | 690 |

Nach Möglichkeit soll der Bestand an Wertpapieren um 50 % erhöht werden. In diesem Beispiel sonst nicht erwähnte Bilanzpositionen sind in gleicher Höhe auch für die Schlussbilanz vorzusehen.

## Teil I: Grundlagen

*Aufgabenstellung:*

a. Es sind für die Planperiode folgende Planungsrechnungen auszuarbeiten:
   1. Finanzierungsrechnung
   2. Ergebnisrechnung (Erfolgsrechnung)
   3. Ergebnisrechnung in Form einer Deckungsbeitragsrechnung
   4. Planbilanz (Schlussbilanz)

b. Folgende Kennzahlen sind für die Schlussbilanz zu ermitteln:
   1. Liquidität (Verfügbare Mittel : Schulden)
   2. Vermögens– und Kapitalstruktur
      aa. Eigenfinanzierungsgrad
      bb. Verschuldungsgrad
      cc. Anspannungskoeffizient
   3. Deckungsverhältnisse
      aa. Deckungsgrad A (Eigenkapital : Anlagevermögen)
      bb. Deckungsgrad B (EK + langfristiges FK : Anlagevermögen)
      cc. Verschuldungsfaktor (Gesamtschulden : Cashflow)
      dd. Fonds–Deckung

**Lösung:**

1. **Finanzierungsrechnung**

| A. Laufende Rechnung | | | |
|---|---|---|---|
| EINNAHMEN | | AUSGABEN | |
| 1. Umsatzerlöse | 180 | 1. Personal | 205 |
| 2. Forschungsarbeit | 120 | 2. Honorare | 95 |
| 3. Prüfungstätigkeit | 100 | 3. Betriebskosten | 190 |
| 4. Mitgliedsbeiträge | 150 | 4. Zinsaufwand | 5 |
| 5. Zinserträge | 30 | 5. Steuern | 5 |
| 6. Allgemeine Subventionen | 20 | | 500 |
| | ___ | 6. Überschuss | 100 |
| | **600** | | **600** |

## B. Vermögensänderungsrechnung

| EINNAHMEN | | AUSGABEN | |
|---|---|---|---|
| 1. Überschuss Laufende Rechnung | 100 | 1. Investition | 120 |
| 2. Liquide Mittel (Anfangsbestand) | 250 | 2. Wertpapierankauf | 150 |
| 3. Wertpapierverkauf | 120 | 3. Liquide Mittel (Endbestand) | 200 |
| | **470** | | **470** |

## 2. Ergebnisrechnung in Staffelform

| | | | |
|---|---|---|---|
| 1 | Umsatzerlöse Schulungen/Veranstaltungen/Publikationen | 180 | |
| 2 | Erträge Forschungsarbeit | 120 | |
| 3 | Erträge Prüfungstätigkeit | 100 | |
| 4 | Mitgliedsbeiträge | 150 | |
| 5 | Allgemeine Subventionen | 20 | |
| 6 | Betriebsleistung (1+2+3+4+5) | | 570 |
| 7 | Personalaufwand | 205 | |
| 8 | Honorare | 95 | |
| 9 | Betriebskosten | 190 | |
| 10 | Abschreibungen (Vermögenskosten) | 50 | |
| 11 | Betriebsaufwand (7+8+9+10) | | 540 |
| 12 | Betriebsergebnis (6–11) | | 30 |
| 13 | Zinserträge | 30 | |
| 14 | Zinsaufwand | 5 | |
| 15 | Finanzergebnis (13–14) | | 25 |
| 16 | Ergebnis der gewöhnlichen Geschäftstätigkeit = Ergebnis vor Steuern (12+15) | | 55 |
| 17 | Steuern | | 5 |
| 18 | Periodenergebnis (Substanzmehrung) | | **50** |

## 3. Ergebnisrechnung als Deckungsbeitragsrechnung

siehe nächste Seite

| | ERGEBNISRECHNUNG (DECKUNGSBEITRAGSRECHNUNG) | | | | | (Zeitraum) | |
|---|---|---|---|---|---|---|---|
| | A. Entgeltlicher Leistungsbereich | (S) | (P) | (F) | (T) | Bereichs-summen | Salden Gesamt-verband |
| 1 | Umsatzerlöse, Direktsubventionen | 100 | 80 | 120 | 100 | 400 | |
| 2 | - direkt zurechenbare variable Kosten (z. B. Honorare) | - 50 | 0 | - 30 | - 15 | - 95 | |
| 3 | *Deckungsbeitrag A1* | *50* | *80* | *90* | *85* | *305* | |
| 4 | - zurechenbare Personalkosten | - 15 | - 10 | - 20 | - 20 | - 65 | |
| 5 | *Deckungsbeitrag A2* | *35* | *70* | *70* | *65* | *240* | |
| 6 | - zurechenbare Betriebskosten | - 40 | - 40 | - 10 | - 10 | -100 | |
| 7 | - zurechenbare Vermögenskosten | - 5 | - 10 | - 5 | - 10 | - 30 | |
| 8 | *Deckungsbeitrag A3* | *- 10* | *20* | *55* | *45* | *110* | 110 |
| | B. Kollektiver Leistungsbereich (M) | | | | | | |
| 9 | Mitgliedsbeiträge (Umlagen) | | | | 150 | | |
| 10 | Spenden, allgemeine Subventionen | | | | 20 | | |
| 11 | – zurechenbare Personalkosten (nach Projekten) | | | - 30 | | 170 | |
| 12 | – zurechenbare Betriebskosten (nach Projekten) | | | - 10 | | | |
| 13 | – zurechenbare Vermögenskosten (Abschreibungen, Zinsen) | | | 5 | | - 45 | |
| 14 | *Deckungsbeitrag B* | | | | | *125* | 125 |
| | C. Allgemeiner Verbandsbereich (V) | | | | | | |
| 15 | Nichtleistungserträge (Zinserträge, Erlöse aus Vermögensverwertung) Nicht den Leistungsbereichen A + B einzeln zurechenbare: | | | | 30 | 30 | |
| 16 | o Personalkosten | | | - 110 | | | |
| 17 | o Betriebskosten | | | - 80 | | | |
| 18 | o Vermögenskosten (Abschreibungen, Zinsen), Steuern (15+5+5) | | | - 25 | | | |
| 19 | = Allgemeine Verbandsfixkosten (Bereitschaftskosten) | | | - 215 | | - 215 | |
| 20 | *Bereichsergebnis C* | | | | | *- 185* | - 185 |
| 21 | ***Gesamtergebnis (Vermögensmehrung/-minderung)*** | | | | | | ***50*** |

## 4. Schlussbilanz

| AKTIVA | | PASSIVA | |
|---|---|---|---|
| Einrichtungen (80–50+120) | 150 | Organisationskapital (50+50+120) | 220 |
| Wertpapiere (300–120+150) | 330 | Fonds (–120) | 400 |
| Forderungen | 60 | Rückstellungen | 20 |
| Kassa/Bank | 200 | Verbindlichkeiten kurzfristig | 100 |
| | 740 | | 740 |

KENNZAHLEN:

1. **Liquidität**

    | | | | |
    |---|---|---|---|
    | Verfügbare liquide Mittel | 200 | | |
    | Forderungen | 60 | | |
    | Verbindlichkeiten (kurzfristig) | 100 | a. | 200 / 100+20 = 2 : 1,2 |
    | Rückstellungen | 20 | b. | 200+60 / 120 = 2,6 : 1,2 |

2. **Vermögens– und Kapitalstruktur**

    a. Eigenfinanzierungsgrad
    
    | | | |
    |---|---|---|
    | Organisationskapital | 220 | |
    | Gesamtkapital | 740 | **29,7 %** |
    
    Das Fondskapital bleibt wegen der Zweckbindung und der damit eingeschränkten Verfügbarkeit ausser Betracht.
    
    b. Verschuldungsgrad
    
    | | | | |
    |---|---|---|---|
    | Fremdkapital | 100 + 20 | = 120 | |
    | Gesamtkapital | | 740 | **16,2 %** |
    
    c. Anspannungskoeffizient
    
    | | | |
    |---|---|---|
    | Fremdkapital | 120 | |
    | Organisationskapital | 220 | **54,5 %** |

Der Anspannungskoeffizient drückt das Verhältnis des Fremdkapitals zum Organisationskapital aus. Je höher er ist, desto angespannter ist die Finanzsituation, da die mit dem Fremdkapital verbundenen Verpflichtungen (Tilgung, Zinsen) vom Organisationskapital „zu garantieren" sind. Zu beachten ist jedoch, dass der Anspannungskoeffizient „nur" als (statische) Kapitalstrukturkennzahl zu interpretieren ist. Ob die Verpflichtungen aus dem Fremdkapital erfüllt werden können, leitet sich bei dynamischer Betrachtungsweise aus dem Cashflow ab.

3. **Deckungsverhältnisse**

a. Deckungsgrad A  (EK : AV)
   Organisationskapital                                630
   Anlagevermögen (150 + 330)                          480             **129,2 %**
b. Deckungsgrad B  (EK + langfr. FK : AV)
   ident mit a.
c. Verschuldungsfaktor
   Gesamtschulden (100 + 20)                           120
   Cashflow (= Überschuss aus laufd. Rechnung)         100             **1,2 : 1**
d. Fonds–Deckung
   Fondsbestand                                        400             (= 100 %)
   Deckung durch:
   – Wertpapiere                                       330             82,5 %
   – Disponierbare Kassa/Bankbestände
     (200 – 120)                                        80             20,0 %
                                                                       **102,5 %**


## 10.3.2 Integration von Ergebnisrechnung, Bilanz und Geldflussrechnung

Die folgende Darstellung zeigt die Verbindung der Ergebnisrechnung mit der Bestandesrechnung (Bilanz) und der Geldflussrechnung, bei der zwischen Innenfinanzierung und Aussenfinanzierung differenziert wird. Die Zahlen und Buchstaben in der Spalte „Anmerkung" (Anm) weisen auf die Querverbindungen bzw. Zusammenhänge hin.

| Nr | Text | | Anm | 20x1 | 20x2 | Veränderung |
|---|---|---|---|---|---|---|
| | **ERGEBNIS, BILANZ, GELDFLUSS (Ermittlungsrechnung 20x2)** | | | | | |
| 1. | ERGEBNISRECHNUNG | | | | | |
| | Ertrag netto | | | | 3509 | |
| | Aufwand | | | | 3114 | |
| | Cashflow | | 1 | | 395 | |
| | Fonds-Einlagen | | A | | − 24 | |
| | Dotierung Rücklagen | | B | | − 50 | |
| | Kapitalzuwachs | | C | | − 321 | |
| | Ergebnis | | | | 0 | |
| 2. | BILANZ | | | | | |
| 2.1 | Umlaufvermögen | | | | | |
| | Debitoren + Trans. Aktiven | | 2 | 580 | 392 | − 188 |
| | Kasse, PC, Banken | | 6 | 614 | 703 | 89 |
| | Waren | | 4 | 0 | 14 | 14 |
| 2.2 | Anlagevermögen | | | | | |
| | Wertschriften | | 3 | 696 | 1059 | 363 |
| | Total Aktiven | | | 1890 | 2168 | 278 |
| 2.3 | Fremdkapital | | | | | |
| | Kreditoren, Trans. Passiven, Rückstellungen | | 5 | 296 | 179 | − 117 |
| 2.4 | Organisationskapital | | | | | |
| | − Fondsvermögen | | | | 715 | 715 |
| | Zuweisung | | A | | 24 | 24 |
| | − Rücklagen | | | | 572 | 572 |
| | Zuweisung | | B | | 50 | 50 |
| | − Freies Kapital | | | | 307 | 307 |
| | Zuweisung | | C | | 321 | 321 |
| | Total Passiven | | | 1890 | 2168 | 278 |
| 3. | MITTEL-(GELD-)FLUSS | | | | | |
| 3.1 | INNENFINANZIERUNG | | | | | |
| | Netto-Cashflow | | 1 | | 395 | |
| | Investitionen | | | | | |
| | − Wertschriften | | 3 | | − 363 | |
| | − Waren | | 4 | | − 14 | |
| A. | Saldo Selbstfinanzierung | | | | 18 | |
| | Desinvestitionen Debitoren | | 2 | | 188 | |
| B. | Saldo Innenfinanzierung | | | | 206 | |
| | Schuldtilgung | | 5 | | − 117 | |
| C. | GELDFONDS 1 | | 6 | | 89 | |
| 3.2 | AUSSENFINANZIERUNG | | | | | |
| | Banken, Darlehen | | | | 0 | |
| D. | GELDFONDS | | | | 89 | |

## 10.3.3 Gemeinsamer kameraler und doppischer Rechnungsabschluss in einem Verband

### a. Voranschlagsvergleichsrechnung (Kameral-Rechnung) für 20..

|  |  | Voranschlag | Ist | +/− |
|---|---|---:|---:|---:|
| **I.** | **Einnahmen** | | | |
| | 1. Mitgliedsbeiträge | 40.000 | 45.000 | +5.000 |
| | 2. Leistungsentgelte | 110.000 | 102.000 | −8.000 |
| | 3. Zinsen | 6.000 | 7.000 | +1.000 |
| | 4. Verkaufserlöse Anlagen | 0 | 3.000 | +3.000 |
| | 5. Andere Einnahmen | 2.000 | 2.000 | 0 |
| | | 158.000 | 159.000 | +1.000 |
| **II.** | **Ausgaben** | | | |
| | 1. Personalausgaben | 50.000 | 56.000 | −6.000 |
| | 2. Sachausgaben | | | |
| |    a. Investitionsausgaben | 20.000 | 21.000 | −1.000 |
| |    b. Laufende Sachausgaben | 60.000 | 62.000 | −2.000 |
| | 3. Instandhaltung | 6.000 | 2.000 | +4.000 |
| | 4. Zinsen | 12.000 | 12.000 | 0 |
| | 5. Beitrag Zentralorganisation | 10.000 | 9.000 | +1.000 |
| | | 158.000 | 162.000 | −4.000 |

| | |
|---|---:|
| Mehreinnahmen | + 9.000 |
| Mindereinnahmen | − 8.000 |
| Mehrausgaben | − 9.000 |
| Einsparungen | + 5.000 |
| Fehlbetrag (Gebarungsabgang) | − 3.000 |

### b. Finanzierungsrechnung

### aa. Laufende Finanzierungsrechnung

|  |  | Voranschlag | Ist | +/− |
|---|---|---:|---:|---:|
| **I.** | **Einnahmen** | | | |
| | 1. Mitgliedsbeiträge | 40.000 | 45.000 | +5.000 |
| | 2. Leistungsentgelte | 110.000 | 102.000 | −8.000 |
| | 3. Zinsen | 6.000 | 7.000 | +1.000 |
| | 4. Andere Einnahmen | 2.000 | 2.000 | 0 |
| Summe Laufende Einnahmen | | 158.000 | 156.000 | −2.000 |

| II. | Ausgaben | | | |
|---|---|---:|---:|---:|
| | 1. Personalausgaben | 50.000 | 56.000 | −6.000 |
| | 2. Laufende Sachausgaben | 60.000 | 62.000 | −2.000 |
| | 3. Instandhaltung | 6.000 | 2.000 | +4.000 |
| | 4. Zinsen | 12.000 | 12.000 | 0 |
| | 5. Beitrag Zentralorganisation | 10.000 | 9.000 | +1.000 |
| Summe Laufende Ausgaben | | 138.000 | 141.000 | −3.000 |
| Einnahmenüberschuss (Cashflow) | | 20.000 | 15.000 | −5.000 |

### bb. Investitionsrechnung

**I. Einnahmen**

| | | | |
|---|---:|---:|---:|
| Einnahmenüberschuss (Cashflow) | 20.000 | 15.000 | −5.000 |
| Verkaufserlöse Anlagen | 0 | 3.000 | +3.000 |
| | 20.000 | 18.000 | −2.000 |

**II. Ausgaben**

| | | | |
|---|---:|---:|---:|
| Investitionsausgaben | 20.000 | 21.000 | −1.000 |
| Liquiditätssaldo | 0 | −3.000 | −3.000 |

### c. Überleitung von der Finanzierungsrechnung in die Ergebnisrechnung (pagatorische Ergebnisrechnung)

| | Plan | Ist | +/− |
|---|---:|---:|---:|
| Fehlbetrag (Gebarungsabgang) | 0 | −3.000 | −3.000 |
| zuzüglich Aktivierung von Anschaffungen (= in den Sachausgaben enthaltene Investitionsausgaben; z. B. Kfz, EDV, Büroeinrichtung) | +20.000 | +21.000 | +1.000 |
| zuzüglich Erhöhung der Debitoren | 0 | +2.000 | +2.000 |
| abzüglich Aufwand für Rückstellungen | −1.000 | −1.000 | 0 |
| abzüglich Passivierung von Anlagen (= Buchwert verkaufter Anlagen) | 0 | −1.000 | −1.000 |
| abzüglich Abschreibungen für Anlagennutzung | −16.000 | −16.000 | 0 |
| Ergebnissaldo (Substanzmehrung) | +3.000 | +2.000 | −1.000 |

d. **Bestands- und Ergebnisrechnung**

1) **Bilanz zum 31. 12. 20..**

AKTIVA

| | | | |
|---|---|---|---|
| Anlagen | | | |
|   Stand 1.1. | 250.000 | | |
|   Zugang 20.. | + 21.000 | | |
|   Abgang 20.. | − 1.000 | | |
|   Abschreibungen 20.. | − 16.000 | 254.000 | |
| Vorräte | | 17.000 | |
| Debitoren | | | |
|   Stand 1.1. | 12.000 | | |
|   Erhöhung 20.. | + 2.000 | 14.000 | |
| Wertpapiere | | 36.000 | |
| Kassa, Bank | | | |
|   Stand 1.1. | 52.000 | | |
|   Abgang 20.. | − 3.000 | 49.000 | |
| | | | 370.000 |

PASSIVA

| | | | |
|---|---|---|---|
| Organisationskapital | | | |
|   Stand 1.1. | 89.000 | | |
|   Erfolgssaldo 20.. | + 2.000 | 91.000 | |
| Rücklagen (Fonds) | | 122.000 | |
| Rückstellungen | | | |
|   Stand 1.1. | 36.000 | | |
|   Zugang 20.. | + 1.000 | 37.000 | |
| Verbindlichkeiten | | 120.000 | |
| | | | 370.000 |

## 2) Ergebnisrechnung für 20..

|    |                                         | Plan    | Ist     | +/−    |
|----|-----------------------------------------|---------|---------|--------|
| 1  | Mitgliedsbeiträge                       | 40.000  | 45.000  | +5.000 |
| 2  | Leistungsentgelte                       |         |         |        |
|    | a. bar                                  | 110.000 | 102.000 | −8.000 |
|    | b. Debitoren                            | 0       | 2.000   | +2.000 |
| 3  | Andere Einnahmen                        | 2.000   | 2.000   | 0      |
| 4  | Leistungserlöse (1+2+3)                 | 152.000 | 151.000 | −1.000 |
| 5  | Personalaufwand (ausgabengleich)        | 50.000  | 56.000  | −6.000 |
| 6  | Sachaufwand (ausgabengleich)            | 60.000  | 62.000  | −2.000 |
| 7  | Instandhaltung                          | 6.000   | 2.000   | +4.000 |
| 8  | Beitrag Zentralorganisation             | 10.000  | 9.000   | +1.000 |
| 9  | Abschreibungen                          | 16.000  | 16.000  | 0      |
| 10 | Dotierung Rückstellungen                | 1.000   | 1.000   | 0      |
| 11 | Betriebsaufwand (5+6+7+8+9+10)          | 143.000 | 146.000 | −3.000 |
| 12 | Betriebsergebnis (4−11)                 | + 9.000 | + 5.000 | −4.000 |
| 13 | Zinserträge                             | 6.000   | 7.000   | +1.000 |
| 14 | Zinsaufwand                             | 12.000  | 12.000  | 0      |
| 15 | Finanzergebnis (13−14)                  | − 6.000 | − 5.000 | +1.000 |
| 16 | Ergebnis der gewöhnlichen Geschäftstätigkeit (12+15) | + 3.000 | 0 | −3.000 |
| 17 | Verkaufserlöse Anlagen                  | 0       | 3.000   | +3.000 |
| 18 | Buchwert verkaufter Anlagen             | 0       | 1.000   | −1.000 |
| 19 | Ausserordentliches Ergebnis (17−18)     | 0       | +2.000  | +2.000 |
| 20 | Bilanzergebnis (16+19)                  | +3.000  | +2.000  | −1.000 |

# 11. Instrumente des Controllings

## 11.1 Die Notwendigkeit des Controllings im NPO-Bereich

Organisationen müssen gemäss ihren spezifischen Zielsetzungen die Ergebnisse ihrer Aktivitäten planen und kontrollieren können. Als **Controlling** ist jene betriebliche Funktion anzusehen, die für eine ausgewogene Bereitstellung und Verwendung von Informationen im Rahmen des betrieblichen Führungssystems zu sorgen hat. Controlling bedeutet also die Koordination von Informationsversorgung einerseits und Informationsverwendung andererseits. Die mit den Controlling-Aufgaben betraute Stelle (der Controller) übernimmt damit auch das **Management der Planungs- und Kontrollprozesse** in der Organisation und unterstützt das Management im Hinblick auf die zielorientierte Steuerung.

**Erwerbswirtschaftliche Unternehmen** dienen ihren Eigentümern als Einkunftsquelle, ihre Einkommensinteressen dominieren also die Entscheidungen der Organisation. Darüber hinaus agieren sie ausschliesslich auf Märkten. Märkte funktionieren mit Geld als zentrale Steuerungsinstanz und regeln das Spannungsfeld zwischen Nachfrage (Leistungsbedarf) und Angebot (Deckungsmöglichkeiten) durch das Gewinnstreben des Unternehmens und die bestehenden Konkurrenzverhältnisse zwischen den Anbietern. Der Gewinn bzw. die von den Eigentümern erwartete (risikogerechte) Rendite auf das eingesetzte Eigenkapital ist eine zentrale (monetäre) Erfolgsgrösse und damit auch ein zentraler Steuerungsparameter des Controllings. Instrumente des (entscheidungsorientierten) Rechnungswesens werden eingesetzt, um das Management des Unternehmens in seinem Bemühen, die Rendite des Unternehmens zu optimieren, (rechnerisch) zu unterstützen.

In **Nonprofit-Organisationen** stellt sich die Lage differenzierter dar. Nicht die Einkommensinteressen dominieren das Organisationsgeschehen, sondern die in der (ideellen) Mission der NPO zusammengefassten obersten ideellen Ziele, die meist als angestrebte Wirkungen formuliert sind. Viele NPO verfügen zwar auch über Bereiche, in denen Leistungen in Gewinnerzielungsabsicht angeboten werden, in anderen (für die Erfüllung der Mission meist zentralen) Leistungsbereichen verfolgen sie jedoch bedarfswirtschaftliche bzw. förderwirtschaftliche Zielsetzungen. Anstelle einer externen Lenkung und Steuerung der Organisation über den Marktwettbewerb, der zentralen Erfolgsgrösse Rendite und (gewinnorientierten) Leistungsentgelte wird dann eine organisationsinterne Lenkung und Steuerung vordringlich. Dies setzt auch modifizierte Informationsverarbeitungsprozesse voraus.

Da Leistungen oft auch **unentgeltlich** abgegeben werden, entscheidet der Leistungsempfänger auf Grund **nichtmonetärer** Kriterien über den Leistungsbezug. Die Kontrolle des erreichten Erfolgs wird schwierig, wenn qualitative Kriterien überwiegen, die sich (weitgehend) einer monetären Messung entziehen. Dies führt oft zur Überbetonung des Aufgaben- und Normenvollzugs, zu bürokratischem Verhalten und verhindert eine adäquate "Kunden"orientierung und Anpassung an veränderte Bedürfnislagen. Schliesslich ist die Trägheit mancher demokratischer Prozesse ausschlaggebend dafür, dass rasche, dringende Anpassungen nicht erfolgen können.

In jenen Bereichen, in denen NPO **Kollektivgüter** produzieren, steht die Mittelaufbringung in keinem direkten Bezug zur Mittelverwendung. Vielmehr ist der Charakter einer **Aufwandswirtschaft** gegeben. Die Wirtschaftlichkeit der Organisation ist dann (zunächst) nur einseitig über den Gütereinsatz, nicht aber über den (Markt-)Wert der erbrachten Leistungen sicherzustellen. Das Sparsamkeitsprinzip wird oft zur Leitlinie. In dem Bemühen, möglichst wenige Ausgaben zu verursachen, meint man, "wirtschaftlich" zu handeln und eine optimale Relation zwischen Mitteleinsatz- und Ergebnisgrössen herstellen zu können. Die Mengendimension fehlt aber in einer solchen Betrachtungsweise völlig und schliesst Produktivitäts- und Zweckmässigkeitsüberlegungen von vornherein aus.

Als **Surrogat** für die mangelnde Marktregelung muss in der NPO eine sorgfältige Planung, Steuerung und Kontrolle entwickelt werden. Das rationale Handeln muss von der NPO selbst auf der Grundlage ausreichender und richtig zu interpretierender Informationen sichergestellt werden.

## 11.2 Information als Rationalisierungsfaktor

In der Praxis ist mehrfach ein Widerstand gegen betriebswirtschaftliche Führungskonzepte und -methoden erkennbar, weil NPO anders als Unternehmen zu sehen wären. Letzteres stimmt an sich, ist aber nicht als ausreichender Grund für eine prinzipielle Ablehnung akzeptabel. Dort wo Marktelemente wegfallen, ist aber ohne Zweifel die Entwicklung **modifizierter oder neuartiger Instrumente** für die Planung, Steuerung und Lenkung sowie für die Überwachung des NPO-Geschehens notwendig. Zumindest sind Instrumente, die im Bereich der erwerbswirtschaftlichen Unternehmen erfolgreich verwendet werden, an die Besonderheiten von Nonprofit-Organisationen anzupassen bzw. in einer veränderten Weise einzusetzen.

Es ist durchaus einzuräumen, dass sich für die Zielsetzung, Planung und Überwachung der Aufgabenerfüllung in NPO bedeutende Herausforderungen ergeben. NPO streben oft **Ziele** an, die nur **schwer zu operationalisieren** sind. Selten lassen sie sich in Geldwerten und häufig auch nicht in Mengengrössen erfassen. Gerade im Kollektivgüterbereich ist es oft schon schwierig, die Art der zu erstellenden Leistung operational zu bestimmen (Was ist konkret als soziale Sicherheit, Bildung oder Interessenvertretung anzusehen?). Auch die Festlegung von wesentlichen Leistungsmerkmalen stösst auf Schwierigkeiten (Wie ist z. B. die Betreuung von Unternehmern, Arbeitskräften, Jugendlichen qualitativ zu bestimmen?).

Je komplexer und innovativer ein zu lösendes Problem ist, desto weniger sind die Zweck-Mittel- bzw. Ziel-Massnahmen-Relationen bekannt und desto schwieriger ist auch das **Zurechnungsproblem** (z. B. im Hinblick auf den Wirkungsbeitrag einer durchgeführten Massnahme) zu lösen. Dies gilt besonders für die Wirkungen von Beeinflussungsleistungen (Interessenvertretung) und die Wirkungen von Behandlungen, Interventionen und Beratungen in sozialen Dienstleistungsorganisationen. Schwierigkeiten bei der Leistungsmessung haben auf die operationale Sachzielvorgabe und auf die Feststellung der Zielerfüllung unmittelbar Auswirkungen. Sie verleiten NPO oft dazu, ihr Handeln in erster Linie von Formalzielen bestimmen zu lassen. Die Verfolgung der ideellen Sachziele, die eigentlich den zentralen Erfolgsmassstab darstellen, wird dann sekundär. Im Extremfall kann dies dazu führen, dass eine NPO in einer sehr effizienten Art und Weise Leistungen erstellt, deren Wirksamkeit jedoch eher fraglich ist.

Somit sind die Einstellung zur (bzw. die Aufgeschlossenheit für die) **Planung** in NPO ebenso zu verbessern wie die Planungsmethoden an sich. Die Koordination der Teilpläne und die Überwachung des Leistungserstellungsprozesses legen es nahe, die "Informationswirtschaft" als elementare Aufgabe der NPO und deren Führung anzusehen. Sie trägt zu einer wirtschaftlichen (effizienten) und wirksamen (effektiven) Steuerung des Geschehens bei gleichzeitiger Sicherung der jederzeitigen Zahlungsfähigkeit bei.

Die **Informationsversorgungsfunktion** des Controllings erstreckt sich somit auf

1) die Bereitstellung von Informationen über relevante Entwicklungen in der Zukunft (Prognosen);
2) die Bereitstellung von Methodenwissen für Problemlösungen;
3) die Dokumentation von Planungsergebnissen (Soll-Daten) und die Information aller für die Plandurchführung und Plankontrolle Verantwortlichen;
4) die Erhebung der Ist-Daten, die Ermittlung und Analyse der Abweichungen sowie die Information aller Betroffenen.

Daraus leiten sich für das Controlling folgende **Aufgaben** ab:

1) Im Sinne einer Stabsfunktion ist die Führung der NPO durch sachgerechte Informationsversorgung zu entlasten.
2) Es ist ein laufender Kontakt zu den Entscheidungsträgern zu pflegen, Information ist als "Bringschuld" zu verstehen, dem Empfänger gegenüber zu interpretieren und verständlich zu machen.

3) Die Informationsbeschaffung ist auf das gesellschaftliche Umfeld auszuweiten.

Einer schnellen und zeitnahen Information ist der Vorzug gegenüber vollständiger, aber zu spät erfolgender Information einzuräumen. Das Controlling hat dabei

1) das Planungs- und Kontrollsystem und das dazugehörige Informationssystem mitzugestalten und für deren Funktionieren und Benutzerfreundlichkeit zu sorgen. Die Systementscheidungen selbst verbleiben jedoch bei den Linieninstanzen;
2) die ihm übertragenen Informationsversorgungsaufgaben wahrzunehmen, etwa Analysen und Prognosen der Umfelder auf der strategischen Ebene, um daraus im Sinne der Problemfrüherkennung Anpassungsentscheidungen und Innovationen anzuregen;
3) durch Beratung und Moderation die Prozesse der Erarbeitung von Plänen zu unterstützen, im Sinne eines Coachings der Führungsgremien und Führungskräfte.

Controlling unterstützt das Management also bei seinen Steuerungsentscheidungen und trägt dazu bei, die zentralen Grundsätze „management by objectives" und „management by exception" in der Organisation umzusetzen. Bei dieser weiten Fassung von Controlling ist es verständlich, dass die **Lenkung und Sicherung von Effektivität, Effizienz und Qualität** inhaltliche Schwerpunkte sein müssen. Sie betreffen sowohl den Bereich der Leistungsadressaten, z. B. die Evaluation von Mitglieder-Klienten-Zufriedenheit, als auch den organisationsinternen Bereich im Hinblick auf die Effizienz arbeitsteilig organisierter Prozesse im Generellen und der Planungs- und Kontrollprozesse im Besonderen. Dadurch wird es in der Praxis oft schwierig, die Zuständigkeiten von Controlling-Stellen und von Qualitätsmanagement-Stellen sauber zu trennen und Redundanzen zu vermeiden. Das Controlling hat eine Reihe von Nahtstellen zu anderen Managementbereichen.

## 11.3 Elemente eines Controlling-Konzepts

Intensiviert man das Controlling in einer Nonprofit-Organisation, sind oft nicht die einzelnen Instrumente oder die Aufgaben selbst neu, sondern deren Verknüpfung zu einem Managementsystem sowie ihre organisatorische Zentralisation. Es geht also darum, dass einzelne betriebliche Teilfunktionen so zusammengefasst werden, dass es über die Koordination, Integration und Verdichtung zu einer (führungsorientierten) Zentralisation von Planungs- und Kontrollinformationen kommt, die eine zielorientierte Steuerung der NPO unterstützt. Mit Hilfe dieser "Controlling-Philosophie" soll langfristig gewährleistet werden, dass NPO attraktiv in dem Sinne sind, dass sie ihre Leistungen stakeholdergerecht, wirksam (effektiv) und wirtschaftlich (effizient) anbieten.

Controlling unterstützt die Steuerung der NPO nach dem Motto **„Plan-Do-Check-Act"**. Es sorgt – insbesondere auch durch eine entsprechende Gestaltung der Zielsetzungs- und Planungssysteme – dafür, dass (weitgehend operationale) Ziele gesetzt und (konkrete) Massnahmen zur Zielerreichung geplant werden („Plan"). Es begleitet den Umsetzungsprozess („Do"). Es erhebt Istdaten und vergleicht diese mit den Plandaten. Dieser Vergleich ermöglicht eine Einschätzung, in welchem Ausmass die Ziele erfüllt wurden (Einschätzung des Zielerreichungsgrades) und welche Abweichungen sich ergeben („Check"). Der Erkenntnisgewinn aus der Analyse der Abweichungen ermöglicht schliesslich Steuerungsmassnahmen, wo diese noch möglich sind („Act") und führt auch dazu, die Planungen für die nächste (die nächsten) Periode(n) zu verbessern.

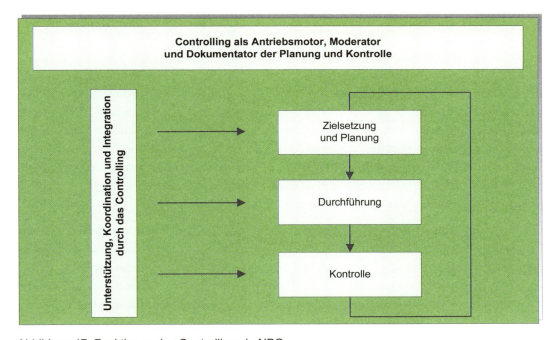

Abbildung 47: Funktionen des Controllings in NPO

In **prozessualer** Hinsicht ist zu beachten, dass die Führungskräfte einer NPO eine Reihe von Controlling-Aufgaben regelmässig selbst wahrnehmen und dabei Anpassungen bei Zielabweichungen vornehmen. Die Controlling-Stelle liefert „nur" die entsprechenden Daten. Bei grösseren Abweichungen setzt sich Letztere jedoch mit der jeweiligen Linieninstanz in Verbindung und erarbeitet gemeinsam mit ihr Gegensteuerungsmassnahmen oder revidiert – als unrealistisch erkannte – Ziele.

In Abhängigkeit von der Quantifizierbarkeit der Ziele ist zwischen einem **Ergebnis-** und einem **Verfahrens-Controlling** zu unterscheiden.

Können Zielvorgaben in Mengengrössen (z. B. Zahl der Beratungen, Behandlungen, Veranstaltungen) und Wertgrössen (z. B. Umsatz, Gewinn, Cashflow) festgelegt werden, so fusst das Controlling auf den in den einzelnen Vorkapiteln dargestellten Ermittlungsrechnungen und hat den Vergleich zwischen geplanten und erreichten Werten zum wesentlichen Inhalt. Die Dokumentation der und die unmittelbare Steuerung im Hinblick auf bestimmte **Ergebnisse** stehen im Vordergrund. Teilweise geht es auch um einzelne Entscheidungen, durch die ein bestimmtes Ergebnis optimiert werden soll – beispielsweise, ob in einer Bildungseinrichtung ein Seminar oder eine Veranstaltung durchgeführt werden soll oder nicht, ob eine bestimmte Leistung selbsterstellt oder von externen Anbietern bezogen werden soll oder ob die Durchführung einer bestimmten Investition sinnvoll erscheint.

Auch im Kollektivgüterbereich bestehen bestimmte Möglichkeiten „Ergebnisse zu messen". So kann man beispielsweise in der Interessenvertretung die Anzahl jener Initiativen feststellen, die im Sinne der Mitgliederinteressen (positiv) beeinflusst werden konnten. Der Indikator „Anzahl" alleine bietet zwar eine erste Orientierungsgrösse, für die konkrete Erfolgssteuerung wird er aber durch qualitative Aspekte (Analysen) zu ergänzen sein. In Bereichen, in denen die Ziele (ausschliesslich) qualitativ vorgegeben werden, tritt somit das Verfahrens-Controlling in den Fokus der Steuerungsprozesse – vor allem die Organisationsstruktur sowie die darin stattfindenden **Verfahrensabläufe**. Verfahrens-Controlling bezieht sich daher primär auf die Systemplanung und auf die Systemprüfung.

Die Systemplanung und die Systemsteuerung sind aber auch bei den Basisfunktionen des Controllings von grosser Bedeutung. So ist es beispielsweise Aufgabe der Controlling-Stelle, den Budgetierungsprozess zu gestalten und festzulegen, wer wann welche Daten zu liefern hat und wie diese verknüpft, verdichtet und integriert werden. Sie hat damit auch einen wesentlichen Einfluss darauf, wie die Informationssysteme ausgestaltet sind und wie das Rechnungswesen in einer bestimmten Organisation konkret „gelebt" wird.

Eine weitere Notwendigkeit zur Differenzierung besteht zwischen dem strategischen und dem operativen Controlling.

**Strategisches Controlling** soll eine NPO in die Lage versetzen, langfristig die Erfüllung des grundlegenden Leistungsauftrages bei stetig wechselnden Veränderungen im gesellschaftlichen Umfeld sicherzustellen. Dabei ist die **Vermeidung von Situationszwängen** eine zentrale Aufgabe. Die NPO soll also frühzeitig agieren können, um nicht unter Zeitdruck reagieren zu müssen. Die Situationsanalyse einschliesslich der zukunftsorientierten Auseinandersetzung mit Chancen und Risiken sowie die Ableitung von Strategien und strategischen Mehrjahresplänen sollen die NPO dazu befähigen.

Strategisches Denken baut auf den Fundamenten des normativen Managements (z. B. dem Leitbild und den Handlungskonzepten) auf und verknüpft diese mit der operativen Ebene des Alltagshandelns. Es sprengt den Horizont des Alltagsgeschäfts und erfordert in der Regel, dass man zu dem, was man üblicherweise tut, bewusst auf kritische Distanz geht. Es benötigt ein gewisses Mass an Zeit.

Strategisches Controlling hat die **NPO in ihrer Gesamtheit** oder zumindest wesentliche Teilbereiche im Fokus. Diese ganzheitliche Betrachtung führt auch dazu, dass sich die vom operativen Geschäft einer Nonprofit-Organisation her gewohnte Segmentierung in betriebliche Funktionen auf der strategischen Ebene „auflöst" und die einzelnen Bereiche (Finanzierung, Beschaffung, Produktion, Absatz, etc.) ineinander greifen.

Überwiegend hierarchisch strukturierte Organisationen neigen zu starker Entscheidungszentralisation und begünstigen ein vorwiegend normengesteuertes Handeln. Dies führt auch zu einer Überlastung der obersten Entscheidungsebenen mit Detailproblemen. Dafür können auch Partikularinteressen einzelner politischer Gruppierungen ausschlaggebend sein, die fallbezogen staatliche Interventionen zu ihren Gunsten herbeizuführen trachten. Das strategische Controlling kann im NPO-Bereich daher nur eine Aussicht auf Erfolg haben, wenn die Entscheidungsträger sich zu einer Verhaltensänderung durchringen können. Die zentrale Handlungssteuerung durch detaillierte organisationsinterne Normen und Einzelzuweisungen ist durch Rahmenvorgaben für dezentrale Aktivitäten und Ressourcen und durch Vereinbarungen über anzustrebende Leistungsergebnisse zu ersetzen. Dies setzt die Schaffung organisatorischer Verantwortungsbereiche voraus, die eine Zusammenfassung gleichartiger Leistungen und aller damit in Verbindung stehender Funktionen erlaubt. Diese Bereiche können als "**Verantwortungszentren**" oder "**Leistungszentren**" bezeichnet werden (sie wie in den Erwerbswirtschaften als "profit centers" zu bezeichnen, ist bei Nonprofit-Organisationen unangebracht). Die Steuerung der Leistungsprozesse in diesen Bereichen sollte ergebnisorientiert über die Vereinbarung von Leistungsergebnissen ex-ante und die Rechenschaftslegung über deren Erreichung ex-post erfolgen. Auf diese vereinbarten Leistungsergebnisse wären dann auch Globalzuweisungen von Ressourcen abzustimmen, über deren Verwendung in Verbindung mit den erreichten Leistungsergebnissen im Nachhinein Bericht zu legen ist.

Die Aufgabenbereiche des strategischen Controllings erstrecken sich somit auf:

1) Unterstützung der **strategischen Planung**; das bedeutet, Antriebsmotor, Moderator und Überwacher einer strategischen Planung zu sein. Die aktuell verfolgten Ziele, realisierten Tätigkeitsfelder und gesetzten Massnahmen in der Aufgabenerfüllung sind stän-

dig zu überprüfen und in Frage zu stellen. Entsprechende Umfeld- sowie Stärken- und Schwächen-Analysen sind durchzuführen. Dies ist gerade bei der vielfach vorherrschenden kurzfristigen Orientierung (dem Jahresdenken) von NPO bedeutsam.

2) Unterstützung bei der **Umsetzung** der strategischen Planungsprojekte in operative Planungsvorhaben und Hilfestellung bei der Festlegung von Etappenzielen zur Planrealisierung.

3) Aufbau und Durchführung der **strategischen Kontrolle** sowie Bestimmung von Indikatoren und Aufbau eines Frühwarn-Systems zur Gewinnung von Kontrollinformationen. Gleichzeitig hat eine periodische Überprüfung der Annahmen über Entwicklungen im Umfeld, die der weit reichenden Planung zugrunde liegen (Prämissenkontrolle), zu erfolgen.

Das strategische Controlling weist einen vergleichsweise geringen Formalisierungsgrad auf. Es beschränkt sich weitgehend auf die Vorgabe eines Methodenrahmens, der von Fall zu Fall unterschiedlich ausgeschöpft wird.

Die Steuerungsprozesse des **operativen Controllings** sind hingegen in der Regel kurz- und mittelfristig ausgerichtet. Die Planung der operativen Aktivitäten (z. B. des nächsten Jahres), die in den einzelnen, funktional und organisatorisch abgegrenzten, Teilbereichen einer Organisation vorgenommen wird, spiegelt sich in einer Vielzahl von Teilbudgets, die im Hinblick auf die Formalziele der Liquidität und des kurzfristigen (monetären) Erfolges zusammengefasst werden.

Die *Abbildung 48* fasst die eben angesprochenen Teilsysteme des Controllings in einem kompakten Überblick zusammen:

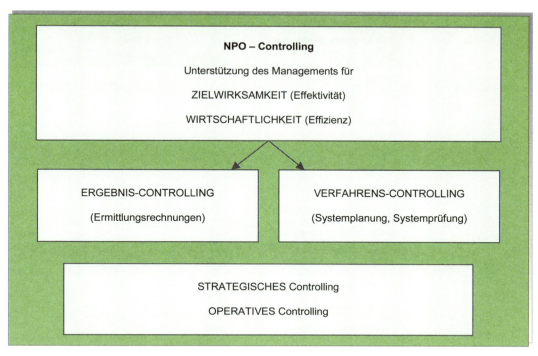

Abbildung 48: Teilsysteme des Controllings

Aus dem Informationsbedarf, wie er sich für die einzelnen Prozesse der Planung, Steuerung und Überwachung aus der sachlichen Notwendigkeit und aus dem subjektiven Wissensstand der Entscheidungsträger ergibt, leitet sich die Notwendigkeit ab, die dafür benötigten Informationen zu beschaffen und für die jeweilige Entscheidungssituation zu koordinieren und aufzubereiten. Dieser Prozess der Informationserfassung und -aufbereitung kann mit einem "Werkzeugkasten" aus **Controlling-Instrumenten** (siehe *Abbildung 49*) systematisch unterstützt werden. Aus ihr wird auch ersichtlich, welche Teilfunktionen des Controllings (Analyse, Planung bzw. Kontrolle) durch das Instrument primär angesprochen werden.

Auf den nachfolgenden Seiten werden die einzelnen Instrumente kurz skizziert. Dies erfolgt in Abstimmung mit anderen Kapiteln, in denen einzelne Instrumente bereits ausführlich dargestellt sind, und dem Fallstudienteil dieses Buches.

| Ebene | Instrument, Methode | Funktionen ||||
|---|---|---|---|---|---|
| | | Controlling ||| QM |
| | | Analyse | Planung | Kontrolle | |
| Strategische Ebene | Stärken-Schwächen-Analyse | x | | | |
| | Umfeldanalyse | x | | | |
| | Aufgaben-/(Leistungs-)Kritik | x | | | |
| | Portfolio-Technik | x | x | | |
| | Investitionsrechnungen | x | x | | |
| | Gemeinkosten-Management | x | x | | |
| | Programmbudgetierung (PPBS) | x | x | | |
| | Balanced Scorecard (BSC) | | x | x | x |
| Operative Ebene | Finanzierungsrechnung(-planung) | | x | x | |
| | Bestandsrechnung | | x | x | |
| | Ergebnisrechnung | | x | x | |
| | Kennzahlensysteme | | x | x | |
| | Indikatorensysteme | | x | x | x |
| | Qualitätsstandards | | x | x | x |
| | Benchmarking | | x | x | x |

Abbildung 49: Controlling-Instrumente

## 11.4 Instrumente des strategischen Controllings

Der strategische Planungs- und Kontrollprozess beginnt mit einer Analysephase, die sowohl das gesellschaftliche Umfeld als auch die NPO selbst in ihren Fokus nimmt. Auf ihrer Grundlage werden strategische Optionen entwickelt. Die strategische Wahl greift aufgrund der Bewertung der strategischen Optionen jene heraus, welche die Ziele der NPO bestmöglich erfüllen. In strategischen Plänen bzw. Programmen werden diese konkretisiert und schliesslich – über die Vermittlung der operativen Planung – realisiert (in die Tat umgesetzt). Aktivitäten der strategischen Kontrolle begleiten den gesamten Prozess.

Das strategische Controlling unterstützt mit den ausgewählten Instrumenten den strategischen Planungs- und Kontrollprozess.

## 11.4.1 Umfeld- und Stärken-Schwächen-Analysen (SWOT-Analysen)

Die Informationen der strategischen Analyse dienen vielfach dazu, die Ausgangssituation für künftiges Handeln zu erfassen und die Planungen auf eine rationale Grundlage zu stellen. Zentrale Instrumente einer solchen „Lagebeurteilung" sind Umfeld- und Stärken-Schwächen-Analysen, deren Informationen zur so genannten SWOT-Analyse zusammengefasst werden können.

**Umfeldanalysen** dienen der Diagnose von Trends und Entwicklungen in den für die Unternehmen relevanten Umfeldsegmenten. Dabei sind zumindest zwei Kategorien zu unterscheiden:

- **das allgemeine (globale) Umfeld:**

    Es kann in einzelne Sektoren (Wirtschaft, Recht, Politik, Sozio-Kultur, Wissenschaft, natürliche Umwelt usw.) weiter unterteilt werden.

- **das stakeholderorientierte Umfeld:**

    Dieses kann wiederum in das Beschaffungsumfeld und das Abgabeumfeld unterteilt werden. Stützt sich die NPO in einem bestimmten Ausmass auf Spenden und sind daher Spenderinnen und Spender für eine NPO wichtige Stakeholder, so sind Trends und Entwicklungen am „Spendenmarkt" für die Organisation von hoher Relevanz. Bei Eigenleistungs-NPO kann darüber hinaus das Umfeld der Mitglieder als Innenbereich gesondert herausgehoben werden.

Bei der Durchführung einer konkreten Umfeldanalyse sind in einem ersten Schritt Faktoren (Trends und Entwicklungen) aufzuzeigen, welche auf die Missionserfüllung (den Erfolg), die Leistungserstellung und die Ressourcensituation in einer konkreten NPO einen besonderen Einfluss ausüben. Dabei spielen allgemeine Trends im Makroumfeld ebenso eine Rolle wie das spezifische Stakeholder-Verhalten. Veränderungen im Makroumfeld beeinflussen oft nicht nur die NPO, sondern auch deren (zentrale) Stakeholder. Neben offensichtlichen Entwicklungen gibt es auch sogenannte "schwache Signale" für bestimmte Chancen oder Risiken, denen eine besondere Aufmerksamkeit geschenkt werden sollte.

Bei dieser Analyse sind Vernetzungen und wechselseitige Abhängigkeiten zu berücksichtigen. Manche Faktoren wirken auch mehrdimensional. So führen z. B. Veränderungen in der Berufs- und Arbeitswelt nicht nur dazu, dass ein zusätzlicher Bedarf an Leistungen (z. B. in der Kinderbetreuung) entsteht, sondern sie beeinflussen auch die Bereitschaft zu ehrenamtlichen und freiwilligen Engagement sowie dessen Formen. Der vielfach konstatierte Trend zur Zeitspende und die damit verbundenen Schwierigkeiten von NPO, zeitintensive (Führungs-) Positionen (adäquat) zu besetzen, dürften wesentlich auch mit diesen gesellschaftlichen Transformationsprozessen in Verbindung stehen. Für eine soziale NPO beispielsweise dürften beide Aspekte relevant sein. Der steigende Bedarf an Kinderbetreuung bietet Chancen für einen Ausbau der Leistungen. Die Veränderungen im freiwilligen Engagement stellen zumindest eine Herausforderung dar, traditionelle Vorgangsweisen in der Gewinnung und Bindung Ehrenamtlicher und Freiwilliger zu überdenken oder zumindest zu ergänzen.

Umfeldanalysen führen zu Prämissen, die als Basis für den Planungsprozess dienen. Kann ein wesentlicher Trend nicht genau abgeschätzt werden, werden vielfach einzelne **Szenarien** für die weitere Entwicklung aufgestellt.

**Stärken-Schwächen-Analysen** sind ein Verfahren, in dem die Ressourcen und Potenziale einer gesamten NPO bzw. auch die strategische Position eines bestimmten Leistungsbereiches im Vordergrund stehen. Potenziale ergeben sich aus der zielorientierten Verknüpfung von Ressourcen, wobei der Ressourcenbegriff weit gefasst wird. Es geht also nicht nur um materielle (infrastrukturelle), Human- und finanzielle Ressourcen, sondern auch um immaterielle Ressourcen wie Image, Reputation, Know-how oder spezifische (organisationale) Kompetenzen. Stärken-Schwächen-Profile bringen die Stellung der eigenen NPO im Vergleich zu anderen (direkten) Konkurrenten oder zu Organisationen, die Substitutionsmöglichkeiten zu den eigenen Aktivitäten anbieten, zum Ausdruck.

Die **SWOT-Matrix** verknüpft schliesslich die Ergebnisse der Analysen zu Stärken (Strenghts), Schwächen (Weaknesses), Chancen (Opportunities) und Risiken bzw. Bedrohungen (Threats) in einer systematischen Weise. Die gewonnen Erkenntnisse sollen die Definition von Strategien bzw. das Erarbeiten von strategischen Handlungsoptionen unterstützen. Dabei kommt zum Ausdruck, ob und in welcher Intensität eine Entwicklung im gesellschaftlichen Umfeld für eine NPO tatsächlich (zu einem möglicherweise existenzbedrohenden) Problem wird. Rückläufige öffentliche Förderungen (Subventionen) und Veränderungen im staatlichen Förderverhalten werden z. B. die Leitung einer (marktnahen) NPO mit hohem Eigenfinanzierungsanteil bedeutend weniger beunruhigen als jene einer (staatsnahen) NPO mit einem geringeren Eigenfinanzierungsanteil. Eine vermehrte Konkurrenz im Spendensektor stellt für eine NPO mit einem hervorragenden Image, einer eingeführten Marke und einer hochprofessionell agierenden Fundraising-Abteilung eine wesentlich geringere Gefahr dar als für eine NPO, die diesbezüglich Defizite aufweist, auf Spenden aber dennoch nicht verzichten kann.

Zusammenfassend kann festgehalten werden, dass eine seriös aufbereitete und durchgeführte SWOT-Analyse insbesondere aufzeigt,

- ob die Ziele der NPO in Zukunft im gewohnten Ausmass zu verwirklichen (finanzierbar) sind oder ob sie bzw. das Leistungsangebot verändert werden müssen. Damit verbunden ist auch eine Information darüber, ob bisherige Planungsprämissen weiter aufrechterhalten werden können;

- wo Chancen auf Stärken (Erfolgspotenzial) und Risiken auf Schwächen (Krisenpotenzial) treffen;
- in welchen Bereichen „Handlungsbedarf" besteht, um möglichen Risiken vorzubeugen oder auf bereits erkennbare (möglicherweise sogar) manifeste Bedrohungen zu antworten;
- wo einzelne Ansatzpunkte für Strategien und strategische Handlungsoptionen auszumachen sind, um sich bietende Chancen konkret nutzen und gegebenen Risiken erfolgreich begegnen zu können. Sie zielen vielfach auch auf innovative Vorgangsweisen ab und bilden die Grundlage für die Erarbeitung spezifischer Projekte und Massnahmenpakete, die operativ umgesetzt werden müssen.

Ein Beispiel für die praktische Ausgestaltung der SWOT-Analyse ist in der Fallstudie 5 „Strategische Planung in einem Sportverein" zu finden.

### 11.4.2 Aufgaben-/(Leistungs-)Kritik

Bei der Aufgabenkritik handelt es sich um ein systematisches und zeitlich gerafftes Verfahren (auch Leistungskritik oder Leistungsanalyse genannt), das in einer Organisation den Aufgabenbestand und damit das Leistungsvolumen einschränken bzw. den Aufgabenzuwachs erschweren soll. In Zeiten stagnierender Einnahmen können dabei systematisch Ressourcenspielräume identifiziert werden. Es können zwei grundsätzliche Verfahren unterschieden werden:

Bei der **Zweckkritik** wird untersucht, ob die Notwendigkeit zur Aufgabenerfüllung weiterhin besteht, welche Ziele gesetzt werden und inwieweit sie erreicht werden können (Effektivität). Alle im Hinblick auf die Erfüllung der Mission als überflüssig erkannten Aufgaben sind aus dem Aufgabenkatalog zu streichen. Daneben kann in diesem Prozess eine Priorisierung der zu erfüllenden Aufgaben erfolgen.

Die **Vollzugskritik (Verfahrenskritik)** stellt die Effizienz des Mitteleinsatzes zur Erfüllung einer als weiterhin für wichtig angesehenen Aufgabe in Frage und bedingt in der weiteren Folge eine Rationalisierungsarbeit. Dabei stellt sich auch das Problem, ob die Aufgabe über ein alternatives Verfahren besser erfüllt und die damit verbundene Leistungsproduktion kostengünstiger gestaltet werden kann.

Das Instrument der Aufgabenkritik integriert Elemente der Wertanalyse bzw. der Gemeinkosten-Wertanalyse bzw. weist mit diesen Instrumenten inhaltliche Überschneidungen auf (vgl. dazu auch Abschnitt 11.4.5). Ein praxisorientiertes Beispiel ist in der Fallstudie 4 „Das

Instrument der Aufgabenkritik als Hilfsmittel zur Identifikation von Ressourcenspielräumen" zu finden.

### 11.4.3 Portfolio-Technik

Die Vorgangsweise der Portfolio-Technik ist dem Wertpapiermanagement und damit dem Finanzbereich entlehnt. In der strategischen Planung nahm sie ihren Ausgangspunkt in der strategischen Beurteilung von Leistungen, Leistungsgruppen und gesamten strategischen Aktionsfeldern, die sich in der Struktur des Unternehmens in bestimmten Sparten bzw. Verantwortungszentren widerspiegeln.

Im erwerbswirtschaftlichen Bereich spielen jene Faktoren, welche die Attraktivität des Marktes und die relative Wettbewerbssituation des eigenen Unternehmens beeinflussen, eine zentrale Rolle. Erstere werden auf der vertikalen Achse aufgetragen und sind vom Unternehmen kaum zu beeinflussen (so verändern beispielsweise grundsätzliche Verschiebungen in den Präferenzstrukturen der potentiellen Kunden das Marktvolumen). Letztere werden auf der horizontalen Achse aufgetragen und sind vom Unternehmen – zumindest mittelfristig – beeinflussbar (so tragen ein innovatives Produkt, ein hervorragendes Image, ein überdurchschnittliches Know-how usw. dazu bei, dass die Unternehmung auf einem grundsätzlich attraktiven Markt die Chancen besser nutzen kann als Konkurrenzunternehmen). Die Kriterien, mit deren Hilfe die Merkmale **Marktattraktivität** und **relative Wettbewerbsvorteile** konkret abgebildet werden, sind im Detail festzulegen, für die Bestimmung der genauen Achsenwerte werden regelmässig Punktbewertungsverfahren zum Einsatz gebracht. Dabei gehen auch Erkenntnisse aus der SWOT-Analyse in die Ausgestaltung des Portfolios ein.

Diesen Grundtyp des **Marktattraktivitäts-Wettbewerbs-Portfolios** kann eine NPO beispielsweise einsetzen, um die Attraktivität von Randleistungen zu beurteilen. Diese werden meist nach kommerziellen Gesichtspunkten erstellt und weisen keinen oder nur einen geringen Bezug zur Mission der Organisation auf. Nachstehende Abbildung verdeutlicht diese Vorgangsweise (Anmerkung: Die Grösse der Kreise geben die Überschüsse an, die im entsprechenden Leistungsfeld erwirtschaftet werden):

Instrumente des Controllings

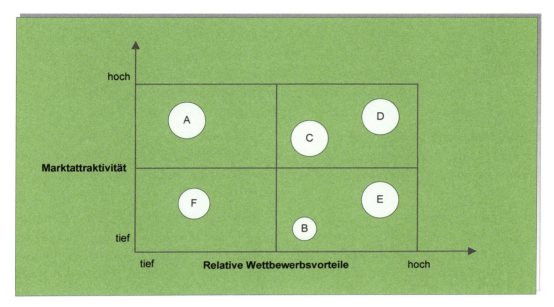

Abbildung 50: Marktattraktivitäts-Wettbewerbsstärken-Portfolio

Die Leistungen werden einzelnen Quadranten zugeordnet, die sich aus der jeweiligen Kombination der Merkmalsausprägungen „hoch" und „tief" ergeben. In einer erweiterten Form des Portfolios wird die Merkmalsausprägung „mittel" hinzugefügt, so dass sich nicht eine Matrix mit vier, sondern insgesamt neun Feldern ergibt.

Von der Positionierung im Portfolio können Normstrategien im Hinblick auf die künftige Behandlung des strategischen Leistungs- bzw. Aktionsfeldes abgeleitet werden. Grundsätzlich stehen dabei drei Optionen zur Wahl:

- Eine **Investitionsstrategie** wird dann verfolgt, wenn bei bestimmten Leistungen oder Aktionsfeldern die Marktattraktivität hoch ist und gegenüber den Konkurrenten eine starke Wettbewerbsposition besteht. Ihr Ausbau wird gefördert. Damit werden Mittel gebunden, vor allem auch, um in einem wachsenden Markt zusätzliche Kapazitäten bereitstellen zu können. Im obigen Portfolio ist dies bei den Leistungen C und D der Fall.

- Eine **Abschöpfungs- oder Desinvestitionsstrategie** erscheint angebracht, wenn sowohl die Marktattraktivität als auch die eigenen Wettbewerbsvorteile gering sind. Dies ist bei der Leistung F der Fall. Die frei werdenden Mittel (erzielbaren Cashflows) werden nicht mehr reinvestiert, sondern in die attraktiven Bereiche umgelenkt.

- Für die Leistungen A, B und E sind **selektive Strategien** zu wählen. Dabei wird detaillierter zu untersuchen sein, ob eine Investitions- oder eine Desinvestitionsstrategie ge-

223

wählt werden soll. Bei der Leistung A ist zwar eine hohe Marktattraktivität gegeben, Mitbewerber verfügen aber über Wettbewerbsvorteile. Hier wird eine Investitionsstrategie nur dann sinnvoll sein, wenn es gelingt, den Konkurrenznachteil zu kompensieren. Bei den Leistungen B und E hingegen bestehen Wettbewerbsvorteile, der Markt selbst erscheint aber nicht sehr attraktiv. Hier wird zu überlegen sein, wie lange die Leistung noch gehalten wird bzw. ab wann eine Strategie des Abschöpfens der Mittel einsetzt.

Die **Normstrategien** laufen letztlich auf ein Ausbauen, ein Halten oder ein Abbauen hinaus. Insofern können Mittel, die beim Abbau auslaufender Leistungen oder Leistungsfelder gewonnen werden, für den Ausbau von solchen verwendet werden, die in Zukunft Erfolg und Überschüsse versprechen.

In diesem Grundtyp unterstellt die Portfolio-Technik jedoch implizit, dass über Mittel frei und ohne jede Auflagen verfügt werden kann und sie jederzeit in Bereiche umgelenkt werden können, die als attraktiver angesehen werden. In jenen Bereichen, in denen eine NPO Leistungen nicht nach Marktgesichtspunkten erstellt, muss die Bewertung der strategischen Aktionsfelder in der Regel differenzierter erfolgen. Insbesondere führen häufig die Mission, ein auf langjähriger Tradition aufgebautes Selbstverständnis sowie spezifische Interessen von relevanten Stakeholdern dazu, dass ein als wenig attraktiv erkanntes Aktionsfeld nicht so ohne weiteres abgebaut (desinvestiert) werden kann. Andererseits werden Ressourcen (z. B. öffentliche Förderungen oder Spenden) oft zweckgebunden für bestimmte Leistungen vergeben. Verzichtet man auf die Leistung (bzw. den Leistungsbereich), so fallen auch die korrespondierenden Zuschüsse weg. Ehrenamtliche und Freiwillige binden möglicherweise ihr Engagement an ein bestimmtes Leistungsfeld. Es gibt also eine Reihe von Aspekten, die den Handlungsspielraum der NPO einschränken, was schon bei der Aufstellung von Portfolios Berücksichtigung finden muss.

Die Portfolio-Technik kann aber auch für andere, spezifische Problemstellungen zum Einsatz kommen. Ein Beispiel für ein solches weiteres Einsatzfeld ist das **Sourcing-Portfolio**. Um eine zielorientierte Leistung zu erstellen, hat eine Nonprofit-Organisation aus Ressourcensicht prinzipiell drei Möglichkeiten:

- **Eigenerstellung:**

  Die NPO nimmt eine Aufgabe selbst wahr und erstellt die Leistung mit eigenen Ressourcen. Sie wird dies insbesondere in jenen Bereichen tun, in denen sie über sogenannte Kernkompetenzen verfügt und die für sie eine hohe strategische Bedeutung haben.

- **Outsourcing:**

  Die NPO überträgt einzelne Aufgaben oder Aufgabenbereiche auf andere rechtlich und wirtschaftlich unabhängige Organisationen und geht mit diesen eine strategische Partnerschaft in der Wertschöpfungskette ein. Mit anderen Worten: Die NPO nutzt die Ressourcen und das spezielle Know-how einer anderen Organisation. Das Gegenteil wäre Insourcing, wenn eine bisher nur intern tätige Abteilung auch auf den „Markt" tritt und Aufgaben für andere Organisationen erledigt.

- **Co-Sourcing:**

  Eine Sonderform wäre die Übertragung von Aufgaben an eine Organisation, welche gemeinsam mit einem oder mehreren Partnern geführt wird. Im Gegensatz zum Outsourcing ist der Einfluss auf das wirtschaftlich abhängige Unternehmen grösser, im Gegensatz zur Eigenerstellung werden auch fremde Ressourcen genutzt.

Outsourcing und Co-Sourcing sind eine Konsequenz der zunehmenden Spezialisierung und Arbeitsteilung sowie einer steigenden Komplexität in grossen Organisationen. In der Folge entsteht ein strategisches Netzwerk mehrerer Leistungsanbieter, die gemeinsam auf den Markt treten oder einen bestimmten Bereich des Dritten Sektors mit ihren Leistungen versorgen.

Die Zusammenhänge zwischen den einzelnen Sourcing-Alternativen und der Ressourcenproblematik lassen sich in folgendem Beispiel für eine karitative NPO (siehe *Abbildung 51*) illustrieren.

- Auf der x-Achse ist die Bedeutung einer strategischen Leistungsgruppe für eine NPO aufgetragen. Diese ergibt sich insbesondere auch aus der Mission der NPO und den Interessen und Erwartungen der relevanten Stakeholder (Bezugsgruppen) in der gesellschaftlichen Umwelt.

- Auf der y-Achse ist die organisationale Kompetenz der NPO im Vergleich zu anderen Leistungsanbietern festgehalten. Insbesondere ist aufzuzeigen, wo die Organisation Know-how- und Kompetenzvorteile gegenüber anderen Anbietern aufweist.

- Die Grösse der Kreise als dritte Dimension spiegelt das Budgetvolumen des entsprechenden Leistungsfeldes bzw. den Anteil am Gesamtbudget der NPO wider.

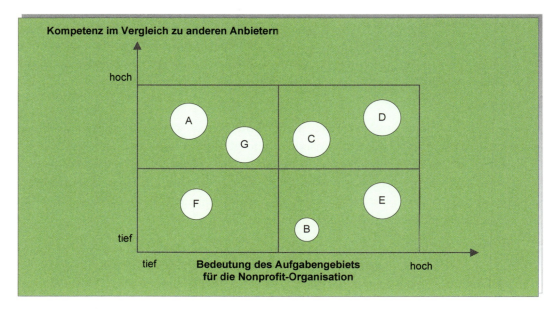

Abbildung 51: Sourcing-Portfolio

Auch in diesem Fall können wiederum Normstrategien abgeleitet werden (siehe *Abbildung 52*).

- Bei hoher eigener Kompetenz und hoher Bedeutung des strategischen Aktionsfeldes für die NPO ist die eigene Leistungserstellung vorzuziehen. Es kommen dabei die Kernkompetenzen der Organisation zum Ausdruck. Es stellt sich die Frage, ob der Leistungserstellungsprozess (z. B. durch Konzentration der Leistungserstellung in einem Shared Service Center) nicht effektiver und/oder effizienter gestaltet werden kann.

- Im gegenteiligen Fall einer geringen Bedeutung des Aufgabenfeldes für die NPO und geringer eigener Kompetenzen liegt im betroffenen strategischen Aktionsfeld ein potentieller Kandidat für den Leistungsabbau vor. Es besteht also ein Ressourceneinsparungspotenzial.

- Für den Fall, dass die betrachtete NPO über hohe Kompetenzen verfügt, die Bedeutung des Aufgabenfeldes für die NPO aber gleichzeitig gering ist, stellt sich die Frage, ob die Kompetenzen im Zuge einer intensiven Kooperation mit einer anderen Organisation zur Verfügung gestellt werden oder ob Insourcing-Strategien zur besseren Transformation dieser Kompetenzen gewählt werden. Dabei ist an eine Abspaltung und rechtliche wie wirtschaftliche Verselbständigung der betroffenen Einheit (ein Spin-Off) zu denken. Mit der neuen Organisation kann gegebenenfalls eine strategische Partnerschaft eingegangen werden.

- Im Falle einer geringen eigenen Kompetenz, aber einer hohen Bedeutung für die eigene NPO liegt ein Kandidat für ein Outsourcing oder eine intensivere Kooperation mit einem anderen Partner vor, je nachdem wie stark der faktische Einfluss auf den Kooperationspartner sein soll. Kommen Outsourcing bzw. Kooperation nicht in Frage, muss eine eigene Kompetenz aufgebaut werden, was entsprechende Ressourcen voraussetzt und (entsprechende) Kosten verursacht.

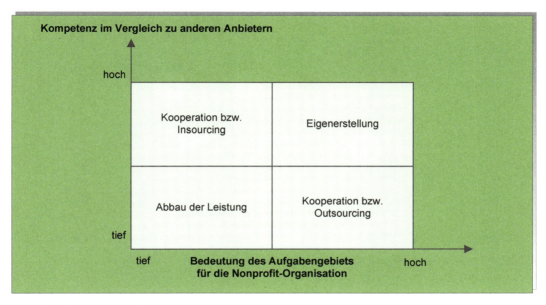

Abbildung 52: Sourcing-Portfolio – Normstrategien

Ein weiteres Beispiel für den Einsatz der Portfolio-Technik ist das **Fokussierungs-Portfolio**, welches das Ziel einer Fokussierung der Aktivitäten unterstützt, die durch eine Ressourcenknappheit ausgelöst wird. Das nachstehende Portfolio setzt den langfristigen Leistungsbedarf, der in einem bestimmten strategischen Aktionsfeld gegeben ist, zur Frage in Beziehung, in welchem Ausmass im jeweiligen Bereich eine Leistungserstellung durch die eigene Nonprofit-Organisation (aufgrund von Vorgaben aus der Mission, den Interessen zentraler Stakeholder oder auch dem allgemeinen Angebot und der „Konkurrenzsituation") unbedingt geboten erscheint.

Die Grösse der Kreise als dritte Dimension symbolisiert den Zuschussbedarf für das strategische Aktionsfeld. In einer finanziellen Betrachtung sind dabei eventuelle Einnahmen (bzw.

Erlöse) aus der Veräusserung der Leistungen und zweckgebundene (öffentliche wie private) Zuschüsse von den entsprechenden Ausgaben (bzw. Kosten) der Leistungsproduktion bereits abgezogen. Würde man das gesamte Aktionsfeld aufgeben, erspart man sich auch die durch die Kreise symbolisierten Mittel. Strategische Aktionsfelder, die Überschüsse erwirtschaften, sind gesondert zu betrachten und werden durch das Portfolio nicht erfasst.

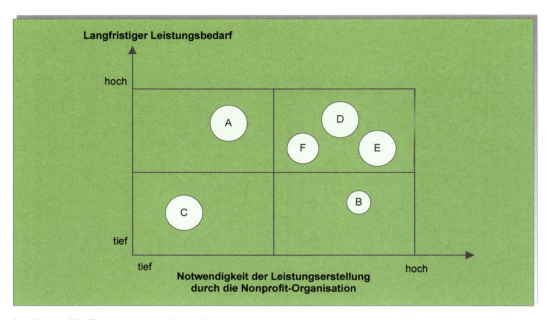

Abbildung 53: Fokussierungs-Portfolio

Auch von diesem Portfolio lassen sich Ansatzpunkte für strategische Dispositionen ableiten:

- Beim strategischen Aktionsfeld C besteht weder ein (ausgeprägter) längerfristiger Leistungsbedarf noch eine vordringliche Notwendigkeit, die entsprechenden Leistungen durch die eigene NPO erstellen zu lassen. Der Leistungsbereich ist ein prioritärer Kandidat für eine „Desinvestitionsstrategie", um die in ihm gebundenen (beträchtlichen) Mittel einzusparen.
- Beim strategischen Aktionsfeld A besteht zwar ein grosser Leistungsbedarf, aber die Notwendigkeit, dass eine Leistungsproduktion durch die NPO erfolgt, erscheint gering. Möglicherweise gibt es andere Organisationen, die das Leistungsangebot mit einer grösseren Wirksamkeit und/oder kostengünstiger bereitstellen und damit die Nachfrage befriedigen können. Somit stellt sich auch hier die Frage, ob das strategische Aktionsfeld weitergeführt werden soll.

- Bei den Aktionsfeldern E, F und D erscheint die weitere Eigenerstellung angebracht.
- Beim strategischen Aktionsfeld B ist die Notwendigkeit der Leistungserstellung durch die NPO gegeben, möglicherweise auch deshalb, weil es keinen anderen Anbieter gibt und die Versorgung einer geringen Zahl an Leistungsempfängern unmittelbar der Erfüllung der Mission dient. Betrachtet man die Grösse des Kreises, erscheint auch die mögliche Mittelersparnis gering.

Die Portfolio-Technik kann für eine Vielzahl weiterer Fragestellungen Verwendung finden. Ihnen ist gemeinsam, dass Portfolios in einfacher Form Zusammenhänge visualisieren können, von denen sich unmittelbare Handlungsempfehlungen (Strategien) ableiten lassen. Deren Konkretisierung muss jedoch in anderen strategischen Plänen erfolgen.

### 11.4.4 Investitionsrechnungen

Die Leistungserstellung in NPO setzt oft die Bereitstellung von Infrastruktur (Gebäude, Einrichtungsgegenstände, Anlagen, Fahrzeuge usw.) voraus. Diese Güter zeichnen sich dadurch aus, dass sie langlebig sind, d. h. dass sie über einen längeren Zeitraum im Leistungserstellungsprozess eingesetzt werden können und erst nach einem (je nach Art des Gutes mehr oder weniger) langen Zeitraum wieder ersetzt werden müssen. Die Beschaffung der Investitionsgüter und die damit verbundene Bereitstellung entsprechender Kapazitäten löst Investitionen aus.

Investitionen bewirken, dass (frei verfügbare) Mittel (Geld) in reales Vermögen umgewandelt werden. Investitionsentscheidungen sind mittel- bis langfristiger Natur, nur bedingt reversibel und belasten in der Regel die nachfolgenden Perioden (Jahre) mit fixen Bereitschaftskosten, die nur unter der Bedingung wieder abgebaut werden können, dass das Investitionsgut einen (allgemeinen) Marktwert hat und somit wiederveräussert werden kann.

Im Detail sind Investitionen in Sachvermögen (**Sachinvestitionen**) und Investitionen in Finanzvermögen (**Finanzinvestitionen**) zu unterscheiden. Investitionen können dazu dienen, die Leistungsbereitschaft (**Kapazität**) eines Unternehmens zu erhalten, z. B. werden Anlagen, die technisch oder wirtschaftlich nicht mehr nutzbar sind, durch neue ersetzt. Sie können im Rahmen eines Ausbauprogramms anfallen und dienen dazu, die Leistungsbereitschaft (Kapazität) zu erweitern, damit in der Zukunft eine grössere Menge an Gütern oder Dienstleistungen produziert werden kann. Sie können aber auch unter Wirtschaftlichkeitsgesichtspunkten getätigt werden, wenn ein an sich technisch noch nutzbares Investitionsgut durch ein anderes ersetzt wird, weil dieses eine kostengünstigere Produktion erlaubt.

Investitionsentscheidungen sind oft die Folge von strategischen Entscheidungen im Bereich des Leistungsangebots. Die Beschaffung der Infrastruktur und ihre Verknüpfung mit anderen Ressourcen (haupt- und ehrenamtliche Mitarbeiter) schafft das Leistungspotenzial (die Leistungsbereitschaft), mit deren Hilfe die Aktivitäten in Interessenvertretung und Service entwickelt werden können.

Die Frage, ob eine bestimmte Investition sinnvoll bzw. welche von verschiedenen Investitionsalternativen am vorteilhaftesten erscheint, ist somit ein wesentlicher Aspekt strategischer Programme. Investitionsrechnungen liefern die rechnerischen Grundlagen, um Investitionsentscheidungen transparent zu machen und auf eine rationale Basis zu stellen.

### 11.4.4.1 Die Verfahren der Investitionsrechnung

Investitionsrechnungen dienen also der (quantitativen) Beurteilung von Investitionsvorhaben. Dabei stehen verschiedene Verfahren zur Verfügung, die grundsätzlich in statische und dynamische unterteilt werden können.

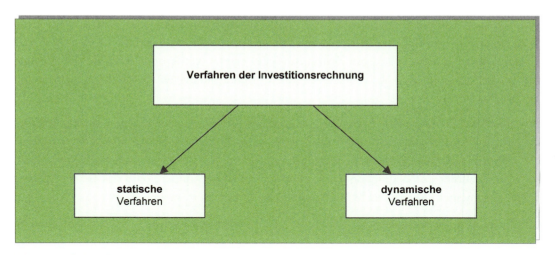

Abbildung 54: Verfahren der Investitionsrechnung

**Statische Verfahren** der Investitionsrechnung betrachten nur eine Periode (im Regelfall ein Jahr), die als repräsentativ für die gesamte Investitionsdauer angesehen wird und verwenden Rechengrössen aus der Kosten- und Leistungsrechnung. Im Einzelnen sind die folgenden Verfahren zu unterscheiden:

- **Kostenvergleichsrechnung:**

  Von zwei oder mehreren Investitionsalternativen wird jene gewählt, welche die geringsten (durchschnittlichen) Periodenkosten bzw. Kosten pro Leistungseinheit (Stückkosten) verursacht.

- **Gewinnvergleichsrechnung:**

  Bei einer einzigen Investitionsalternative wird geprüft, ob sie den (angestrebten) Gewinn (Überschuss) erwarten lässt. Dazu werden die (durchschnittlichen) Erlöse den (durchschnittlichen) Periodenkosten gegenübergestellt. Bei zwei oder mehreren Investitionsalternativen wird jene Alternative gewählt, die den höchsten (durchschnittlichen) Periodengewinn erwarten lässt.

- **Rentabilitätsvergleichsrechnung:**

  Sie integriert einen weiteren Aspekt in die Rechnung, indem sie den erwartbaren Gewinn (Überschuss) zum durchschnittlichen Kapitaleinsatz in Beziehung setzt. Die solcherart ermittelten Rentabilitäten werden verglichen und von verschiedenen Investitionsalternativen wird jene gewählt, welche die höchste Rentabilität erwarten lässt.

Diese Verfahren sind in der Folge nicht weiter dargestellt. Es wird aber auf die Ausführungen in Kapitel 5.6 „Kostenvergleich: Eigenerstellung oder Fremdbezug von Leistungen" hingewiesen. Dort kommt die Kostenvergleichsrechnung zur Anwendung. Im angeführten Beispiel überlegt ein Verband, ob er Seminarräume selbst errichtet (Alternative 1) oder von einem externen Anbieter (Alternative 2) anmietet. Um die Frage zu lösen, werden die durchschnittlichen Kosten pro Einheit (in diesem Fall pro Seminartag) einander gegenübergestellt.

Während die statischen Verfahren der Investitionsrechnung von einem gleichbleibenden Geldwert ausgehen und die Tatsache, dass man als Investor von finanziellen Mitteln eine entsprechende Verzinsung erwartet, ausschliesslich über den kostenrechnerischen Ansatz durchschnittlicher kalkulatorischer Zinsen in die Rechnung integrieren, berücksichtigen die **dynamischen Verfahren** den unterschiedlichen Geldwert explizit. Von den verschiedenen Verfahren werden im Folgenden

- die **Kapitalwertmethode**,
- die **Methode des internen Zinsfusses** und
- die **Annuitätenmethode**

genauer dargestellt und jeweils mit einem konkreten Beispiel illustriert. Sie kommen in der Praxis am häufigsten vor.

Die Verfahren der dynamischen Investitionsrechnung gehen von einem zahlungsorientierten Investitionsbegriff aus. In diesem Sinne ist eine Investition eine Zahlungsreihe, die mit einer bestimmten (Investitions-) Auszahlung beginnt, auf die im Zeitablauf Einzahlungen und Auszahlungen folgen.

Diese dynamischen Verfahren sind dadurch gekennzeichnet, dass sie eine Finanzplanung über die gesamte Investitionsdauer voraussetzen, dass also angegeben werden kann, in welcher Periode welche Ein- bzw. Auszahlungen anfallen. Dabei stellt die Kapitalwertmethode das zentrale Verfahren dar, auf die sich alle anderen Methoden stützen bzw. auf der sie letztlich aufbauen. Der unterschiedliche zeitliche Anfall der einzelnen Zahlungen wird durch ihre Auf- oder Abzinsung auf einen bestimmten Zeitpunkt innerhalb der Zahlungsreihe berücksichtigt. Auf- und Abzinsung stellen somit die finanzmathematischen Grundlagen der dynamischen Verfahren der Investitionsrechnung dar.

### 11.4.4.2 Auf- und Abzinsung als finanzmathematische Grundlagen der dynamischen Verfahren

In einer Welt positiver Kapitalverzinsung ist ein Betrag, über den heute verfügt werden kann, mehr wert als derselbe Betrag in der Zukunft. Bekommt man den Betrag später, so muss er um die Verzinsungswirkung erhöht sein. Diese Tatsache wird durch die **Aufzinsung** berücksichtigt, wie folgendes Beispiel konkret verdeutlicht.

*Beispiel zur Aufzinsung:*

Eine NPO hat 50.000,-- frei zur Verfügung und will diesen Betrag auf einem Sparbuch veranlagen. Die Hausbank bietet für eine fixe Laufzeit von drei Jahren einen fixen Zinssatz in Höhe von 2% per annum. Über welchen Betrag verfügt die NPO nach dem Ablauf von drei Jahren einschliesslich aller Zinsen und Zinseszinsen?

Wie nachstehende *Abbildung 55* verdeutlicht, vermehrt sich das angelegte Kapital nach einem bestimmten Prozess. Dieser spiegelt die Wirkung der Aufzinsung wider.

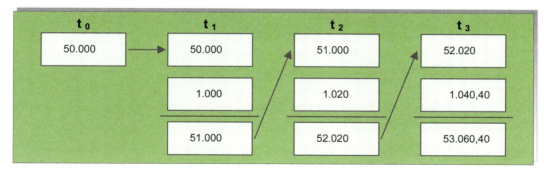

Abbildung 55: Der Prozess der Aufzinsung

Am Beginn des ersten Jahres (also im Zeitpunkt $t_0$) liegen 50.000,-- auf dem Sparbuch, die dort das ganze Jahr verbleiben. Am Ende des ersten Jahres ($t_1$) werden von der Bank die Zinsen gutgeschrieben, die das ursprüngliche Anfangskapital erhöhen. Insgesamt weist das Sparbuch also am Ende des ersten Jahres einen Guthabenstand in Höhe von 51.000,-- auf. Diese 51.000,-- stellen das Ausgangskapital für das zweite Jahr dar. Sie werden während des Jahres verzinst. Am Ende des Jahres wird ein Betrag von 1.020,-- als Zinsen gutgeschrieben. Die Zinsen des zweiten Jahres sind also höher als die Zinsen des ersten Jahres. Der Grund liegt darin, dass die Zinsen des ersten Jahres in Höhe von 1.000 nicht behoben wurden und diese im zweiten Jahr ebenfalls Zinsen in Höhe von 2 %, das entspricht einem Betrag von 20,--, erwirtschaften. Es liegt ein so genannter Zinseszinseffekt vor. Das auf dem Sparbuch ausgewiesene Guthaben weist am Ende des zweiten respektive zu Beginn des dritten Jahres einen Stand von 52.020,-- auf. Da es zu keinen Einlagen oder Abhebungen kommt, erwirtschaftet es auch im dritten und letzten Jahr 2 % Zinsen, das sind 1.040,40. Am Ende des dritten Jahres (im Zeitpunkt $t_3$) beträgt das Guthaben 53.060,40. Die Differenz zwischen Anfangs- und Endkapital (in vorliegenden Beispiel also 3.060,40) repräsentiert die erwirtschafteten **Zinsen** und **Zinseszinsen.**

Der soeben illustrierte Effekt der Aufzinsung kann durch eine allgemeine Formel dargestellt werden. Sie lautet:

$$K_n = K_0 * (1+i)^n$$

*Legende:*

i  = Zinssatz/100
$K_0$ = Anfangskapital
$K_n$ = Endkapital
n  = Laufzeit

Das Endkapital, über das nach Ablauf eines bestimmten Zeitraumes (n Perioden) verfügt werden kann, ergibt sich aus der Multiplikation des heute zur Verfügung stehenden Kapitals (Anfangskapital) mit dem so genannten **Aufzinsungsfaktor** $[(1+i)^n]$, der wiederum vom zu Grunde gelegten Zinssatz und der Laufzeit abhängt. Die Differenz zwischen Anfangs- und Endkapital stellen Zinsen- und Zinseszinsen dar, deren Betrag umso höher ist, je höher Zinssatz und Laufzeit sind. Der Aufzinsungsfaktor kann den finanzmathematischen Tabellen im Anhang entnommen werden.

Wendet man die Formel für das konkrete Beispiel an, so ergibt sich folgende Rechnung:

$$K_n = 50.000 * (1+0{,}02)^3 = 50.000 * 1{,}0612 = 53.060{,}--$$

Der Aufzinsungsfaktor ergibt sich also dadurch, dass man in die Formel $[(1+i)^n]$ für i einen Wert von 0,02 und für n einen Wert von 3 einsetzt. Die Rechnung ergibt den Betrag von 53.060,--. Dass dieser Wert geringfügig vom oben errechneten Betrag von 53.060,40 abweicht, liegt darin begründet, dass in dieser Rechnung der Aufzinsungsfaktor auf vier Dezimalstellen gerundet ist.

Die **Abzinsung** ist die Umkehrung der Aufzinsung. Mit ihr wird – wiederum bezogen auf einen bestimmten Zinssatz und eine gegebene Laufzeit – der Gegenwartswert einer zukünftigen Zahlung ermittelt. Sie ist durch folgende Formel gekennzeichnet:

$$K_0 = K_n * \frac{1}{(1+i)^n}$$

*Legende:*
i = *Zinssatz*
$K_0$ = *Anfangskapital*
$K_n$ = *Endkapital*
n = *Laufzeit*

Auch der Abzinsungsfaktor $[1/(1+i)^n]$ kann den finanzmathematischen Tabellen entnommen werden. Die Wirkung der Abzinsung soll an einem konkreten Beispiel verdeutlicht werden.

*Beispiel zur Abzinsung:*

Eine NPO möchte in vier Jahren einen Geldbetrag von 6.000,-- zur Verfügung haben. Welchen Betrag muss sie heute zur Verfügung haben und somit ansparen, damit sie nach Ablauf von 4 Jahren bei einer Verzinsung von 3 % per annum über den gewünschten Betrag verfügt?

$$K_0 = 6.000 * \frac{1}{(1+0,03)^4} = 6.000 * 0,8885 = 5.331,-$$

Um das gesuchte Anfangskapital zu ermitteln, muss das gewünschte Endkapital von 6.000,-- mit dem Abzinsungsfaktor (in diesem Fall für 3 % und vier Jahre = 0,8885) multipliziert werden. Die Differenz zwischen Anfangs- und Endkapital (= 669,--) sind die in dem Zeitraum von vier Jahren bei einem Zinssatz von 3 % per annum anfallenden Zinsen und Zinseszinsen. Die Rechnung zeigt, dass der gesuchte Betrag 5.331,-- ausmacht.

In der Folge bedeutet dies aber auch, dass in einer Welt, in der es Zinsen und Zinseszinsen gibt und eine Verzinsung von 3 % per annum zugrunde gelegt werden kann, ein Betrag von 5.331 heute gleich viel wert ist wie ein Betrag von 6.000,-- in vier Jahren, denn zwischenzeitlich erwirtschaftet das veranlagte Kapital Zinsen und Zinseszinsen. Mit Hilfe von Auf- oder Abzinsung können also Zahlungen bzw. Cashflows, die in unterschiedlichen Zeitpunkten anfallen, ökonomisch vergleichbar gemacht werden.

Investitionsrechnungsverfahren, die die Zahlungsströme auf den Zeitpunkt der Investitionsentscheidung abzinsen, werden **Barwertverfahren** genannt. Dazu gehören die hier erwähnte Kapitalwertmethode, die Methode des internen Zinsfusses und die Annuitätenmethode. Erfolgt eine Aufzinsung der Zahlungsströme auf das Ende des Nutzungszeitraumes eines Investitionsobjektes, spricht man von **Endwertverfahren**. Dazu zählen die Vermögensendwertmethode (vergleichbar mit der Kapitalwertmethode) und die Sollzinssatzmethode (vergleichbar mit der Methode des internen Zinssatzes). Sie erlauben, zwischen einem Zinssatz für Eigenmittel und einem Zinssatz für Fremdmittel zu differenzieren.

### 11.4.4.3 Kapitalwertmethode

Die **Kapitalwertmethode** ist das zentrale Verfahren der dynamischen Investitionsrechnung. Es läuft idealtypisch in folgenden Schritten ab:

- Die Nutzungsdauer eines Investitionsgutes ist bekannt. Der Investitionszeitpunkt wird als zentraler Referenzpunkt gewählt. Alle anderen Zahlungen werden auf diesen Referenzzeitpunkt bezogen.
- Alle durch das Investitionsgut ausgelösten Ein- und Auszahlungen werden ermittelt und den einzelnen Perioden der Investitionsdauer zugeordnet. Am Beginn der ersten Periode ($t_0$) fällt die Anschaffungsauszahlung an, ein eventueller Restwert am Ende der Nutzungsdauer ($t_n$). Die laufenden Einzahlungen (vor allem jene aus dem Absatz der mit dem Investitionsgut erstellten Leistungen) und die mit der laufenden Leistungsproduktion verbundenen Ausgaben (z. B. für Personalausgaben, Sachausgaben, usw.) werden sal-

diert und zum Cashflow der Periode zusammengefasst. Aus Vereinfachungsgründen gilt dieser als am Ende der Periode zugeflossen.

- Die Cashflows der einzelnen Perioden werden unter Anwendung eines bestimmten Kalkulationszinsfusses auf den Investitionszeitpunkt abgezinst. Dadurch wird ihr jeweiliger Gegenwartswert (Barwert, Present Value) ermittelt. Der Kalkulationszinsfuss bringt dabei die gewünschte Kapitalverzinsung zum Ausdruck und stellt somit die „ökonomische Messlatte" dar, die an das Investitionsobjekt gelegt wird.

- Von der Summe der Barwerte der laufenden Cashflows und einem eventuellen Restwert wird die Investitionssumme (Anschaffungsauszahlung) abgezogen. Der so ermittelte Betrag heisst Kapitalwert (Net Present Value). Ein positiver Kapitalwert bringt zum Ausdruck, dass erwartet werden kann, dass die mit den Betrieb des Investitionsgutes verbundenen Cashflows ausreichen, die Investitionssumme wieder zu gewinnen und gleichzeitig eine Verzinsung des eingesetzten Kapitals zu erzielen, welche die durch den Kalkulationszinsfuss ausgedrückte Mindestverzinsung übersteigt. Die Investition ist daher vorteilhaft. Vice versa bedeutet eine negativer Kapitalwert, dass die gewünschte Mindestverzinsung verfehlt wird und die Investition aus rechnerischer Sicht nicht vorteilhaft ist.

Folgendes Beispiel soll die Vorgangsweise der Kapitalwertmethode illustrieren.

*Beispiel Fitnesscenter im Sportverein:*

Ein gemeinnütziger Sportverein betreibt ein eigenes Fitnesscenter als Tochtergesellschaft mit eigener Rechtsform. Ein explizites Ziel liegt darin, in diesem (kommerziellen) Leistungsbereich Gewinne zu erwirtschaften, die einer Rendite in Höhe von mindestens 6 % der eingesetzten Eigenmittel entsprechen.

Da das Fitnesscenter eine starke Resonanz hat und es gegenwärtig immer wieder zu Engpässen bei den Trainingsgeräten kommt, beabsichtigt die Geschäftsleitung, den Trainingsbereich um zusätzliche Geräte und Anlagen zu erweitern. Die Anschaffungsausgaben dieser Anlagen betragen 70.000,--, sie könnten voraussichtlich fünf Jahre lang genutzt werden. Ein Veräusserungserlös am Ende der 5-jährigen Nutzungsdauer ist vermutlich nicht zu erzielen. Zusätzlich wären einige Adaptionen im Gebäude notwendig, die Ausgaben in Höhe von 30.000,-- auslösen. Eine detaillierte Planung, welche zusätzlichen Einnahmen (Erlöse) aus dem Investitionsprojekt realisiert werden können und welche zusätzlichen laufenden Ausgaben es auslösen würde, zeigt die nachfolgende Übersicht:

## Instrumente des Controllings

| Jahr | 1 | 2 | 3 | 4 | 5 |
|---|---|---|---|---|---|
| (Zusätzliche) Erlöse | 52.000 | 54.700 | 57.200 | 59.500 | 61.000 |
| (Zusätzliche) Personalausgaben | -27.300 | -28.120 | -28.960 | -29.830 | -30.720 |
| (Zusätzliche) Sachausgaben | -2.700 | -2.780 | -2.840 | -2.870 | -2.980 |
| **(Zusätzlicher) operativer Cashflow** | **22.000** | **23.800** | **25.400** | **26.800** | **27.300** |

Die Hälfte der Investitionsausgaben soll mit Fremdmitteln finanziert werden. Dazu steht ein Kredit bei einer regionalen Bank in Höhe von 50.000,-- zu folgenden Konditionen zur Verfügung: Die Kreditaufnahme erfolgt im Zeitpunkt der Anschaffung der Anlagen, die Kredittilgung in gleichbleibenden Jahresraten, die jeweils am Jahresende fällig sind. Die Kreditlaufzeit beträgt 5 Jahre und ist somit der Nutzungsdauer der Anlagen angepasst. Die Zinsen sind gesondert zu bezahlen, der fixe Zinssatz beträgt 4 % per annum.

Im Hinblick auf die Beratungen bei der nächsten Vorstandssitzung des Vereins soll eine Investitionsrechnung durchgeführt werden, um zu prüfen, ob das Erweiterungsprojekt aus rechnerischer Sicht vorteilhaft erscheint.

*Lösung:*

| Jahr | 0 | 1 | 2 | 3 | 4 | 5 |
|---|---|---|---|---|---|---|
| Operativer Cashflow | | 22.000 | 23.800 | 25.400 | 26.800 | 27.300 |
| Anschaffungsausgaben | -100.000 | | | | | |
| Kreditaufnahme bzw.-tilgung | 50.000 | -10.000 | -10.000 | -10.000 | -10.000 | -10.000 |
| Fremdkapitalzinsen | | -2.000 | -1.600 | -1.200 | -800 | -400 |
| Steuerbelastung | | 0 | -748 | -1.428 | -2.040 | -2.346 |
| **Gesamt-Cashflow** | **-50.000** | **10.000** | **11.452** | **12.772** | **13.960** | **14.554** |
| Abzinsungsfaktoren (6 %) | 1,0000 | 0,9434 | 0,8900 | 0,8396 | 0,7921 | 0,7473 |
| **Barwerte** | **-50.000** | **9.434** | **10.192** | **10.724** | **11.058** | **10.876** |
| **Kapitalwert** | **2.284** | | | | | |

*Kommentar:*

Der positive Kapitalwert signalisiert, dass die gewünschte Mindestverzinsung erreicht werden kann. Aus rein rechnerischer Sicht erscheint die Erweiterungsinvestition daher vorteilhaft. In diesem Zusammenhang ist aber zu betonen, dass das Ergebnis der Rechnung noch nicht die Entscheidung selbst ist, sondern im Investitionsentscheidungsprozess auch nicht rechenbare Faktoren Berücksichtigung finden müssen.

Bleiben die Ein- und Auszahlungen während der Investitionsdauer gleich, so ist der Kapitalwert umso geringer, je höher der Kalkulationszinsfuss angesetzt wird. Letzterer ist also der zentrale Massstab, der für die Beurteilung der Sinnhaftigkeit einer Investition herangezogen wird. Bei seiner Bestimmung spielt auch die Art der Finanzierung des Investitionsobjektes in die Ausgestaltung der Investitionsrechnung hinein:

- Wird ein Investitionsgut ausschliesslich mit verfügbaren Eigenmitteln finanziert, wird üblicherweise eine bestimmte Eigenkapitalrendite gefordert. Sie kann durchaus subjektiv festgelegt werden, wird sich aber auch an der Rendite orientieren, die das Kapital bei einer (risikoadäquaten) Veranlagung am Kapitalmarkt (maximal) erzielen könnte. Ein positiver Kapitalwert bringt in der Folge zum Ausdruck, dass die mit der Investition verbundene Rendite jene der alternativen Anlagemöglichkeit übersteigt. Unterschiedliche Risiken können durch Zu- oder Abschläge zum Kalkulationszinsfuss Berücksichtigung finden.

- Bei vollständiger Fremdfinanzierung richtet sich der Kalkulationszinsfuss nach dem Fremdkapitalzinssatz, welcher der Kreditbeziehung zugrunde gelegt wird. Ein positiver Kapitalwert signalisiert, dass der Kredit ordnungsmässig getilgt werden kann und die vereinbarten Fremdkapitalzinsen geleistet werden können.

- Bei teilweiser Eigen- oder Fremdfinanzierung kann ein (mit dem jeweiligen Anteil von Eigen- und Fremdkapital gewichteter) Mischzinssatz verwendet werden. Wie das gewählte Beispiel zeigt, kann aber auch die Vorgangweise gewählt werden, sämtliche mit dem Kredit verbundenen Zahlungen (Kreditaufnahme, Kredittilgungen und Zinszahlungen) explizit (d. h. betrags- und periodengenau) in die Zahlungsreihe aufzunehmen. Die Kreditaufnahme kompensiert dann teilweise die Anschaffungsauszahlungen, für die Verzinsung der verbleibenden und im Investitionsobjekt gebundenen Eigenmittel ist dann wieder der Zinssatz für das eingesetzte Eigenkapital relevant.

- Wenn die Einkünfte, die mit einer Investition erwirtschaftet werden, steuerpflichtig sind, wird eine Steuerzahlung ausgelöst. Die Höhe dieser Zahlung ist vom jeweiligen Steuersystem abhängig (in diesem Beispiel wurde die österreichische Rechtslage berücksichtigt).

Da es bei Anwendung der Kapitalwertmethode durchaus vorkommen kann, dass eine Alternative bei einem gegebenen Zinssatz einen positiven, bei einem anderen Zinssatz einen negativen Kapitalwert aufweist, ist der Kapitalwert nur in Verbindung mit dem seiner Ermittlung zugrunde gelegten Kalkulationszinssatz (und damit der angestrebten Mindestverzinsung) aussagekräftig.

Die Kapitalwertmethode bildet den Ansatz zur Bestimmung der (dynamischen) **Amortisationsdauer** eines Investitionsvorhabens. Damit ist jener Teil des Planungszeitraumes gemeint, in welchem das für ein Investitionsprojekt eingesetzte Kapital zuzüglich einer Verzinsung in Höhe des Kalkulationszinssatzes aus den Zahlungsrückflüssen des Projekts wiedergewonnen werden kann. Das Ende des Amortisationszeitraumes ist erreicht, wenn der Kapitalwert der Investition erstmals den Wert Null annimmt. Im zuvor beschriebenen Beispiel ist dies erst im fünften Jahr der Fall. Bei einer statischen Berechnung ist das Ende des Amortisationszeitraumes erreicht, wenn die Summe der Rückflüsse (Cashflows) aus den einzelnen Perioden die ursprüngliche Investitionssumme abdeckt.

### 11.4.4.4 Methode des internen Zinsfusses

Die Kapitalwertmethode liefert auch bereits eine Aussage im Hinblick auf den internen Zinsfuss. Bei einem positiven Kapitalwert kann der Investor erwarten, dass dieser über der durch den Kalkulationszinsfuss ausgedrückten Mindestverzinsung liegt.

Will man nun aber ermitteln, wie hoch die interne Verzinsung (der interne Zinsfuss) konkret ist, muss die Kapitalwertmethode **zur Methode des internen Zinsfusses** erweitert werden. Diese dreht nunmehr die für die Kapitalwertmethode zentrale Fragestellung um. Während bei Letzterer ein Kalkulationszinsfuss vorgegeben ist, mit dessen Hilfe ein Kapitalwert errechnet wird, sucht die Methode des internen Zinsfusses genau nach jenem Kalkulationszinsfuss, der einen Kapitalwert von Null ergibt. Damit ist der interne Zinsfuss jener Zinssatz, bei dem die Summe der abgezinsten (laufenden) Cashflows genau den Investitionsausgaben entspricht.

In der Praxis wird der interne Zinsfuss auf Basis der Kapitalwertmethode ermittelt: Man wählt einerseits einen Zinsfuss, der bei der gegebenen Struktur von Ein- und Auszahlungen einen positiven Kapitalwert ergibt, und andererseits einen (höheren) Kalkulationszinsfuss, der bei den gleichen Gesamt-Cashflows zu einem negativen Kapitalwert führt. Der interne Zinsfuss liegt zwischen diesen beiden Kalkulationszinsfüssen und kann mithilfe der nachstehenden Interpolationsformel (allerdings nur näherungsweise) errechnet werden:

$$i^* = i_1 - K_1 * \frac{i_2 - i_1}{K_2 - K_1}$$

*Legende:*
- i* = interner Zinsfuss
- $i_1$ = kleinerer Abzinsungssatz
- $i_2$ = grösserer Abzinsungssatz
- $K_1$ = grösserer Kapitalwert
- $K_2$ = kleinerer Kapitalwert

Um die Vorteilhaftigkeit der Investition zu beurteilen, muss der interne Zinsfuss mit einem Referenzzinssatz verglichen werden. Liegt er über diesem Vergleichswert, so kann die Investition als vorteilhaft angesehen werden. Bei mehreren Investitionsalternativen wird jene mit dem höchsten internen Zinsfuss gewählt.

*Fortsetzung Beispiel Fitnesscenter:*

Der Finanzreferent des Sportvereins möchte nun zusätzlich ermitteln, welche Rendite für die Eigenmittel zu erwarten ist, die bei der Erweiterung des Fitnessstudios eingesetzt werden.

*Lösung:*

| Jahr | 0 | 1 | 2 | 3 | 4 | 5 |
|---|---|---|---|---|---|---|
| Gesamt-Cashflow | -50.000 | 10.000 | 11.452 | 12.772 | 13.960 | 14.554 |
| Abzinsungsfaktoren (8 %) | 1,0000 | 0,9259 | 0,8573 | 0,7938 | 0,7350 | 0,6806 |
| Barwerte | -50.000 | 9.259 | 9.818 | 10.138 | 10.261 | 9.905 |
| **Kapitalwert** | **-619** | | | | | |

*Interpolation:* $$i^* = 6 - 2.284 * \frac{8-6}{-619-2.284} = 7,57$$

*Kommentar:*

Die Ermittlung des Kapitalwertes hat schon ergeben, dass die gesuchte Rendite 6 % übersteigt. Zinst man die Gesamt-Cashflows der einzelnen Jahre mit den Abzinsungsfaktoren für 8 % ab, so ergibt sich ein negativer Kapitalwert in Höhe von -619,--, was gleichzeitig signalisiert, dass die Rendite der eingesetzten Mittel unter diesen 8 % liegt. Durch das Einsetzen der bekannten Werte in die oben dargestellte Interpolationsformel lässt sich nun die Rendite (näherungsweise) ermitteln. Sie beträgt ca. 7,6 %.

### 11.4.4.5 Annuitätenmethode

Auch die Annuitätenmethode ist eine Variante der Kapitalwertmethode. Sie ermittelt den periodenweise ausschüttbaren Überschuss der Investition. Zu diesem Zweck wird der Kapitalwert – finanzmathematisch richtig – in gleich grosse Beträge aufgeteilt, die in jeder Periode während der Laufzeit der Investition quasi als Gewinnausschüttung entnommen werden könnten, ohne dass die Investition einen negativen Kapitalwert aufweisen würde. Anders formuliert: Fallen in jeder Periode zusätzliche Auszahlungen in Höhe der Annuität an, so würde der Kapitalwert der Investition genau einen Wert von Null annehmen.

Das Denken in periodenweise ausschüttbaren „Gewinnen" kommt der Praxis oft mehr entgegen als die abstrakte Kennzahl Kapitalwert, weshalb der Annuitätenmethode ein gewisser praktischer Stellenwert zukommt.

Rechnerisch wird die Annuität durch Multiplikation des Kapitalwertes mit dem Annuitätenfaktor ermittelt:

$$Annuität = K * \frac{(1+i)^n \times i}{(1+i)^n - 1}$$

Legende:
i = Zinssatz/100
K = Kapitalwert
n = Laufzeit

Der Annuitätenfaktor kann den finanzmathematischen Tabellen im Anhang entnommen werden.

### Fortsetzung Beispiel Fitnesscenter:

Der Finanzreferent beabsichtigt, dass der Sportverein jenen Gewinn, der einer Rendite von 6 % der eingesetzten Eigenmittel entspricht, in der Tochtergesellschaft belässt, um dort systematisch eine Gewinnrücklage aufzubauen. Der übrige (ökonomische) Gewinn soll als Gewinnausschüttung an die Mutter-NPO übertragen werden, aus Gründen der Kontinuität in der Planung ist ein jährlich gleichbleibender Betrag angestrebt:

*Lösung:*

Annuität = Kapitalwert * Annuitätenfaktor = 2.284 * 0,2374 = 542,22

*Kommentar:*

Der gesuchte Betrag lässt sich dadurch ermitteln, dass man den für einen Kalkulationszinsfuss von 6 % ermittelten Kapitalwert in Höhe von 2.284,-- mit dem Annuitätenfaktor für 6 % und 5 Jahre (= 0,2374) multipliziert. Der daraus resultierende Betrag in Höhe von ca. 542,-- kann als finanzieller Überschuss für das Budget des Gesamtvereins abgezogen werden.

Auf den ersten Blick erscheint dieser bescheiden. Es muss aber berücksichtigt werden, dass es einerseits eine geschäftspolitische Entscheidung ist, den Grossteil des durch die Erweiterungsinvestition erzielten Gewinnes in der Tochtergesellschaft zu belassen und andererseits es sich bei den 542,-- nicht um den gesamten abführbaren Gewinn der Tochtergesellschaft handelt, sondern lediglich um jenen, der aus der Erweiterung des Geschäfts gewonnen werden kann.

### 11.4.4.6 Investitionsrechnung in den ideellen Leistungsbereichen

Die bisherigen Ausführungen haben verdeutlicht, dass die dargestellten Verfahren der Investitionsrechnung implizit unterstellen, dass das grundlegende Unternehmensziel darin besteht, die Rendite der eingesetzten Eigenmittel zu optimieren bzw. zumindest die Erreichung einer gewünschten Mindestrendite sicherzustellen. Daher sind in NPO die Investitionsrechnungen in „ihrer klassischen Form" primär dort einsetzbar, wo Gewinn- und Renditeziele verfolgt werden (vgl. dazu auch das Beispiel des gewinnorientierten Fitnessstudios im Sportverein). Eine Ausnahme besteht vor allem dort, wo ein Unternehmen bzw. allgemein eine Organisation Investitionsgüter fremdfinanziert und die ordnungsgemässe Tilgung und Verzinsung eines Kredits im Zentrum des Interesses steht. Nachfolgendes Beispiel aus dem Sozialbereich will dies verdeutlichen.

*Beispiel gemeinnütziges Seniorenzentrum:*

Eine grosse, nicht gewinnorientierte Sozialeinrichtung überlegt, ein neues (gemeinnütziges) Seniorenzentrum zu errichten. Dieses würde insgesamt 47 Betten für die Langzeitbetreuung bereitstellen, an eine Kurzzeitpflege ist nicht gedacht. Vom Bedarf her kann mit einer Vollauslastung gerechnet werden. Die Errichtungskosten (besser: Investitionsausgaben) belaufen sich auf 4.700.000,--, wobei verschiedene Gebietskörperschaften bereits zugesichert haben, im Investitionszeitpunkt einen Zuschuss in Höhe von 50 % der Errichtungskosten zu leisten. Der zur Diskussion stehende Planungszeitraum beträgt 20 Jahre, wobei davon ausgegangen wird, dass das Gebäude am Ende des Planungszeitraumes einen Restwert in Höhe von 2.200.000,-- aufweist.

Für die nicht durch die Errichtungskosten gedeckten 50 % der Investitionsausgaben muss die Sozialeinrichtung einen Kredit aufnehmen, für den jährliche Zinsen in Höhe von 3 % des jeweils aushaftenden Kapitals zu bezahlen sind. Da es sich um einen staatlich geförderten Kredit handelt, ist der Zinssatz für die gesamte Laufzeit garantiert. Die Tilgung des Kapitals erfolgt jeweils im Ausmass der zurückfliessenden Mittel. Die jährlichen laufenden Einnahmen ergeben sich aus den Tagessätzen, die pro Tag und Pflegeplatz erzielt werden. Seitens der Kostenträger wird ein durchschnittlicher Tagessatz in Höhe von 74,-- langfristig zugesichert, welcher entsprechend der Ausgabensteigerungen valorisiert wird.

Im Hinblick auf die zu erwartenden laufenden Ausgaben pro Jahr wurden die nachstehenden Daten von vergleichbaren Einrichtungen derselben sozialen NPO abgeleitet:

## Instrumente des Controllings

| | |
|---|---:|
| Personalausgaben | 910.000,-- |
| Material und bezogene Leistungen | 141.000,-- |
| Instandhaltungsausgaben | 28.000,-- |
| Energieausgaben | 61.000,-- |
| Sonstige Ausgaben | 68.000,-- |
| Summe der laufenden Ausgaben | 1.208.000,-- |

Die Geschäftsleitung der Sozialeinrichtung will prüfen, ob bei der gegebenen Projektstruktur die aufgenommenen Fremdmittel getilgt und die vereinbarten Fremdkapitalzinsen ordnungsgemäss geleistet werden können. Ist dies nicht der Fall, stellt sich die Frage, wieviel die Sozialeinrichtung aus eigenen Mitteln zuschiessen müsste, um das Projekt durchführen zu können.

*Lösung:*

| | |
|---|---:|
| Investitionsausgaben: | 4.700.000 |
| abzüglich Investitionszuschüsse: | 2.350.000 |
| verbleibende Investitionsausgaben: | 2.350.000 |

**Laufende Einnahmen:**

Pflegetage = 47 * 365 = 17.155
Lf. Einnahmen = Pflegetage * Tagessatz = 17.155 * 74 = 1.269.470

**Jährlicher Cashflow (CF):**

| | | |
|---|---|---:|
| Laufende Einnahmen | = | 1.269.470 |
| abzüglich laufende Ausgaben | = | 1.208.000 |
| Cashflow | = | 61.470 |

**Barwerte:**

| | | | | |
|---|---|---|---|---:|
| Barwerte der laufenden CF | = | 61.470 * 14,8775 | = | 914.520 |
| Barwert des Restwertes | = | 2.200.000 * 0,5537 | = | 1.218.140 |
| Summe der Barwerte | | | | 2.132.660 |

| | |
|---|---:|
| Summe Barwerte | 2.132.660 |
| abzüglich verbleibende Investitionsausgaben | 2.350.000 |
| **Kapitalwert** | **- 217.340** |

*Kommentar:*

Dadurch, dass die Hälfte der Investitionsausgaben bereits von öffentlichen Förderern gedeckt ist, muss nur die verbleibende zweite Hälfte von der Sozialeinrichtung selbst finanziert werden. Sie ist mit der aufzunehmenden Kreditsumme ident. Als Kalkulationszinsfuss werden jene 3 % herangezogen, welche als Zinssatz der Zinsberechnung für die aufgenommenen Fremdmittel zugrunde gelegt werden.

Die laufenden Einnahmen ergeben sich aus der Multiplikation von Pflegetagen und verrechenbarem Tagessatz. Sie sind den laufenden Ausgaben gegenüberzustellen. Für die Ermittlung der Barwerte müsste man nun für jedes der 20 Jahre der Investitionsdauer den Cashflow mit dem Abzinsungsfaktor für 3 % und das jeweilige Jahr multiplizieren und die Ergebnisse dann zusammenzählen. Dadurch, dass der jährliche Cashflow in diesem Beispiel jedoch unverändert bleibt, ist eine rechentechnische Vereinfachung möglich. Der konstante Cashflow kann mit dem sogenannten Rentenbarwertfaktor (im vorliegenden Beispiel für 3 % und 20 Jahre) multipliziert werden. Dieser ergibt sich aus dem umgekehrten Annuitätenfaktor und entspricht der Summe aller Abzinsungsfaktoren für 3 %, vom ersten bis zum zwanzigsten Jahr.

Neben den laufenden Cashflows muss auch der angenommene Restwert auf den Investitionszeitpunkt abgezinst werden. Da er einmalig am Ende des 20. Jahres anfällt, ist dafür der Abzinsungsfaktor für 3 % und 20 Jahre relevant. Die Summe aus den Barwerten (abgezinsten Werten) der laufenden Cashflows und dem Barwert des Restwertes ist anschliessend der Kreditsumme gegenüberzustellen.

Im vorliegenden Beispiel ergibt sich ein negativer Kapitalwert, was bedeutet, dass die ordnungsgemässe Bedienung des aufgenommen Krediftes nicht gewährleistet erscheint. Ergeben sich keine zusätzlichen Finanzierungsquellen (Zuschussmöglichkeiten), so wäre das Projekt aus ökonomischer Sicht nicht zu favorisieren. Der negative Kapitalwert zeigt gleichzeitig jenen Betrag an, den die Sozialeinrichtung einmalig im Investitionszeitpunkt zuschiessen müsste, um das Projekt „auszufinanzieren".

*Fortsetzung Beispiel gemeinnütziges Seniorenzentrum:*

Der einmalige Zuschuss im Investitionszeitpunkt erscheint der Sozialeinrichtung unfinanzierbar. Als Alternative wird nun angedacht, den einmaligen Zuschuss im Investitionszeitpunkt durch einen jährlichen Zuschuss für die gesamte Laufzeit von 20 Jahren zu ersetzen. Welcher Betrag wäre dafür notwendig?

*Lösung:*

**Jährlicher Zuschuss:** Annuität = -217.340 * 0,0672 = **- 14.605**

*Kommentar:*

Um diesen jährlichen Zuschuss zu ermitteln, muss der negative Kapitalwert mit Hilfe des Annuitätenfaktors für 3 % und 20 Jahre in eine Annuität umgewandelt werden. Diesen gleichbleibenden Betrag müsste die Sozialeinrichtung jährlich aus ihrem eigenen Budget aufbringen, um beim Projekt des Seniorenzentrums die ordnungsgemässe Kreditrückführung sicherzustellen.

Das Beispiel zeigt aber auch eventuelle Schwachstellen der Investitionsrechnung auf. Nicht nur, dass die laufenden Ausgaben und Einnahmen genau geplant werden müssen, einen wesentlichen Einfluss auf das Ergebnis der Rechnung hat auch die (seriöse oder weniger seriöse) Prognose des nach 20 Jahren erzielbaren Restwerts. Gerade mit diesem Parameter kann das vorliegende Projekt auch „schön" oder „schlecht gerechnet" werden.

### 11.4.4.7 Ergänzung der Investitionsrechnung durch Nutzwertanalysen (NWA)

Will man neben den rechnerischen Faktoren auch Entscheidungskriterien berücksichtigen, die sich nicht oder nicht adäquat in Zahlen fassen lassen, kann die „klassische" Investitionsrechnung um die Nutzwertanalyse ergänzt werden. Dabei handelt es sich um ein Bewertungsverfahren, das ein komplexes Zielsystem mit verschiedenen Teilzielen und damit Zielgewichten unterstützt und die Eignung in Frage stehender Handlungsalternativen (Entscheidungspakete) auf der Grundlage subjektiver Präferenzen ermitteln soll.

Die Zielkriterien können sowohl quantitativ fassbar sein (wie z. B. die finanzielle Bedeckung bei Miete oder Kauf) oder sich auf nur qualitativ fassbare Faktoren beziehen (z. B. Funktionsfähigkeit der Raumausstattung). Die Beurteilung der Zielwirksamkeit (Eignung) erfolgt entweder durch eine ordinale (1., 2., 3., ….) oder durch eine kardinale Bewertung (Vergabe von Punktewerten aus einem Skalenbereich, z. B. 1 bis 10 oder -3 bis +3). Verschiedene Messdimensionen der Zielerreichung (z. B. Wegstrecken in Bezug auf die verkehrsmäßige Erschließung und Finanzierungskosten gemessen in Geldeinheiten) werden dabei in dimensionslose und so erst vergleichbare Punktewerte überführt. Durch Multiplikation der Punktewerte mit den Zielgewichten lassen sich in der weiteren Folge Teilnutzwerte errechnen, deren Addition die (Gesamt-)Nutzwerte der einzelnen Handlungsalternativen ergibt.

| Zielkriterium | 1 | 2 | 3 | 4 | 5 | Nutzwert |
|---|---|---|---|---|---|---|
| Zielgewicht | 10 | 20 | 20 | 10 | 40 | 100 |
| Eignung Alternative 1 | 4 | 9 | 2 | 8 | 6 | 580 [1] |
| Eignung Alternative 2 | 6 | 5 | 7 | 4 | 8 | 660 [2] |

[1] 40 + 180 + 40 + 80 + 240 = 580
[2] 60 + 100 + 140 + 40 + 320 = 660

## 11.4.5 Instrumente des Gemeinkostenmanagements

Im Kostenmanagement stehen vielfach die Gemeinkosten im Zentrum des Interesses. Sie können einem Produkt oder einer Dienstleistung nicht direkt zugerechnet werden und resultieren vor allem aus der Bereitstellung von Personal und Infrastruktur sowie deren Verknüpfung zu einer bestimmten Leistungsbereitschaft. Damit verbunden sind auch bestimmte Kapazitäten, die meist in unterschiedlichem Masse ausgelastet sind.

Unausgelastete Kapazitäten (und die damit verbundenen Leerkosten) stellen im Normalfall ein Optimierungspotenzial dar. Ein Kapazitätsabbau oder eine Kapazitätsumschichtung können in der Folge die Wirtschaftlichkeit der Leistungserstellung verbessern. Die in der Folge dargestellten Instrumente des Gemeinkostenmanagements dienen dazu, die relevanten Informationen für ein integriertes Prozess- und Kapazitätsmanagement bereitzustellen.

Eine Einschränkung ist allerdings bereits vorab zu treffen: Im Gegensatz zu erwerbswirtschaftlichen Unternehmen oder auch kommerziellen Geschäftsfeldern von NPO, in denen unausgelastete Kapazitäten weitgehend vermieden werden sollten, kann in den ideellen Leistungsfeldern von NPO nicht nur die genutzte Kapazität, sondern auch die bereitgestellte Kapazität einen Nutzen verursachen (vgl. dazu den Rettungsdienst, die Katastrophenhilfe, die Krisenintervention oder die Telefonseelsorge). In diesem Fall ist das Ausmass der bereitgestellten Kapazitäten auch die Folge organisationspolitischer Entscheidungen und die „klassischen" Überlegungen des Kapazitätsmanagements sind nur in modifizierter Form einsetzbar.

Im Folgenden werden vier gängige Instrumente des Kostenmanagements kurz skizziert.

## 11.4.5.1 Wertanalyse

Wertanalysen (WA) werden insbesondere in jenen Bereichen eingesetzt, in denen unmittelbar die mitglieder- oder klientenorientierten Leistungen erbracht werden (in der Kostenrechnung werden sie als Hauptkostenstellen bezeichnet). Sie setzen eine Projektorganisation voraus (vgl. dazu auch die Ausführungen zur Gemeinkosten-Wertanalyse), welche die normale Organisationsstruktur der NPO überlagern. Da das Instrument mit einem hohen Aufwand und Personaleinsatz verbunden ist, kommt es nur in unregelmässigen Abständen zum Einsatz.

Die spezielle Aufgabe und die zu ihrer Erfüllung erstellte Leistung stehen im Zentrum des Interesses. Die Leistung wird in einzelne (Teil-) Funktionen zerlegt und es wird die Frage gestellt, welchen Beitrag diese zur Erfüllung der Aufgabe leisten (so genannte Funktionenanalyse). Da eine einzelne (Teil-) Funktion in der Regel durch eine bestimmte Leistungskomponente erfüllt wird, wird in der Folge die Frage gestellt, ob

- eine bestimmte Funktion bzw. Leistungskomponente für die Erfüllung der Aufgabe überhaupt notwendig ist. Im Vordergrund steht also die Frage nach dem „Warum". Nicht erforderliche („überflüssige") Komponenten müssten eliminiert und der damit verbundene Ressourceneinsatz vermieden werden;
- eine bestimmte Funktion und die damit verbundene Leistungskomponente nicht auf kostengünstigere Weise erfüllt werden kann. Im Vordergrund stehen also potenzielle Rationalisierungsmöglichkeiten in der Produktion und damit die Frage nach dem „Wie".

In der WA geht es also darum, Lösungsansätze zu entwickeln, wie die Leistung und der Leistungserstellungsprozess optimiert werden können. In einer ersten Phase werden mit Hilfe von Kreativitätstechniken (z. B. Brainstorming) Ideen gesammelt, die in einem weiteren Schritt mit im Vorhinein festzulegenden Kriterien einer Bewertung unterzogen werden. Für erfolgversprechende Ideen werden – durch ein interdisziplinäres Team von Spezialisten – konkrete Lösungsansätze erarbeitet und für die praktische Umsetzung in Form von konkreten Massnahmen vorbereitet. Diese Massnahmen gehen in strategische und operative Pläne ein. Im gesamten Prozess wird auch das Ziel verfolgt, die Kompetenzen und das (Detail-) Wissen des Personals systematisch für Prozess- und Leistungsinnovationen zu nutzen. Die Wertanalyse zielt also nicht nur auf Kosteneinsparungen, sondern auch auf (qualitative) Verbesserungen in der Leistung ab.

## 11.4.5.2 Gemeinkosten-Wertanalyse bzw. Overhead-Value-Analysis

Die Gemeinkosten-Wertanalyse (GWA) wählt eine Vorgangsweise, die der Wertanalyse ähnlich ist. Sie konzentriert sich aber auf jene Bereiche, in denen innerbetriebliche (Support-) Leistungen erstellt werden (Hilfskostenstellen, allgemeine Kostenstellen) oder die – vor allem in der Form von Stabseinheiten – das Management der Organisation unterstützen. Die Kunden der Leistungen sind andere Stellen in der NPO. Das Verfahren hat zum Ziel, nicht notwendige Tätigkeiten zu identifizieren und abzubauen oder gegebenenfalls das Leistungsniveau bei einzelnen Aktivitäten auf das erforderliche Ausmass zu senken. Das Instrument ist also primär auf eine (wesentliche) Einsparung der Kosten gerichtet und arbeitet regelmässig mit ambitionierten Kostensenkungszielen.

In der Vorbereitungsphase wird eine Projektorganisation als ein Element der sekundären Organisation geschaffen, welche die primäre Organisation (die Linienorganisation) der NPO überlagert. Sie umfasst in der Regel einen Lenkungsausschuss, in dem die Geschäftsleitung (als Machtpromotor „prominent") vertreten ist, eine Projektleitung als zentrale Koordinationsinstanz und so genannte Analyseteams. Vielfach werden auch externe Berater beigezogen. Die Analyseteams unterstützen – ausgestattet mit speziellem Wissen und Kompetenzen – die Leiterinnen und Leiter der untersuchten Einheiten (z. B. Abteilungen, Referate) bei der Durchführung jener Analysen, die entsprechende Kostensenkungsmöglichkeiten identifizieren sollen.

Das Verfahren der GWA läuft – grob betrachtet – in folgenden Teilschritten ab:

- Die Untersuchungseinheiten für die Funktionsanalyse werden (meist bereits in der Vorbereitungsphase) identifiziert und entsprechenden Analyseteams zugeordnet.
- In den Untersuchungseinheiten werden die spezifischen Leistungen und Kosten strukturiert und auf entsprechenden Formblättern festgehalten. Dazu werden die Personalkapazitäten in sogenannten Personaljahren ermittelt (ein Personaljahr entspricht der regelmässigen jährlichen Arbeitszeit eines Vollzeitbeschäftigten, Teilzeitbeschäftigungen sind entsprechend umzurechnen). Die einzelnen Aktivitäten und Leistungen werden in einem Leistungskatalog der Untersuchungseinheit dokumentiert. Schliesslich werden den Leistungen der notwendige Personaleinsatz (und über ihn auch die jeweiligen Personalkosten) zugerechnet. Ist der Sachmitteleinsatz vergleichsweise gering, so verteilt man die Sachkosten im Verhältnis der Personalkosten, andernfalls sind alternative (plausiblere) Zurechnungsschlüssel zu finden.
- An den jeweiligen Leiter/an die jeweilige Leiterin der Untersuchungseinheiten geht der Auftrag, Vorschläge für substanzielle Reduktionsmöglichkeiten der Kosten zu machen. Die Ziele werden dabei durchaus ambitioniert formuliert (z. B. 20 %, 30 % der bisherigen Gemeinkosten).
- Mit methodischer Unterstützung durch die Analyseteams erarbeiten die Untersuchungseinheiten Vorschläge zur Kostenreduktion. Diese können sich auf die (quantitative oder qualitative) Reduktion der Leistung an sich (Entfall, geringerer Umfang, geringere Häu-

figkeit) oder auch Innovationen in der Leistungserstellung (insbesondere im Hinblick auf die Prozesse und die notwendige Ausstattung) beziehen. Die Leiterinnen und Leiter der Untersuchungseinheiten erhalten dabei methodische Unterstützung seitens der Analyseteams. Um die Konsequenzen, die sich aus der Reduktion des Leistungsniveaus ergeben, abschätzen zu können, ist auch eine Absprache mit den (internen) Nutzern der Leistungen erforderlich.

- Die Vorschläge für konkrete Massnahmen müssen im Hinblick auf ihre Realisierbarkeit bewertet werden. Wesentliche Bewertungskriterien sind dabei die Höhe des Einsparungspotenzials, das Risiko und die Fristigkeit, vor allem dann, wenn verlangt wird, das potenzielle Einsparungspotenzial innerhalb einer bestimmten Zeitspanne zu realisieren.

Die Entscheidung, in welchem Ausmass tatsächlich Kosten- und Leistungsreduktionen vorgenommen werden, obliegt schliesslich der Geschäftsleitung bzw. dem Lenkungsausschuss.

Die GWA kann als ein pragmatisches, auf Einsparungen abzielendes Planungsverfahren eingestuft werden. Analog zur Wertanalyse wird sie „ausserhalb des normalen" Betriebes durchgeführt, sie verlangt eine eigene Projektstruktur, ist aufwändig und kommt nur in unregelmässigen Abständen zum Einsatz.

In Profit-Organisationen konzentriert sich die Wertanalyse auf die „marktnahen" Bereiche, in denen ein „Marktdruck" unmittelbar spürbar ist. Die GWA hingegen bezieht sich auf jene Bereiche des Unternehmens, die marktferner agieren und in denen der Marktdruck nicht unmittelbar spürbar ist. Auch in NPO ist eine derartige Differenzierung zwar meist gegeben, möglicherweise aber sind die Bereiche vielfach nicht so exakt abgrenzbar wie in den Profit-Organisationen. Darüber hinaus gilt es, bestimmte Besonderheiten zu berücksichtigen, z. B. die Frage, wie man ehrenamtlich und freiwillig Tätige mit ihren spezifischen Motivationslagen zur aktiven Teilnahme an einer WA oder GWA bewegen kann.

Sowohl die WA als auch die GWA setzen voraus, dass innovative Vorschläge für Einsparungsmassnahmen von den Mitarbeiterinnen und Mitarbeitern selbst kommen. Gleichzeitig können diese sich gerade durch das Projekt in ihrer Position bedroht fühlen, insbesondere dann, wenn die Reform auch auf eine Personalreduktion abzielt. Das daraus resultierende Spannungsfeld kann das Engagement deutlich beeinträchtigen bzw. auch dazu führen, dass einzelne Gruppen versuchen, das Reformprojekt „zu torpedieren". Dem kann dadurch entgegengewirkt werden, dass von Anfang an aktiv kommuniziert wird, wie man von der Geschäftsleitung her mit diesem Spannungsfeld umgehen will und dass man in alle Phasen des Projekts die Mitarbeitervertretung intensiv einbindet. Die Spannungen vermindern sich auch, wenn man glaubhaft machen kann, dass notwendige Personalreduktionen „mittelfristig" und „sozial verträglich", z. B. durch Pensionierungen oder eine Nutzung der üblichen Fluktuation, vorgenommen werden. Nicht zuletzt schaffen die Instrumente des Gemeinkostenmanagements die Möglichkeit, Personal nicht abzubauen, sondern mit den frei gewordenen Ressourcen in anderen Bereichen zusätzliche Einnahmen zu erzielen.

Die Funktion des Controllings (im funktionellen Sinn) besteht bei beiden Instrumenten vor allem darin, die rechnerischen Informationen (insbesondere für die monetäre Bewertung der Verbesserungsvorschläge) bereitzustellen und für die Integration der ausgewählten Massnahmen in die laufende Mittel- und Kurzfristplanung Sorge zu tragen. Das Controlling als Stelle (im institutionellen Sinn) übernimmt Moderationsaufgaben und gibt auch (methodische) Hilfestellung insofern, als dessen Personal in Lenkungsausschuss, Projektleitung und Analyseteams integriert sind.

### 11.4.5.3 Zero-Base-Budgeting

Ein weiteres Instrument des Gemeinkostenmanagements ist das Zero-Base-Budgeting (ZBB). Das Instrument weist Parallelen zur Gemeinkosten-Wertanalyse auf, stellt die Strukturen, Aufgaben und Prozesse und die Zuteilung von Budgetmitteln in den indirekten Leistungsbereichen aber noch radikaler in Frage. Alle Aktivitäten werden auf ihre Sinnhaftigkeit untersucht und sozusagen gedanklich „auf der grünen Wiese" neu geplant. Der unreflektierten Fortschreibung von Budgetmittelzuteilungen soll entgegengetreten werden.

Die analysierten Leistungsbereiche werden in so genannte Entscheidungspakete eingeteilt, die jeweils ein gewisses Arbeitsvolumen aufweisen und mit ihren Kosten und Leistungen von anderen Entscheidungspaketen abgegrenzt werden können. Dabei werden für jedes Entscheidungspaket unterschiedliche Leistungsniveaus definiert, in denen die Aktivitäten erbracht werden:

- Leistungsniveau 1 geht von jenem Leistungsumfang aus, der als Minimalniveau für die Sicherung der fundamentalen Prozesse als notwendig erscheint;
- Leistungsniveau 2 entspricht dem bisherigen Umfang der Aktivitäten;
- Leistungsniveau 3 definiert zusätzliche Aktivitäten, die aus Sicht der Strategieumsetzung wünschenswert erscheinen.

Für jedes Niveau wird nach dem wirtschaftlichsten Verfahren der Leistungserstellung gesucht. Absehbare Effizienzsteigerungen z. B. durch Outsourcing, Konzentration der Kapazitäten oder durch alternative Verfahren der Leistungserstellung sind bereits in diesem Zeitpunkt zu berücksichtigen.

Den Entscheidungspaketen werden der jeweilige Personaleinsatz und die Personal- und Sachkosten zugeordnet. Um die verschiedenen Leistungsniveaus zu berücksichtigen, wird das Verfahren der Differenzkosten angewendet. Die Kosten des Leistungsniveaus 1 stellen die Basis dar. Für die Leistungsniveaus 2 und 3 werden nur die zum Vorniveau anfallenden Zusatzkosten ausgewiesen.

Diese Vorgangsweise versetzt die Geschäftsführung bzw. den Lenkungsausschuss in die Lage, die Entscheidungspakete unter Berücksichtigung der unterschiedlichen Leistungsniveaus gegeneinander abzuwägen und entsprechend den aktuellen strategischen Schwerpunkten in eine spezifische Rangordnung zu bringen.

Der letzte Schritt besteht nun darin, die verfügbaren Mittel den Entscheidungspaketen solange zuzuordnen, bis keine freien Mittel mehr vorhanden sind (so genannter Budgetschnitt). Entscheidungspakete oberhalb der Budgetschnittlinie gelten als genehmigt, Entscheidungspakte unterhalb als abgelehnt. Bei den genehmigten Entscheidungspaketen stellt sich neuerlich die Frage, ob die Leistungen nicht rationeller erbracht werden können.

Das ZBB-Verfahren ist dazu geeignet, die Aktivitäten auch in den Gemeinkostenbereichen wieder vermehrt an Strategien der NPO auszurichten. Es sprengt damit den „üblichen" Rahmen und es ist nicht nur zeitlich und kostenmässig aufwendig. Die Tatsache, dass viele Bereiche von Grund auf in Frage gestellt werden, wird auch das Personal „in Unruhe versetzen" (vielleicht in einem höheren Ausmass als dies bei der WA und der GWA der Fall ist). Eine besondere Bedeutung kann dem Instrument dann zukommen, wenn eine NPO aufgrund eines substanziellen Einnahmenrückgangs, verursacht z. B. durch den (absehbaren) Rückzug eines wesentlichen Ressourcengebers, strategisch neu „aufzustellen" ist und rasch Einsparungsmöglichkeiten identifizieren muss. Es sollte aber auch dann in Erwägung gezogen werden, wenn die Struktur einer NPO in den internen Leistungsbereichen aufgrund jahrelanger unreflektierter Budgetfortschreibung zu „verkrusten" droht.

### 11.4.5.4    Kostenmanagement mit Hilfe der Prozesskostenrechnung

Während die WA, die GWA und das ZBB fallweise und projektorientiert zum Einsatz kommen, kann die Prozesskostenrechnung für das kontinuierliche Kapazitätscontrolling eingesetzt werden – vor allem dann, wenn die Prozesse standardisiert und gleichförmig (repetitiv) ablaufen bzw. ein Prozess derart gestaltet ist, dass bei einer Vielzahl von Wiederholungen die Abweichungen vom Standardprozess einander ausgleichen.

In der Prozesskostenrechnung werden die leistungsmengeninduzierten Prozesse (vgl. dazu Kapitel 5.5.) als die eigentlichen Kostentreiber identifiziert. Eine höhere Zahl an Prozessen (also eine grössere Prozessmenge) führt zu höheren Kosten, eine geringere Zahl zu geringeren Kosten. Allerdings – und das verdeutlicht die nachfolgende Abbildung – ist dieser Zusammenhang kein stetiger und die Kostenveränderungen ergeben sich auch nicht automatisch. Die Kosten für die leistungsmengeninduzierten (lmi) Prozesse bzw. Teilprozesse sind durch die „Grundlast" der Kosten für die leistungsmengenneutralen (lmn) Prozesse bzw. Teilprozesse zu ergänzen.

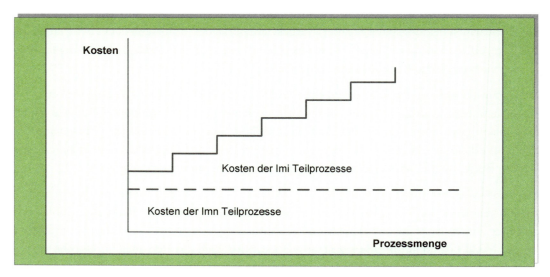

Abbildung 56: Kostenverlauf und Prozessmenge

Eine Kostenstelle (ein interner Leistungsbereich) verfügt über eine bestimmte Anzahl an Beschäftigten und damit eine bestimmte Personalkapazität. Kann man für einen repetitiv ablaufenden Prozess eine bestimmte Normzeit angegeben, so kann ein einzelner Mitarbeiter bzw. eine einzelne Mitarbeiterin in einem bestimmten Zeitraum (z. B. ein Monat, Quartal bzw. Jahr) eine bestimmte Anzahl von Prozessen ausführen. Die Standardzahl (Soll-Prozessmenge) der Stelle ergibt sich aus der Multiplikation der Standardmenge pro Beschäftigtem und der aktuellen Anzahl der Beschäftigten. Die Kosten der Kostenstelle folgen einem treppenförmigen Verlauf. Wird die Personalkapazität aufgestockt, so steigen die Kosten sprungartig auf ein höheres Niveau und bleiben so lange gleich als die zusätzliche Standard-Prozessmenge, die sich aus der Erhöhung ergibt, nicht zur Gänze nachgefragt wird. Wird jedoch eine so genannte Personaleinheit abgebaut, so sinkt die Kapazität der Stelle um dessen (deren) Standard-Prozessmenge.

Weicht – die gesamte Stelle betrachtet – die tatsächlich realisierte Zahl an Prozessen (die Ist-Prozessmenge) von der maximal möglichen Zahl (Soll-Prozessmenge) ab, so ergibt sich eine Beschäftigungsabweichung. Diese ist ein Indikator für eine Unter- bzw. Überauslastung der Stelle.

*Beispiel:*

In einem bestimmten internen Leistungsbereich wird ein einziger Standardprozess ausgeführt. Eine Mitarbeiterin oder ein Mitarbeiter (Personaleinheit) ist in der Lage, 300 Prozesse im Jahr auszuführen. Die Stelle verfügt gegenwärtig über eine Personalkapazität von vier Personaljahren. Aus diesen Daten ergibt sich eine Soll-Prozessmenge von 1.200, d. h. wenn die Normzeiten pro Prozess realistisch errechnet sind, können im Jahr 1.200 Prozesse ausgeführt werden. Werden tatsächlich aber nur 800 Prozesse nachgefragt, hat die Stelle offensichtlich eine Über-Kapazität. Ist die Prozessmenge im aktuellen Jahr im Vergleich zu den Vorjahren gesunken, so wird dies in der Ist-Kostenrechnung auch durch steigende Prozesskostensätze zu erkennen sein. Die kurzfristig fixen (gleichgebliebenen) Personalkosten teilen sich auf eine gesunkene Prozessmenge auf.

Werden jedoch 1.400 Prozesse nachgefragt, so liegt eine Überauslastung vor, weil das Personal der Kostenstelle – aufgrund von intensitätsmässiger Anpassung – mehr Prozesse ausführt als dies von der Normzeit her vorgesehen ist. Eine derartige intensitätsmässige Anpassung kann zwar kurzfristige Belastungsspitzen abdecken, kann (wird) aber mittel- bis langfristig gesehen negative Konsequenzen (z. B. in Form von physischen oder psychischen Überlastungen) haben.

Mittelfristig betrachtet können die Informationen der Prozesskostenrechnung nun nicht nur für die Kalkulation, sondern auch für das Kapazitätsmanagement und damit für die Optimierung der Wirtschaftlichkeit genutzt werden, indem bei Abweichungen die Mitarbeiterzahl und mit ihr die Soll-Prozessmenge und die nachgefragte Prozessmenge (Ist-Prozessmenge) harmonisiert werden. Dies erfolgt nicht automatisch, sondern setzt entsprechende Managemententscheidungen über den Kapazitätsaufbau, mögliche Kapazitätsumschichtungen oder den Kapazitätsabbau voraus. Vorher ist zu prüfen, ob die Abweichungen struktureller Natur und nicht auf blosse Einmaleffekte zurückzuführen sind.

Die Möglichkeiten eines mittelfristigen Kapazitätsmanagements sind umso ausgeprägter, je häufiger und kleiner die Sprünge in der oben dargestellten Abbildung sind. Dies kann beispielsweise durch flexible Teilzeit-Modelle erreicht werden. Gerade dieser Punkt zeigt aber auch, dass es zwischen dem idealen Kostenverhalten und den Erwartungen der Beschäftigten als eine der wesentlichen Stakeholder der NPO zu Kompromissen kommen muss. Es kann aus Flexibilitätsgründen durchaus sinnvoll sein, eine gewisse Unterauslastung (und somit Reservekapazität) zuzulassen.

### 11.4.6 Programmbudgetierung

Ein weiteres Instrument, das darauf abzielt, die strategische Ebene und operative Ebene systematisch zu verknüpfen, ist das Planning-Programming-Budgeting-System (PPBS), auch als Programmbudgetierung bekannt. Mit ihm ist ein mehrstufiger Planungsprozess angesprochen: Im Rahmen einer langfristigen Planung (Planning, Perspektivplanung) werden grundlegende Ziele definiert, die in der mittelfristigen Planung (Programming) in detaillierten Aktionsprogrammen (Massnahmenplänen) konkretisiert werden. Diese sind wiederum die Basis für konkrete Aktivitäten der operativen Planung und Budgetierung.

Das PPBS ist vor allem als Instrument einer zentralen Planung anzusehen und wurde für öffentliche Institutionen entwickelt. Dabei werden ausgehend von gewissen – politikfeldbezogenen – Leitsätzen und Leitprinzipien mittelfristige (oft für eine Regierungsperiode entwickelte) Aktionsprogramme festgelegt, die im operativen Handeln der einzelnen Jahre umzusetzen sind. Gerade die Ebene der Programme soll sicherstellen, dass das operative Handeln den strategischen Zielsetzungen entspricht und nicht von diesem losgelöst entwickelt wird. Die Situation in grossen staatsnahen NPO ist ähnlich, vielfach sind sie darüber hinaus als Aufgabenerfüller in die Planungen von öffentlichen Verwaltungen integriert.

### 11.4.7 Balanced Scorecard

An der Schnittstelle zwischen dem strategischen und dem operativen Controlling steht die Balanced Scorecard. Als ein strategieorientiertes Führungsinstrument soll sie die Umsetzung von Strategien durch Massnahmen in der operativen Ebene ermöglichen. Sie zielt auf eine Ausgewogenheit zwischen kurzfristigen und langfristigen Zielen, monetären und nichtmonetären Kenngrössen, zwischen Frühindikatoren und Spätindikatoren und zwischen externen und internen Performance-Perspektiven ab. Ziele werden im Hinblick auf kritische Erfolgsfaktoren in operative (prozessorientierte) Messgrössen transferiert und das Handeln einer Organisation an diesen Grössen und Leistungsindikatoren ausgerichtet. Mit demselben Instrument kann aber auch die Leistungsfähigkeit einer Organisation dokumentiert werden. Die Balanced Scorecard ist damit auch ein zentrales Instrument des Performance Measurements und ermöglicht ein Performance Reporting. Aus diesem Grund ist sie im nachfolgenden Kapitel 12 genauer beschrieben.

PPBS und die Balanced Scorecard verfolgen dasselbe prinzipielle Ziel. Letztere betont den Aspekt einer notwendigen Messung über ein ausgewogenes Set an Kennzahlen stärker und nahm ihren Ausgang letztlich im Markt- und nicht im Staatssektor.

## 11.5 Instrumente des operativen Controllings

Die Steuerungsprozesse des operativen Controllings sind in der Regel auf einen kurzfristigen Horizont ausgerichtet. Im Vordergrund steht die Steuerung des kurzfristigen Erfolges, der jederzeitigen Zahlungsfähigkeit und damit verbunden der Wirtschaftlichkeit. Letztere ist als ein Subziel der ersten beiden Formalziele anzusehen. Wirtschaftlich handelnde Organisationen sind – ceteris paribus – auch erfolgreicher und eher in der Lage, die Liquidität zu gewährleisten.

Damit besteht eine zentrale Aufgabe des operativen Controllings darin, die Aktivitäten, die in den einzelnen funktional und organisatorisch abgegrenzten Teilbereichen einer NPO (z. B. für das nächste Jahr) geplant werden, in Zahlen zu fassen. Auf diese Weise wird eine Reihe bereichsbezogener Budgets erstellt, die wechselseitig abgestimmt und in ein Gesamtbudget der Organisation integriert werden müssen.

Die Grundlage dafür liefert ein auf die organisatorische Verantwortungsstruktur abgestimmtes, integriertes internes und externes **Rechnungswesen.** Es ist so zu entwickeln, dass neben der Finanzrechnung auf integrativem Wege auch eine Bestandsrechnung sowie Ergebnisrechnungen geführt werden, die sowohl monetäre Erfolgssalden (zum Nachweis der Substanzveränderungen) als auch quantitative und qualitative Leistungs-Wirkungsquotienten als Ergebnisse ermöglichen. Alle diese Verfahren sind sowohl vergangenheits-, als auch zukunftsorientiert zu entwickeln, um Soll-Ist-Vergleiche zu ermöglichen.

Auf der Grundlage der detaillierten Informationen aus dem Rechnungswesen können (kurzfristige) Steuerungshandlungen ergriffen werden. Im Finanzbereich beziehen sich diese beispielsweise auf die in Kapitel 3.5 erwähnten liquiditätspolitischen Massnahmen, um die kurzfristige Zahlungsfähigkeit zu gewährleisten, wenn ein Finanzplan die Gefährdung derselben signalisiert. In jenen Bereichen, in denen der Erfolg adäquat in monetären Grössen gemessen werden kann, können Massnahmen zu dessen Optimierung getroffen werden.

Die Tatsache, dass in verschiedenen Bereichen der Erfolg nicht adäquat in monetären Grössen gemessen werden kann, schlägt auch auf die operative Ebene durch. Gerade dort, wo Kollektivgüter erstellt oder individuelle Leistungen im Sinne der Missionserfüllung unentgeltlich oder zu nicht kostendeckenden Entgelten abgegeben werden, müssen die auf wertmässigen Grössen basierenden Kennzahlen um reine Mengengrössen oder auch verbale Interpretationen ergänzt werden, ohne dass die monetären Grössen gänzlich ihre Aussagekraft verlieren. Analog zur Balanced Scorecard in der Mittelfristplanung kann der Erfolg vielfach nur durch eine simultane Betrachtung von monetären und nicht monetären Grössen sinnvoll beurteilt und gesteuert werden. Damit hat das NPO-Kennzahlensystem (siehe dazu im Detail Kapitel 9) eine besondere Bedeutung.

Neben der Aufgabe, den operativen Planungs- und Budgetierungsprozess entsprechend zu unterstützen, kommt dem operativen Controlling auch die Aufgabe zu, rechnerische Grundlagen für einzelne Entscheidungen zu liefern. Folgendes – einfaches, aber durchaus illustratives – Beispiel aus dem Kulturbereich soll dies verdeutlichen:

*Beispiel:*

Ein kleiner, in einer mittelgrossen Gemeinde beheimateter Kulturverein beabsichtigt, ein Open Air-Konzert zu veranstalten. Dabei sollen zwei Bands als Vorgruppen und eine Hauptband auftreten, die insgesamt eine Fixgage von 27.600,-- und zusätzlich 30 % der gesamten Kartenerlöse erhalten. Die Werbung für diese Veranstaltung verursacht (ausgabewirksame) Kosten von 4.500,--, die Bühne sowie die technischen Anlagen 7.500,--. Die sonstigen (ausgabewirksamen) Fixkosten betragen 5.393,--. Personalkosten fallen keine an, weil alle Mitarbeiter freiwillig und unbezahlt tätig werden. An Abgaben hat der Verein 10 % der Kartenerlöse zu leisten. Als Preis einer Karte sind 57,-- vorgesehen. Ein lokales Unternehmen erklärt sich bereit, die Veranstaltung mit 4.500,-- zu sponsern. Der Innenhof des Gebäudes, in dem das Konzert stattfinden soll, ist behördlich für maximal 1.200 Personen (= verfügbare Plätze) zugelassen.

Die Leitung des Kulturvereins will die Veranstaltung nur durchführen, wenn die Ausgaben (eigentlich die ausgabenwirksamen Kosten) durch Einnahmen gedeckt werden, die mit der Veranstaltung in einem ursächlichen Zusammenhang stehen. Sie rechnet damit, dass bei einem Preis von 57,-- pro Karte 1.100 Besucher realistisch sind.

An den für das Controlling zuständigen Finanzreferenten wird nun die Frage gestellt, ob der Verein unter diesen Bedingungen das Open Air-Konzert in sein Programm aufnehmen und die entsprechenden Verträge mit den Agenturen der Bands abschliessen soll.

*Lösung:*

Variable Ausgaben je Eintrittskarte:

| | | | |
|---|---|---|---|
| Gagen Bands: | 57*0,3 | = | 17,10 |
| Abgaben | 57*0,1 | = | 5,70 |
| Summe | | | 22,80 |

## Instrumente des Controllings

Deckungsbeitrag je Karte:

| | | |
|---|---|---|
| Erlöse je Karte | = | 57,00 |
| Variable Ausgaben je Karte | = | 22,80 |
| Deckungsbeitrag je Karte | = | 34,20 |

Fixe Kosten abzüglich Sponsoring:

| | |
|---|---|
| Gagen Bands | 27.600 |
| Ausgaben Werbung | 4.500 |
| Technische Anlagen | 7.500 |
| Sonstige Fixausgaben | 5.393 |
| Zwischensumme | 44.993 |
| Abzügl. Sponsoring | - 4.500 |
| Verbleibende Fixausgaben | 40.493 |

Ergebnis bei 1.100 Besuchern:

| | |
|---|---|
| Deckungsbeitrag    1.100*34,20   = | 37.620 |
| Abzüglich Fixausgaben | - 40.493 |
| **Defizit (Abgang)** | **- 2.873** |

*Kommentar:*

Einige Ausgaben verändern sich mit der Zahl der Besucher, andere wiederum nicht. Diese sind in einem ersten Schritt zu trennen. Für jede Eintrittskarte sind 30 % an die Bands und 10 % an den Fiskus abzuführen. Die variablen Ausgaben machen also 40 % des Kartenpreises oder 22,80 aus. Von den fixen Ausgaben kann das Sponsoring als eine von der Besucherzahl unabhängige Fixeinnahme abgezogen werden, nur der verbleibende Betrag an Ausgaben muss durch Besuchereinnahmen gedeckt werden.

Stellt man den Deckungsbeitrag für 1.100 Besucher den verbleibenden Fixausgaben gegenüber, so erhält man das Ergebnis der Veranstaltung. Da dieses negativ ist, kann die oben formulierte Vorgabe nicht erfüllt werden. Die mit der Veranstaltung verbundenen Ausgaben übersteigen die Einnahmen um ca. 2.900,--.

In weiterer Folge wird im Organisationsteam die Frage gestellt werden, wie viele Besucher kommen müssten, um ein ausgeglichenes Ergebnis erzielen zu können.

*Lösung:*

$$34{,}20\ x = 40.493$$
$$x = \mathbf{1.184}$$

Das Ziel wird dann erreicht, wenn der Deckungsbeitrag gleich hoch ist wie die verbleibenden (nicht durch das Sponsoring) gedeckten Fixausgaben. Bei 1.184 Besuchern würde das Projekt ein ausgeglichenes Ergebnis liefern, das Konzert müsste dazu aber beinahe „ausverkauft" sein.

Einige Tage später bekommt ein Mitglied des Organisationsteams die Information, dass die Gemeindeverwaltung bereit wäre, das Konzert mit einer Defizitgarantie in der Höhe von maximal 4.000,-- zu unterstützen. Bis zu welchem Wert kann die Besucherzahl in diesem Fall sinken?

*Lösung:*

| | | |
|---|---|---|
| Fixausgaben | = | 44.993 |
| Abzüglich Sponsoring | = | - 4.500 |
| Abzügl. Defizitgarantie | = | - 4.000 |
| Verbleibende Fixausgaben | = | 36.493 |

$$34{,}20\ x = 36.493$$
$$x = \mathbf{1.067}$$

Die Defizitgarantie der Gemeinde vermindert analog zum Sponsoring die zu deckenden Fixausgaben und damit auch die für die Kostendeckung notwendige Besucherzahl. Sie liegt nun unterhalb jener 1.100, die vom Organisationsteam für realistisch gehalten werden. Die „Sicherheitsspanne" beträgt allerdings nur 33 Besucher. Ob das Open Air-Konzert durchgeführt wird oder nicht ist letztlich eine Entscheidung des Organisationsteams. Der für das Controlling zuständige Finanzreferent sorgt aber mit seinen Daten dafür, dass transparente Entscheidungsgrundlagen zur Verfügung stehen.

Auch **Benchmarking-Aktivitäten** (vgl. dazu Kapitel 9.6) zählen zu den operativen Controlling-Instrumenten. Mit Hilfe eines Vergleichs von Leistungen, Prozessen und Aktivitäten anhand von aussagekräftigen Kennzahlen können Ansatzpunkte für qualitative Verbesserungen in der Leistung, aber auch in den Prozessen erarbeitet werden. Das Instrument unterstützt die Optimierung der Effektivität und die Effizienz der Leistungserstellung dann am besten, wenn die Daten periodisch wiederkehrend erhoben und verglichen werden. Denn nur in diesem Fall hat eine NPO ein aussagekräftiges Feedback, ob Innovationen im Qualitätsmanagement zu erkennbaren Verbesserungen geführt haben.

## 11.6 Zivilgesellschaftlicher Mix und Ausgestaltung des Controllings

Nonprofit-Organisationen bilden den organisationalen Kern der Zivilgesellschaft als eine gesellschaftliche Sphäre, die zwischen den anderen Sphären Markt, Staat und Familie/Clan angesiedelt ist. Ehrenamtliches und freiwilliges Engagement sind eine zentrale Basis ihres Handelns. Die Mitwirkung der Beteiligten ist in hohem Masse intrinsisch motiviert. In ihrer Reinform handeln zivilgesellschaftliche NPO frei von staatlichen Einflüssen, die Mitglieder bringen in Form ihrer Beiträge den Grossteil des Budgets auf. Dort wo nicht die Mitglieder, sondern Dritte im Fokus der Leistungen stehen (z. B. in der karitativen NPO), spielen philanthropische Zuwendungen eine zentrale Rolle. Die Handlungslogik ist von Vernunft, Überzeugung und zwischenmenschlicher Solidarität geprägt. Eine solche NPO kann als voluntaristisch bezeichnet werden.

Voluntaristische NPO sind Einflüssen aus anderen gesellschaftlichen Sphären (Sektoren) ausgesetzt und treffen Entscheidungen, die sie aus dem zivilgesellschaftlichen Kern hinausführen. Solche liegen beispielsweise vor, wenn in einem kleinen Sportverein das Finanzierungsinstrument Sponsoring stark an Bedeutung gewinnt oder öffentliche Förderungen dazu dienen, bisher rein ehrenamtlich tätigen Trainerinnen und Trainer eine erhöhte Entschädigung zukommen zu lassen.

NPO weisen also in der Regel einen (mehr oder minder grossen) voluntaristischen Kern auf, der aber von Elementen anderer Sektoren überlagert wird (siehe *Abbildung 57*).

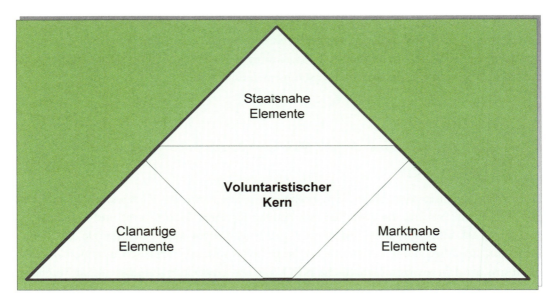

Abbildung 57: Der zivilgesellschaftliche Mix einer NPO
(in Anlehnung an Gmür 2014, S. 12)

Je mehr Elemente, die anderen gesellschaftlichen Sphären entspringen, übernommen werden, desto mehr weist eine NPO auch die Handlungsmuster der anderen Sektoren auf. Dabei spielen auch die Finanzierungsquellen eine bedeutende Rolle. NPO, die sich überwiegend aus öffentlichen Förderungen (administrativen) Entgelten finanzieren, drohen zu „Satelliten" staatlichen Handelns zu mutieren und müssen sich in einem vermehrten Mass den Reglements staatlicher Bürokratien unterwerfen. NPO, die einen substanziellen Teil ihres Budgets aus kommerziellen Aktivitäten erwirtschaften, agieren mehr und mehr nach einer Marktlogik und mutieren möglicherweise (peu à peu) zu erwerbswirtschaftlichen Unternehmen. NPO, bei denen das ehrenamtliche Engagement zurückgeht, ohne dass diese Reduktion durch bezahltes Personal kompensiert werden kann, schlagen oft einen Weg des Rückzugs ein, bis eine Kerngruppe bestehen bleibt, die schliesslich clanartige Strukturen aufweist. Die „Verbliebenen" üben dann als ein in sich abgeschlossenes (sozusagen selbstreferentielles System) Aktivitäten in ihrem eigenen Interesse aus, gleichzeitig droht aber der zivilgesellschaftliche Bezug verloren zu gehen.

„Je unterschiedlicher die Anforderungen sind, die mit dem zivilgesellschaftlichen Mix erfüllt werden müssen, umso grösser ist die Gefahr innerer Widersprüche und Konflikte in der Organisationen, die dann austariert werden müssen." (Gmür 2014, S. 14). Die Frage, welchen zivilgesellschaftlichen Mix eine NPO einnimmt und wie dieser optimal ausgestaltet werden kann, ist also in hohem Masse erfolgskritisch, möglicherweise von existenzieller Bedeutung. Sie ist nicht nur auf der normativen Ebene zu klären, sie beeinflusst gleichzeitig eine Reihe von Managementbereichen und damit auch das Controlling und das Performance Management.

- Im Rahmen der strategischen Analyse sind die Trends und Entwicklungen in den gesellschaftlichen Umfeldern, vor allem aber auch die ermittelten Interessen und Erwartungen der Stakeholder, dahingehend zu prüfen, welche Auswirkungen sie auf das angestrebte zivilgesellschaftliche Profil haben. Im Rahmen des Stärken-Schwächen-Profils wird eine zentrale Frage auch darin zu sehen sein, ob die gegenwärtige Ausgestaltung der Potenziale die angestrebte Positionierung stützt oder nicht. Es ist demnach ein „strategisches Radar" zu entwickeln, ob die NPO vom gewählten „zivilgesellschaftlichen" Kurs abweicht und möglicherweise – in einem schleichenden Prozess – ihre Identität verändert.

- Bei der Gestaltung von Strategien und davon abgeleiteten Massnahmen, die in die strategischen Pläne und Programme eingehen, ist im Rahmen der Strategiebewertung die Frage zu stellen, ob sie nicht unbeabsichtigte Folgen für das zivilgesellschaftliche Profil haben und möglicherweise zu einer unbeabsichtigten Verlagerung aus der Zivilgesellschaft heraus führen.

- Im Rahmen der strategischen (und auch der operativen) Kontrolle wiederum erscheint ein „Zivilgesellschafts-Monitoring" angebracht, das (wesentliche) Abweichungen vom gewählten Kurs frühzeitig erkennen lässt, sodass eine notwendige Diskussion über mögliche Änderungen im Selbstverständnis und in der Positionierung frühzeitig und offensiv geführt werden kann – noch bevor sie in „verdeckter Form" das Alltagshandeln negativ beeinflusst.

Die Frage, wie sich eine NPO im zivilgesellschaftlichen Feld konkret positioniert, hat aber auch Auswirkungen auf die potentielle Anwendbarkeit und die tatsächliche Anwendung der Controlling-Instrumente an sich. Folgende Beispiele – die nur stellvertretend für eine Reihe anderer stehen – mögen dies verdeutlichen:

- Besteht kein Handlungsspielraum in der Verwendung von Mitteln, weil in staatsnahen NPO der Zufluss und die Verwendung der Mittel bis ins kleinste Detail durch Leistungsverträge geregelt sind, wird die Anwendung einer „klassischen" Portfolio-Analyse wenig Sinn machen. Gleichzeitig muss die Organisation im Reporting jene Informationen liefern, die der Fördergeber verlangt. Im internen Bereich wird sie sich auf Informationen konzentrieren, die prüfen, ob die von den staatlichen Stellen bereitgestellten Finanzierungsbeiträge die Kosten der Leistungserstellung decken oder nicht, denn diese Informationen können in der nächsten Runde der Leistungsvertragsverhandlungen von existenzieller Bedeutung sein. Die Art und Weise, wie Controlling gelebt wird, ist also in einem hohen Mass von den Vorschriften und Reglementierungen der staatlichen Stellen dominiert.

- Einzelne Instrumente und Praktiken, die in marktnahen NPO eine Selbstverständlichkeit darstellen, können in anderen NPO, die marktfern agieren, Unverständnis und Widerstand hervorrufen. Bevor die Instrumente eingesetzt werden, ist also in einem ersten Schritt Bewusstseinsbildung angebracht, worin ihre eigentliche Sinnhaftigkeit besteht.

- In kleinen NPO, in denen sämtliche Aktivitäten in Führung und Ausführung ausschliesslich von freiwillig und ehrenamtlich Tätigen ausgeübt werden, erfolgt die Koordination der Handlungen vielfach über Prozesse der Selbstorganisation in (mehr oder weniger ausgeprägten) informellen Strukturen. Zusätzlich kann es Differenzen zwischen der formellen und informellen Organisation geben. Aus diesem Grund müssen auch die eingesetzten Controlling-Instrumente stark vereinfacht werden, um die (kompetenzmässigen und zeitlichen) Möglichkeiten der Betroffenen nicht zu überfordern. Ein übertriebener Managerialismus kann den voluntaristischen Kern und damit möglicherweise die gesamte NPO zerstören.

Unterschiede im zivilgesellschaftlichen Mix von Nonprofit-Organisationen zeigen sich im jeweiligen Berufsbild des Controllers. Ihnen kommen gerade in voluntaristischen NPO oft die Funktion eines „ökonomischen Gewissens" und die Aufgabe zu, Ansprüche und Möglichkeiten in Einklang zu bringen. Sie haben in der Folge nicht nur eine fordernde Tätigkeit, sie müssen gerade deshalb, weil die Organisation nicht primär nach ökonomischen Kriterien „tickt", vielfach auch ein erhöhtes Mass an Frustrationstoleranz mitbringen.

# 12. Performance Management und Performance Reporting

## 12.1 Planung und Bewertung des Organisationserfolges

Nonprofit-Organisationen sind immer häufiger gefordert, den Erfolg ihres Handelns und damit den Leistungserfolg in Bezug zu den vorgegebenen Zielen zu messen und zu belegen. Die erbrachten Leistungen und die damit erzielten Wirkungen bei den Leistungsabnehmern bzw. im gesellschaftlichen Umfeld werden allgemein als **Performance** bezeichnet.

Als **Performance Management** wird in der Regel die Steuerung der Leistungserbringung verstanden. Es geht um die innerbetriebliche Koordination der betrieblichen Teilbereiche und deren Ausrichtung auf die Verwirklichung der Organisationsziele. Die Darstellung und Messung der Effektivität des NPO-Handelns führt im Hinblick auf die NPO-interne Steuerung zum Themenbereich des **Performance Measurement** (auch: Erfolgsmessung) und im Hinblick auf die externe Rechenschaftslegung zum Themenbereich des **Performance Reporting**.

Basiselemente für die Erfolgsmessung und -steuerung sind zunächst alle Organisationsmerkmale, die zur Zielerreichung beitragen, wie z. B. das Leistungsprogramm, die strategische Positionierung der NPO, die Dimensionen des Marketing-Konzepts, der Führungsstil, die Mitarbeiterqualifikation oder die Finanzierungsstruktur. Sie können als Erfolgsfaktoren bezeichnet werden. Der Erfolgssteuerung dienen alle Prozesse und dabei eingesetzten Instrumente, die sicherstellen sollen, dass die Erfolgsfaktoren optimal auf die NPO-Ziele ausgerichtet sind (z. B. mbo + mbe, Balanced Scorecard, EFQM, Anreizsysteme). Sie führen zu **Erfolgsmassen** für die Leistung einer NPO, z. B. Zuverlässigkeit, Schnelligkeit. Sie fungieren als Output-Masse. Die Erfolgsmasse für die Wirkungen, die mit den Leistungen bei den wesentlichen Zielgruppen (Leistungsempfängern) erzielt werden, z. B. Zufriedenheitsgrade, Informations- und Bekanntheitsgrade, werden als Outcome-Masse bezeichnet. *Abbildung 58* zeigt die Zusammenhänge auf.

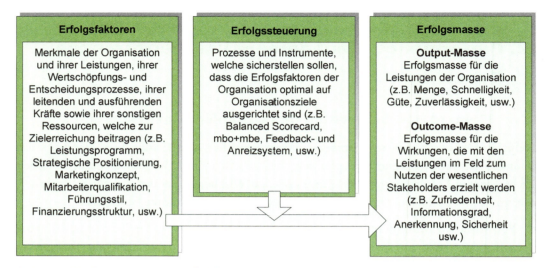

Abbildung 58: Basiselemente der Erfolgssteuerung

Herausforderungen für die Erfolgsmessung und -steuerung sind z. B.:

1) Wie lassen sich die Outcomes des NPO-Handelns aussagekräftig, zuverlässig und mit vertretbarem Aufwand zeitnah messen (z. B. wie kann gemessen werden, ob die Interessen der Mitglieder erfolgreich vertreten werden)?

2) Wie lassen sich die Outputs des NPO-Handelns leistungsmotivierend, manipulationssicher und ohne Effizienzverluste messen (z. B. kann die Mitarbeiterleistung an Hand der Zahl von Besuchen bei Mitgliedern beurteilt werden und was wird mit dieser Messmethode ausgelöst)?

3) Tragen die Outputs zuverlässig zu den angestrebten Outcomes bei (z. B. ist die Zahl der Besuche bei Mitgliedern wirklich ausschlaggebend für eine hohe Mitgliederzufriedenheit)?

Die Ansatzpunkte für die Erfolgsmessung sind aus der Perspektive der Organisation und aus der Perspektive der Gesellschaft ableitbar. *Abbildung 59* zeigt die möglichen Ansätze der Erfolgsmessung und deren Zusammenhang:

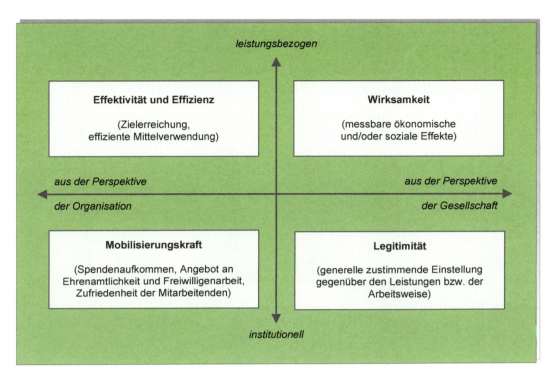

Abbildung 59: Ansätze der Erfolgsmessung

Für das Performance Measurement gelten folgende Merkmale:

- Es kommt zu einer systematischen Einbeziehung von nicht-finanziellen Beobachtungsdimensionen, qualitativen Aspekten und von Frühindikatoren, die frühzeitig auf eine bestimmte Ergebnisentwicklung hinweisen.
- Verschiede Kennzahlen werden miteinander verknüpft, um Ursache-Wirkungs-Beziehungen deutlich zu machen.
- Qualität, Leistung, Zeit und Kosten werden simultan bewertet.
- Die Interessen von externen Anspruchsgruppen werden ebenso berücksichtigt wie die Interessen interner Gruppen.
- Der Planungsbezug wird über die operative Ausrichtung hinaus um eine strategische Dimension und strikte Strategiefokussierung erweitert.
- Die interne Steuerung, insbesondere der Aspekt der Strategieimplementierung, steht im Vordergrund.

- Die Erfolgsmessung ist ein zentraler Bestandteil eines kontinuierlichen Verbesserungsprozesses und des organisationalen Lernens.
- In der Steuerung beschränkt man sich auf eine überschaubare Anzahl von Kennzahlen, insbesondere auf kritische Erfolgsfaktoren.

Unabhängig, ob es sich um eine projekt-, programm- oder gesamtorganisationsbezogene Erfolgsmessung handelt, sind damit die in *Abbildung 60* aufgezeigten Funktionen wahrzunehmen.

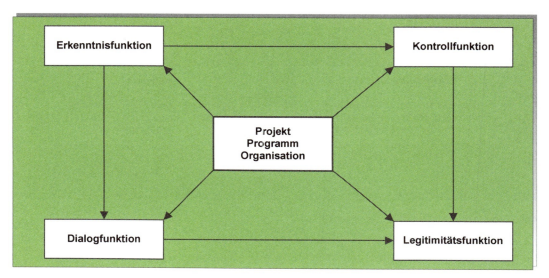

Abbildung 60: Funktionen der Erfolgsmessung
(in Anlehnung an Stockmann 2004, S. 19)

Bei der Erfolgsmessung sind Abwägungsentscheidungen zu treffen. Während zu den wissenschaftlichen Gütekriterien die Objektivität, Reliabilität und Validität gehören, ist die Erfolgsmessung in der Praxis eher durch die Kriterien der Akzeptanz, Sparsamkeit und Handlungsorientierung geleitet (Bono 2010, S. 49).

Erfolgsmessung kann auf verschiedenen Ebenen stattfinden. Auf der Makro-Ebene setzen jene Ansätze an, die die Leistungsfähigkeit des Nonprofit-Sektors abbilden wollen (z. B. Freiwilligen-Surveys, Stiftungs-Reports, Länderberichte des Johns Hopkins Comparative Nonprofit Sector-Projektes). Auf der Meso-Ebene sind jene Verfahren verankert, die darauf abzielen, den Wertschöpfungsbeitrag mehrerer NPO im Zusammenwirken mit öffentlichen und erwerbswirtschaftlichen Anbietern in einer Region, einem Stadtteil, einem sozialen

Brennpunkt zu messen. Die nachfolgend vorgestellten Verfahren beziehen sich alle auf die Mikroebene und somit auf die innerorganisatorische Erfolgsmessung und Erfolgssteuerung.

## 12.2 Instrumente des Performance Managements

### 12.2.1 Balanced Scorecard

Mit Hilfe des **Performance Managements** sollen strategische Ziele in operative, prozessorientierte Messgrössen transferiert und das Handeln einer Organisation an diesen Grössen im Hinblick auf kritische Erfolgsfaktoren und Leistungsindikatoren ausgerichtet werden. Die **Balanced Scorecard** (Kaplan 2001, S. 353 ff.) erweist sich als ein strategieorientiertes Führungsinstrument und soll die Messbarkeit der Umsetzung von Strategien durch Massnahmen in der operativen Ebene ermöglichen. Sie zielt auf eine Ausgewogenheit zwischen kurzfristigen und langfristigen Zielen, monetären und nicht-monetären Kenngrössen, zwischen Frühindikatoren und Spätindikatoren und zwischen externen und internen Performance-Perspektiven ab. Die **Performance** kann aus der Sicht der Träger einer NPO, aus der Sicht der Nutzer von erbrachten Leistungen und aus der Sicht der Auftraggeber von Leistungen beurteilt werden.

Der **strategische Handlungsrahmen** der Balanced Scorecard (BSC) umfasst vier Elemente:

1) Formulierung der Mission (des Leistungsauftrages) einer Organisation und Entscheidung über die anzuwendenden Strategien zur Erfüllung dieser Mission;
2) Kommunikation der strategischen Zielsetzungen, verbunden mit der Vorgabe von Leistungsanreizen;
3) Bestimmung der Planungsvorgaben (Abstimmung strategischer Massnahmen, Ressourcenverteilung, Festlegung von Meilensteinen);
4) Strategisches Feedback und Lernen (systematische Strategierevision mit Ermöglichung von Lernprozessen und Rückkoppelung zu 1).

Die **Umsetzung einer Strategie in operative Grössen** umfasst zumeist vier Perspektiven: Auftragserfüllung, „Kundenorientierung" (Orientierung an den Geldgebern und Leistungsabnehmern), Lernen und Entwicklung, Orientierung an den NPO-internen Leistungsprozessen. Für jedes dieser Perspektivenfelder sind strategische Ziele, Messgrössen, Vorgaben (operative Zielgrössen) und Massnahmen (Aktionen; Projekte) festzulegen. *Abbildung 61* zeigt die Zusammenhänge auf.

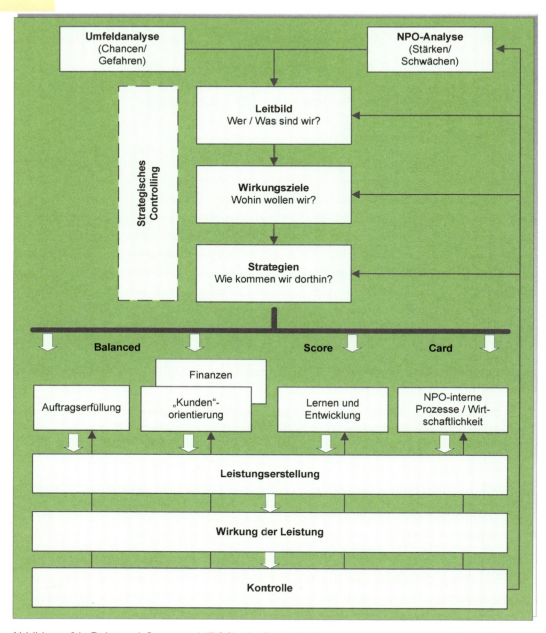

Abbildung 61: Balanced Scorecard (BSC) als Bindeglied zwischen strategischem Controlling und operativer Umsetzung

Für die NPO ist die Erfüllung ihrer Mission, ihres **Leistungsauftrages**, wesentlich. Ihr Leistungserfolg, aber auch ihre Daseinsberechtigung, wird an diesen Sachzielvorgaben zu beurteilen sein und steht daher im Zentrum der Strategieentwicklung. Die finanzwirtschaftliche Perspektive ist in NPO – im Gegensatz zu den erwerbswirtschaftlich ausgerichteten Unternehmungen – eher eine einschränkende Rahmenbedingung und ist in der Perspektivenanordnung anders zu priorisieren. In Bezug auf NPO empfehlen Kaplan und Norton (2001, S. 120 ff.) die Missions- oder Leistungsauftragsperspektive an die Spitze zu stellen.

Die **Kundenorientierung** muss in NPO erweitert gesehen werden. Während im privaten Sektor der Kunde sowohl Leistungsempfänger wie Erbringer der geforderten Gegenleistung ist, sich diese beiden Funktionen somit als komplementär darstellen, muss in der NPO – falls kein marktwirtschaftlich ausgerichteter Leistungsaustausch stattfindet bzw. gewollt ist – zwischen Leistungsabgabe und Leistungsempfang einerseits und Aufbringung der dafür erforderlichen (zumeist finanziellen) Mittel andererseits unterschieden werden. Die (partielle oder vollständige) Entkopplung von Leistungsempfänger und finanziellem Ressourcengeber führt dazu, dass die **Geldgeber** als Anspruchsgruppe mit zu berücksichtigen sind

Im Mittelpunkt der Perspektive **Lernen und Entwicklung** stehen die Sicherung des bei den Mitarbeitern verfügbaren Wissens (Know-how) und die Stärkung der Innovationskraft und damit der Lernfähigkeit der NPO in einem dynamischen Umfeld. Diese Perspektive wird auch als Innovationsperspektive bezeichnet.

Die Perspektive der **NPO-internen Prozesse** hat die Sicherstellung der Produktivität und der Wirtschaftlichkeit der verschiedenartigen Leistungsprozesse und damit auch die Sicherung der finanziellen Leistungsfähigkeit zum Inhalt und umfasst eine rationelle Organisationsstruktur (Aufbau- und Ablauforganisation) ebenso wie die Bemühungen um die geforderte Qualität der Leistungsprozesse.

Alle von einer NPO beabsichtigten Strategien sind darauf auszurichten, den Leistungsauftrag, die Mission, einer NPO zu erfüllen. Dieser Leistungsauftrag ist in einigen wenigen Kennzahlen zu konkretisieren. Es kann somit auf der obersten Hierarchieebene in einer NPO eine Balanced Scorecard entwickelt werden, die in weiterer Folge von oben nach unten (top down) auf die nachgeordneten Leistungsbereiche (Strategische Geschäftsfelder, Aufgabenbereiche, Kompetenzzentren, Teams, bis zum einzelnen Mitarbeiter) sukzessive herunter zu brechen ist, so dass schliesslich ein mehr oder weniger lückenloses System an (Teil-) Scorecards entsteht. Damit soll sichergestellt werden, dass die verschiedenen Aktivitäten der Leistungserstellung in der NPO der Erfüllung des generellen Leistungsauftrages dienen und somit strategiekonform sind. Die folgende *Abbildung 62* (vgl. Horstmann 1999, S. 195, Langthaler 2002, S. 53) verdeutlicht den Ableitungsprozess.

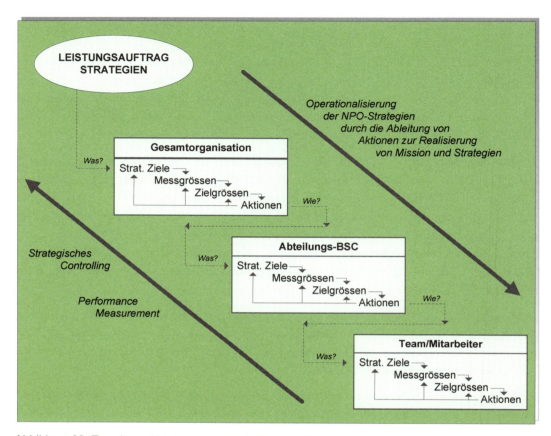

Abbildung 62: Top-down-Ableitung von (Teil-)Scorecards

Die Balanced Scorecard schafft einen formalen Rahmen, der die Umsetzung strategischer Zielvorstellungen in ein dichtes Netzwerk konkreter, messbarer und aufeinander abgestimmter Erfolgsfaktoren ermöglicht. Entlang einer Ursache-Wirkungs-Kette werden praktikable Mess- und Steuerungsgrössen definiert. Die in Kennzahlen dargestellten Erfolgsfaktoren können als „Leistungstreiber" verstanden werden, die über den Erfolg einer NPO befinden lassen.

*Abbildung 63* gibt die BSC einer Einrichtung der stationären Pflege wieder.

| | | | | | | |
|---|---|---|---|---|---|---|
| **Finanzen** | Ökonomisches Handeln fördern<br><br>F 1 | 100 % Auslastung sichern<br><br>F 2 | Leistungsentsprechenden Pflegesatz für die Bereiche erzielen<br><br>F 3 | Gut refinanzierte Zusatzangebote planen und gestalten<br><br>F 4 | Ausbau der Marketingaktivitäten<br><br>F 5 | Stadtteilbezogene Gemeinwesenarbeit ausbauen<br><br>F 6 |
| **Klienten** | Kooperation mit Angehörigen verbessern<br><br>K 1 | Aufbau einer qualifizierten Freiwilligenarbeit<br><br>K 2 | Essen zum Erlebnis machen<br><br>K 3 | Individuelle, auf die Kundenbedürfnisse abgestimmte Angebote schaffen und weiterentwickeln<br><br>K 4 | Stärkung der Öffentlichkeitsarbeit im Seniorenzentrum (Fördermitglieder)<br><br>K 5 | |
| **Prozesse** | Qualitätsstandards aufgreifen und sichern<br><br>P 1 | Interne und externe Netzwerke aufbauen und pflegen<br><br>P 2 | Informationsfluss innerhalb des Seniorenzentrums stärken<br><br>P 3 | Umfassendes Controlling auf allen Ebenen implementieren<br><br>P 4 | Risikomanagement optimieren<br><br>P 5 | Kernprozesse optimieren<br><br>P 6 |
| **Mitarbeiter** | Gewinnung und Sicherung eines qualifizierten Mitarbeiterstamms<br><br>M 1 | Motivation und Teambildung stärken<br><br>M 2 | Beteiligung an Entscheidungen und Verantwortung<br><br>M 3 | Individuelle Führungskräfteentwicklung durchführen<br><br>M 4 | Dienstleistungsorientiertes Handeln auf Basis des entspr. Grundverständnisses implementieren<br><br>M 5 | Stärkung der Identität der Mitarbeiter mit dem RK<br><br>M 6 |

Abbildung 63: BSC der Einrichtung "BRK Kreisverband Nürnberg-Stadt, Stationäre Pflege" (Stand 2012; modifiziert übernommen aus Esslinger/Rager/Rieg 2013, S. 79)

Damit die Balanced Scorecard ihre Wirkung entfaltet, wird im erwerbswirtschaftlichen Bereich empfohlen, die Zielerfüllung mit finanziellen Leistungsanreizen zu verknüpfen. Bei NPO kann dies ein dysfunktionales Unterfangen sein, da extrinsische Leistungsanreize die hohe intrinsische Motivation von NPO-Mitarbeitern stark reduzieren können. Deshalb empfiehlt Kaplan (1999) den Einsatz finanzieller Leistungsanreize genau abzuwägen und gegebenenfalls auf der Ebene der Mitarbeiterinnen und Mitarbeiter einen Verhaltenskodex für nicht-akzeptable Leistungen zu etablieren.

Die Balanced Scorecard stellt ein Controlling-Instrument dar, das es erlauben soll, die Diskrepanz zwischen vagen Strategieformulierungen und einer Vielzahl von Einzelaktivitäten auf operationaler Ebene zu überbrücken. Das BSC-Konzept eignet sich besonders für die **Gestaltung der Schnittstelle** zwischen dem strategischen Controlling und dem operativen Controlling im NPO-Management. Durch die verschiedenen Betrachtungsperspektiven hält die Balanced Scorecard an, zu einer **ausgewogenen** (und nicht einseitigen) Umsetzung von strategischen Zielen auf die operationale Ebene zu gelangen. Wie die Fallstudie 3 zu „Controlling in einem Wirtschaftsverband" in Teil II zeigt, kann die Balanced Scorecard auch eine wichtige Informationsquelle für Prozesse der Organisationsentwicklung sein.

Die Balanced Scorcard-Implementierung ist ein zeitintensiver Prozess und eignet sich eher nur für grössere NPO. Am Anfang steht zunächst die Formulierung der Strategie, wobei in aller Regel die Entscheidungen über Posterioritäten in NPO sich angesichts der häufig breiten institutionellen Widmungen schwierig gestalten. In aller Regel gibt es zudem Lücken bei der Erfassung von Qualitätsdaten (siehe 6.2.3). Um über eine unsystematische Kennzahlenansammlung hinaus zu kommen, sind (zumindest hypothetische) Ursache-Wirkungs-Zusammenhänge zwischen den verschiedenen Perspektiven der Balanced Scorecard auf der Ebene der einzelnen kritischen Erfolgsfaktoren herzustellen. Um nicht nur ein Kontrollinstrument zu sein, sollte die Balanced Scorecard auch zum organisationalen Lernen genutzt werden. Im positiven Fall kann sie dazu beitragen, dass die Ressourcen effektiver und effizienter eingesetzt werden und Diskussionen über organisatorische Anpassungsprozesse auf der Sachebene geführt werden können.

Das **BSC-Konzept** bringt als Management-Modell keine grundlegenden Neuerungen gegenüber dem umfassenderen Ansatz des Freiburger Management Modells. Die Entwicklung der Mission und daraus abgeleiteter Strategien ist fester Bestandteil des Systemmanagement und der daraus folgenden langfristigen, mittelfristigen und kurzfristigen Planungsüberlegungen. Der Entwicklung (dem „Herunterbrechen") von Teil-Scorecards von der obersten Führungsebene bis auf die unterste Mitarbeiterebene entspricht das „mbo+mbe"-Führungskonzept im Rahmen des Systemmanagements. Die Kundenorientierung ist fester Bestandteil des TQM-Ansatzes, im Marketing-Management-System des Freiburger Management Modells ist die Gesamtpositionierung einer NPO nach aussen (Corporate Identity) wie nach innen (Cooperative Identity) wesentlich und somit auch die Mitarbeiterperspektive unterstützt. Der im BSC-Konzept geforderten Lern- und Innovationsperspektive wird mit dem Prinzip der ständigen Verbesserung und der ausgeprägten Abstützung auf Prozesse der Anpassung, Veränderung und Innovation (A/V/I-Prozesse) Rechnung getragen (siehe im Detail Lichtsteiner/Gmür/Giroud/Schauer 2015, S. 185 ff.).

Die Balanced Scorecard kann als **ergänzendes** Führungsinstrument wertvolle Dienste leisten. Die BSC erlaubt es, Wirkungsziele explizit in die Planung aufzunehmen. Sie erfüllt eine Brückenfunktion zwischen strategischen und operativen Planungsebenen, erfordert und fördert die Kommunikation zwischen den beteiligten Akteuren und verbessert durch die Möglichkeiten der Visualisierung das Berichtswesen.

### 12.2.2 EFQM – Business Excellence Modell

Die Balanced Scorecard kann in ihren qualitativ und quantitativ ausgerichteten Perspektiven mit dem seit 1997 bestehenden „**Business Excellence Modell**" der European Foundation for Quality Management (EFQM) verknüpft werden. Dies ermöglicht einen Brückenschlag zwischen Strategie und Organisationsbewertung. Dem EFQM-Modell liegt ein Ansatz für ein umfassendes Qualitätsmanagement zugrunde, das in der Qualitätsbeurteilung einerseits **Potenzialfaktoren** (Führung, Mitarbeiterorientierung, Politik und Strategie, Ressourcen) und andererseits **Ergebniskategorien** (Mitarbeiterzufriedenheit, Kundenzufriedenheit, Gesellschaftliche Verantwortung/Image, Geschäftsergebnisse) berücksichtigt. Während auf der Seite der Potenzialfaktoren wesentliche Einflussgrössen für die betriebliche Leistungsfähigkeit thematisiert werden, zeigt die Ergebnisseite, dass das Ziel aller Bemühungen die Verbesserung der Geschäftsergebnisse im Sinne der vorgegebenen Sach- und Formalziele sein muss. *Abbildung 64* zeigt die Grundstruktur des EFQM-Modells, das die Grundlage für die Zuerkennung des European Quality Award **(EQA)** ist, der auch für staatliche Einrichtungen und Nonprofit-Organisationen vergeben werden kann.

Das EFQM-Modell für Excellence erlaubt eine an neuen Kriterien gemessene Standortbestimmung im Vergleich zu anderen Organisationen. Es eröffnet in diesem Vergleich die Identifikation von Stärken und Schwächen der eigenen Organisation sowie von Chancen und Risiken, die sich aus dem marktlichen und gesellschaftlichen Umfeld ergeben.

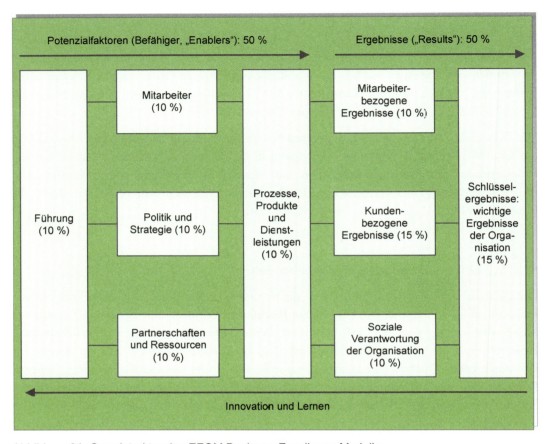

Abbildung 64: Grundstruktur des EFQM Business Excellence Modells

Die Beziehungen zwischen dem BSC-Konzept und dem EFQM-Modell zeigt *Abbildung 65* auf.

Ein bedeutsamer Unterschied zwischen beiden Ansätzen besteht zunächst in der Erstellungsweise. Das EFQM-Modell ist als **bottom-up-Ansatz** zu bezeichnen und zielt auf eine **ständige Qualitätsverbesserung** ab („Machen wir die Dinge richtig?"). Die Balanced Scorecard hingegen ist als **ein top-down-Prozess** zu verstehen, in dessen Mittelpunkt die **Ausrichtung und Umsetzung von Strategien** einer Organisation steht („Werden die richtigen Dinge getan?"). Die Kriterien der Qualitätsbewertung sind im EFQM-Modell in **standardisierter** Form vorgegeben und erlauben einen darauf aufbauenden Organisationsvergleich (Benchmarking). Im BSC-Konzept finden hingegen die spezifischen Besonderheiten einer Organisation Berücksichtigung, **individuellen** Lösungen wird Vorrang vor standardisierten Problemlösungen eingeräumt. Die Balanced Scorecard geht jedoch mit den grundlegenden TQM-Prinzipien konform, so dass die beiden Ansätze aufeinander abgestimmt werden und sich sinnvoll ergänzen können.

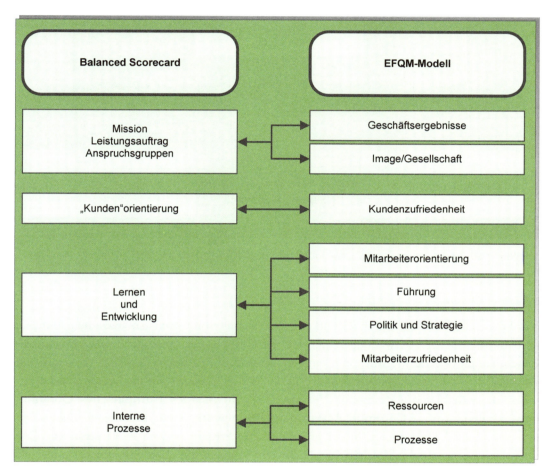

Abbildung 65: Beziehungen zwischen BSC-Konzept und EFQM-Modell

Eine **Verknüpfung** der beiden Modell-Ansätze ist denkbar, wenn die Potenzialfaktoren des EFQM-Ansatzes als Ausgangsgrössen um die Dimensionen des strategischen und operativen Steuerns im NPO-Managementprozess ergänzt und erweitert werden. Sieht man das BSC-Konzept primär als formalen Steuerungsrahmen an, können auch Bezüge zu den Teilsystemen im Freiburger Management-Modell hergestellt werden. *Abbildung 66* macht diesen Zusammenhang deutlich.

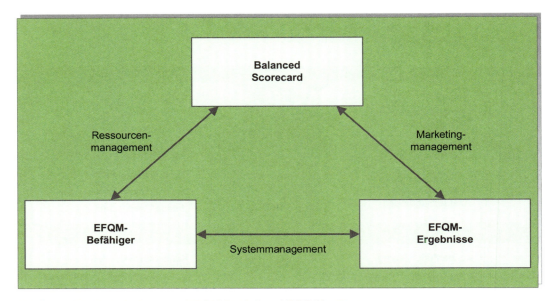

Abbildung 66: Verknüpfung von EFQM-Modell und BSC-Konzept

### 12.2.3 Common Assessment Framework (CAF)

Zur Förderung des Verständnisses und der Anwendung von Qualitätsmanagementstrategien in den öffentlichen Verwaltungen der EU-Mitgliedsstaaten, aber auch für Zwecke des Benchmarking wurde in Anlehnung an das „Business Excellence Modell" der European Foundation for Quality Management (EFQM) 2006 eine besser auf die verwaltungsspezifischen Besonderheiten abgestimmte Version als **Gemeinsames Europäisches Qualitätsbewertungssystem – Common Assessment Framework (CAF)** entwickelt. Dieses System wurde 2013 überarbeitet, in der grundlegenden Struktur jedoch nicht verändert. CAF sieht einen einfachen und leicht handhabbaren Rahmen für eine Selbstbewertung (self-assessment) in standardisierter Form vor (siehe im Internet http://www.eipa.nl bzw. http://caf-netzwerk.de oder http://www.kdz.or.at/caf). Die Struktur des CAF beruht – wie das EFQM-Modell – auf neun Kriterienfeldern, die bei jeder Organisationsanalyse an Hand von insgesamt 28 Kriterien untersucht werden. Zu jedem Kriterium gibt es fünf Bewertungsmöglichkeiten, die in der Art einer Nutzwertanalyse zu einem Gesamtwert für die untersuchte Organisation führen. Hauptziel der Selbstbewertung nach CAF ist somit die Bewertung von Verwaltungsreformprozessen auf der Grundlage qualitätsorientierten Verwaltungshandelns.

### 12.2.4 NPO-Label für Management Excellence

Um den spezifischen Anforderungen an den Bereich Performance Measurement in Nonprofit-Organisationen besser entsprechen zu können, wurde ein **NPO-Label für Management-Excellence** konzipiert, das vom Institut für Verbands-, Stiftungs- und Genossenschafts-Management der Universität Fribourg (VMI) in Kooperation mit der Schweizerischen Vereinigung für Qualitäts- und Management-Systeme (SQS) verliehen wird. Das NPO-Label für Management-Excellence kommt nach einem Auditing-Prozess jenen NPO zugute, die in einem festgelegten Ausmass ihr Management nach der Philosophie und den Gestaltungsempfehlungen des Freiburger Management-Modells für NPO (FMM) ausüben. Mit dem Label soll bezeugt werden, dass eine NPO – ihrer Grösse und Komplexität angemessen – jene Instrumente und Methoden entwickelt hat und anwendet, die im FMM zur Steigerung von Effektivität, Effizienz und Qualität der Aufgabenerfüllung und Leistungserbringung gegenüber den Stakeholdern empfohlen werden. Mit diesem NPO-Label wird das gesamte Management-System einer NPO beurteilt und nicht nur das eingerichtete Qualitätsmanagement-System allein. Um mit dem Label auf Dauer ausgezeichnet zu werden, hat sich die NPO um eine permanente Weiterentwicklung ihres Management-Systems zu bemühen und die Ergebnisse in einem periodisch wiederkehrenden Assessment durch die SQS nachzuweisen.

Der Auditing-Prozess erfolgt anhand einer spezifischen und gezielt auf das FMM ausgerichteten Checkliste, somit wird ein kohärentes, in sich stimmiges Management-System evaluiert. Durch ein Punkte-Bewertungsverfahren wird der NPO von Assessment zu Assessment attestiert, wie weit sie in ihrem Prozess der ständigen Verbesserung vorangeschritten ist.

Ein Prüffeld für das NPO-Label ist dem **Controlling** gewidmet und umfasst sowohl strategische wie operative Aspekte. Aus dem Gesichtspunkt des ergebnisorientierten Rechnungswesens ist die Entwicklung von zukunftsgerichteten Rechnungen (Finanzbudget, Leistungsbudget), die zur Grundlage von periodisch vorgenommenen Soll-Ist-Vergleichen gemacht werden, ebenso bedeutsam wie das vergangenheitsbezogene Berichtswesen (Reporting) und die Evaluation von Leistungswirkungen.

## 12.3 Performance Reporting

### 12.3.1 Notwendigkeit für erweiterte Formen der Rechnungslegung

Die herkömmliche, an den handelsrechtlichen Vorschriften orientierte Rechnungslegung erfasst ökonomische Grössen, die sich nur auf die Beziehung einer Organisation zu den Beschaffungs- und Absatzmärkten erstrecken. Die Beziehungen zum sog. **sozio-ökonomi-**

**schen Umfeld** finden darin keinen Niederschlag. Beispielsweise wird die Entlastung öffentlicher Einrichtungen im Sozialhilfebereich durch die Aktivitäten von freiwilligen Helfern in Sozialhilfevereinen nicht berücksichtigt.

Eine Bilanz bzw. eine Gewinn- und Verlustrechnung sagt auch nichts darüber aus, inwieweit die **Sachziele** einer Organisation erfüllt wurden. Man erhält also keine Informationen, ob der bestehende Bedarf nach einer bestimmten Leistung durch die Aktivitäten einer Organisation gedeckt wurde. Die (unternehmensrechtliche) Bilanz einer Gesundheitseinrichtung gibt z. B. keine Informationen, wie weit und wie gut die Bevölkerung mit medizinischen Leistungen versorgt wurde.

Die Grenzen des herkömmlichen Rechnungswesens sind somit immer dann erreicht, wenn es darum geht, die **soziale (gesellschaftliche) Verantwortung** einer Organisation für interne (Betriebsangehörige usw.) und externe Interessenten (Leistungsempfänger, Öffentlichkeit usw.) überschaubar und nachprüfbar festzuhalten. Die ausgewogene Berücksichtigung der **Interessen** aller durch die Tätigkeit einer Organisation betroffenen Personen und Personengruppen (sog. „Anspruchsgruppen") steht im Vordergrund (**Stakeholder-Ansatz**). Dazu gehören die Leistungsempfänger, Kunden, Lieferanten, Geldgeber (Spender wie Kreditgeber), staatliche Stellen, Medien ebenso wie die Belegschaft und die Bevölkerung in der Umgebung einer Organisation.

Diese Überlegungen haben bei **Nonprofit-Organisationen** eine besondere Bedeutung. In ihren Aktivitäten erfüllen sie entweder einen öffentlichen Leistungsauftrag (sie erfüllen Leistungskontrakte) oder stiften aus ihren selbst vorgegebenen Organisationszielen einen gesellschaftlichen Nutzen. Falls sie öffentliche Subventionen erhalten, entwickelt sich das Bedürfnis, diese Subventionen mit den Vorteilen, die sich aus den Aktivitäten der NPO für die Öffentlichkeit ergeben, zu rechtfertigen. Sind die NPO spendenorientiert oder weitgehend von Mitgliedsbeiträgen finanziert, so leitet sich daraus der Anspruch ab, den Spendern und/oder den Mitgliedern Informationen zu geben, welche externen Effekte (in der Regel Nutzeneffekte) mit dem Spendenaufkommen bzw. Beitragsaufkommen verbunden sind („Value for Money"-Berichtslegung).

Um diesen Rechnungszielen entsprechen zu können, wurden in Theorie und Praxis Modelle entwickelt, die sich zu den folgenden fünf Gruppen von Sonderformen der Rechnungslegung zusammenfassen lassen:

1) Mit verschiedenen Konzepten einer **Sozialbilanz** (einer **gesellschaftsbezogenen Rechnungslegung**) wird versucht, den an den einzelwirtschaftlichen Zielen ausgerichteten Jahresabschluss durch eine auf gesamtwirtschaftliche und gesellschaftliche Ziele bezogene Berichterstattung zu ergänzen.

2) Im genossenschaftlichen Bereich ist der Nachweis über das Erreichen der Förderziele für die Mitglieder von grosser Bedeutung. Deswegen wurde ein Konzept von **Förderplan und Förderbilanz** entwickelt. Um den mitgliederbezogenen Nutzen zu messen, ist der Genossenschaftsbereich zudem der Vorreiter im **Member Value Reporting**.

3) Die zunehmende **Bedeutung immaterieller Vermögenswerte** (vor allem der Erfahrung und des angesammelten Wissens) in Organisationen, die im traditionellen Jahresabschluss keinen adäquaten Niederschlag finden, führt zur Entwicklung einer verbesserten Form der Information über immaterielle Vermögenswerte und Wertschöpfungspotenziale in Form einer Ergänzung zum traditionellen Berichtswesen. Dafür ist in der Praxis die Bezeichnung „**Wissensbilanz**" (Intellectual Capital Reporting) gebräuchlich.

4) Eine weitere Form der Ergänzung der finanziellen Berichterstattung nimmt die **Nachhaltigkeitsberichterstattung** vor. Ergänzend zur finanziellen Performance werden ökologische und soziale Erfolgsgrössen ermittelt und berichtet.

5) Um den spezifischen gesellschaftlichen Beitrag von nicht-erwerbswirtschaftlichen Organisationen zu erfassen, sind in den vergangenen Jahren eine Reihe von weiteren Verfahren entstanden. Seinen Ursprung im öffentlichen Sektor hat die **Public Value-Berichterstattung**. Zu den spezifisch für den Nonprofit-Sektor entwickelten Methoden zählt die Berichterstattung im Einklang mit dem **Social Reporting Standard** oder die Verdichtung der Erfolgsmessung auf eine Zahl durch die Berechnung des **Social Return on Investment (SROI)**.

## 12.3.2 Formen und Ansätze für Sozialbilanzen

Die **gesellschaftsbezogene Rechnungslegung** oder **Sozialbilanz** ist als ein Konzept einer systematischen und regelmässigen Erfassung und Dokumentation der gesellschaftlich positiven und/oder negativen Auswirkungen der Aktivitäten einer NPO anzusehen. Als synonyme Ausdrücke sind auch gesellschaftsorientierte, gesellschaftsverpflichtete, sozialverantwortliche oder gesellschaftliche Rechnungslegung bzw. Sozialreport gebräuchlich. Eine gesicherte Form einer gesellschaftsbezogenen Rechnungslegung, die einheitlich anzuwenden wäre, gibt es bis jetzt noch nicht. Daher werden in Theorie und Praxis verschiedene Formen vorgeschlagen, angewendet und diskutiert. Unter dem **Oberbegriff „Sozialbilanz"** sind im Allgemeinen vier Gruppen einer gesellschaftsbezogener Rechnungslegung zusammengefasst:

- Sozialbericht
- Wertschöpfungsrechnung
- Sozialindikatorenrechnung
- Sozialrechnung (Sozialbilanz im engeren Sinne)

Der Begriff „Sozialbilanz" ist aber nicht nur im Hinblick auf die Darstellung externer Effekte (gesellschaftlicher Nutzen und soziale Kosten) gebräuchlich. Aus den romanischen Ländern („bilan social", „balanço social") kommend, wird darunter auch ein Katalog von arbeitsorientierten Kennzahlen verstanden, der Auskunft über die Mitarbeiterstruktur, deren Arbeitsbedingungen und die für diesen Personenkreis (gesetzlich vorgeschriebenen und freiwillig) erbrachten Sozialleistungen geben soll.

### 1) Allgemeine Anforderungen

An **Sozialbilanzen** werden in aller Regel folgende allgemeine Anforderungen gestellt:

- **Regelmässigkeit**

Gesellschaftsbezogene Rechnungslegungen sollen regelmässig erstellt werden, da erst der Vergleich mehrerer Perioden eine bessere Beurteilung einer NPO zulässt.

- **quantitative - nichtquantitative Grössen**

Eine gesellschaftsbezogene Rechnungslegung darf sich nicht nur auf Grössen beziehen, die sich **in Geld bewerten** lassen, sie soll auch jene Ergebnisgrössen enthalten, die sich **nicht in Geldeinheiten ausdrücken** bzw. überhaupt nicht in Zahlen darstellen lassen (nicht-quantifizierbare Grössen).

Beispiel:
- in Geldeinheiten erfassbare Grössen: Kostenersparnisse, Ertragsverbesserungen bei Dritten;
- nicht in Geldeinheiten ausdrückbar, aber in Zahlen messbar (quantifizierbar): Besucherfrequenz, Betreuungsintensität in Sozialhilfeeinrichtungen;
- nicht in Zahlen ausdrückbare Grössen (nicht-quantifizierbar): Gesundheit, soziale Geborgenheit, Zufriedenheit usw.

- **Vollständigkeit**

Vollständigkeit bedeutet hier, dass möglichst alle positiven und negativen gesellschaftlichen Auswirkungen der betrieblichen Tätigkeit erfasst werden. Vollständigkeit bedeutet aber insbesondere auch, dass **beide Seiten** (Vor- und Nachteile) in einem ausgewogenen Verhältnis zueinander stehen. Es dürfen also nicht – je nach Interessenlage – entweder nur die Nutzen oder nur die Kosten ermittelt werden.

- **Überprüfbarkeit**

Eine gesellschaftsbezogene Rechnungslegung ist nur dann sinnvoll, wenn ihre Ergebnisse überprüfbar sind. Das bedeutet einerseits, dass die verwendeten **Begriffe** eindeutig definiert sind (z. B. Lebensqualität), andererseits muss zweifelsfrei festgestellt sein, nach welchen **Massstäben** die einzelnen Auswirkungen der betrieblichen Tätigkeit (z. B. die Wiedereingliederung Behinderter in den Arbeitsprozess) gemessen werden.

- **Wirtschaftlichkeit**

Der Aufwand für eine gesellschaftsbezogene Rechnungslegung lohnt sich nur dann, wenn man sich nicht nur mit einer blossen Darstellung (Beschreibung) begnügt, sondern daraus auch **Schlussfolgerungen** zieht und diese dann in spätere Entscheidungsprozesse einbezieht.

## 2) Sozialbericht

Ein **Sozialbericht** umfasst die Ziele, Massnahmen und Ergebnisse gesellschaftsbezogener Aktivitäten eines Unternehmens. Der Sozialbericht ergänzt in der Regel den (unternehmensrechtlichen) Geschäftsbericht im Rahmen des Jahresabschlusses. Ein Sozialbericht ist meist mit ausführlichem, statistischem Material sowie Graphiken, Fotos usw. reichlich ausgestattet. Er bietet insbesondere die Möglichkeit, das Ausmass ehrenamtlicher Aktivitäten in NPO zu belegen.

Sozialberichte dieser Art werden in der Praxis sehr oft als **Sozialbilanzen** (im weiteren Sinne) oder **Leistungsbilanzen** bezeichnet. Sie beinhalten in der Praxis meist **nur die positiven Ergebnisse** der Tätigkeiten einer Organisation und lassen die negativen gesellschaftlichen Auswirkungen fast immer unerwähnt.

Als Beispiel möge der folgende Auszug aus einem Jahresbericht dienen:

*Das Schweizerische Rote Kreuz weist in seinem Jahresbericht 2013 zum Einsatz der Freiwilligen und der von ihnen erbrachten Leistungen folgende Kennzahlen aus:*

| | |
|---|---:|
| *Anzahl der Freiwilligen* | *72.350* |
| *Von den Freiwilligen geleistete Arbeitsstunden* | *2.586.390* |
| *Wert der geleisteten Arbeitsstunden auf der Basis eines Stundensatzes von 30 CHF* | *77.591.700* |
| *Im Rahmen der Freiwilligenarbeit in den Fahrtendiensten gefahrene Kilometer* | *15.310.970* |
| *Blutspenden* | *344.000* |
| *Teilnehmer an Kursen des Roten Kreuzes* | *103.663* |
| *beitragsfrei geleistete Ergotherapiestunden* | *100.525* |
| *SRK-Mitglieder* | *502.364* |
| *Mitarbeiter* | *4.201* |
| *- in Vollzeitäquivalenten* | *1.897* |

## 3) Wertschöpfungsrechnung

Die **Wertschöpfung** ist der von einer Organisation in einer bestimmten Periode geschaffene Wertzuwachs. Dieser ist identisch mit dem Beitrag der Organisation zum Sozialprodukt (= Summe aus öffentlichem und privatem Konsum + Export - Import + Investitionen). Die Wertschöpfungsrechnung verbindet das **betriebliche** Rechnungswesen mit dem **volkswirtschaftlichen** Rechnungswesen.

Eine **Wertschöpfungsrechnung** besteht grundsätzlich aus zwei Teilen:

- einer Entstehungsrechnung und
- einer Verwendungsrechnung.

Nach der **Entstehungsrechnung** wird die Wertschöpfung so berechnet:

> Gesamtleistung – Vorleistungen = Wertschöpfung

**Vorleistungen** sind alle Leistungen, die eine Organisation von den verschiedenen Beschaffungsmärkten (also von aussen) bezieht und für ihre Leistungserstellung benötigt.

Nach der **Verwendungsrechnung** ergibt sich die Wertschöpfung aus:

> Arbeitseinkommen (Löhne, Gehälter usw.)
> + Kapitaleinkommen (Zinsen, Dividenden usw.)
> + Gemeineinkommen (Steuern usw.)
> = Wertschöpfung

Beide Rechenarten führen zu **demselben** Ergebnis. Die Entstehungsrechnung zeigt, aus welchen Posten sich die Wertschöpfung zusammensetzt, die Verteilungsrechnung zeigt, **wie** die Wertschöpfung verteilt wurde.

Die Wertschöpfung wird somit auf folgende Arten dargestellt:

- **nach der Entstehung**

|   | |
|---|---|
|   | Umsatzerlöse |
| ± | Bestandsänderungen an Erzeugnissen |
| + | aktivierte Eigenleistungen |
| = | Gesamtleistung |
| + | alle übrigen Erträge (auch: Subventionen) |
| = | Gesamtertrag der Organisation |
| − | Vorleistungen (ausser Abschreibungen) |
| = | Wertschöpfung (brutto) |
| − | Abschreibungen |
| − | Subventionen |
| = | **Wertschöpfung (netto)** |

- **nach der Verteilung**

|   | |
|---|---|
|   | Löhne, Gehälter und Abgaben für Mitarbeiter |
| + | Steuern an die öffentliche Hand |
| + | Zinsen an Darlehensgeber |
| + | Bildung von Rücklagen (an NPO) |
| + | Vorteilswirkungen für Mitglieder, Spender |
| = | **Wertschöpfung** |

Die Wertschöpfungsrechnung verwendet die Zahlen der Gewinn- und Verlustrechnung und bringt daher keine wesentlich neuen Informationen, sie werden nur in einer anderen Art gegliedert. In Zahlungsströmen nicht fassbare Grössen (z. B. Freiwilligenarbeit) sind in dieser Rechnungsform nicht darstellbar.

## 4) Sozialindikatoren (Erfolgswürdigung bei Teilzielen)

Bei dieser Form der Erfolgswürdigung wird von den gesellschaftsbezogenen **Einzelzielen** einer Organisation und damit von den **Sachzielen** ausgegangen. Bei Nonprofit-Organisationen können das

- versorgungspolitische
- sozialpolitische
- beschäftigungspolitische
- gesundheitspolitische
- umweltpolitische

Ziele sein.

Die Schwierigkeit der Erfolgswürdigung besteht darin, genaue **Massstäbe** zu finden, mit welchen man beurteilen kann, inwieweit die vorgegebenen Ziele erreicht wurden. Zu diesem Zweck greift man auf sogenannte **Indikatoren** (= Kennzahlen) zurück, die wie „Anzeiger" auf gesellschaftliche Zustände oder Veränderungen hinweisen. Sie bilden objektiv fassbare Tatbestände (z. B. Betreuungsaktivitäten in einem Seniorenheim) ebenso wie nur subjektiv erhebbare Wertungen (z. B. Zufriedenheitsgrade) ab und zeigen auf Sachverhalte hin (z. B. soziale Wohlfahrt), die sich in der Regel einer direkten Messung entziehen. Indikatoren weisen eine grosse Ähnlichkeit mit Produktivitätskennzahlen auf und sind somit nur bedingt mit anderen Indikatoren vergleichbar. Sie sind sinnvoll nur im Wege eines Soll-Ist-Vergleichs zu interpretieren.

| Mitteleinsatz der NPO | ⇒ | objektive Tatbestände als vermutete Bedingungen für gesellschaftlich relevante Ziele | ⇒ | subjektive Wertung der erbrachten/empfangenen Leistung |
|---|---|---|---|---|
| Input-Indikator | | Output-Indikator | | Wertungs-Indikator |
| Objektive Indikatoren | | | Subjektive Indikatoren | |

⇒ Ursache-Wirkungs-Vermutung

Die Indikatoren werden üblicherweise nach **internen** und **externen** Indikatoren gegliedert. Erstere beziehen sich im Wesentlichen auf die Beziehung einer Organisation zu ihren Mitarbeitern und Mitarbeiterinnen. Sie umfassen die in den romanischen Ländern üblichen Kennzahlen zur Personalstruktur und Personalentwicklung, letztere betreffen das Verhältnis einer Organisation zu seinem gesellschaftlichen Umfeld. Im Folgenden sind einige Beispiele angeführt:

**Interne Indikatoren**

- **Beschäftigung - Personalbestand - Personalstruktur**
  (z. B. Anteil an Frauen, Ausländer, Altersstruktur, Teilzeitbeschäftigte u. a.)
  Fluktuation (= Schwankung, Wechsel der Beschäftigten, durchschnittliche Zugehörigkeit zur Organisation, Beendigung eines Arbeitsverhältnisses durch Tod, Kündigung, Entlassung, Altersgrenze, Invalidität)
  Kündigungsschutz (z. B. unkündbare Arbeitnehmer, Arbeitnehmer mit Kündigungsschutz von 6 Monaten usw.)
  Anteil der ehrenamtlichen Aktivitäten (Freiwilligeneinsatz)

- **Einkommen**
  Entlohnungsformen (z. B. Zeitlohn, Leistungslohn bzw. -prämien usw.)
  Brutto-Löhne und Gehälter (z. B. Lohn/Gehalt je Arbeitnehmer)
  Zuschläge und Zulagen (z. B. Zuschläge für Mehrarbeit, Schicht- und Nachtarbeit usw.)
  Sonstige Zahlungen (z. B. Urlaubsgeld)
  Soziale Einrichtungen (z. B. Kinderbetreuung, Sportanlagen usw.)

- **Arbeitszeit**
  Länge der Arbeitszeit, Anteil von Teilzeitbeschäftigungen
  Arbeitszeiteinteilung (z. B. Gleitzeit u. a.)
  Erholzeiten und Urlaub (z. B. Pausen, durchschnittlicher Urlaub)

- **Arbeitsgestaltung**
  Veränderte Technik (z. B. Massnahmen zur Abwendung von Gefahren u. a.)
  Arbeitsorganisation (z. B. Einzelarbeit, Gruppenarbeit, job rotation u. a.)
  Gesundheit und Arbeitssicherheit (z. B. durchschnittlicher Krankenstand, Berufskrankheiten u. a.)

- **Qualifikation**
  Qualifikationsstruktur (z. B. nach Schulabschluss u. a.)
  Weiterbildung (z. B. Bildungsurlaub, Bildungsaufwand u. a.)
  Berufsausbildung (z. B. Zahl der angebotenen Ausbildungsplätze u. a.)

- **Mitbestimmung und Information**
  Informationspolitik
  Interessensvertretungen (z. B. Zahl der Betriebsräte u. a.)
  Besondere Konflikte (z. B. Zahl der Beschwerden, Arbeitsgerichtsverfahren)

- **Ökonomische Daten**
  Kennzahlen zur Leistungserstellung (Produktivität, Wirtschaftlichkeit, Liquidität)
  Wertschöpfung und deren Verwendung (z. B. Abschreibungen, gezahlte Steuern u. a.)

Besondere Akzente in der Ausgabenpolitik der Organisation
(z. B. Investitionstätigkeit, Ausgaben für Forschung und Entwicklung u. a.)

**Externe Indikatoren**

- **Belastung öffentlicher Haushalte**
  (z. B. Zuschüsse, Steuerermässigungen u. a.)
- **Umweltbelastung**
  (z. B. Art und Messwerte einer allfälligen Schadstoffbelastung, Massnahmen zur Milderung der Belastung bzw. zur umweltgerechten Entsorgung u. a.)
- **Beitrag zur Erfüllung gesellschaftlicher Ziele**
  (z. B. Verteilung der Investitionen (regional, national), geschaffene Arbeitsplätze u. a.)

Indikatoren ermöglichen es, den Erfolg einer Organisation durch mehrere, verschiedene und nicht direkt vergleichbare Grössen zu beurteilen, wodurch man ein „breiteres" Bild von den Aktivitäten der Organisation erhält. Damit kann – vor allem bei Nonprofit-Organisationen – auf die unterschiedlichen Sach- und Formalziele eingegangen werden. Einzuschränken ist dabei allerdings, dass Indikatoren keinesfalls ein genaueres oder objektiveres Bild von der NPO vermitteln. Die Zahlen, aus denen Indikatoren gebildet werden, stammen teilweise aus dem Rechnungswesen, teilweise beziehen sie sich auf externe Grössen und beruhen dann oftmals auf Schätzungen und Vermutungen bzw. mehr oder weniger umfassenden Erhebungen bzw. Befragungen.

Die Darstellung externer Effekte mit Hilfe von Sozialindikatoren findet auch bei der Konzeption Förderplan/Förderbilanz und bei der Darstellung immaterieller Vermögenswerte in der Wissensbilanz ihren Niederschlag (siehe Abschnitte 12.3.3 und 12.3.4).

## 5) Sozialbilanz (Erfolgswürdigung bei einem Gesamtziel)

Wesentlich schwieriger als mit Indikatoren ist die Erfolgswürdigung durch eine **Gesamtrechnung**, also durch eine einzige Grösse (z. B. Gesamtnutzen). Voraussetzung dafür ist, dass die positiven und negativen Auswirkungen der Tätigkeit einer Organisation im gesellschaftlichen Umfeld in der **gleichen Einheit** (z. B. in Geldeinheiten) erfasst werden.

Eine **Sozialbilanz** im engeren Sinne (auch **Sozialrechnung** genannt) ist eine systematische und regelmässige Erfassung und Dokumentation der gesellschaftlich positiven und negativen Auswirkungen der Aktivitäten einer NPO. Die meisten Ansätze gehen von der herkömmlichen Gewinn- und Verlustrechnung bzw. Bilanz aus und ergänzen diese durch soziale Nutzen- und Kostengrössen.

|  | Ergebnis-grössen | Einsatz-grössen | Erfolg | Ziel |
|---|---|---|---|---|
| Gesellschaft | soziale Nutzen + | soziale + Kosten + | = Nettonutzen/ -kosten + | Gesamt-Nutzenstiftung |
| NPO | Leistung | + Kosten | = Betriebsergebnis | Substanzerhaltung |
|  | Gesamt-nutzen | + Gesamt-kosten | = Gesamtnetto-nutzen/-schaden |  |

Die Ansätze für Kosten und Leistungen werden dem traditionellen Rechnungswesen entnommen. Das schwierigste Problem bei der Erstellung einer Sozialbilanz ist die Erfassung und Bewertung sozialer Kosten und Nutzen. Sie können oft nur durch modellhafte Berechnungen ermittelt werden, die auf mehr oder weniger realistischen Annahmen (Modellprämissen) beruhen (z. B. monetärer Wert für die positiven Effekte von Unfallverhütungsmassnahmen).

In der Sozialbilanz (Sozialrechnung) werden die externen Effekte üblicherweise in Beziehungsfelder gegliedert. Sie weist dann folgende Struktur auf:

a) **Ergebnis** aus der Gewinn- und Verlustrechnung (Betriebsrechnung)

b) **Soziale Kosten** (gesellschaftsbezogene Aufwendungen)

   aa. für **Belegschaft**

   (z. B. erhöhte Krankenstände durch aussergewöhnliche Belastungen beim Personal, die von den Krankenversicherern zu tragen sind)

   bb. für **Markt**

   (z. B. Erlösschmälerungen bei Unternehmen durch Gewährung günstiger Einkaufsbedingungen für Bedienstete)

   cc. für Gebietskörperschaften

   (z. B. erhaltene Subventionen von Bund, Ländern, Kantonen)

   dd. für **Träger (Eigentümer)**

   (z. B. kostenlose Benützung von Infrastruktureinrichtungen)

c) **Sozialer Nutzen** (gesellschaftsbezogene Erträge)

   aa. für **Belegschaft**

(z. B. zusätzliche Dienstfreistellungen bzw. zinsenfreie oder begünstigte Personalkredite)

bb. für Markt

(z. B. Leistungsabgabe zu nicht kostendeckenden Sozialtarifen)

cc. für **Gebietskörperschaften**

(vor allem Steuern und andere Abgaben der Organisation)

dd. für **Gesellschaft**

(saldierte Vor- und Nachteile, die sich aus der Freiwilligenarbeit, bzw. dem Leistungsspektrum mit seinen Wirkungen ergeben; z. B. qualifizierte, rasche Hilfe für Unfallopfer, Senkung der Unfallhäufigkeit, Erhöhung des Gesundheits- bzw. Vorsorgebewusstseins in der Bevölkerung)

ee. für **Träger (Eigentümer)**

(z. B. kostenfreie oder preisbegünstigte Inanspruchnahme von Leistungen durch die Mitglieder der Trägerorganisation)

d) **Ergebnis: Sozialer Nettonutzen** (Saldo aus a + c − b)

Sozialbilanzen bzw. Sozialrechnungen dieser Art werden meist von Nonprofit-Organisationen in Erwägung gezogen, die in ihrer Gewinn- und Verlustrechnung (Betriebsrechnung) einen Abgang ausweisen. Sie werden dann unter Umständen mit dem Vorwurf konfrontiert, dass sie Sozialbilanzen nur deshalb erstellen, um ihren Abgang zu rechtfertigen bzw. um zu zeigen, dass der soziale Nutzen (Nettonutzen) den betriebswirtschaftlichen Abgang bei weitem ausgleicht. Dieses Motiv spielt sicher in vielen Fällen eine Rolle, doch darf nicht übersehen werden, dass eine gesellschaftsbezogene Rechnungslegung (neben der organisationsintern bedeutsamen Balanced Scorecard; siehe Abschnitt 12.2.1) oft die einzige Möglichkeit ist, den Erfolg einer NPO, den Zielen entsprechend, zu würdigen.

Kritik wird auch geäussert, wenn soziale Kosten verschwiegen werden, während der soziale Nutzen besonders ausführlich Darstellung findet und dadurch mit Sicherheit ein sozialer Nettonutzen ausgewiesen werden kann.

### 12.3.3 Förderplan und Förderbilanz sowie Member Value-Reporting

Die bedarfswirtschaftliche bzw. förderwirtschaftliche Orientierung von NPO umfasst oft eine Reihe von Elementen, die nur qualitativ, nicht jedoch auch quantitativ erfasst werden können. Die Aussagekraft des herkömmlichen Rechnungswesens ist deshalb in dieser Hinsicht beschränkt.

Im **genossenschaftlichen Bereich** wurde deshalb das Konzept des **Förderplans** und der **Förderbilanz** entwickelt. Die Identifikation der Genossenschaftsmitglieder mit dem Geschehen in der Genossenschaft kann auf Dauer nur sichergestellt werden, wenn die qualitativen und quantitativen Zielsetzungen in verständlicher und messbarer Form sowohl der Genossenschaftsführung als auch den Mitgliedern bewusst sind und andererseits der **Nachweis über das Erreichen dieser Förderziele** in geordneter Form erbracht werden kann.

Diese Überlegungen sind sinngemäss auf Verbände und andere NPO zu übertragen. Das System von Förderplan und Förderbilanz entspricht einer **Sozial-Indikatoren-Rechnung**. In ihr wird zunächst versucht, die Förderungen und damit die Leistungsbereiche in verschiedene Dimensionen und Subdimensionen aufzugliedern:

**Hauptdimensionen**:
1) Wirtschaftsbezogene Förderung
2) Ausserwirtschaftliche (sozialgruppenbezogene) Förderung

**Beziehungsbereiche** (Subdimensionen):
1) Ökonomische Dimensionen:
    a) Leistungsangebot
    b) Preispolitik
    c) Eigenkapital (Widmungskapital, Organisationskapital)
2) Metaökonomische Dimensionen:
    a) Beratung und Betreuung
    b) Lernen und Weiterbildung (Genossenschaft als Lernwerkstätte, Verbesserung der Bildungspyramide; siehe auch Abschnitt 12.3.4 Wissensbilanz)
    c) Sozialgruppenbezogene Förderung
    d) Teilnahme an der Willensbildung (Identifikation)

Für jede dieser Dimensionen sind **messbare Variable** (Indikator, Anzeiger) zu suchen oder zu konzipieren, die geeignet sind, die **nicht messbaren Variablen** (das Indikandum, das Anzuzeigende) abzubilden. Diese Indikatoren erfüllen folgende Funktionen:

- **Informationsfunktion** (sie verbessern die Informationsbasis)
- **Normative Funktion** (sie präzisieren die Zielvorstellungen)
- **Evaluierungsfunktion** (sie schaffen die Grundlage für die Messung von Zielerreichungsgraden)

Die Indikatoren ergeben ein ausgeprägtes Kennzahlensystem auf der Grundlage der Ermittlungsrechnungen und darüber hinausgehender Informationserhebungen. Dem Rechnungswesen kommt dabei die Aufgabe zu, bei der Formulierung des Förderauftrages sowie beim Nachweis der Erfüllung dieses Auftrages mit der verfügbaren Datenbasis zu unterstützen. *Abbildung 67* zeigt die Einbindung von Förderplan und Förderbilanz in den genossenschaftlichen Managementprozess. Der ergebnisorientierten Steuerung des genossenschaftlichen Förderwesens kommt dabei eine besondere Bedeutung zu.

*Abbildung 68* zeigt am Beispiel einer Wohnungsgenossenschaft die möglichen Beziehungsbereiche und die dafür geeigneten Indikatoren, die im Rahmen eines Förderplans bzw. einer Förderbilanz der internen wie externen Rechenschaftslegung zu Grunde gelegt werden können.

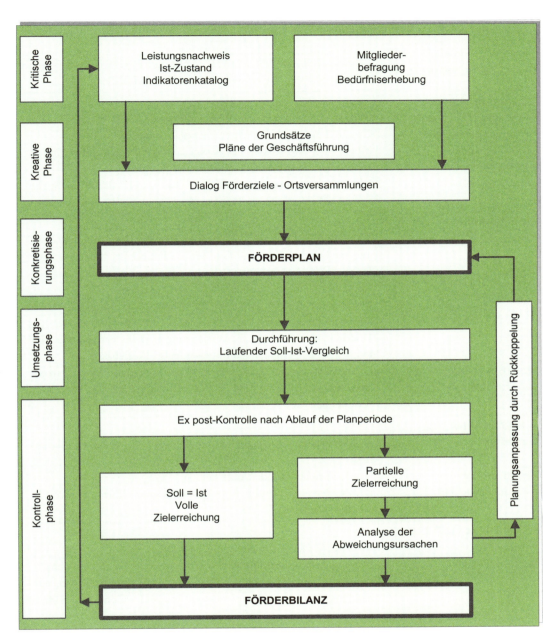

Abbildung 67: Förderplan und Förderbilanz als Managementinstrumente
(verändert entnommen aus Patera 1986, S. 545)

## Leistungsbereich Wohnungsgenossenschaft

| BEZIEHUNGSBEREICH | LEISTUNGSARTEN SOWIE ALLFÄLLIGE INDIKATOREN ZUR BESCHREIBUNG DES IST-ZUSTANDES |
|---|---|
| **1. Leistungsangebot**<br>Wohnungsqualität<br>Leistungsbereitstellung<br>Serviceleistungen<br>– während der Bauphase<br>– bei Verwaltung | Grösse, Umweltbelastung, Wärmedämmung, Verkehrslage;<br>Geschäftszeiten, Raschheit von Entscheidungen;<br>Möglichkeit und Kosten der Berücksichtigung von Sonderwünschen, Planungsmitwirkung, Dauer der Bauphase;<br>Instandhaltungs- und Modernisierungsaufwand, Mithilfe bei Suche eines Nachfolgers, Suche einer neuen Wohnung, Wohnungstausch |
| **2. Preispolitik**<br>Finanzierung<br><br>Preisbildung<br><br><br><br><br>Grundstücks- und Wohnungsvorrat | Dauer und Höhe der Eigenmittelfinanzierung von Grundankaufs- und Baukosten, Höhe und Laufzeit der Fremdmittelfinanzierung;<br>Höhe der (des) einbehaltenen bzw. weitergegebenen Skontoerträge, Rücklagenkomponente, Verwaltungszuschlages;<br>Bauverwaltungskosten, Relation der Mieten- und Kaufpreisentwicklung zum Baukostenindex, Zahlungsziel für Wohnungswerber, Übertragung von Vorratsbausparverträgen, dafür verrechnete Kosten, Entschädigung bei Wohnungsaufgabe, Betriebskosten;<br>Grundstücksvorrat/Bauvolumen, Verrechnung von Verkehrswertsteigerungen, leere Wohnungen/zu vermietende und zu verkaufende Wohnungen |
| **3. Eigenkapital**<br>Geschäftsanteile<br><br>Beitrittsgebühr<br>Gewinnbeteiligung | Höhe, Anzahl, Einzahlungsfristen, Kündigungs- und Auszahlungsfrist;<br>Höhe, Verrechnung bei Ausscheiden;<br>Dividendenausschüttung, Rücklagenbeteiligung, Zuzählung von Geschäftsguthaben |
| **4. Teilnahme an Willensbildung**<br>Versammlungen<br><br><br><br>laufende Kontrolle | Beteiligung an General-, Delegierten-, Sprengelversammlungen, Wahlbeteiligung, Anzahl und Herkunft von Wahlvorschlägen, Behandlung von Mitgliederanregungen, Image der Genossenschaft bei Mitgliedern;<br>Unterstützung der Delegierten und Aufsichtsräte bei Informationen an Mitglieder, Aufwand für Berichterstattung durch Genossenschaftsleitung, Anzahl der Sitzungen der Kontrollgremien, Fluktuation der Funktionsträger |

| | |
|---|---|
| **5. Beratung, Information** Finanzieller Bereich | Umfang, Entgeltlichkeit, Ort der Beratung hinsichtlich: Mietzinsbeihilfe, Wohnungsverbesserungsdarlehen, Annuitätenzuschüsse der öffentlichen Hände, Vorteile vorzeitiger Rückzahlung öffentlicher Darlehen, steuerliche Begünstigungen, Eigenmittelersatzdarlehen, Nachzahlungserfordernisse; |
| Wohnungsnutzung | Einrichtungsvorschläge, technische Energiesparberatung |
| **6. Unterstützung von Mitgliederaktionen** | Anregung und Unterstützung bei Umweltgestaltung (Spielplatz), Notdienste, Nachbarschaftshilfe, Mitgliederkontakte (Gemeinschaftsräume), gemeinsamer Einkauf (Lebensmittel, Getränke usw.), Vermittlung bei Mitgliederkonflikten |

Abbildung 68: Beispiel für die Struktur eines Förderplans bzw. einer Förderbilanz
(verändert entnommen aus Patera 1986, S. 549 f.)

In Frankreich ist mit dem „**Bilan Sociétal**" 2002 ein ganzheitlicher Ansatz zur Bewertung der gesellschaftlichen Relevanz von Genossenschaften vorgestellt worden, der über das Instrument von Förderplan und Förderbilanz hinausgeht (Münkner 2009, S. 271 ff.). Er unterzieht die Beziehungen zwischen Genossenschaft und Gesellschaft in insgesamt 15 Dimensionen (z. B. Wettbewerbsfähigkeit, Kundenzufriedenheit, Mitarbeiterzufriedenheit, lokales soziales und ökonomisches Umfeld, soziales Klima zwischen den Beteiligten, Sozial- und Gemeinnützigkeit) einer Analyse. Der „Bilan Sociétal" ist als ein Instrument der Selbstevaluierung konzipiert und hat viele Ähnlichkeiten mit der Balanced Scorecard (siehe Abschnitt 12.2.1).

Ein neuerer Ansatz zur Erfolgserfassung ist auch das **Member Value Reporting**. Beim diesem lassen sich zwei Ausprägungen unterscheiden. Zum einen gibt es den ökonomischen Member Value-Ansatz und einen bedürfnisorientierten Member Value-Ansatz. In der ökonomischen Variante wird monetär der Wert des genossenschaftlichen Unternehmens für die Mitglieder erfasst (Theurl 2013, S. 318). Es geht dabei um die Ermittlung des genossenschaftlichen Shareholder Value.

$$\text{Member Value} = f(\text{UMV, MMV, NMV})$$

UMV: Unmittelbare, reale Förderung des Mitglieds aus den Leistungsbeziehungen zwischen Mitgliedern und dem genossenschaftlichen Unternehmen zu vereinbarten Konditionen und Standards (Unmittelbarer MemberValue);

MMV: Mittelbare Förderung des Mitglieds aus der Sicht der Eigentümer- und Kapitalgeberfunktion, z. B. Verzinsung des Geschäftsanteils, Ausschüttungen in Form von Dividenden sowie Entscheidungs- und Gestaltungsrechte der Mitglieder (Mittelbarer Member Value);

NMV: Optionsnutzen durch Investitionen zur Sicherung der wirtschaftlichen Zukunft (Nachhaltiger Member Value).

Für die **Wirksamkeitsmessung** in einem Wirtschaftsverband, ausgerichtet am Nutzen für die Mitglieder, können folgende Dimensionen (*Abbildung 69*) herangezogen werden:

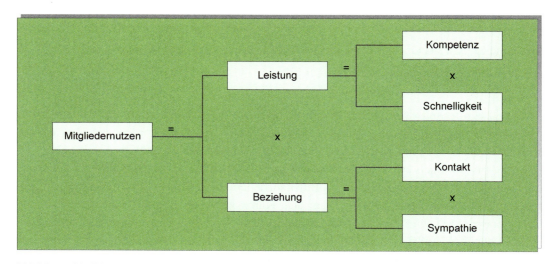

Abbildung 69: Dimensionen der Wirksamkeitsmessung in einem Wirtschaftsverband

In dem Bemühen, den Mitgliedernutzen monetär zu bewerten, verfolgte die Wirtschaftskammer Oberösterreich (als gesetzlich eingerichtete Interessenvertretung für alle Wirtschaftsunternehmen mit Ausnahme der land- und forstwirtschaftlichen Unternehmen und der freien Berufe) das Konzept der *Sozialrechnung* (siehe Abschnitt 12.3.2, Punkt 5) und berechnete den **monetären Gesamtwert** ihrer Tätigkeit

- aus dem Marktwert der erbrachten Leistungen in der Aus- und Weiterbildung, der Beratung und der Interessenvertretung/Lobbying auf Basis der dokumentierten Arbeitsstunden, bewertet zu alternativen Kosten (z. B. Stundensatz für Vortragende bei Universitätslehrgängen oder mittlere Tageshonorarsätze für Unternehmensberater bzw. für Rechtsanwälte in gerichtlichen Verfahren);

- aus den Geldaufwendungen für Projekte und Direktförderungen an Mitglieder auf Basis der Leistungsrechnung der Wirtschaftskammer;

- aus der ökonometrischen Schätzung der Auswirkungen sozialpartnerschaftlicher Lösungen auf das Wirtschaftswachstum.

| | |
|---|---|
| BIP zu laufenden Preisen 2011 – Österreich | 299.240 Mio. EUR |
| BIP zu laufenden Preisen 2012 – Österreich | 307.004 Mio. EUR |
| BIP-Wachstum in % | 2,59 % |
| Beitrag der Sozialpartner zum Wirtschaftswachstum in % | 0,20 – 0,33 % |
| ….. für das –Wachstum 2011/12 | 0,519 – 0,856 % |
| Gesamtwert | 1.553 – 2.562 Mio. EUR |
| Wert pro Erwerbstätigem in Österreich | 371 – 612 EUR |
| Zahl der selbständig und unselbständig Erwerbstätigen in Oberösterreich | 706.561 |
| **Beitrag der Sozialpartner zum BIP-Wachstum in Oberösterreich** | **262,24 – 432,69 Mio. EUR** |

Der aggregierte Gesamtwert der von der Wirtschaftskammer erbrachten Leistungen wird den von den Kammermitgliedern geleisteten Beiträgen (Kammerumlage) gegenübergestellt, der Saldo ergibt einen **Mehrwert**, der für 2012 im Durchschnitt 8,71 Euro pro Euro Kammerumlage ergab.

| in Mio. EUR | Maximum | Minimum | Durchschnitt |
|---|---|---|---|
| Marktwert der erbrachten Leistungen | 66,96 | 43,77 | 55,36 |
| Geldaufwendungen für Projekte und Direktförderungen | 21,51 | 21,51 | 21,51 |
| Beitrag der Sozialpartner zum Wirtschaftswachstum | 432,69 | 262,24 | 347,46 |
| **Aggregierter Gesamtwert WKOÖ** | **521,15** | **327,51** | **424,33** |
| Kammerumlage 2012 gesamt | 48,74 | | |
| | | | |
| **Pro Euro Kammerumlage entsteht ein Mehrwert von** | **€ 10,69** | **€ 6,72** | **€ 8,71** |

Quelle: https://www.wko.at/Content.Node/iv/MGU_007_14.html (22.4.2014).

Der bedürfnisorientierte Member Value Ansatz (Suter 2013, Suter/Gmür 2015) geht über eine Bewertung des ökonomischen Nutzens für die Genossenschaftsmitglieder hinaus, in dem auch der latente Nutzen einer Mitgliedschaft erfasst wird (*Abbildung 70*).

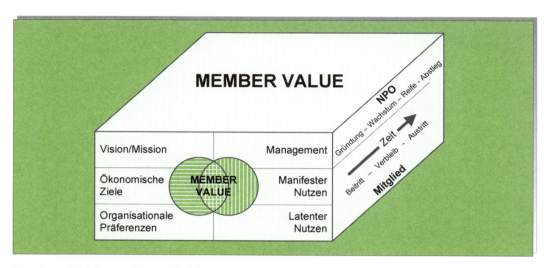

Abbildung 70: Member Value Modell

(verändert entnommen aus Suter 2013, S. 330)

Als Grundannahme dient diesem Ansatz (*Abbildung 71*), dass der Member Value aus der Überlappung der Bedürfnisse der Mitglieder mit den Dienstleistungen und Charakteristika der Genossenschaft der Member Value entsteht (Suter/Gmür 2015).

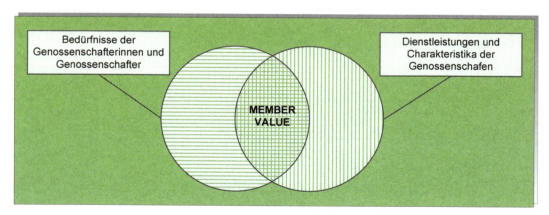

Abbildung 71: Member Value als Übereinstimmung von Bedürfnissen und Leistungen

(entnommen aus Suter/Gmür 2015, S. 493)

Für die Erfassung der Bedürfnisse schlagen Suter und Gmür (2015, S. 493 f.) vor, sich an folgenden 12 Grundbedürfnissen zu orientieren, die ein Desiderat aus bewährten Ansätzen der Motivationsforschung sind.

| Verstehen | Genuss    | Macht     | Partizipation |
|-----------|-----------|-----------|---------------|
| Ästhetik  | Sicherheit| Identität | Wirksamkeit   |
| Autonomie | Subsistenz| Zuneigung | Schaffen      |

Um diese Kategorien zu erfassen, ist der Einsatz von Methoden der empirischen Sozialforschung (z. B. Experteninterviews, Mitgliederbefragungen, Panelerhebungen) notwendig. Eine idealtypische Anwendung des Ansatzes im Genossenschaftsbereich zeigt *Abbildung 72*.

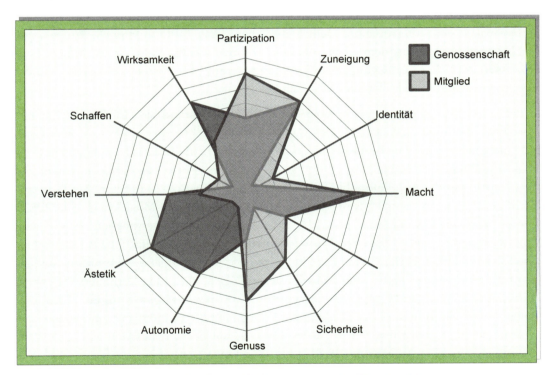

Abbildung 72: Anwendungsbeispiel für das Spiderdiagramm des Member Value
(entnommen aus Suter/Gmür 2015, S. 496)

### 12.3.4 Wissensbilanz

Innovative Organisationen sehen in der Bilanzierung monetärer Grössen, wie sie durch die Rechnungslegungsvorschriften vorgegeben sind, eine Einschränkung in ihrer Informationsfunktion gegenüber den internen und externen Anspruchsgruppen („Stakeholders"). Sie plädieren daher in letzter Zeit für eine Ergänzung der (kaufmännischen) Bilanz durch eine sogenannte **Wissensbilanz** („Intellectual Capital Reporting"), die eine Information über immaterielle Vermögenswerte und Wertschöpfungspotenziale als Ergänzung zum traditionellen Berichtswesen und damit eine transparentere Darstellung der eigenen Leistungsfähigkeit und der eigenen Leistungsaktivitäten ermöglichen soll.

Das **Management von Wissen** wird in der heutigen Informationsgesellschaft zu einem wesentlichen Erfolgsfaktor vieler erwerbswirtschaftlich ausgerichteter Unternehmungen, aber auch von Nonprofit-Organisationen. Das richtige Wissen zur richtigen Zeit am richtigen Ort einsetzen zu können, entscheidet heute mehr denn je über die dauerhafte Wettbewerbsfähigkeit einer Organisation. Dem Management einer NPO kommt die Aufgabe zu, den Leistungsprozess aus dem Blickwinkel der Informationsverarbeitung mit seinen **Teilprozessen** der Wissenserzeugung, der Wissensspeicherung, des Wissensaustausches und der Wissensanwendung abzubilden und zielgerichtet zu steuern.

In der englischsprachigen Literatur wird dieser **Wissensbestand** als „Intellectual Capital" bezeichnet, das in die Bereiche „Human Capital", „Structural Capital" und „Customer Capital" untergliedert wird. Die Bezeichnung „Capital" ist aus betriebswirtschaftlicher Sicht allerdings irreführend, da es hier um betriebliche Dispositionspotenziale geht, die besser mit „Intellectual Asset" („**Intellektuelles Vermögen**") bezeichnet werden sollten. Mit **Humanvermögen** („Human Capital") ist das in den Mitarbeiterinnen und Mitarbeitern einer Organisation konkretisierte Leistungspotenzial einer Organisation angesprochen: Ausbildung, Motivation und Loyalität. Zum **Strukturvermögen** („Structural Capital") zählen die technischen und organisatorischen Rahmenbedingungen sowie die Organisationskultur: Ausstattung mit Informations- und Kommunikationstechnologien, aber auch Vertrauen, Offenheit, Organisationsklima, Lernfähigkeit der Organisation. Mit **Beziehungsvermögen** („Customer Capital") wird die Intensität der Bindung einer Organisation zu ihren Leistungsabnehmern angesprochen: „Kundentreue" bzw. Wertschätzung, die der Organisation von den Leistungsabnehmern entgegengebracht wird.

Der **Wissensbilanz** liegt ein Prozessmodell zu Grunde, das die Zunahme des Wissens in einer Organisation im Zeitablauf darstellen soll. Es orientiert sich an der für Dienstleistungsorganisationen massgeblichen Differenzierung zwischen Leistungspotenzialen, Leistungsprozessen und Leistungsergebnissen und richtet diese Prozesselemente an den vorgegebenen (allgemeinen) Wissenszielen aus. Dabei wird versucht, die für das Wissensmanagement wesentlichen immateriellen Sachverhalte durch quantitative und qualitative Indikatoren darzustellen. Soweit dies sinnvoll und möglich erscheint, sollen diese Indikatoren mit Zielgrössen versehen werden.

Für die **Interpretation** der einzelnen Indikatoren, die in einer Wissensbilanz zusammengefasst werden, bietet sich zunächst der **Zeitvergleich** bzw. der **Soll-Ist-Vergleich** auf der Grundlage entsprechender Zielvorgaben an. Der externe Organisationsvergleich erweist sich als schwieriger, da er ein koordiniertes Vorgehen bei der Auswahl der Indikatoren und bei den dabei angewendeten Mess- und Bewertungsverfahren erfordert. Wird darin Übereinkunft erzielt, kann er im Wege eines **Benchmarking**-Verfahrens organisiert werden.

Das Modell der Wissensbilanz weist folgende **Grundstruktur** auf, die am Beispiel einer Forschungsgesellschaft in *Abbildung 73* wiedergegeben ist.

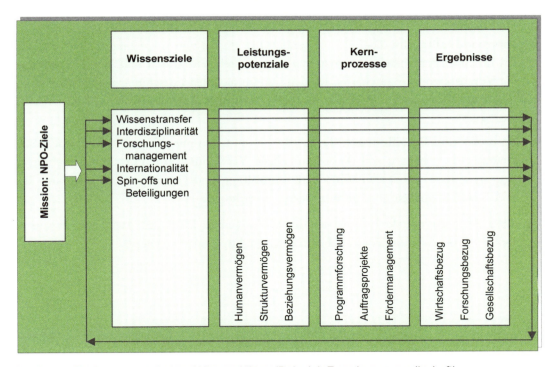

Abbildung 73: Grundmodell einer Wissensbilanz (Beispiel: Forschungsgesellschaft)

Als Wissensziele fungieren:

- **Wissenstransfer**: Anwendungsorientiertes Wissen soll von der Wissenschaft in die Wirtschaft und zu öffentlichen Stellen transferiert werden, aus akademischen Erkenntnissen sollen innovative Produkte und Dienstleistungen erwachsen. Der Wissenstransfer erfolgt über Netzwerke, Beratungen, Publikationen, gemeinsame Forschungs- und Entwicklungsprojekte sowie durch Übertragung innovativer Technologien an Kooperationspartner.

- **Interdisziplinarität**: Durch verstärkte Kooperation und Vernetzung unterschiedlicher Forschungsdisziplinen innerhalb und ausserhalb der Organisation sollen der Grad der Interdisziplinarität und damit der ganzheitlichen Problemlösungsfähigkeit erhöht werden. Die Mitarbeiter sollen verstärkt an geschäftsfeld- und bereichsübergreifenden Projekten und Publikationen sowie in fachbereichsübergreifenden Netzwerken mit externen Partnern mitwirken.

- **Forschungsmanagement**: Moderne Methoden der Projektbewertung und des Ressourcenmanagements sowie der Risikoanalyse sollen eine stärkere Prozess- und Werteorientierung bei der Umsetzung von Forschungsprojekten ermöglichen.

- **Internationalität**: Im Zuge der steigenden Integration von Forschungsnetzwerken sollen durch entsprechende, international ausgerichtete Strukturen und Verfahrensweisen die Voraussetzungen geschaffen werden, um im globalen Forschungsmarkt bestehen zu können (z. B. Standorte im Ausland, Joint Ventures, Kooperationsabkommen, Personalaustausch).

- **Spin-offs und Beteiligungen**: Durch die Kooperation mit privaten Kapitalgebern und strategischen Partnern soll die kommerzielle Verwertung von Forschungsergebnissen beitragen, Innovationen in Wirtschaft, Verwaltung und Gesellschaft zur Stärkung der Wettbewerbsfähigkeit und des Wohlstands zu ermöglichen.

*Abbildung 74* sind zentrale Indikatoren der Wissensbilanz 2013 des Austrian Institute of Technology - AIT zu entnehmen (siehe im Internet: http://www.ait.ac.at).

|  | 2012 | 2013 |
|---|---|---|
| **Humanvermögen** | | |
| Anzahl der MitarbeiterInnen (Köpfe) | 729 | 764 |
| Anzahl der wissenschaftlichen MitarbeiterInnen (Köpfe) | 448 | 482 |
| Frauenanteil (in %) | 26,1 | 27,2 |
| Frauenanteil in Führungspositionen (in %) | 27,9 | 22,5 |
| Weiterbildungstage pro MitarbeiterIn (gesamt) | 4,37 | 2,92 |
| **Strukturvermögen** | | |
| Kapitalinvestitionen (in % der Umsatzerlöse) | 3,8 | 4,4 |
| Kapitalinvestitionen in grosse Forschungsanlagen (> 70.000 EUR) in Tsd. | 3.213 | 3.630 |
| **Beziehungsvermögen** | | |
| Anzahl internationaler ForscherInnen | 113 | 125 |
| Anzahl der DissertantInnen | 153 | 191 |
| davon Anzahl internationaler DissertantInnen | 33 | 72 |
| Anzahl der DiplomandInnen | 88 | 95 |
| Beschäftigte mit Lehrbefugnis | 22 | 24 |
| **Kernprozesse** | | |
| Finanzierung für Grundlagenforschung (in Tsd. EUR) | 33.444 | 34.559 |
| Anzahl der Auftragsprojekte < 70.000 EUR | 524 | 519 |
| Auftragsvolumen der Projekte < 70.000 EUR (in Tsd. EUR) | 7.910 | 7.612 |
| Anzahl der Auftragsprojekte > 70.000 EUR | 52 | 42 |
| Auftragsvolumen der Projekte > 70.000 EUR (in Tsd. EUR) | 12.968 | 7.942 |
| Finanzierung aus nationalen Forschungsprogrammen (in Tsd. EUR) | 18.614 | 15.742 |
| Anzahl dieser Projekte > 70.000 EUR | 73 | 63 |
| Finanzierung aus internationalen Forschungsprogrammen (in Tsd. EUR) | 8.741 | 9.524 |
| Anzahl dieser Projekte > 100.000 EUR | 28 | 35 |
| **Ergebnisse** | | |
| Summe betrieblicher Erträge (in Tsd. EUR) | 82.311 | 79.228 |
| Wertschöpfung (in % der Erträge) | 86,6 | 94,1 |
| Anteil der Auftragszugänge Wirtschaft (in %) | 89,7 | 86,1 |
| Anteil der Auftragszugänge von öffentlichen Stellen | 10,3 | 13,9 |
| Lizenzerträge (in Tsd. EUR) | 2.918 | 3.029 |
| Publikationen in wissenschaftlich referierten Zeitschriften | 183 | 222 |
| Publikationen in wiss. referierten Zeitschriften pro wiss. MitarbeiterIn | 0,41 | 0,46 |
| Konferenzbeiträge | 486 | 464 |
| Patente erteilt | 20 | 22 |
| Abgeschlossene Dissertationen | 18 | 20 |
| Abgeschlossene Diplomarbeiten | 55 | 53 |

Abbildung 74: Auszug aus der Wissensbilanz des Austrian Institute of Technology – AIT

Der **Aussagewert** einer Wissensbilanz im Sinne eines Steuerungsinstrumentes wird erhöht, wenn die ausgewählten Indikatoren für ein Berichtsjahr um die Zielvorstellungen, die den Aktivitäten in diesem Jahr vorgegeben wurden, ergänzt werden und ein Vergleich mit dem Vorjahr ermöglicht wird. Die NPO-Führung muss jedoch vor allem unter Wettbewerbsgesichtspunkten entscheiden, ob sie die Information über Ziele und Zielerreichung über den internen Adressatenkreis hinaus auch externen Anspruchsgruppen zugänglich machen will.

Die **Indikatoren** in der Wissensbilanz bedürfen einer verbalen Erläuterung. Die Wissensbilanz nimmt dann den Charakter eines „Value for Money-reporting" und damit eines Sozialberichtes an. Das folgende Beispiel nimmt auf die in *Abbildung 73* formulierten Wissensziele Bezug und entstammt der Wissensbilanz der Austrian Research Centers GmbH (Vorgängerin des AIT):

### Wissensziel 1: Wissenstransfer – Nutzen ist unser Erfolg

- *50 % der Bereichsleiter haben Lehrverpflichtungen an Universitäten.*
- *Die Zahl der Vorträge auf wissenschaftlichen Tagungen wurde auf 1,8 pro WissenschaftlerIn erhöht.*
- *55 % des Gesamtaufwandes für Forschung und Entwicklung werden im Rahmen der Programmforschung eingesetzt.*
- *70 Artikel wurden in referierten wissenschaftlichen Zeitschriften veröffentlicht.*
- *Die Erlöse aus Kundenprojekten betrugen 25,4 Mio. €*
- *46 % der Aufträge kommen von kleinen und mittleren Unternehmen.*

### Wissensziel 2: Interdisziplinarität – Vielfalt für das Ganze

- *14,5 % aller neuen Projekte im Berichtsjahr waren geschäftsfeldübergreifend.*
- *5,6 % der wissenschaftlichen MitarbeiterInnen haben mehr als einen akad. Abschluss.*
- *Die MitarbeiterInnen nahmen an 128 Gremien teil.*

### Wissensziel 3: Forschungsmanagement – Gezielt und systematisch Neues entdecken

- *Die Plantreue ist auf hohem Niveau etwa gleich geblieben.*
- *Die Ausbildung im Bereich Management und Kommunikation wurde auf 2,12 Tage pro MitarbeiterIn gesteigert.*
- *Fünf Netzwerke wurden koordiniert.*

### Wissensziel 4: Internationalität – Exzellenz durch internationales Networking

- *34 % aller neuen Auftragsprojekte werden für internationale Kunden durchgeführt.*
- *Die Trefferquote bei EU-Projekten ist gesunken und lag im Berichtsjahr bei 27 %.*
- *Internationalen ForscherInnen steht ein eigenes Stipendienprogramm zur Verfügung, das im Berichtsjahr zwölf Personen genutzt haben.*

**Wissensziel 5: Spin-offs & Beteiligungen – Wettbewerbsfähigkeit durch Innovation**

- *Im Berichtsjahr wurde ein Spin-off (Unternehmensgründung aus dem Forschungsbereich) unterstützt.*
- *Zwei Projekte sind unter den besten zehn Projekten des „i2b"-Businessplanwettbewerbes.*
- *Die Anzahl der Patentanmeldungen ist stark gestiegen.*


Während sich der **Erfolg** des Strukturvermögens (structural capital) im Wert des in der Organisation angesammelten Wissens oder in der Effizienz der internen Leistungsprozesse niederschlägt, kann der Erfolg des Einsatzes des Humanvermögens an den Verbesserungen im Bereich der Leistungsart und der Leistungsqualität gemessen werden (Innovationsgrad der Leistungserstellung). Der Wert der externen Beziehungen (costumer capital) hat neben den Beziehungen zu den Leistungsabnehmern auch die Qualität der Beziehungen zu den für die NPO massgeblichen Anspruchsgruppen (stakeholders) zu umfassen.

Die bisherigen **Modelle** zur Erfassung immaterieller Vermögenswerte und damit zur Berichtslegung über Leistungspotenziale und Leistungsergebnisse von Organisationen beruhen auf einer differenzierten Betrachtung nach typischen Beziehungsfeldern. Damit sind sie den Perspektivenfeldern, wie sie der **Balanced Scorecard** (siehe Abschnitt 12.2.1) zu Grunde liegen, ähnlich.

### 12.3.5 Nachhaltigkeitsberichterstattung

Sektorübergreifend lässt sich in den vergangenen zehn Jahren ein Bedeutungszuwachs der Nachhaltigkeitsberichterstattung feststellen. Der Nachhaltigkeitsbegriff hat im Laufe der Zeit, oft überlappend mit dem Begriff der Corporate Social Responsibility, verschieden weite Ausprägungen erfahren, die von den Vorstellungen einer gerechteren Welt mit einer gleichberechtigten Teilhabe der Entwicklungsländer und der intergenerativen Gerechtigkeit bis hin zu einer Engführung auf den Aspekt der ökologischen Nachhaltigkeit reichen. Unter Nachhaltigkeitsberichterstattung verstehen Schaltegger, Bennet und Burritt (2006, S. 15), sehr allgemein gehalten, jede formalisierte Kommunikation, die die Informationen für eine unternehmerische Nachhaltigkeit vermittelt. Inhaltlich wird heute die Nachhaltigkeitsberichterstattung mit der Triple Bottom Line-Berichterstattung über die ökonomische, ökologische und soziale Kapitalerhaltung gleich gesetzt. Ergänzend zu den Kernangaben des Jahresabschlusses enthalten Nachhaltigkeitsberichte auch verbale, quantitative oder monetäre Angaben über die ökologische und soziale Performance.

Der am meisten verbreitete Ansatz ist jener der Global Reporting Initiative (GRI) (https://www.globalreporting.org/languages/german/Pages/Nachhaltigkeitsberichterstattung.aspx). Die GRI-Anforderungen sind vom Anspruch her sektorneutral. Die von den GRI definierten Anforderungen an die Qualität eines Nachhaltigkeitsberichts sind Ausgewogenheit, Vergleichbarkeit, Genauigkeit und Richtigkeit, Aktualität sowie Glaubwürdigkeit und Klarheit (GRI 2014). Die GRI-Berichterstattung folgt dem „Comply or Explain"-Prinzip, das besagt, dass Abweichungen von den GRI-Vorgaben der Begründung bedürfen.

Seit 2010 gibt es spezifische GRI-Disclosure Anforderungen für Nicht-Regierungsorganisationen (NGO) (https://www.globalreporting.org/reporting/sector-guidance/sector-guidance/ngo/Pages/default.aspx). Branchen- oder sektorspezifische Disclosure Supplements dienen dazu, die allgemeinen GRI-Anforderungen zu ergänzen. Anlass für die NGO Discloure-Vorgaben war eine Initiative von internationalen Nichtregierungsorganisationen (www.ingoaccountablititycharter.org), die sich freiwillig zu einer verbesserten öffentlichen Rechenschaftslegung verpflichtet haben. Von der Zielgruppe liegt den GRI NGO Discloure-Anforderungen ein weites NPO-Verständnis zu Grunde, da dort auf werte-basierte Organisationen abgestimmt wird. Das Spektrum reicht von politischen NPO über soziale NPO bis hin zu Förderstiftungen und Forschungseinrichtungen. Besonderheiten für die Nachhaltigkeitsberichterstattung von NPO werden aus der Gemeinwohlorientierung, den besonders hohen Governance Anforderungen und spezifischen Anforderungen im Rahmen der Programm-Effektivität abgeleitet. Dies führt vor allem im Rahmen der ökonomischen und sozialen Berichterstattung zu einer Reihe von zusätzlichen Berichtsinhalten, wie aus *Abbildung 75* zu entnehmen ist.

Die GRI-Anforderungen sind jedoch nicht die einzigen Regelwerke für eine Nachhaltigkeitsberichterstattung. Intensiv wird, vor allem für den erwerbswirtschaftlichen Bereich, das im Dezember 2013 verabschiedete **International Integrated Reporting Framework** (http://www.theiirc.org/international-ir-framework/) diskutiert. Dieses hat das Ziel zu erfassen, wie die Strategie, die Steuerung, die Leistung und die Prozesse einer Organisation im Kontext der externen Umwelt zu einem kurz-, mittel- und langfristigen Mehrwert für die Stakeholder führen. Im Gegensatz zu GRI stellt der IR-Rahmen den Wertschöpfungsprozess einer Organisation in den Mittelpunkt. In einem ersten Schritt wurden Pilotprojekte in erwerbswirtschaftlichen Unternehmen gestartet, eine Erweiterung auf den öffentlichen Sektor ist geplant. Ob und wann das International Integrated Reporting Framework in NPO Anwendung findet, ist noch offen, zumal es in Konkurrenz mit den sektorspezifischen GRI-Anforderungen und der International NGO Accountability-Initiative steht. Im Vergleich zu unternehmensrechtlichen Vorschriften ist der Kapitalbegriff ein wesentlich weiterer, da sechs Kapitalarten einbezogen werden: Finanzkapital, produziertes Kapital, intellektuelles Kapital, Humankapital, natürliches Kapital (Umweltbelange) sowie das Sozial- und Beziehungskapital.

## Performance Management und Performance Reporting

| GENERAL STANDARD DISCLOSURES | |
|---|---|
| Strategy and Analysis + <br> Organizational Profile + <br> Identified Material Aspects and Boundaries + <br> Stakeholder Engagement + | Report Profile <br> Governance + <br> Ethics and Integrity |

| SPECIFIC STANDARD DISCLOSURES |||||
|---|---|---|---|---|
| **ECONOMIC** |||||
| Economic Performance + <br> Market Presence <br> Indirect Economic Impact <br> Procurement Practices <br> Resource Allocation ++ <br> Social Responsible Investment ++ <br> Ethical Fundraising ++ |||| Materials <br> Energy <br> Water <br> Biodiversity <br> Emissions <br> Effluents and Waste <br> Products and Services + <br> Compliance <br> Transport <br> Overall <br> Supplier Environmental Assessment <br> Environmental Grievance Mechanism |
| **SOCIAL** |||||
| Labor Practices and Decent Work | Human Rights | Society | Product Responsibility ||
| Employment <br> Labor/Management Relations <br> Occupational Health and Safety + <br> Training and Education + <br> Diversity and Equal Opportunity <br> Equal Remuneration for Men and Women <br> Supplier Assessment for Labor Practices <br> Labor Practices Grievance Mechanism + | Investment <br> Non-discrimination <br> Freedom of Action and Collective Bargaining <br> Child labor <br> Forced or Compulsory Labor <br> Security Practices <br> Indigenous Rights Assessment <br> Supplier Human Rights Assessment <br> Human Rights Grievance Mechanism | Local Communities <br> Anti-Corruption + <br> Public Policy <br> Anti-competitive Behavior <br> Compliance <br> Supplier Assessment for Impacts on Society <br> Grievance Mechanisms for Impacts | Customer Health and Safety <br> Product and Service Labeling <br> Marketing Communication + <br> Customer Privacy + <br> Compliance <br> Selected Stakeholder Engagement ++ <br> Feedback, Complaints and Action ++ <br> Monitoring, Evaluation and Learning ++ <br> Gender and Diversity ++ <br> Public Awareness ++ <br> Advocacy ++ <br> Coordination ++ ||

\+ Sector specific content has been added
++ Sector specific aspects

Abbildung 75: G4 Berichterstattungskriterien für NGO
(entnommen aus G4 Sector Disclosures NGO 2014, S. 10)

Auch die Europäische Kommission und das Europäische Parlament sind hinsichtlich der Nachhaltigkeitsberichterstattung aktiv, was darauf schliessen lässt, dass diese für grosse NPO an Bedeutung gewinnen wird. Anders als GRI oder das International Integrated Reporting Framework setzen die EU-Organe auf eine Publikationspflicht. Im April 2014 hat das EU Parlament beschlossen, dass Unternehmen des öffentlichen Interesses mit mehr als 500 Mitarbeiterinnen und Mitarbeitern in absehbarer Zeit nicht-finanzielle Informationen offenlegen müssen. Inbegriffen sind dabei Informationen zu Strategie, Risiken, Umweltaspekten, sozialen und mitarbeiterbezogenen Aspekten im Hinblick auf Menschenrechte, Korruption und Diversität im Unternehmen (Europäische Kommission 2014).

### 12.3.6 Formen der gemeinwohlorientierten Berichterstattung

Sowohl im öffentlichen Sektor als auch im Nonprofit Sektor haben in den vergangenen Jahren die Aktivitäten zur Erfassung des spezifischen Gemeinwohlbeitrags zugenommen, ergänzend zu jenen Verfahren, die auch in erwerbswirtschaftlichen Unternehmen Anwendung finden (z. B. Nachhaltigkeitsberichterstattung, Sozial- und Wissensbilanzen).

Die Erfüllung des öffentlichen Leistungsauftrages steht im Mittelpunkt von **Public Value-Berichten.** Sie folgen der Logik, dass öffentliche Institutionen, aber auch private Organisationen, die einen öffentlichen Leistungsauftrag erfüllen, Werte für die Gemeinschaft schaffen. Diese Nachweise haben entweder den formalen Charakter von *Sozialberichten* (siehe Abschnitt 12.3.2, Punkt 2), z. B. bei öffentlich-rechtlichen Rundfunkanstalten, oder von *Sozialindikatoren-Rechnungen* (siehe Abschnitt 12.3.2, Punkt 4), wie z. B. bei gemeinnützigen Wohnbaugenossenschaften. Der Begriff des „Public Value" stammt aus dem politikwissenschaftlichen Bereich (Moore 1995) und bezieht sich auf die Bewertung und Steigerung der Wertschöpfung von Tätigkeiten öffentlicher Einrichtungen (Verwaltungen und Unternehmen) im Interesse des Gemeinwohls (Hill 2007, S. 373). Der „Public Value" wird im Management öffentlicher Einrichtungen zunehmend als Äquivalent zum „Shareholder Value" in erwerbswirtschaftlich ausgerichteten Unternehmen verstanden.

Insbesondere die **öffentlich-rechtlichen Rundfunkanstalten** sehen einen regelmässig veröffentlichten Public Value-Bericht als Informationsinstrument an, wie sie ihren öffentlich-rechtlichen Auftrag erfüllen. So veröffentlichte der ORF 2014 zum sechsten Mal einen Public Value Bericht, der in fünf Qualitätsdimensionen mit insgesamt 18 Leistungskategorien unterteilt ist und das Leistungsangebot des ORF auf Basis des ORF-Gesetzes und der Programm-Richtlinien erläutert. Er ist betriebswirtschaftlich im Sinne eines *Sozialberichts* (siehe Abschnitt 12.3.2, Punkt 2) zu interpretieren. Der schriftliche Bericht wird durch eine online-Version (zukunft.orf.at) ergänzt, in der die Geschäftsführung, interne Mitarbeiterinnen und Mitarbeiter sowie externe Experten ihre Sicht der Erfüllung des öffentlich-rechtlichen Auftrags an den ORF darlegen.

## Performance Management und Performance Reporting

| Qualitäts-dimensionen | Individueller Wert | Gesellschafts-wert | Österreich-wert | Internationaler Wert | Unternehmens-wert |
|---|---|---|---|---|---|
| Leistungs-kategorien | Vertrauen<br>Service<br>Unterhaltung<br>Wissen<br>Verantwortung | Vielfalt<br>Orientierung<br>Integration<br>Bürgernähe<br>Kulturauftrag | Identität<br>Wertschöpfung<br>Föderalismus | Europa-Integration<br>Globale Perspektiven | Innovation<br>Transparenz<br>Kompetenz |

Abbildung 76: Struktur des Public Value-Berichts 2013/14 des ORF

2014 hat auch der Weltverband Deutscher Auslandsschulen einen Public Value-Bericht in der Art eines Sozialberichts vorgelegt (http://www.auslandsschulnetz.de/publicvalue).

Zur Ermittlung und Darstellung des gesellschaftlichen Mehrwerts (Public Value) der **gemeinnützigen Wohnungswirtschaft in Österreich** wurde auf der Grundlage verfügbarer statistischer Daten und fachbezogener Studien ein **Indikatoren-Modell** erarbeitet (KDZ 2011). Das Modell geht von folgenden Wirkungsparametern aus:

- dem politischen Nutzen, der die übergeordneten Zielsetzungen für staatliche Interventionen wie Daseinsvorsorge, sozialer Ausgleich, ökonomische Stabilisierung, nachhaltige Raumentwicklung und ganz allgemein für eine Verbesserung der Lebensqualität beschreibt.

- dem Nutzen für die verschiedenen Stakeholder (Stakeholder Value). Er bezieht sich auf die Bewohnerinnen und Bewohner durch die Bereitstellung von leistbarem und qualitätsvollem Wohnraum mit hoher Wohnsicherheit und eine daraus resultierende Wohnzufriedenheit, auf die Bauwirtschaft, die mit einer planbaren Beschäftigung rechnen kann, und auf die Gebietskörperschaften als Fördergeber der Wohnbauförderung und die Banken als Finanzierungsinstitutionen.

- dem Nutzen für das Umfeld und die Gesellschaft, der in soziale, ökonomische, ökologische, räumliche und gesellschaftliche Dimensionen differenziert werden kann.

*Abbildung 77* zeigt die Grundstruktur dieser Indikatorenrechnung (KDZ 2011, S. 7). Da die Wirkungen nicht in eindimensionalen Ursache-Wirkungs-Beziehungen erfasst werden können, werden in den genannten Dimensionen ein oder mehrere Indikatoren bestimmt, wobei zwischen quantitativ messbaren und nur qualitativ beschreibbaren Indikatoren unterschieden wird. Ein Beispiel aus dem Bereich „Daseinsvorsorge / Sozialer Ausgleich" möge illustrierend wirken (KDZ 2011, S. 25):

- Leistbares Wohnen:
  - Wohnungsaufwand je Nutzfläche für Kategorie A-Wohnungen (1)
  - Anteil der Bewohner/-innen mit einer Wohnkostenbelastung von mehr als 25 % des Nettoeinkommens (1)
- Stärkung der Gemeinschaft (Identifikation, Integration und Vernetzung):
  - Ausgewogener Mix unterschiedlicher Rechtsformen an den Wohnungen (2)
  - Gemeinschaftseinrichtungen in den Wohnbauten: Best Practices (3)
  - Anzahl der Aktivitäten des Sozialen Management (Gebietsbetreuung, Netzwerkinitiativen usw.) sowie Anzahl der Teilnehmer an integrativen Massnahmen (2)
  - Subjektive Zufriedenheit der Bewohner mit der erfolgten Migration, Integration und Positionierung in der Gemeinschaft (2)

*Anmerkungen:*

(1) Indikatoren messbar

(2) Indikatoren grundsätzlich messbar, doch stehen derzeit noch keine umfassenden statistischen Daten zur Verfügung

(3) Indikatoren nicht oder nur schwer messbar, daher sind sie nur auf Basis von Beispielen („Best Practices") beschreibbar

Performance Management und Performance Reporting

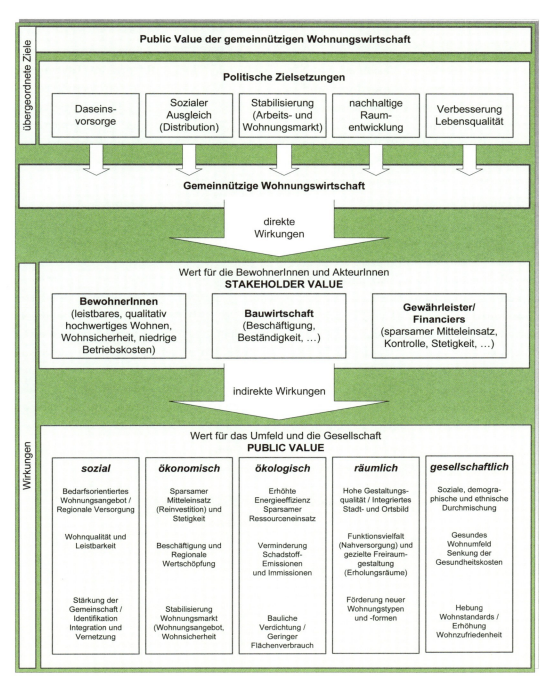

Abbildung 77: Public Value in der gemeinnützigen Wohnungswirtschaft

Die Ergebnisse dieser Analysen sollen Anstösse für künftige Strategien im Rahmen der Wohnungspolitik geben.

Zu den spezifischeren Verfahren für NPO zählen der **Social Return on Investment** (SROI) und der **Social Reporting Standard**. Von der Vorgehensweise verfolgen beide Ansätze das Ziel, die stakeholderbezogene Wertschöpfung von NPO zu erfassen. Beiden Methoden liegt zudem ein Denken in Input – Prozess – Output – Outcome Wirkungsketten zu Grunde. Während der SROI methodisch relativ aufwendig auf eine Einmalerhebung setzt, strebt der Social Reporting Standard an, den Jahresabschluss hin zu einem Wirkungsbericht umzugestalten, um so einen intertemporalen Vergleich zu ermöglichen. .

Beim **SROI** handelt es sich um einen Ansatz, der die Wirkungen einer NPO auf eine einzige Kennzahl verdichtet. Methodisch greift der SROI auf Verfahren der volkswirtschaftlichen Kosten-Nutzen-Analyse zurück. Inhaltlich misst der SROI den Netto-Interventionsnutzen den eine NPO oder ein Programm einer NPO generiert. Der erste Ansatz für die Ermittlung des SROI stammt vom *Robert Enterprise Development Fund*, der den SROI erstmalig 1996 zur Bewertung von Massnahmen zur Wiedereingliederung erwerbsloser Personen in den ersten Arbeitsmarkt einsetzten (Kehl/Then/Münscher 2012, S. 314). Mittlerweile gibt es zahlreiche Verfahren zur Ermittlung des SROI, wobei eine deutliche Weiterentwicklung des SROI durch die *New Economics Foundation* erfolgte, da diese den Stakeholderbezug in die SROI-Berechnung integrierte. Stakeholderbezogen wird beim SROI nach dem Netto-Interventionsnutzen gefragt, der sich vom Brutto-Interventionsnutzen dadurch unterscheidet, dass jene Effekte nicht berücksichtigt werden, die auch ohne das Handeln einer NPO eingetreten wären (sogenannte Deadweights). *Abbildung 78* stellt diese Grundidee graphisch dar.

Um zum SROI zu gelangen, wird der so monetär ermittelte Nettonutzen in Relation zu den Investitionen gesetzt. Die entsprechende Formel lautet

$$SROI = \frac{\Sigma \; monetarisierter \; Netto - Nutzen}{\Sigma \; Investitionen}$$

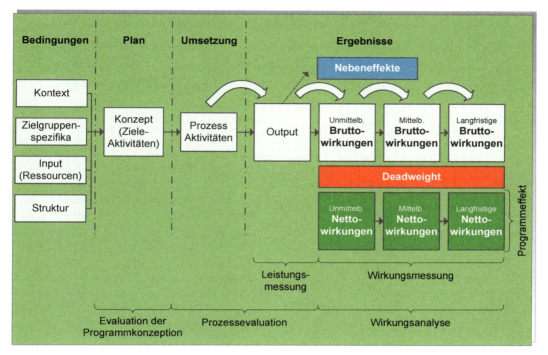

Abbildung 78: Wirkungskette unter Berücksichtigung von Brutto/Nettowirkungen

(entnommen aus Schober/Rauscher/Millner 2013, S. 453)

*Abbildung 79* stellt den SROI des Vereins Footprint dar, der sich um Betroffene von Frauenhandel kümmert. Footprint unterstützt Frauen und Mädchen auf ihrem Weg in eine möglichst selbstbestimmte Zukunft. Dazu bietet der Verein Sozial- und Rechtsberatung, Weiterbildungskurse und einen Ort des emotionalen Rückzugs (http://www.footprint.or.at/?page_id=47).

| Stakeholder | Investitionen in FP (in €) | | Soziale Profite von FP (in €) | |
|---|---|---|---|---|
| Klientinnen | | | Verbesserung der Lebenssituation | € 42.194 |
| Hauptamtliche MitarbeiterInnen | | | Beitrag zum Gemeinwohl, fixes Einkommen | € 848 |
| Ehrenamtliche MitarbeiterInnen | | | Beitrag zum Gemeinwohl, Weiterbildung, soziales Netzwerk | € 2.887 |
| SpenderInnen | IGA Preisgeld, Spenden | € 46.884 | Verbesserung der Lebenssituation der Klientinnen | Bei „Klientinnen" berechnet |
| Sportkursteilnehmerinnen | Teilnahme-Beiträge | € 799 | Bewegung, positives Gefühl, „Gutes" zu tun, Sensibilisierung | € 22.907 |
| Charity Dinner TeilnehmerInnen | Spenden | € 2.034 | Positives Gefühl, „Gutes" zu tun, Sensibilisierung | € 10.974 |
| Sozialversicherung & MVK | | | Zusätzliche Beiträge | € 15.703 |
| Öffentliche Hand | Förderung | € 3.888 | Zusätzliche Lohnsteuereinnahmen | € 573 |
| Arbeitsmarktservice | | | Einsparung von Arbeitslosengeld und Notstandshilfe | € 17.468 |
| EigentümerInnen | | | Finanzieller Jahresüberschuss | € 17.361 |
| SUMME | | € 53.565 | | € 130.914 |
| SROI = 2,44 | | | | |

Abbildung 79: Gesamtbetrachtung der Investitionen und Profite für den Verein Footprint (graphisch leicht verändert entnommen aus Pervan-Al Soqauer/Pervan 2013, S. 45)

Ein SROI von 2,44 bedeutet, dass jeder investierte Euro einen monetär bewerteten Nutzen von € 2,44 schafft. Für die finanziell interessierten Stakeholder wird dadurch signalisiert, dass es sich gelohnt hat, den Verein Footprint zu unterstützen.

Die Quantifizierung und Monetarisierung des sozialen Nutzens ist kein einfaches Unterfangen. So fliessen beispielsweise bei den Klientinnen folgende Outcome-Komponenten ein: Erhöhtes Wissen bei sozialen und rechtlichen Fragen (€ 118), Beistand bei Amtswegen etc. (Begleitung) (€ 2.298), erworbene Deutschkenntnisse (€ 8.316), bestandene Prüfungen zum Erwerb des Österreichischen Sprachdiploms Deutsch (€ 840), Aufnahme einer Erwerbstätigkeit (€ 9.497), Erhalt einer Praktikumsstelle (€ 414), Bewegung (in Sportkursen) (€ 594), Verbesserung der Wohnsituation (€ 11.920), Integration in die Gesellschaft (€ 6.965), Unterstützung durch Sachspenden (€ 1.050) sowie Essen und Gesellschaft beim Charity-Dinner (€ 182) (Pervan-Al Soqauer/Pervan 2013, S. 27 ff.).

Unabhängig vom konkreten Beispiel ist es notwendig, dass SROI-Studien mit Vereinfachungen und Näherungswerten bei der Monetarisierung des qualitativen Nutzens arbeiten. Um zum Nettonutzen zu kommen, gilt es abzuschätzen, was geschehen wäre, wenn es die NPO nicht gibt. Manche Wirkungen sind nur sehr schwer zu berücksichtigen, weil sie mit einer langen zeitlichen Verzögerung auftreten, oder sich nicht eindeutig zurechnen lassen. Wie so häufig bei Wirkungsmessungen, geht dies nicht ohne politische Abwägungsentscheidung (Simsa u. a. 2013). Positiv am SROI ist hervorzuheben, dass die Berechnungen dazu beitragen, dass soziale Organisationen nicht als Kostgänger betrachtet werden und die Wirkungsdimension jenseits einer Dienstleistungsbewertung wieder stärker betont wird. In einer komplexen und informationsüberladenen Umwelt haben SROI-Berechnungen eine Entlastungsfunktion, da sie eine extreme Form der Verdichtung auf eine Zahl vornehmen. Dies ist massenmedientauglich und kommt jenen Ressourcengebern entgegen, welche den Wunsch nach einfachen finanziellen Informationen haben.

Auf die Integration der wirkungsbezogenen Berichterstattung in die jährliche Berichterstattung setzt der **Social Reporting Standard** (SRS) (http://www.social-reporting-standard.de/), der darauf abzielt, die Wirkungskette der jeweiligen NPO abzubilden und im Interesse der Legitimität, der Ressourcengewinnung, der Qualitätsentwicklung und der Organisationssteuerung zu kommunizieren. Für den Aufbau und die Bestandteile einer wirkungsorientierten Berichterstattung macht der SRS-Leitfaden zur wirkungsorientierten Berichterstattung dezidierte Vorgaben und fordert auf, dass Abweichungen und Auslassungen zu erläutern sind. Die Grobstruktur des Aufbaus ist *Abbildung 80* zu entnehmen (entnommen aus: http://www.social-reporting-standard.de/wp-content/uploads/2014/05/SRS_Leitfaden_2014.pdf). Mitte 2014 waren mehr als 75 Anwender beim Verein SRS e.V. registriert. Da die Berichtsvorlage unter einer Creative Commons Lizenz jedem zugänglich ist, lässt sich die genaue Zahl der Anwender nicht feststellen. Überwiegend kommt der SRS bei sozialen NPO zum Einsatz.

**Teil I: Grundlagen**

**Teil A – Überblick**
1. Einleitung
    1.1. Vision und Ansatz
    1.2. Gegenstand des Berichts

**Teil B – Ihr Angebot**
2. Das gesellschaftliche Problem und Ihr Lösungsansatz
    2.1. Das gesellschaftliche Problem
    2.2. Bisherige Lösungsansätze
    2.3. Ihr Lösungsansatz
        2.3.1. Leistungen(Output) und direkte Zielgruppen
        2.3.2. Intendierte Wirkungen (Outcome/Impact) auf direkte und indirekte Zielgruppen
        2.3.3. Darstellung der Wirkungslogik
3. Ressourcen, Leistungen und Wirkungen im Berichtszeitraum
    3.1. Eingesetzte Ressourcen (Input)
    3.2. Erbrachte Leistungen (Output)
    3.3. Erreichte Wirkungen (Outcome/Impact)
    3.4. Darstellung der Ressourcen, Leistungen und Wirkungen im Berichtszeitraum
    3.5. Massnahmen zur begleitenden Evaluation und Qualitätssicherung
    3.6. Vergleich zum Vorjahr: Grad der Zielerreichung, Lernerfahrung und Erfolge
4. Planung und Ausblick
    4.1. Planung und Ziele
    4.2. Einflussfaktoren: Chancen und Risiken
5. Organisationsstruktur und Team
    5.1. Organisationsstruktur
    5.2. Vorstellung der handelnden Personen
    5.3. Partnerschaften, Kooperationen und Netzwerke

**Teil C – Ihre Organisation**
6. Organisationsprofil
    6.1. Allgemeine Angaben über die Organisation
    6.2. Governance der Organisation
        6.2.1. Leitungs- und ggf. Geschäftsführungsorgan
        6.2.2. Aufsichtsorgan
        6.2.3. Interessenkonflikte
        6.2.4. Internes Kontrollsystem
    6.3. Eigentümerstruktur, Mitgliedschaften und verbundene Organisationen
        6.3.1. Eigentümerstruktur der Organisation
        6.3.2. Mitgliedschaften in anderen Organisationen
        6.3.3. Verbundene Organisationen
7. Finanzen und Rechnungslegung
    7.1. Buchführung und Rechnungslegung
    7.2. Vermögensrechnung
    7.3. Einnahmen und Ausgaben
    7.4. Finanzielle Situation und Planung

Abbildung 80: Aufbau der wirkungsorientierten Berichterstattung nach SRS

| Zielgruppe | Aktivität/ Produkt/ Dienstleistung | Kurze Beschreibung | Entgelt in EUR | Erwartete Wirkung der Aktivität |
|---|---|---|---|---|
| Potenzielle Trainerinnen | Fortbildung zur „Papilio-Trainerin" | Dauer insgesamt ca. 9 Tage, auf mehrere Module verteilt | 2.607.- inkl. Material | Die Trainerinnen gewinnen Kindergärten bzw. Erzieherinnen, um sie in Papilio fortzubilden. |
| Lehrerinnen an Fachschulen und -akademien | Fortbildung zur Papilio-Trainerin für Fachschulen | Einbindung der Papilio-Inhalte in die Ausbildung der Erzieherinnen | 2.607,- inkl. Material | Die Lehrerinnen sensibilisieren angehende Erzieherinnen für die frühe Prävention und befähigen sie, Papilio in Kindergärten umzusetzen. |
| Erzieherinnen | Fortbildung zur Einführung von Papilio im Kindergarten | Dauer insgesamt 7 Tage, auf mehrere Module über 1 bis 2 Jahre verteilt | 850,- inkl. Material | Die Erzieherinnen führen Papilio im Kindergarten ein und führen es dauerhaft durch. |
| Mitarbeiterinnen pädagogischer Bereich | Papilio Akademie Fortbildungen | Vertiefung spezifischer Themen aus der Papilio Arbeit | 10,- bis 190,- | Qualitätssicherung, Reflexion des erzieherischen Handelns, Kompetenzerweiterung. |
| Kinder | Alle Massnahmen zielen letztlich auf die Kinder. | | | Kinder reduzieren Auffälligkeiten und entwickeln mehr sozial-emotionale Kompetenzen. |
| Eltern | Bücher mit Elternteil | Bilderbuch „Paula und die Kistenkobolde" und Vorlesebuch „Paula im Koboldland" zum Erlernen emotionaler Kompetenzen. | 14,95/ 9,95 | Eltern wenden zu Hause Teile der Papilio-Massnahmen an. |
| | DVD mit Elternheft | DVD „Paula und die Kistenkobolde". Gesichte zum Erlernen emotionaler Kompetenz. | 9,95 | |
| | Infos | Elternabende, in denen die Erzieherinnen den Eltern die Papilio-Massnahmen erklären. | kostenlos | |

Abbildung 81: Aktivitäten und erwartete Wirkungen

(entnommen aus: Jahres- und Wirkungsbericht 2013 Papilo e.V. http://www.papilio.de/ verein_geschaeftsbericht.php, S. 10)

Auszugsweise gibt *Abbildung 81* den Jahres-und Wirkungsbericht 2013 von Papilio e.V wider. Papilio engagiert sich in Kindergärten mit Programmen zur Vorbeugung von Sucht und

Gewalt. Weitere Beispiele können über http://www.social-reporting-standard.de/trager/ herunter geladen werden. Der Jahres- und Wirkungsbericht enthält auch Aussagen über erzielte Wirkungen in verbaler und graphischer Form. *Abbildung 82* enthält die dazugehörige Graphik.

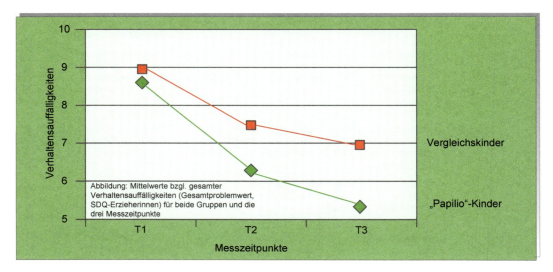

Abbildung 82: Aktivitäten und erzielte Wirkungen (graphische Darstellung)

(entnommen aus: Jahres- und Wirkungsbericht 2013 Papilio e.V. http://www.papilio.de/verein_geschaeftsbericht.php, S. 15)

Intention der vorgestellten Verfahren der Wirkungsmessung ist es, den gesellschaftlichen Nutzen von NPO auf der einzelwirtschaftlichen Ebene zu erfassen und zu kommunizieren. Dies geht weiter als der „Value for Money"-Gedanke des New Public Management. Eine Kommunikation des gesellschaftlichen Beitrags dient nicht nur dazu, Rechenschaft über den Umgang der von Förderern, Mitgliedern, Spendern, der öffentlichen Hand oder sonstigen Institutionen bereit gestellten Ressourcen zu legen, sondern kann im positiven Fall auch zur Legitimitätssicherung beitragen. Durch den Wandel von einer „trust-me" hin zu einer „prove-me" Kultur in vielen Tätigkeitsbereichen von NPO sind die Transparenzanforderungen an NPO deutlich gestiegen. Diese Zunahme findet jenseits der Entwicklung statt, dass NPO sich als zuverlässige Dienstleistungsanbieter von qualitativ überzeugenden Leistungen positionieren, um im Wettbewerb mit den neuen Sozialunternehmern oder erwerbswirtschaftlichen Konkurrenten bestehen zu können.

# Teil II

## Fallstudien

# Fallstudie 1:
# Kosten- und Leistungsrechnung in einer sozialen NPO am Beispiel des Landesrettungsvereins Weisses Kreuz Südtirol

von Andreas Kattnigg und Ivo Bonamico

## 1. Ausgangslage

Die Anforderungen an das Management von Sozialeinrichtungen haben in den letzten Jahren massiv zugenommen. Das Spannungsfeld zwischen den Bedarfen von Seiten der potenziellen Zielgruppen, der Finanzierung durch die öffentliche Hand und deren Erwartungshaltungen an die Erfüllung durch die jeweilige Nonprofit-Organisation (NPO) führt zu großen Herausforderungen für das NPO-Management. Diesen Herausforderungen kann nur durch systematische Planung und Steuerung begegnet werden.

Im Rahmen der Strategischen Planung sind die Weichen zu stellen, um die Erfolgspotenziale der Zukunft zu sichern bzw. weiterzuentwickeln. Die grundsätzliche Fragen: „Bei welchen Zielgruppen wollen wir durch welche Leistungen und in welcher Qualität welche Wirkungen erzielen?" steht dabei im Mittelpunkt. Diese systematische Diskussion kann nur unter Berücksichtigung der eigenen Stärken durchgeführt werden. Eine hohe Wirtschaftlichkeit in der Leistungserbringung kann eine dieser Stärken sein.

Bei der operativen Planung und Steuerung kommt es darauf an, die strategischen Zielsetzungen durch konkrete Handlungen im NPO-Alltag umzusetzen. Jährliche inhaltliche Planungen und die dazugehörende Budgetierung sowie Investitionsplanung sind dabei unverzichtbar. Unterjährige Steuerung sollte standardmässig stattfinden.

Bei all diesen Planungs- und Steuerungsaufgaben ist es hilfreich, konkrete Informationen über die Wirtschaftlichkeit des Ressourceneinsatzes in Bezug auf die erbrachen bzw. zu erbringenden Leistungen zur Verfügung zu haben.

Eine adäquate Kosten- und Leistungsrechnung ist dafür unverzichtbar.

## 2. Der Landesrettungsverein Weisses Kreuz – Eine kurze Vorstellung

Das Weisse Kreuz wurde am 10. August 1965 gegründet. Seit 1998 ist der Verein im Landesverzeichnis der ehrenamtlich tätigen Organisationen eingetragen. Somit verpflichtet er sich, 50 % seiner Tätigkeiten mit freiwilligen bzw. ehrenamtlichen Helfern abzudecken. Zugleich darf der Rettungsverein keine Gewinnabsichten verfolgen.

Seit Gründung bis zum heutigen Tag hat sich das Weisse Kreuz zum größten und stärksten Rettungsverein in Südtirol entwickelt. Mit seinen mittlerweile 32 Sektionen ist der Landesrettungsverein so aufgestellt, dass er flächendeckend in ganz Südtirol und Teilen der Nachbarprovinz Belluno alle Einsatzorte in 20 Minuten erreichen kann.

Die Kerntätigkeit des Weissen Kreuzes ist es, den Rettungs- und Krankentransportdienst im Auftrag des Südtiroler Sanitätsbetriebes flächendeckend durchzuführen. Diesbezüglich sind sämtliche Einzelheiten und Tarife in einem Leistungsvertrag zwischen den beiden Vertragspartnern festgehalten.

Im Laufe der Zeit hat sich der Landesrettungsverein weiterentwickelt und zusätzliche Dienste in seinen Aufgabenbereich aufgenommen. So bietet das Weisse Kreuz soziale Unterstützung in den Leistungen der Notfallseelsorge und des Haus- und Mobilnotrufdienstes. Des Weiteren gehören Rücktransporte für verschiedene Privatversicherungen, Sanitätsdienste, Abhalten von Arbeitssicherheitskursen, die Pistenrettung bereits seit längerer Zeit zu den Dienstleistungen, welche vom Weissen Kreuz für die Südtiroler Bevölkerung angeboten werden.

Strukturell ist das Weisse Kreuz dezentral organisiert. Die Vereinsführung als Solches, sowie alle Dienstleistungen werden von einer zentral eingerichteten Landesleitung strategisch und operativ geplant und organisiert. Die dezentralen Sektionen sind für die operative Umsetzung der Dienstleistungen zuständig. Um das Spannungsfeld zwischen zentraler Vereinsführung und dezentralen Sektionen, die die Umsetzungsverantwortung tragen, zu minimieren, hat sich die Methodologie des partizipativen Führungsstils etabliert. Allen jenen, die das Verbandsmanagement-Modell des VMI kennen, ist diese Führungsweise bekannt und auch beim Weissen Kreuz funktioniert sie gut. Sowohl Haupt- als auch Ehrenamt haben ihre Gremien und ihre klar definierten Aufgaben und Zuständigkeiten und zwischen beiden findet ein reger Austausch statt. Die vereinsinternen Informations- und Kommunikationssysteme stellen sicher, dass der Informationsaustausch in beide Richtungen funktionieren kann. Gerade der Bereich des Rechnungswesens und des Controllings profitieren von den Möglichkeiten der Sensibilisierung über diese beiden Schienen der Vereinsorganisation.

## 3. Das Konzept der Kosten- und Leistungsrechnung

Um die Steuerung des Ressourceneinsatzes auf eine bessere Basis zu stellen, hat sich die Geschäftsführung des WK dazu entschieden, das Controlling in der Organisation weiterzuentwickeln. Kapazitätsmäßig ist die Funktion von einem Experten besetzt, der gleichzeitig auch verantwortlich für den Bereich EDV/IT ist.

In den letzten Jahren wurden in diesem Bereich vor allem Instrumente aufgebaut, die der statischen Verfolgung von erbrachten Leistungen, der mengenmässigen Erfassung von Personaleinsatzzeiten sowie Fahrzeugnutzungen dienen. Damit wurden wichtige Informationen für Abrechnung von Leistungen, Erstellung von Dienstplänen und Investitionen im KFZ-Bereich bereitgestellt. Eine umfassende Kosten- und Leistungsrechnung ist dem Verein noch nicht zur Verfügung gestanden.

Gemeinsam mit Direktor, Controller und externem Begleiter wurden die Anforderungen an die zukünftige Kosten- und Leistungsrechnung formuliert:

- Darstellung des Ressourceneinsatzes nach Vollkosten auf Ebene von Kostenstellen- und Kostenstellengruppen (Abteilungen)
- Darstellung des wirtschaftlichen Ergebnisses auf Basis einer stufenweisen Deckungsbeitragsrechnung der einzelnen Leistungen bzw. nach strategischen Geschäftsfeldern
- Erweiterung des Reporting um wichtige Kennzahlen für den Bereich Wirkung und Qualität

Grundsätzlich soll die Geschäftsführung in die Lage versetzt werden, den wirtschaftlichen Erfolg jedes Leistungsbereiches sowie die Wirtschaftlichkeit jeder Organisationseinheit (Abteilung, Bezirk, Sektion,…) zu erkennen.

Weiters wurde entschieden, dass die entwickelten Vorsysteme (Leistungsabrechnung, Personalzeiterfassung, KFZ-Einsatzplanung,…) sowie die bestehenden Finanzbuchhaltung in der bestehenden Form als Basis für die Kosten- und Leistungsrechnung genutzt werden sollen.

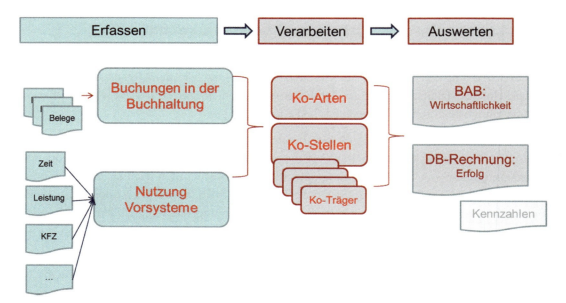

Abbildung 83: Integration der Kosten- und Leistungsrechnung in bestehende Systeme

## 3.1 Einrichtung der Kostenarten und Kostenstellen

Der Zielsetzung einer möglichst integrierten Kosten- und Leistungsrechnung folgend, wurde in einem ersten Schritt ein überschaubarer Kostenartenplan entwickelt. Ausgehend vom verwendeten Kontenrahmen wurde jedes einzelne Konto einerseits auf die Fragen hin durchleuchtet, wieweit diese „Kosten" darstellt und ob ein eigenständiger Überleitungsschritt mit sachlicher, periodischer oder bewertungsmäßiger Abgrenzung notwendig erscheint. Andererseits wurden von vornherein Zusammenfassungsmöglichkeiten ins Auge gefasst. Das Ziel lag darin, mit möglichst wenigen Kostenarten ein aussagefähiges Bild über die Wirtschaftlichkeit der einzelnen Bereiche zu erzielen.

Das Konzept sieht vor, dass Kostenarten zu Kostenartengruppen zusammengefasst werden können. Bei der Definition der Kostenarten wurden zwischen pagatorischen, also ausgabewirksamen Kosten und kalkulatorischen (nicht ausgabewirksamen) Kosten unterschieden. Weiters wurde bei der Festlegung der Kostenarten auch schon die hierarchische Zurechnungsstufe als Basis für die Deckungsbeitragsrechnung festgelegt.

Aufwendungen, die für die Kostenrechnung nicht relevant sind, werden gekennzeichnet und in der Berechnung nicht mehr berücksichtigt.

Beispiele dafür sind: Zahlungsverluste Vorjahre - Abrundungen - Rückstellungen - Erträge aus Anlagenverkäufen

## Fallstudie 1: Kosten- und Leistungsrechnung in einer sozialen NPO

| ID | Bezeichnung (D) | Bezeichnung (I) | Kategorie |
|---|---|---|---|
| 10 | Personalkosten | | 200 Primärkosten pagatorisch |
| 20 | Fremdleistungskosten | | 200 Primärkosten pagatorisch |
| 30 | Betriebskosten | | 200 Primärkosten pagatorisch |
| 40 | Verbrauchsmaterialien | | 200 Primärkosten pagatorisch |
| 50 | KFZ-Kosten | | 200 Primärkosten pagatorisch |
| 60 | Kalkulatorische Kosten | | 300 Kalkulatorische Kosten |
| 100 | Erlöse | | 100 Erlöse aus Leistungsverrechnung |

| ID | Bezeichnung (D) | Bezeichnung (I) | Gruppe | Typ | Hierarchiestufe |
|---|---|---|---|---|---|
| 10 | Löhne und Gehälter | | 10 Personalkosten | 1 Einzelkosten | 1 durch KS beeinflussbar |
| 11 | Zulagen | | 10 Personalkosten | 1 Einzelkosten | 1 durch KS beeinflussbar |
| 15 | Prämie | | 10 Personalkosten | 1 Einzelkosten | 1 durch KS beeinflussbar |
| 16 | Kosten für Freiwillige/Zivildiener | | 10 Personalkosten | 1 Einzelkosten | 1 durch KS beeinflussbar |
| 18 | Vergütungen/Versicherungen Freiwillige/Zivildiener | | 10 Personalkosten | 1 Einzelkosten | 1 durch KS beeinflussbar |
| 19 | Interne Belastung | | 10 Personalkosten | 1 Einzelkosten | 1 durch KS beeinflussbar |
| 20 | Reisespesen | | 10 Personalkosten | 1 Einzelkosten | 1 durch KS beeinflussbar |
| 22 | Fortbildungen | | 10 Personalkosten | 1 Einzelkosten | 1 durch KS beeinflussbar |
| 30 | Externe Dienstleistungen Personal | | 20 Fremdleistungskosten | 1 Einzelkosten | 3 Gesamtentscheide |
| 31 | Sonstige Fremdleistungskosten | | 20 Fremdleistungskosten | 2 Gemeinkosten | 1 durch KS beeinflussbar |
| 35 | Beratungs- und Legalkosten | | 20 Fremdleistungskosten | 1 Einzelkosten | 1 durch KS beeinflussbar |
| 37 | Instandhaltung Sanitätsmaterial | | 20 Fremdleistungskosten | 1 Einzelkosten | 1 durch KS beeinflussbar |
| 38 | Instandhaltungen Gebäude | | 20 Fremdleistungskosten | 1 Einzelkosten | 1 durch KS beeinflussbar |
| 39 | Instandhaltung Kommunikationstechnologie/EDV | | 20 Fremdleistungskosten | 1 Einzelkosten | 1 durch KS beeinflussbar |
| 50 | Verpflegung/Lebensmittel | | 30 Betriebskosten | 1 Einzelkosten | 1 durch KS beeinflussbar |
| 55 | Energiekosten | | 30 Betriebskosten | 1 Einzelkosten | 3 Gesamtentscheide |
| 57 | Reinigungskosten Gebäude | | 30 Betriebskosten | 1 Einzelkosten | 1 durch KS beeinflussbar |
| 59 | Steuern und Gebühren | | 30 Betriebskosten | 1 Einzelkosten | 1 durch KS beeinflussbar |

Abbildung 84: Auszug aus dem Kostenartenplan

Die Kostenstellen wurden anhand des Organigramms definiert. Jede eingerichtete Kostenstelle hat einen Kostenstellenverantwortlichen, der im Rahmen eines definierten Aufgabenbereichs Planung und unterjährige Steuerung wahrzunehmen hat. Dieser ist in weiterer Folge auch in die stattfindenden Quartalsauswertungsgespräche involviert und hat dort – gemeinsam mit dem hierarchischen Vorgesetzten – die Entwicklung der Zahlen zu interpretieren. Aus den gemeinsamen Schlussfolgerungen werden Handlungsvereinbarungen festgelegt.

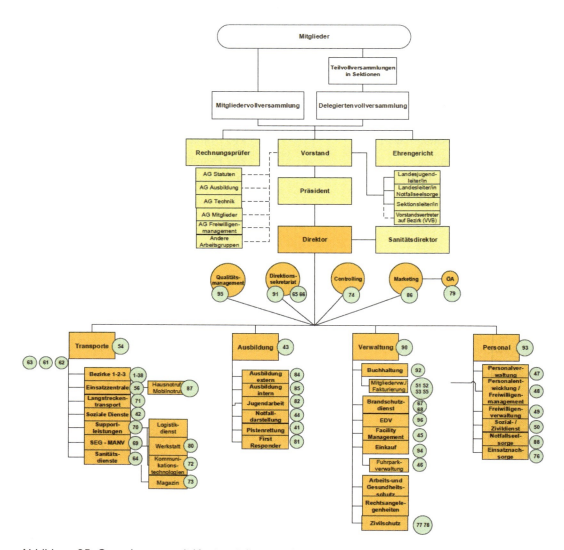

Abbildung 85: Organigramm mit Kostenstellenzuordnung

Wie schon bei den Kostenarten wurde auch hier die Möglichkeit vorgesehen, Kostenstellen zu Kostenstellengruppen zusammenzuziehen (siehe *Abbildung 86*).

| ID | Bezeichnung (D) | Bezeichnung (I) |
|----|-----------------|-----------------|
| 10 | Sektionen | Sezioni |
| 20 | Abt. Transporte | |
| 30 | Abt. Ausbildung | |
| 40 | Abt. Verwaltung | |
| 50 | Abt. Personal | |
| 60 | Direktion | |

Abbildung 86: Übersicht über die Kostenstellengruppen

Die Kostenstellen wurden in Haupt- und Hilfskostenstellen getrennt. Die Hilfskostenstellen sind organisatorische Einheiten, die letztendlich den leistungserbringenden Hauptkostenstellen regelnd bzw. unterstützend zur Seite stehen. (z. B. Interne Ausbildung, Controlling, Marketing,…). Die Umlage der Hilfskostenstellen auf die Hauptkostenstellen wurde durch Umlageschlüssel festgelegt. Die Bezugsgrößen wurden schon in der Anlage der Stammdaten berücksichtigt.

## 3.2 Festlegen von Kostenträgern

Da als Zielsetzung der Geschäftsführung eine stärkere Steuerung des Erfolges der einzelnen Leistungen formuliert wurde, war es notwendig über die Einrichtung von Kostenstellen hinaus, Kostenträger zu definieren. Diese Kostenträger stellen die konkreten Dienstleistungen des Weissen Kreuzes dar. Zusätzlich wurde die Möglichkeit vorgesehen, Projekte als „zeitlich begrenzte" Kostenträger einzurichten.

Alle Kostenträger werden jeweils strategischen Geschäftsfeldern zugeordnet. Insgesamt gibt es acht strategische Geschäftsfelder sowie ein Geschäftsfeld Support / Allgemeines (siehe *Abbildung 87*).

Für jeden dieser Kostenträger gibt es unterschiedliche wirtschaftliche Ziele. Einige sind aus dem Vereinszweck heraus entstanden und werden über Mitgliedsbeiträge und Spenden finanziert, andere werden im Auftrag der öffentlichen Hand durchgeführt und werden über Tarif (=Leistungserlöse) rückvergütet, dritte werden für private Kunden durchgeführt und sind preisfinanziert. Daraus ergeben sich die unterschiedlichen Anforderungen für die Festlegung von Preisen, Kalkulation von Tarifen und für die unterschiedlichen Erfolgsziele je Leistungstyp.

| ID | Bezeichnung (D) |
|----|-----------------|
| 10 | Notfallversorgung |
| 20 | Sanitätstransporte |
| 30 | Sanitätsdienst |
| 40 | Sozialdienste |
| 50 | NFS/Einsatznachsorge |
| 60 | Zivilschutz |
| 70 | Jugend |
| 80 | Ausbildung |
| 90 | Support/Allgemeines |

Abbildung 87: Strategische Geschäftsfelder

Die Zuordnung von Erlösen und Kosten erfolgt überwiegend auf Basis von Einzelkosten. Aufgrund der vielen Daten der Vorsysteme ist diese Zuordnung grossteils schon auf der Ebene der jeweiligen Leistung möglich:

| ID | Bezeichnung (D) | Bezeichnung (I) | Gruppe |
|----|-----------------|-----------------|--------|
| 10 | Allgemein | | 10 Notfallversorgung |
| 11 | Rettung im Auftrag des Sanitätsbetriebes | | 10 Notfallversorgung |
| 12 | Rettung SEG | | 10 Notfallversorgung |
| 13 | Pistenrettung | | 10 Notfallversorgung |
| 20 | Allgemein | | 20 Sanitätstransporte |
| 21 | Krankentransporte im Auftrag des Sanitätsbetriebes | | 20 Sanitätstransporte |
| 22 | Langstreckentransporte ADAC | | 20 Sanitätstransporte |
| 23 | Langstreckentransporte Privatversicherungen | | 20 Sanitätstransporte |
| 24 | Krankentransporte für Dritte | | 20 Sanitätstransporte |
| 25 | Krankentransporte für Selbstzahler | | 20 Sanitätstransporte |
| 26 | Krankentransporte für Mitglieder | | 20 Sanitätstransporte |
| 27 | Krankentransporte ULSS N°1 Belluno/Putti | | 20 Sanitätstransporte |
| 30 | Allgemein | | 30 Sanitätsdienst |
| 31 | Fakturiert | | 30 Sanitätsdienst |
| 32 | Nicht fakturiert | | 30 Sanitätsdienst |
| 40 | Allgemein | | 40 Sozialdienste |
| 41 | Mobiler Notruf | | 40 Sozialdienste |

Abbildung 88: Beispiele für Kostenträger

- Zeiterfassung von Personalressourcen aufgrund sogenannter Kostenpunkte
- Gefahrene Kilometer aufgrund der Fuhrparknummern

- Transporterlöse nach Rechnungsempfängern
- …

## 4. Vorgesehene Auswertungen (BAB und Deckungsbeitrag)

Je nach Auswahl besteht die Möglichkeit, die Wirtschaftlichkeit einer Kostenstelle, eines Bezirks, einer Abteilung (= Kostenstellengruppe) oder auf Landesebene darzustellen. Weiters besteht die Möglichkeit den Ressourcenverbrauch nach Kostenartengruppen oder detaillierten Kostenarten zu liefern. Eine Gegenüberstellung mit dem Budgetansatz dient zur besseren Darstellung von Abweichungen. Jede dieser Auswertungen kann von den Kostenstellenverantwortlichen Online eingesehen werden.

| Kostenartengruppe | Budget | Ist-Kosten | Hauptkostenstelle 999 XXX |
|---|---|---|---|
| Erlöse aus Leistungsverrechnung | 367.768,17 | 386.496,10 | 386.496,10 |
| Personalkosten | -63.430,78 | -70.791,16 | -70.791,16 |
| Fremdleistungskosten | -9.921,12 | -9.088,43 | -9.088,43 |
| Betriebskosten | -12.417,24 | -12.515,67 | -12.515,67 |
| Verbrauchsmaterialien | -5.653,23 | -1.849,65 | -1.849,65 |
| KFZ-Kosten | -4.745,84 | -3.888,73 | -3.888,73 |
| Primärkosten pagatorisch | -96.168,21 | -98.133,64 | -98.133,64 |
| Kalkulatorische Kosten | -23.828,64 | -48.074,18 | -48.074,18 |
| Kalkulatorische Kosten | -23.828,64 | -48.074,18 | -48.074,18 |
| Betriebsergebnis I der KST | 247.771,32 | 240.288,28 | 240.288,28 |
| Buchhaltung | | -3.935,26 | -3.935,26 |
| Freiwilligenverwaltung | | -12,51 | -12,51 |
| Personalverwaltung | | -668,04 | -668,04 |
| Umlagen HKS | | -4.615,81 | -4.615,81 |
| Ergebnis | 247.771,32 | 235.672,47 | 235.672,47 |

Abbildung 89: Beispiel für einen Online-Report

Neben der Kostenstellenauswertung ist es für die Verantwortlichen möglich, die konkreten Deckungsbeiträge jeder Leistung in jeder Kostenstelle zu analysieren.

| Kostenartengruppe | Ist-Kosten | Notfallversorgung 10 Betriebsergebnis I | Sanitätstransporte 20 Betriebsergebnis I |
|---|---|---|---|
| Erlöse | 23.760.000 | 10.600.000 | 11.000.000 |
| Erlöse aus Leistungsverrechnung | 23.760.000 | 10.600.000 | 11.000.000 |
| Personalkosten | -11.000.000 | -5.000.000 | -5.000.000 |
| Fremdleistungskosten | -220.000 | -100.000 | -100.000 |
| Betriebskosten | -77.000 | -40.000 | -30.000 |
| Verbrauchsmaterialien | -66.000 | -30.000 | -30.000 |
| KFZ-Kosten | -2.090.000 | -400.000 | -1.500.000 |
| Primärkosten pagatorisch | -13.453.000 | -5.570.000 | -6.660.000 |
| Kalkulatorische Kosten | -3.300.000 | -1.500.000 | -1.500.000 |
| Kalkulatorische Kosten | -3.300.000 | -1.500.000 | -1.500.000 |
| DB I (KTR) | 7.007.000 | 3.530.000 | 2.840.000 |
| Personalkosten | -900.000 | | |
| Fremdleistungskosten | -400.000 | | |
| Betriebskosten | -2.500.000 | | |
| Verbrauchsmaterialien | -200.000 | | |
| KFZ-Kosten | -700.000 | | |
| Summe | -4.700.000 | 0 | 0 |
| DB II (KST) | 2.307.000 | | |
| Personalkosten | -500.000 | | |
| Fremdleistungskosten | -1.000.000 | | |
| Betriebskosten | -600.000 | | |
| Verbrauchsmaterialien | -150.000 | | |
| KFZ-Kosten | -50.000 | | |
| Kalkulatorische Kosten | -1.000.000 | | |
| Summe | -3.300.000 | 0 | 0 |
| DB III (Bezirk/L) | -993.000 | | |
| Erlöse | 1.000.000 | | |
| Summe | 1.000.000 | 0 | 0 |
| DB IV (Mitgliedsbeiträge/Spenden) | 7.000 | | |

Abbildung 90: Struktur der stufenweise Deckungsbeitragsrechnung

Dabei wurden die Deckungsbeiträge nach dem Verfahren der relativen Einzelkostenrechnung nach Riebel dargestellt. Die relative Einzelkostenrechnung nach Riebel versteht als Ursache von Kosten betriebliche Entscheidungen, die nach dem so genannten Identitätsprinzip diesen zuzurechnen sind. Danach sind nur Kosten einerseits und Leistungen bzw. daraus resultierende Erlöse andererseits gegenüberzustellen, die sich auf dieselbe Entscheidung beziehen bzw. von der identischen Entscheidung verursacht wurden. Riebel definiert sämtliche Kosten als relative Einzelkosten. Im Kostenrechnungssystem von Riebel werden Bezugsgrößenhierarchien gebildet. Alle Kosten sind bei der relativen Einzelkostenrechnung an den Stellen zu erfassen und auszuweisen, an denen sie gerade noch als Einzelkosten beziehungsweise als Einzelerlöse dargestellt werden können.

## 5. Einbau der Instrumente in den Steuerungsprozess

Einmal pro Quartal ist ein Auswertungsgespräch anhand eines standardisierten Quartalsreports vorgesehen. Dieses Gespräch ist ein wichtiger Bestandteil der Führungsaufgabe im Weissen Kreuz.

Es gilt der Grundsatz: Wirkung = Instrument x Verhalten

Die beste Kosten- und Leistungsrechnung nützt nichts, wenn diese nicht systematisch in bestimmten Rhythmen in der Führungsarbeit genutzt wird. Dabei ist von vorneherein klarzustellen, welche konkreten Aufgabestellungen bei Kostenstellenverantwortlichen angesiedelt sind.

### Aufgaben eines KST-Verantwortlichen

- Ansprechpartner für Zielvereinbarungen
- Mitwirkung bei der Erstellung von Budgets (Laufende Kosten und Investitionen)
- Ansprechpartner für Controlling-Auswertungen
- Wirtschaftliche Steuerung des Ressourceneinsatzes (Quartalsgespräch, Nutzung des WKC Online)
- Bewertung von Abweichungen
- Frühzeitiges Erkennen, dass ein vereinbartes Ziel wahrscheinlich nicht erreicht werden kann und einleiten von Maßnahmen (siehe: Zielverfolgungsformular)
- Information des/der zuständigen Führungsvorgesetzten
- Information der Mitarbeiter über die Entwicklung der Wirtschaftlichkeit in der KST
- Anregen / Anleiten von MitarbeiterInnen, das eigene Verhalten in Bezug auf Beeinflussung der Wirtschaftlichkeit zu reflektieren

Abbildung 91: Aufgaben eines Kostenstellenverantwortlichen

Für das Auswertungsgespräch mit den jeweiligen Kostenstellen- bzw. Produktverantwortlichen gibt es einen Standardreport, der über die Online-Darstellung hinaus zusätzliche wichtige Leistungsdaten des jeweiligen Quartals als Information mitliefert.

| 999 XXXX | Budget 31.03.2014 | Ist 31.03.2014 | Ist-Kosten-Vorjahr | % IST / VJ | % IST / PLAN | Budget 31.12. / Verbleibend | |
|---|---|---|---|---|---|---|---|
| **Erlöse aus Leistungsverrechnung** | | | | | | | |
| Erlöse | 315.970,29 | 332.223,14 | | | 5,14 | 1.263.881,16 | 931.658,02 |
| **Summe Erlöse aus Leistungsverrechnung** | **315.970,29** | **332.223,14** | | | **5,14** | **1.263.881,16** | **931.658,02** |
| **Primärkosten pagatorisch** | | | | | | | |
| Personalkosten | -147.362,56 | -142.000,76 | | | -3,64 | -619.001,65 | -477.000,89 |
| Fremdleistungskosten | -4.543,92 | -2.758,30 | | | -39,30 | -18.175,68 | -15.417,38 |
| Betriebskosten | -21.987,66 | -19.451,64 | | | -11,53 | -87.950,64 | -68.499,00 |
| Verbrauchsmaterialien | -2.346,06 | -1.848,13 | | | -21,22 | -9.384,24 | -7.536,11 |
| KFZ-Kosten | -29.893,29 | -38.319,84 | | | 28,19 | -119.573,17 | -81.253,33 |
| **Summe Primärkosten pagatorisch** | **-206.133,49** | **-204.378,67** | | | **-0,85** | **-854.085,38** | **-649.706,71** |
| **Kalkulatorische Kosten** | | | | | | | |
| Kalkulatorische Kosten | -17.747,79 | -35.378,67 | | | 99,34 | -70.991,16 | -35.612,49 |
| **Summe Kalkulatorische Kosten** | **-17.747,79** | **-35.378,67** | | | **99,34** | **-70.991,16** | **-35.612,49** |
| **Ergebnis** | **92.089,01** | **92.465,80** | | | **0,41** | **338.804,62** | **246.338,82** |

| Leistungsdaten: | VJ Gesamt | VJ Zeitraum | Zeitraum | DS Größe |
|---|---|---|---|---|
| Transportanzahl | 5.692 | 1.597 | 1.644 | 2.263 |
| Patienten | 7.400 | 1.993 | 2.164 | 2.805 |
| KM | 483.070 | 133.713 | 134.779 | 143.021 |
| Angestellte | 13 | 14 | 14 | 15 |

| Deckungsbeitrag | |
|---|---|
| DB1: | 96.950,98 |
| DB2: | 69.238,64 |

Abbildung 92: Beispiel für einen Quartalsbericht

Kosten- und Leistungsinformationen, die Deckungsbeiträge sowie die Leistungsdaten werden also für das Auswertungsgespräch herangezogen. Zusätzlich gibt es den SOLL-IST-Vergleich mit dem Budgetansatz, sowie den Zeitvergleich mit dem Quartal des Vorjahres. In diesem Gespräch werden, wenn notwendig, Vereinbarungen über konkrete Schritte auf Ebene der jeweiligen Kostenstelle bzw. des Kostenträgers getroffen.

Die Einführung der Kosten- und Leistungsrechnung hat zur Konsequenz, dass sowohl der Budgetierungs- als auch der unterjährige Steuerungsprozess zu adaptieren sind (siehe *Abbildung 93*).

**Fallstudie 1: Kosten- und Leistungsrechnung in einer sozialen NPO**

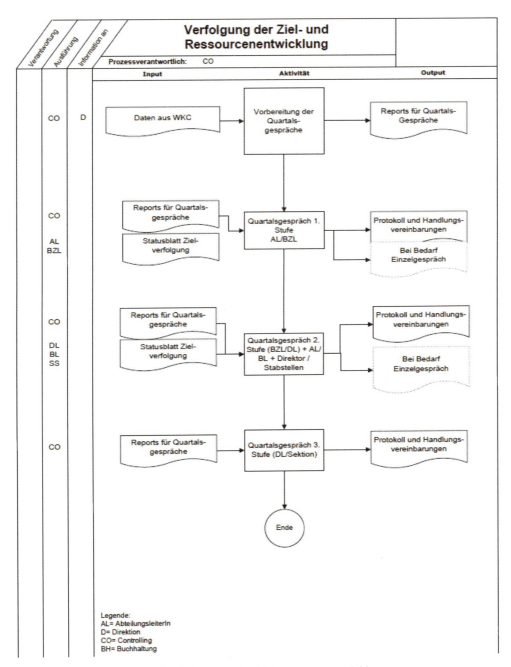

Abbildung 93: Prozessbeschreibung Ziel- und Ressourcenentwicklung

## 6. Kennzahlen als zusätzliche Steuerungsinformationen

Neben den Informationen aus der Kosten- und Leistungsrechnung sowie der Leistungsstatistik hat das Weisse Kreuz ein Projekt zur Implementierung eines ergänzenden Kennzahlensystems begonnen. Ziel dieses Projektes ist es, den Führungsverantwortlichen neben den wirtschaftlichen Steuerungsinformationen für jedes strategische Geschäftsfeld zusätzliche Kennzahlen als Entscheidungshilfen zur Verfügung zu stellen. Diese Kennzahlen werden nach den Blickwinkeln von Wirkung, Leistungserbringung, Prozess- und Strukturqualität sowie Wirtschaftlichkeit gegliedert.

| | Kennzahlen-Cockpit: Notfallversorgung und Sanitätstransport | | | | |
|---|---|---|---|---|---|
| Wirkungen | Kennzahl | Berechnungsformel / Quelle | Zielwert | Ist | Abweichung |
| | Kundenzufriedenheit | Auswertung aus systematischer Patientenbefragung | 88% | 87% | -1% |
| Leistungserbringung | Kennzahl | Berechnungsformel | Zielwert | Ist | Abweichung |
| | Verhältnis Notfalltransporte zu Sanitätstransporte | = Anzahl Notfalltransporte zu Sanitätstransporte | 0,8 | 1,05 | 0,25 |
| | Verhältnis Sitzen- zu Liegentransporte | = Anzahl Transporten mit MFF / Anzahl Transporte KTW | 0,35 | 0,12 | -0,23 |
| Prozess-/Strukturqualität | Kennzahl | Berechnungsformel | Zielwert | Ist | Abweichung |
| | Ausbildungsqualität im Sanitätsbetrieb | = Summe eingesetzte MA im Sanitätsbetrieb mit Ausbildungsstufe B / Summe der insgesamt eingesetzten MA im Sanitätsbetrieb (in Prozent) | 85% | 79% | -6% |
| | Hilfsfrist | Zeitspannen zwischen Alarmierung und Eintreffen am Einsatzort (in Minuten) | 12 | 9 | -3 |
| | Verhältnis RTW zu KTW | = Anzahl der Fahrzeuge Typ RTW / Anzahl der Fahrzeuge Typ KTW | 0,3 | 0,36 | 0,06 |
| | Pünktlichkeitsgrad | = Durchschnittliche Abweichung von vereinbarter Abholzeit zu tatsächlicher Abholzeit in Minuten | 5 | 9 | 4 |
| Wirtschaftlichkeit des Ressourceneinsatzes | Kennzahl | Berechnungsformel | Zielwert | Ist | Abweichung |
| | Verhältnis Freiwillige zu Hauptamtlichen | = Summe eingesetzte Freiwilligenstunden / Summe Stunden Hauptamtlicher MA | 50,00% | 57% | 7% |
| | Produktivität des eingesetzten Personals im KT | = Gesamtstunden Transporte /Summe Stunden lt. Schichtplan | 70% | 69% | -1% |
| | Produktivität des eingesetzten Personals im RT | = Gesamtstunden Transporte /Summe Stunden lt. Schichtplan | 30% | 32% | 2% |

Abbildung 94: Kennzahlen-Cockpit Notfallversorgung und Sanitätstransport

## 7. Schlussfolgerungen

Nach vielen Jahren der intensiven Auseinandersetzung mit der Führungskräfteentwicklung sowie des Qualitätsmanagements ist die Weiterentwicklung des Controllings ein wichtiger zusätzlicher Schritt. Die Führungskräfte sind bereit, Verantwortung zu übernehmen. Die Wichtigkeit der Steuerung von Leistungen nach der Vorgabe der strategischen Planung sowie die damit einher gehende Steuerung der Wirtschaftlichkeit ist Voraussetzung, dass das Weisse Kreuz auch in Zukunft erfolgreich tätig werden kann. Die Steuerungsaufgaben werden aufgrund der vielen unterschiedlichen Leistungen und Kundengruppen immer differenzierter. Entscheidungen sind in immer kürzer werdenden Zeitintervallen zu treffen. Dies ist nur mit einem systematischen Controlling möglich. Die eingeführte Kosten- und Leistungsrechnung, die Deckungsbeitragsrechnung sowie die noch zu entwickelnden Kennzahlen werden beweisen müssen, dass sie den Anforderungen der Führungskräfte im Weissen Kreuz auch wirklich Stand halten können. Eine regelmäßige Evaluierung über Anwenderfreundlichkeit, Datenqualität und Nutzen und allfällige Anpassungen werden notwendig sein, damit dieses Instrumentarium für die Führungskräfte zu einem unverzichtbaren Steuerungswerkzeug werden kann.

# Fallstudie 2:
# Finanzmanagement der Schweizer Wanderwege

von Alfred von Gunten und Christian Hadorn

## 1. Schweizer Wanderwege – der nationale Verband für das Wandern und die Wanderwege in der Schweiz

Die Schweizerische Arbeitsgemeinschaft für Wanderwege (heute Schweizer Wanderwege genannt) wurde 1934 gegründet und vereinigt die Wanderweg-Fachorganisationen der Kantone und des Fürstentums Liechtensteins. Als Dachverband setzen sich die Schweizer Wanderwege nachhaltig für ein attraktives, flächendeckendes und sicheres Wanderwegnetz in der Schweiz und im Fürstentum Liechtenstein ein, welches einheitlich und lückenlos signalisiert ist. Zur Förderung des Wanderns werden Projekte initiiert sowie zahlreiche Leistungen und Aktivitäten angeboten.

**Verbandsanalyse und Verbandsentwicklung**

Der Verband hat sich nach seiner Gründung stetig weiterentwickelt und ist seit der Verankerung der Wanderwege in der Schweizerischen Bundesverfassung im Jahr 1979 der wichtigste Partner der Bundesbehörden im Bereich Langsamverkehr. Auf Drängen der Mitglieder wurde im Jahr 2004 eine umfassende Verbandsanalyse durchgeführt, nachdem die finanziellen Reserven des Verbandes aufgebraucht waren und das Vertrauen wichtiger Auftraggeber wegen unbefriedigender Leistungen stark gelitten hatte. Folgende Hauptprobleme konnten lokalisiert werden:

- kein Leitbild als übergeordnetes Führungsinstrument vorhanden, demnach auch keine klare Zukunftsstrategie erkennbar;
- die Bedürfnisse der Mitglieder und Stakeholder werden zu wenig wahrgenommen;
- finanziell steht der Verband nahe einer Überschuldung;
- der Standort der Geschäftsstelle in Riehen (BS) ist fernab der wichtigsten Partner und Auftraggeber.

Aufgrund dieser Standortbestimmung wurden schrittweise folgende Massnahmen eingeleitet:

- Erarbeitung eines Leitbildes und einer Zukunftsstrategie, gemeinsam mit allen Aktivmitgliedern (26 Fachorganisationen);
- Anpassung der Aufbauorganisation in Anlehnung an das Leitbild und die Strategie;
- Sanierung der Finanzen nach Vorgabe eines neuen Fundraising-Konzeptes;
- diverse personelle Neubesetzungen;
- Umzug der Geschäftsstelle nach Bern, in die Nähe der wichtigsten Geschäftspartner des Verbandes.

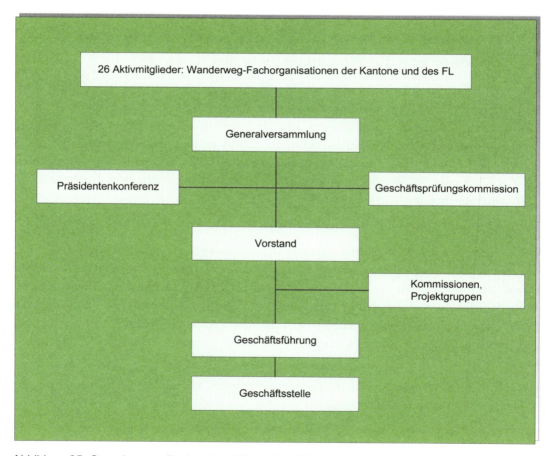

Abbildung 95: Organigramm Dachverband Schweizer Wanderwege

Bereits nach kurzer Zeit konnte das Vertrauen der Mitglieder und wichtigsten Partner wieder gewonnen und die Finanzlage verbessert werden. Die Erstellung griffiger und verbindlicher

Führungsunterlagen für die Kerngeschäfte Infrastruktur (Wanderwege) und Wandern wurde von allen Beteiligten positiv aufgenommen.

Nach gründlicher Aufarbeitung und Dokumentation aller wichtigsten Leistungsprozesse wurde der Verband Schweizer Wanderwege schliesslich im November 2007 durch die Schweizerische Vereinigung für Qualitäts- und Managementsysteme (SQS) erfolgreich nach der Norm ISO 9001:2000 und im Jahr 2011 nach den Anforderungen des NPO-Labels für Management-Excellence zertifiziert. Ein wichtiger Platz nimmt darin das Finanzmanagement als Teil der Führungs- und Supportprozesse ein. Dem Bereich Mittelbeschaffung wurde im Leitbild eine hohe Bedeutung beigemessen, mit dem Ziel, langfristig ein zentrales Fundraising für den Dachverband und seine Aktivmitglieder zu etablieren. *Abbildung 96* gibt einen Überblick über die Prozessarchitektur.

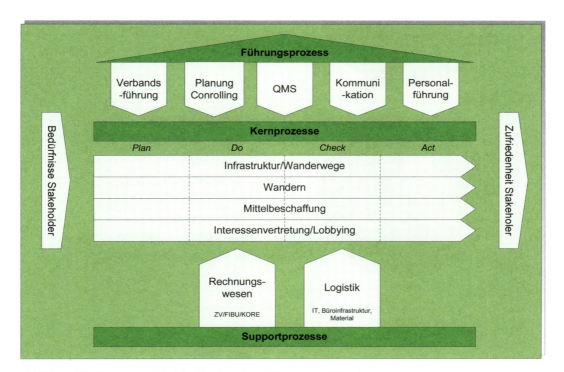

Abbildung 96: Prozessarchitektur Dachverband Schweizer Wanderwege

Ein wichtiges Ziel der Reorganisation war die Loslösung des Verbandes von finanziellen Klumpenrisiken. Bisweilen finanzierte sich die Organisation in hohem Masse durch sogenannte Bundessubventionen, was beidseitig als unbefriedigend wahrgenommen wurde. In der Folge wurden klar definierte Leistungsverträge abgeschlossen, deren Erfüllung quartalsweise überprüft wird. Defizite im Projektmanagement mussten behoben werden, ein Handbuch für die Prozess-Steuerung wurde eingeführt. Die Erträge sind heute, dank der Einführung eines professionellen Fundraisings und damit verbunden mit dem Aufbau eines treuen Gönnerstamms, deutlich breiter abgestützt. *Abbildung 97* zeigt die Struktur der Ertragsquellen und die Aufwandsstruktur.

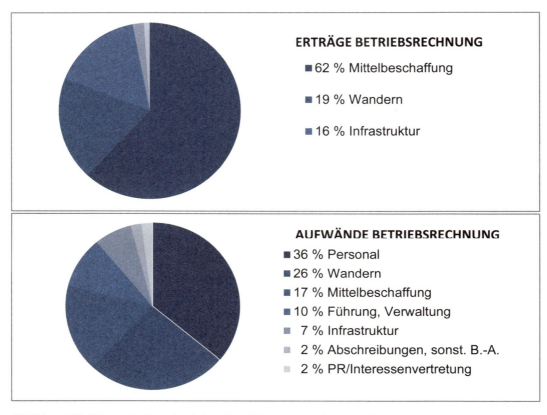

Abbildung 97: Ertragsquellen der Schweizer Wanderwege im Jahr 2013

(Quelle: Jahresbericht Schweizer Wanderwege 2013)

Als wichtiges Führungsinstrument hat der Vorstand das Marketing-Konzept verabschiedet, in welchem u. a. die Austauschbeziehungen, die Positionierung und die Marketing-Organisation definiert sind. Eine wichtige Voraussetzung, um einen abgestimmten Leistungsvollzug sicherstellen zu können. *Abbildung 98* zeigt die wichtigsten Austauschprozesse auf.

**Fallstudie 2: Finanzmanagement der Schweizer Wanderwege**

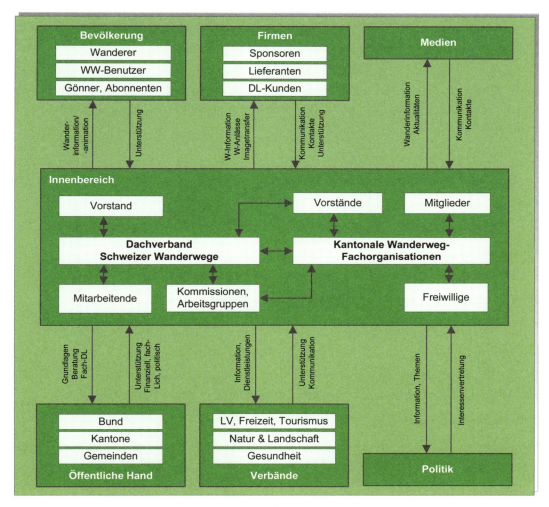

Abbildung 98: Wichtigste Austauschbeziehungen Schweizer Wanderwege

(Auszug aus dem Marketing-Konzept)

## 2. Das Finanzmanagement

### 2.1 Vorgaben aus dem Leitbild

Im Leitbild der Schweizer Wanderwege ist folgender Grundsatz festgehalten:

«Der Verband strebt eine gesunde Finanzlage und die Sicherung langfristiger Einnahmen an».

Dementsprechend wurden die folgenden Vorgaben formuliert (Auszug).

**Unterstützungswürdigkeit:**

Die Schweizer Wanderwege schaffen durch hohe Fachkompetenz und Leistungsfähigkeit sowie durch kontinuierliche und wirksame Öffentlichkeitsarbeit die Voraussetzungen, als Dienstleister und unterstützungswürdige Institution für Partner, Kunden und Spender in Frage zu kommen.

**Finanzierung:**

Die Schweizer Wanderwege finanzieren sich durch

- Mitgliederbeiträge
- Gönner- und Spendeneinnahmen
- Sponsoringeinnahmen
- Einnahmen aus Leistungsverträgen mit Bundesbehörden
- Einnahmen aus Leistungen gegenüber den Wanderweg-Fachorganisationen
- Einnahmen aus Leistungen gegenüber Dritten

**Unabhängigkeit:**

Beim Abschluss von Verträgen ist zu beachten, dass die langfristigen Ziele und die Unabhängigkeit der Schweizer Wanderwege gewahrt bleiben.

**Transparenz, Kontrolle:**

Der sorgfältige Umgang mit den verfügbaren Mitteln ist durch grösstmögliche Transparenz sowie durch zweckmässige Prüf- und Kontrollmechanismen sicherzustellen.

**Mittelbeschaffung:**

Die Schweizer Wanderwege betreiben eine professionelle Mittelbeschaffung zur Finanzierung der Ziele und Aufgaben des Verbandes **und** der kantonalen Wanderweg-Fachorganisationen.

## 2.2 Die Instrumente des Finanzmanagements

Die folgenden Instrumente sind abgestimmt auf die Bedürfnisse der Schweizer Wanderwege und sind sowohl für die hauptamtlich als auch für die ehrenamtlich Mitarbeitenden verständliche Hilfen, die Finanzentwicklung erfassen und steuern zu können.

| Bezeichnung | Anforderungen |
|---|---|
| Finanzplanung:<br>- Liquiditätsplan auf 12 Monate<br>- Jahresbudget<br>- Mehrjahres- und Finanzplanung | - Laufend nachgeführt<br>- Verbindliche Vorgabe für laufendes Jahr<br>- Planungsgrundlage für die nächsten 3 Jahre |
| Bestandes- und Finanzrechnung:<br>- Bilanz<br>- Betriebsrechnung<br>- Geldflussrechnung<br>- Fonds-Rechnung(en)<br>- Nachweis der Veränderung des Kapitals<br>- Anhang<br>- Leistungsbericht | Gemäss dem Standard Swiss GAAP FER 21, Rechnungslegung für gemeinnützige und soziale Nonprofit-Organisationen in der Schweiz.<br>Der Jahresbericht der Schweizer Wanderwege kann unter www.wandern.ch heruntergeladen werden.<br><br>Als Mitglied von Swiss Olympic, dem Dachverband der Schweizer Sportverbände, werden zusätzliche Elemente von Swiss Sport GAAP übernommen (betrifft insbesondere den Kontenplan). |
| Controlling:<br>- Reportingbericht<br><br>- Quartalsrechnung mit Erwartungsrechnung | - 5x pro Jahr an VO (Überwachung von Kenngrössen, Planungs- und Finanzzielen sowie Projektreportings)<br><br>- bis 15 Tage nach Quartalsende nachgeführt, kommentiert für VO |
| Kostenrechnung:<br>- Kostenträgerrechnung<br>- Projektkostenrechnung | Die Kostenrechnung dient primär internen Zwecken zur Kalkulation der Vollkosten einzelner Leistungen und Projekte. |
| QMS-Prozesse Rechnungswesen:<br>- Buchführung inkl. Archivierung<br>- Zahlungsverkehr<br>- Rechnungsstellung Forderungen | - Web-basiertes Buchhaltungsprogramm, Zugriff von extern möglich |

Tabelle 1: Instrumente des Finanzmanagements

## 2.3 Mehrjahresplanung / Finanzplanung

Ziel der Planung ist es, die Umsetzung der Visionen im Leitbild voranzutreiben und die Bedürfnisse der Mitglieder, Partner und Auftraggeber zu befriedigen. Zuständig für den Planungsprozess ist die Geschäftsführung, welche gemeinsam mit den Verantwortlichen der Bereiche die Planungs- und Budgetdaten erarbeitet und dem Vorstand zur Beratung vorlegt.

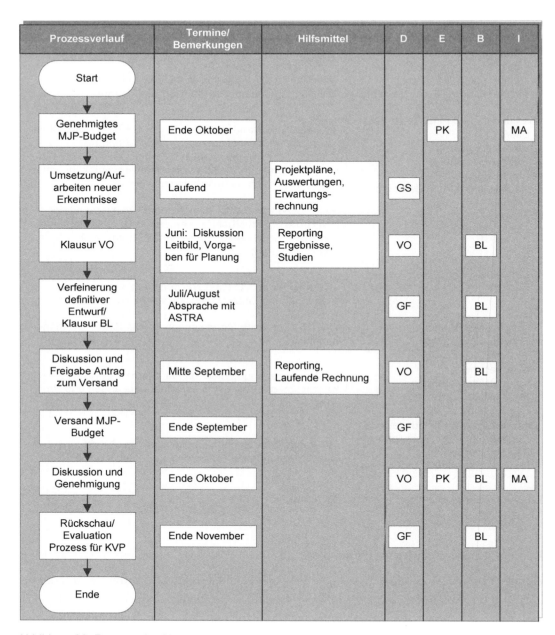

Abbildung 99: Prozess der Finanzplanung

*Abbildung 99* zeigt den Prozessverlauf der Mehrjahres- und Finanzplanung.

**Abkürzungen:**    MJP = Mehrjahresplanung auf 3 Jahre
KVP = Kontinuierlicher Verbesserungsprozess
D = Durchführung / E = Entscheid / B = Beratung / I = Information
GF = Geschäftsführung
BL = Bereichsleiter Geschäftsstelle
VO = Vorstand
PK = Präsidentenkonferenz
MA = Mitarbeitende
WW-FO = Kantonale Wanderweg-Fachorganisationen (Aktivmitglieder)

## 2.4 Management der laufenden Einnahmen und Ausgaben

Die Überwachung und Steuerung der Einnahmen und Ausgaben gehört zu den wichtigsten Aufgaben der Geschäftsführung. Gemeinsam mit den Bereichsleitern werden die Schlüsselpositionen im Rahmen der Quartalsrechnung und der Projektreportings mit den Budgetvorgaben verglichen. Abweichungen in beide Richtungen werden analysiert und zu Händen des Vorstandes kommentiert. Die Erfahrung zeigt, dass die Ursache von Budgetabweichungen meist bei einer ungenauen Planung zu suchen ist, d. h. möglichen Veränderungen im Umfeld zu wenig Rechnung getragen wurde. Schlüsselpositionen der Schweizer Wanderwege sind u. a. die Einnahmen aus dem Bereich Fundraising (Gönner-Mailings), die Leistungsaufträge der öffentlichen Hand, der Stand der Zeitschriften-Abonnements und der Inserateeinnahmen, sowie aufwandseitig die Entwicklung der Personalkosten, der Produktionskosten der Zeitschrift sowie der Fundraisingkosten.

Die Aufgaben des Controllings sind im Organisationsreglement wie folgt umschrieben:

> Die Geschäftsführung stellt den **Informationsfluss** an den Vorstand sicher, damit dieser über die wesentlichen Vorkommnisse unterrichtet ist und seine Kontrollaufgaben wahrnehmen kann. Zu diesen Informationen gehören im Sinne des **Controllings**:
> 
> a) Periodische Berichterstattung über die Tätigkeit der Geschäftsstelle und wichtige Personalangelegenheiten;
> b) Berichterstattung über den Fortschritt und die Ergebnisse der geplanten Aktivitäten und Projekte;
> c) Kennzahlen zur Entwicklung der finanziellen Lage;
> d) Bericht der Vorstandsmitglieder und der Geschäftsführung über Geschehnisse und Entwicklungen im Umfeld der Schweizer Wanderwege.

Dementsprechend wurde für das Controlling ein Reportingbericht entwickelt, welcher für jede Vorstandssitzung (5x pro Jahr) aktualisiert und dem Vorstand präsentiert wird.

Das **Reporting** zum effektiven Geschäftsverlauf erfolgt nach folgenden Rubriken:

- Überwachung Kennzahlen / KEF (Balanced Scorecard)
- Zielvorgaben Mehrjahresplanung
- Stand Zielerreichung zum Zeitpunkt des Reportings
- Begründung von Abweichungen
- Vorgeschlagene bzw. bereits eingeleitete Massnahmen
- Projektreporting

Die nachfolgende Auflistung (Tabelle 2) zeigt einen Auszug der nach der Balanced Scorecard gegliederten Kenngrössen, welche im Reportingbericht überwacht werden:

| Ziel | Kenngrösse, Zielwert | Vorjahr | Aktuell | Trend |
|---|---|---|---|---|
| **Leistungen / Prozesse** | | | | |
| Mittelbeschaffung | Gönnerertrag > CHF 4 Mio. p.a. bis 2015 | 3.5 Mio. (31.12.2012) | 3.62 Mio. (31.12.2013) | ↗ |
| | Anzahl aktive Gönner > 70'000 bis 2015 | 57'200 (31.12.2012) | 58'200 (31.12.2013) | ↗ |
| PR/Interessenvertretung | > 100 Medienberichte p.a. mit Erwähnung SWW u/o wandern.ch (Argus) | 531 | YTD 135 (26.05.2014) | → |
| | > 10 Stellungnahmen / Einsprachen p.a. | 4 / 4 | YTD 3 / - | → |
| **Finanzen** | | | | |
| Umsatzrendite | Betriebsergebnis / Betriebsertrag | 24.4 % (2012) | 25.0 % (2013) | → |
| FR-Aufwand | Anteil FR-Aufwand an FR-Ertrag < 20 % | 18.5 % (2012) | 19.6 % (2013) | ↗ |
| Kostendeckung vor Fundraising | (Betriebsertrag – FR-Ertrag) / (Betriebs-aufwand – FR-Aufwand) > 66 % | 66.5 % (2012) | 62.5 % (2013) | ↘ |

Tabelle 2: Auszug Kenngrössen-Cockpit

## 2.5 Evaluation im Sinne des QMS

Allein das Festhalten von Ziel- und Budget-Abweichungen bzw. der Fokus auf reine Finanzkennzahlen reicht als Information oft nicht aus, geeignete Massnahmen zur Verbesserung einleiten zu können. Je nach Bedeutung einer Schlüsselposition sind im konkreten Fall umfangreichere Abklärungen nötig, z. B. eine Nachkalkulation, eine Markt-Analyse, eine Befragung oder ein Benchmark. Die Ergebnisse fliessen in die nächste Planungssequenz ein und stützen den Qualitätsanspruch der Schweizer Wanderwege zur kontinuierlichen Verbesserung ihrer Prozesse und Leistungen.

## 3. Schlussbemerkung

Die gemeinnützige Arbeit der Schweizer Wanderwege wird von der Bevölkerung, von Behörden, von der Wirtschaft (insbesondere von der Tourismus-, Sport- und Freizeitbranche) sehr geschätzt. Dieser Bonus reicht jedoch für das erfolgreiche Bestehen des Verbandes nicht aus, wenn neben den hehren Zielen der Wanderwege und des Wanderns das Finanzmanagement vernachlässigt wird. Visionen können nur realisiert werden, wenn die benötigten finanziellen Mittel langfristig verfügbar sind und neben den Vorgaben im Leitbild auch ökonomische Regeln respektiert werden. Die Verbandsfinanzen gehören genauso zu den wechselseitigen Perspektiven wie die Bedürfnisse der Stakeholder, die Gestaltung der Umsetzungsprozesse und die Entwicklung bzw. Innovation des Verbandes und seiner Leistungen.

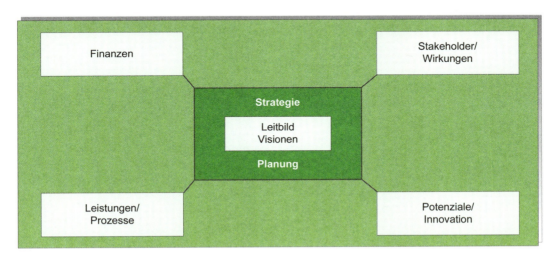

Abbildung 100: Vereinfachte "Balanced Scorecard" Schweizer Wanderwege

In diesem Sinne ist auch bei kleineren NPO darauf zu achten, den Bereich Finanzmanagement durch ausgewiesene Finanzfachleute zu besetzen, welche im Sinne einer «Balanced Scorecard» (siehe *Abbildung 100* auf der vorhergehenden Seite) die gesamte Entwicklung der Organisation im Auge behalten.

Diesem systemorientierten Planungskonzept ist die Kommunikation mit der Öffentlichkeit, den Partnern, Kunden und Entscheidungsträgern verpflichtet, damit diese von den Visionen, Aufgaben und Leistungen der Schweizer Wanderwege überzeugt werden können.

# Fallstudie 3:
# Controlling in einem Wirtschaftsverband

von Christian Hofer, Christian Bayreder, Manfred Hauer und Gottfried Wandl

## 1. Die Wirtschaftskammer Oberösterreich und ihr Management-Umfeld

Als gesetzliche Interessenvertretung der rund 87.000 oberösterreichischen Unternehmerinnen und Unternehmern ist die Wirtschaftskammer Oberösterreich (WKOÖ) in drei Geschäftsfeldern Partner der heimischen Wirtschaft:

- Interessenvertretung durch Lobbying, Gesetzesbegutachtung und Entsendungen.
- Service in den Bereichen: Branchen, Regionales, Steuern, Wirtschafts- und Gewerberecht, Arbeits- und Sozialrecht, Unternehmensführung, Finanzierung und Förderungen, Bildung und Lehre, Gründung und Nachfolge, Aussenwirtschaft, Innovation und Technologie, Umwelt und Energie, Verkehr und Betriebsstandort.
- Bildung: Aus- und Weiterbildungsveranstaltungen, Kurse, Seminare, Informationsveranstaltungen.

Die WKOÖ koordiniert auf regionaler Ebene 18 Bezirksstellen, rund 60 Branchenvertretungen und somit Berufsvereinigungen aus den 7 Sparten Handel, Gewerbe und Handwerk, Industrie, Tourismus- und Freizeitwirtschaft, Transport und Verkehr, Information und Consulting sowie Bank und Versicherung.

Das WIFI OÖ (Wirtschaftsförderungsinstitut) als Weiterbildungs- und Qualifizierungspartner ist ebenso Teil der WKOÖ und Marktführer im Bereich der Erwachsenenbildung und Berufsqualifikation. In den Bezirksstellen sind die regionalen WIFIs integriert.

### 1.1 Umfeldmonitoring

Das Managementumfeld der Kammern und Sozialpartner und somit auch der WKOÖ kann wie folgt skizziert werden:

- Das politische Umfeld wird instabiler, der interessenspolitische Mitbewerb steigt an.

- Die Mitgliederstruktur aus allen Branchen und Betriebsgrössen bringt besondere Anforderungen mit sich.
- Stakeholder wie z. B. die Öffentlichkeit und die Medien werden „kritischer".
- Die Rolle der Kammern und der Sozialpartnerschaft ist im derzeitigen Grosskoalitionszwist (Staatshaushalt, Klassenkampf, Steuerreform) besonders gefordert.
- Der Profilierungsspagat zwischen staatstragender Verantwortung und Unternehmer-Kampforganisation wird permanent schwieriger.
- Durch den Druck des wirtschaftlichen Umfeldes auf das Unternehmertum steigt auch der Druck auf Managementqualität und Managementmodelle.

### 1.2 WKOÖ-Managementprinzipien und -instrumente im Überblick

Drei Managementprinzipien gelten als Verhaltenskodex für unser Handeln im Geschäftsbetrieb:

1) „Wir sind so organisiert und richten uns ständig danach aus, dass die Mitglieder mehr an Wert in Form von Interessenvertretungserfolgen und Dienstleistungen zurückbekommen, als sie an Beiträgen an uns bezahlen." (Mehrwertprinzip)
2) „Wir sind kompetent, schnell, sympathisch und das in so vielen Kontakten wie möglich." (Erfolgsformel)
3) „Absolute Kundenorientierung zu unseren Mitgliedern und Partnern." (Denken und Handeln wie ein Unternehmen)

Ziel des Managements ist es, mit dem Geschäftsbetrieb unseren Mitgliedern grösstmöglichen Nutzen und den Funktionärinnen und Funktionären (Milizsystem) bestmögliche Unterstützung zu bieten.

**Vision und Kernstrategien**

Unter diesen Rahmenbedingungen setzt die WKOÖ eine herausfordernde Vision an die Spitze ihrer Ziele und Strategien:

„Die WKOÖ ist unverzichtbare und wichtigste gestaltende Kraft für die heimische Wirtschaft und der Nr. 1_Dienstleistungspartner für die oberösterreichischen Betriebe."

Dies gilt es, mit dem Selbstverständnis einer unabhängigen, eigenständigen Organisation und eines modernen, sympathischen Dienstleistungspartners zu erreichen. Die ganze Kraft und das Engagement im Einsatz für den Standort Oberösterreich und die Mitgliedsbetriebe zeigen sich im Claim „ALLES UNTERNEHMEN".

Auf Basis der Managementprinzipien sind auch das Selbstverständnis und die Identität der Mitarbeiterinnen und Mitarbeiter sowie des Ehrenamts ausgerichtet.

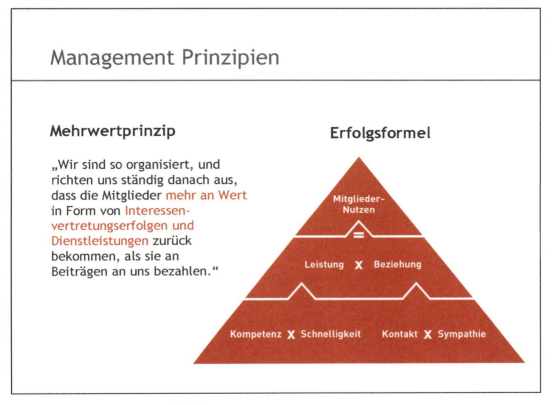

Abbildung 101: Managementprinzipien

### 1.3 Planungs- und Steuerungswerkzeuge im Überblick

Das Planungs- und Steuerungssystem der WKOÖ hat sich bereits mit der Einführung einer systematischen und schriftlich dokumentierten Zieleplanung 1988 zu entwickeln begonnen. 1990 wurden erstmals flächendeckend Zielgespräche in der ersten und zweiten Berichtsebene nach einem einheitlichen Gesprächsleitfaden und Beurteilungsschema durchgeführt.

Der Werkzeugkoffer der WKOÖ hat sich modulartig weiterentwickelt, um dem Ziel eines mehrdimensionalen integrierten Steuerungsmodells laufend näher zu kommen:

- Zielvereinbarungsgespräche, Halbjahreszielgespräche und Jahresendzielgespräche
- Mitarbeitergespräche

- Leistungsaufzeichnung mit Kundeninformationssystem
- Kosten- und Leistungsrechnung (Kostenarten-, Kostenstellen- und Kostenträgerrechnung)
- Reporting auf qualitativer und budgetärer Zielebene
- Strategische Planung der Gesamtorganisation WKOÖ für jeweils 3 - 5 Jahre
- Frühwarnsystem-Strategieradar mit SWOT-Analyse
- Jahresplanung der Dienststellen mit MbO-Modell auf Mitarbeiter-Ebene und BSC-Verknüpfung
- BSC als Performance Modell
- Vision als langfristiges Zukunftsbild
- Managementinformationssystem (Reports und Kennzahlen für alle Führungsebenen)
- NPO-Label und Qualitätsmanagement

## 1.4 Die bundesweite WKO-BSC als strategische Klammer und Identitätsrahmen

Die BSC bietet grundsätzlich den Rahmen für die längerfristigen Ziele. Dabei wird in der bundesweiten Wirtschaftskammerorganisation (WKO) jeweils eine Balanced Scorecard (BSC) für die drei strategischen Geschäftsfelder (Interessenvertretung, Service, Bildung) definiert und in eine Gesamt-BSC zusammengeführt.

Das Denken in BSC-Strukturen, insbesondere in den vier Perspektiven (Kunde/Markt, Prozesse, Finanzen, Humankapital), ist auch für die operative Jahresplanung auf Ebene der Organisationseinheiten und der Mitarbeiter (MbO-Systemebene) geeignet.

Die Grundsystematik der drei strategischen Geschäftsfelder Interessenvertretung, Service, Bildung sowie die vier beschriebenen Perspektiven, ziehen sich somit auf vier Ebenen durch. Die Ebenen eins, zwei und drei umfassen jeweils sowohl das Mitarbeitersystem als auch das Ehrenamt.

1) BSC-WKO-Bundesebene
2) BSC-WKOÖ-Landesebene
3) BSC-Organisationseinheit = Dienststellenebene
4) BSC-Mitarbeiterebene

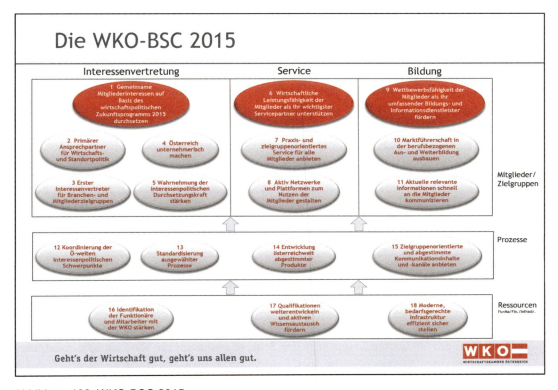

Abbildung 102: WKO-BSC 2015

Bei der BSC-Einführung hat es sich im Falle der WKOÖ bewährt, den Weg der flächendeckenden Implementierung quer über alle Organisationseinheiten zu gehen. Aus anderen Fällen und Beispielen, die mit einer Pilotimplementierung eines Bereiches begonnen haben, zeigte sich, dass diese Piloten im Roll-out auf andere Bereiche stecken geblieben sind. Nicht enden wollende Evaluierungen und Verbesserungsrituale machten dann eine Implementierung innerhalb eines vernünftigen Zeitraumes unmöglich.

Alle Dienststellen in der WKOÖ, also Sparten, Fachorganisationen und Bezirksstellen, haben jeweils ihre BSC als Sub-BSC unter der WKOÖ-BSC angelegt und darin ihre eigenen Ziele und Massnahmen definiert. Es wird also die kausale Zusammengehörigkeit von Zielen definiert und damit gefördert. In der vierten Ebene planen die Mitarbeiter auf Basis der BSC ihrer Organisationseinheit die MbO-Ziele und erstellen sich somit eine Mitarbeiter-BSC.

Die Anzahl der Ziele je Organisationseinheit ist unbedingt zu beschränken. In der WKOÖ hat man sich auf die Regel 6 plus 1 geeinigt: 6 Sachziele und ein persönliches, meist führungsbezogenes Ziel, welches durch ein hinterlegtes Berechtigungssystem nur vom Mitarbeiter und seinem Vorgesetzten eingesehen werden kann.

**Verknüpfung zum Mitarbeitergespräch**

Die Zielerreichung auf Mitarbeiterebene wird im Rahmen von Halbjahresgesprächen und Jahresendgesprächen „controlliert". Dabei werden Istwerte den Sollwerten der Messgrössen zugeordnet, gegenübergestellt, erläutert und besprochen. Gegensteuerungsmassnahmen sind dabei die Essenz des gesamten Controllingrituals. Dahinter liegt die zentrale Frage: „Wie kommen wir im Falle von Abweichungen wieder auf Zielkurs?"

Im Zuge der Jahreszielgespräche werden auch - wie bereits erwähnt - die klassischen Mitarbeitergespräche geführt. Diese erfolgen auf Basis eines einheitlich-standardisierten Gesprächsbogens und haben den Charakter eines Fördergesprächs und Feedback-Instrumentes.

## 1.5 BSC als Basis für das Management-Cockpit

Wenn man davon ausgehen darf, dass jene Ziele und Strategien, die in der BSC abgebildet werden, stimmig sind und die Messgrössen im Rahmen des Beeinflussungssystems liegen und Zielkongruenz aufweisen, dann liegt der Schluss und auch die Konsequenz nahe, dass die BSC bereits einen Messwertfundus bietet, der das Managementinformationssystem (MIS) „speisen" muss.

**MIS-Design mit BSC-Struktur**

Die vier Perspektiven der BSC stellen ein ideales Gliederungskonzept für ein MIS zur Verfügung. Spätestens hier stellt sich aber die Herausforderung, welche Kennzahlen und Messgrössen in das MIS aufgenommen werden sollen.

Ein einfacher Zugang für die Aufnahme ins MIS wird durch folgende Fragen gefunden:

- Misst die Kennzahl auch tatsächlich das Ziel oder muss die Kennzahl insgesamt überdacht werden?
- Erkennen wir mit dieser Zahl, ob wir richtig liegen?
- Welche Steuerungsinformationen können wir ableiten?
- Wer braucht wie oft und für welchen Zweck diese Zahl?

Jede Messgrösse und Kennzahl aus dem MIS braucht eine verantwortliche Person, die die Zahl ermittelt, aufbereitet, Messmodelle hinterlegt und in den vereinbarten Intervallen aktualisiert. Grossteils wird die Datenaufbereitung und Einspeisung automatisiert durchgeführt.

Im Anhang ist die MIS-Struktur der WKOÖ abgebildet. Je nach Führungsebene sind Detailinformationen hinterlegt und abrufbar.

| MIS - Geschäftsführung | | Aktuell zu Vorjahr | | WKO Wirtschaftskammer Oberösterreich |
|---|---|---|---|---|
| **PROZESSE** | | | | |
| Kennzahl - Messgröße | Aktuell | Vorjahr | Ausblick | |
| **WKOÖ ZAHLEN** | | | | |
| • 24h Rückrufgarantie WKOÖ (in %, Ø-Wert) | 85,43% | 87,50% | → | |
| • Reklamationen (Anzahl, Σ) | 99 | 49 | ↑ | |
| • Lobschreiben (Anzahl, Σ) | 42 | 27 | → | |
| **TQM ZAHLEN** | | | | |
| • KVP Umsetzungsgrad (in %, Priorität A) | 100,00% | | → | |
| • Audit intern: Zufriedenheit aus Sicht des PV (Schulnote) | 1,12 | 1,52 | → | |
| • Audit intern: Zufriedenheit aus Sicht der auditierten Stelle (Schulnote) | 1,18 | | → | |
| • Audit intern: Zufriedenheit mit PV (Schulnote) | 1,35 | | → | |
| • Audit intern: Zufriedenheit mit zusätzlich auditierter Stelle (Schulnote) | 1,25 | | → | |
| • Audit extern: Ø Reifegrad (1 - 5 bester Wert) | 3,84 | | → | |
| • Audit extern: Erfüllungsgrad (in %) | 90,33% | | → | |
| • NPO-Label Prozessmessgrößen (Ø Gesamtscore) | 95,00% | 92,00% | → | |

Abbildung 103: Screenshot Managementinformationssystem (Auszug)

Die Kennzahlen werden drei Mal jährlich aktualisiert und mit der Geschäftsleitung hinsichtlich notwendiger Handlungsbedarfe bzw. Gegensteuerungsmassnahmen diskutiert. Die zentralen abgeleiteten Aktivitäten werden unmittelbar über die verantwortlichen Dienststellen ausgerollt.

Das MIS-Cockpit bietet zusätzlichen Management-Komfort durch eine interaktive Online-Oberfläche, über die man direkt zu hinterlegten Dokumenten, Statistiken und Detailauswertungen gelangt. Ebenso ist ein Direkt-Link in die Budgetplanung bis auf die Einzelbelegsebene möglich.

**Die Erfolgsfaktoren für ein MIS:**

- Modularer gleichartiger Aufbau für alle Organisationseinheiten (Plan-/ Istvergleich, Planung, Kennzahlen, Messgrössen).
- Stammdatenverwaltung erfolgt in den Vorsystemen (kein zusätzliches Personal notwendig).
- Einheitliche Benutzeroberfläche in allen Modulen.
- Kontextbezogene Hilfe bei der Erfassung der Daten.

- Berechtigungen aufgrund von bereits bestehenden Rollen (Verantwortlicher Organisationseinheit, Bereichscontroller, Geschäftsführung, Kostenträgerverantwortlicher).
- Schnelligkeit bei Datenabfragen.
- Anwenderorientierung (Software passt sich dem Anwender an und nicht umgekehrt).
- Optimiertes Drucklayout.

## 2. Qualitätsziele verlangen Qualitätsmanagement

Die blosse Anordnung oder Vereinbarung, dass Qualität ein wichtiges strategisches Ziel sei, wird in den wenigsten Organisationen ausreichen, um tatsächlich spürbare Qualitätsfortschritte zu erzielen. Besser geeignet zeigte sich in der WKOÖ die MbO-Vorgabe an die Führungskräfte, pro Bereich eine im Idealfall kundenwirksame Qualitätsmassnahme zu planen und umzusetzen. Parallel dazu haben wir Messgrössen definiert, die aus unserer Sicht geeignet waren, Qualität zu beweisen und damit auch im Sinne des Controllings steuern zu können.

Will man jedoch klar definierte und von der Wirkung her messbare Qualitätsziele auch effektiv umsetzen, so zeigt sich, dass dies nur mit einem professionellen Qualitätsmanagement auf Basis eines flächendeckenden Qualitätssystems möglich war. Der Schritt zur Entscheidung, ein zertifiziertes System einzusetzen, war dadurch klar geworden.

### 2.1 NPO-Label, Qualität durch definierte Standards

Sucht man für Non-Profit-Organisationen Qualitätsmanagementmodelle bzw. Systeme, kommt man früher oder später zum NPO-Label für Management Excellence. Dieses Qualitätsmodell beinhaltet Denkweise und Vorteile der ISO-Zertifizierung und deckt jene NPO-typischen Bereiche zusätzlich ab, die in der ISO nicht angesprochen werden, z. B. das Ehrenamt. Die Ziele bei der Einführung eines komplexen Managementwerkzeuges wurden von Beginn an sehr konkret für alle Beteiligten definiert und transparent gemacht.

**Im Falle der WKO Oberösterreich lauten diese Ziele:**

- Steigerung von Kundennutzen bei der Inanspruchnahme von Leistungsprozessen.
- Kosten- und Zeitersparnis und somit Freimachen von Umschichtungspotenzial durch Standardisierung ähnlicher Prozesse und Abläufe in den verschiedenen Organisationsbereichen.

- Synchronisation von verschieden ausgeprägtem Qualitätsverständnis in den Bereichen.
- Qualitätsnachweis für externe Prüf- und Evaluierungsorganisationen bis hin zum Rechnungshof sowie für interne Prüforgane wie den Kontrollausschuss. Den letztendlich wichtigsten Qualitätsbefund liefert die Kundenzufriedenheit.

## 2.2 Die Prozesslandkarte der WKOÖ als Herzstück des Qualitätssystems

Ein erster unumgänglicher, aber sehr wichtiger Schritt bei der Einführung von Qualitätsmanagement ist die Erstellung einer sogenannten Prozesslandkarte. Dort zeigen sich jene Leistungs- und Unterstützungsprozesse, die als Hauptschlagader der Organisation die eigentliche Existenzberechtigung ausmachen. In der WKOÖ sind das rund 30 Haupt- und Unterstützungsprozesse, die den Label-Standards und Normvorschriften unterliegen. Die Prozesse gliedern sich im NPO-Label in 4 Bereiche: Management - Marketing - Ressourcen - Controlling.

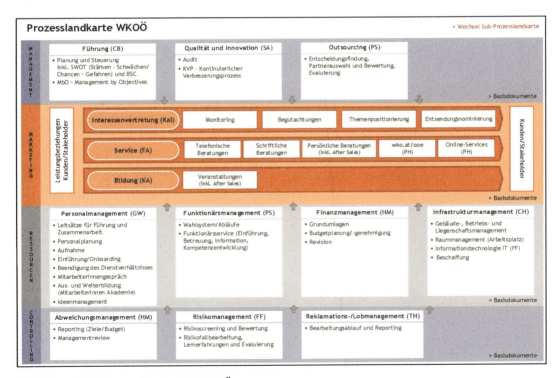

Abbildung 104: Prozesslandkarte WKOÖ

Die mehrstufige Online-Funktionalität ermöglicht allen Mitarbeiterinnen und Mitarbeitern durch jeweiliges „anklicken" den direkten Zugriff auf die Prozessbeschreibungen, die mitgeltenden Dokumente und jeweiligen Basisdokumente. So sind Aktualität und Verfügbarkeit gewährleistet.

Die in die Prozesslandkarte aufgenommenen Prozesse sind mittels eines einheitlichen Prozessformulars vom Ablauf, von den Schnittstellen, den Zielen, den sogenannten mitgeltenden Dokumenten und vor allem von den Prozess-Messgrössen her definiert und beschrieben. Genau diese Prozessmessgrössen bringen für das Qualitätsmanagement transparente Qualitätspunkte für Performance Messungen und somit für die Zielsteuerung innerhalb der WKOÖ-BSC. Als Beispiel dient das Prozessformular „Persönliche Beratung" (*Abbildung 105*).

## Fallstudie 3: Controlling in einem Wirtschaftsverband

**Prozessname:** Persönliche Beratungen (inkl. After Sales)
**Prozess-Nr.-Code:** LP SE 03

| Prozessverantwortung: | Person: Ing. Anton Fragner | DST: S-ITU |

**Prozesstyp:** (lt. Prozesslandkarte)
☐ Management-prozess  ☒ Marketing-prozess  ☐ Ressourcen-prozess  ☐ Controlling-prozess

### Prozessziel(e):
Auf Grundlage einer weitestgehend einheitlichen Vorgehensweise soll eine rasche und kompetente Behandlung, der persönlich beauskunfteten Anfragen unserer Geschäftspartner, sichergestellt werden.

### Messgrößen zur Prozesszielerreichung: *(Definition, Datenerhebung, Periodizität)*
- **Kundenzufriedenheit mit der persönlichen Beratung**
  **Definition:** Schriftliche Befragung unserer Kunden über die Zufriedenheit mit dieser Leistung nach Schulnotensystem
  **Datenerhebung:** Erhebung der Kundenzufriedenheit mittels Fragebogen.
  **Periodizität:** Quartalsweise Verdichtung
  **Zielwerte:** mindestens 1,5
  Rücklaufquote bei den Beurteilungsbögen mindestens 40 %

### Prozesskunden:
- Mitglieder der WKOÖ
- Gründer
- Outsourcingpartner
- Jugendliche und Erwachsene

### Mitgeltende Dokumente: *(Auflistung samt Hyperlink)*
- GPDB-Leitfaden Geschäftsfälle
- KIS-Leistungserfassung
- KIS Betriebsvereinbarung
- Kriterien Herzverstand
- Sammlung, Verdichtung, Auswertung der Beurteilungen
- Leitfaden zur Weiterleitung von Kundenanfragen
- Umgang mit Anfragen branchenfremder Mitglieder
- WKOÖ-Erfolgsplan
- Fragebögen

---

- Subprozess „Externe Geförderte Beratungen"
- Subprozess „Lehrbetriebsprüfung"
- Subprozess „Lehre.fördern Förderberatung"

### Prozessnahtstellen:
- Telefonische Beratungen
- Schriftliche Beratungen
- Monitoring
- Reklamations- und Lobmanagement
- Outsourcing – Entscheidungsfindung, Partnerauswahl und Bewertung, Evaluierung
- Auditprozess
- Veranstaltungen (inkl. After Sales)

1/3

**Prozessname:** Persönliche Beratungen (inkl. After Sales)
**Prozess-Nr.-Code:** LP SE 03

### Prozessbeschreibung (Prozessschritte/-phasen):
- inklusive ev. Abweichungen/Ergänzungen BST, Sparten/FO, Polabs, JW/FidW
- Die Prozessbeschreibung schließt mit dem Endergebnis des Prozesses ab.

*(Textliche Beschreibung und/oder Auflistung Tabelle und/oder grafische Aufbereitung)*

#### Der Kunde wendet sich an die WKOÖ
Wenn sich im Rahmen des telefonischen oder schriftlichen Erstkontaktes zeigt, dass eine persönliche Beratung sinnvoll ist, erfolgt eine Terminvereinbarung mit dem vorab identifizierten Kunden.

Sofern Kunden ohne Terminvereinbarung persönlich erscheinen, ein Berater zur Verfügung steht und die Fragestellung dies zulässt, wird unmittelbar ein persönliches Gespräch geführt. Ansonsten wird ein eigener Termin vereinbart.

Bei kostenpflichtigen persönlichen Beratungen wird der Kunde vor dem unmittelbaren Beratungsbeginn nochmals über die Kosten informiert. Er unterschreibt bei der Vertragsberatung einen Auftrag (mit Rechnungsadresse und Haftungsausschlussklausel) bzw. bei der Nachfolge-Rechtsberatung einen „Antrag auf Zuerkennung eines Förderbeitrages". Bei der Potenzialanalyse erhält der Kunde eine Auftragsbestätigung gemeinsam mit der Rechnung vor der Beratung zugesandt.

#### Die persönliche Beratung wird durchgeführt
Werden bei Beratungsgesprächen mit einer Dauer von mehr als einer halben Stunde vorwiegend kundenspezifische Servicethemen behandelt, wird am Ende des Beratungsgespräches ein Beurteilungsbogen ausgegeben. Bei kürzeren Gesprächen liegt es im Ermessen des Mitarbeiters einen Bogen auszugeben.
Der Mitarbeiter streicht dabei die Wichtigkeit der Kundenrückmeldung besonders heraus.

Bei Beratungsgesprächen außerhalb der WKO-Räumlichkeiten wird vom Berater ein Bogen samt Rücksendekuvert ausgegeben.

Bei Beratungen an WK-Standorten mit Parkraumbewirtschaftung wird, soweit verfügbar, den Kunden zum Abschluss ein Ausfahrtsticket für den Kundenparkplatz angeboten.

Wie die Sammlung der Bögen an den verschiedenen WK-Standorten erfolgt, ist in dem mitgeltenden Dokument Sammlung, Verdichtung und Auswertung der Beurteilungen geregelt.

#### Fakturierung
Sofern nicht anders festgelegt, wird nach Abschluss von kostenpflichtigen, persönlichen Beratungen an den Kunden eine Rechnung über die erfolgte Beratung übermittelt.

#### After Sales Aktivitäten
Nach der Beratung wird dem Kunden, abhängig von Bedarf und Verfügbarkeit, Informationsmaterial angeboten sowie auf einschlägige Veranstaltungen, Broschüren und weiterführende interne und externe Beratungsleistungen hingewiesen.

#### Erfassung und Abschluss des Geschäftsfalles
Nach den Kriterien der KIS-Betriebsvereinbarung wird ein Geschäftsfall angelegt, der Inhalt der persönlichen Beratung sowie eventuell übergebene Infomaterialien durch den Leistungserbringer bzw. die leistende Organisationseinheit stichwortartig dokumentiert und der Geschäftsfall abgeschlossen.

## Fallstudie 3: Controlling in einem Wirtschaftsverband

**Prozessname:** Persönliche Beratungen (inkl. After Sales)
**Prozess-Nr.-Code:** LP SE 03

| SONDERREGELUNGEN/SUBPROZESSE: | Betroffene Dienststelle(n) |
|---|---|
| • Beratung durch externe Experten:<br>Fragen, die aufgrund von Kompetenzabgrenzungen bzw. Kapazitätsfragen nicht in der WKOÖ, sondern durch externe Dienstleister beauskunftet werden, werden im Bedarfsfall an diese Stellen weitergeleitet.<br><br>Dies sind zumeist Unternehmensberater, Ingenieurbüros, Anwälte oder Verbände. | Alle WK-Dienststellen entsprechend der Gesamtliste Outsourcingpartner |
| Darüber hinaus besteht die Möglichkeit einer Vertretung vor Gericht durch Rechtsanwaltskanzleien. | S-Recht |
| Diese Beratungen finden entweder in Form von Sprechtagen statt, die die WKOÖ organisiert und veranstaltet, oder in Form von Einzelberatungen in- und außerhalb der WKOÖ. Gerichtsvertretungen werden entweder von Anwaltskanzleien mit einer Rahmenvereinbarung mit der WKOÖ oder durch WKOÖ-eigene Mitarbeiter durchgeführt.<br><br>Bei den Vertretungen vor Gericht (Zugriff Abteilung S-Recht), Sprechtagen, externen geförderten Beratungen (= Sub-prozess) und verschiedenen weiteren ausgelagerten besteht die Möglichkeit, dass die WKOÖ in bestimmten Fällen einen Teil des (Beratungs-)Honorars als Förderung übernimmt.<br><br>Die beratenden Stellen geben nach Bearbeitung der Anfrage eine Rückmeldung an die auslagernden Dienststellen. Die Bearbeitung und Erledigung werden im Kommunikationsobjekt erfasst und der Geschäftsfall abgeschlossen. | |
| • Ausgenommen von der Erfassung von Geschäftsfällen in der GPDB (inkl. KIS) | Verein Integratio |
| • **Umgang mit Nichtkunden der WKOÖ:**<br>Anfragen von Nichtprozesskunden (beispielsweise von Konsumenten, Arbeitnehmern) und andere Anfragenden, für die die WKOÖ sachlich oder regional nicht zuständig ist, werden, falls möglich, an extern zuständige Stellen weitervermittelt. | Alle |
| • Subprozess „Lehre.fördern Förderberatung" | Lehre.fördern (BIPOL) |
| • Subprozess „Lehrbetriebsprüfung" | Lehrvertragsservice (BIPOL) |

| Erstellt von: Ing. Anton Fragner | Geprüft/freigegeben von: Dr. Hermann Pühringer |
|---|---|
| Datum: 07.04.2014 | Datum: 08.04.2014 |

Abbildung 105: Prozessformular "Persönliche Beratung"

Hat man die Weiterentwicklung der Organisation insgesamt im Fokus, so sei an dieser Stelle der Prozess „KVP - Kontinuierlicher Verbesserungsprozess" erwähnt. Er ist der Antriebsmotor, um in allen anderen Prozessen des Qualitätssystems strukturiert und laufend nach Verbesserungspotenzialen zu suchen. Der KVP hat einen hohen strategischen Stellenwert und ist somit Teil des Managementinformationssystems (MIS-Cockpit) und auch wesentlicher Bestandteil des jährlichen Managementreviews.

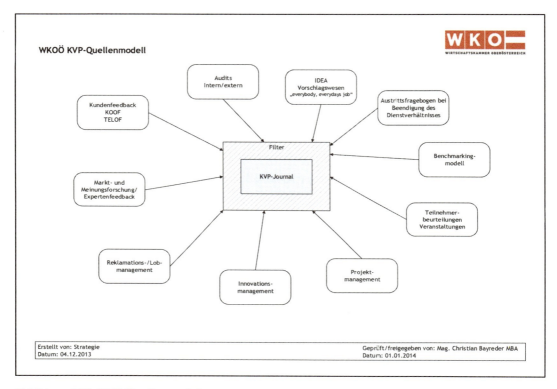

Abbildung 106: KVP-Quellenmodell

Geht man davon aus, dass in den rund 30 Prozessen des Qualitätssystems zumindest je zwei Messgrössen angelegt werden, entsteht ein gewaltiges Set-up von über 60 Prozessmessgrössen, die allesamt mit Verantwortungen, Soll/Ist-Werten und einem Nachverfolgungssystem ausgestattet sind. Die sogenannte KVP-Verbesserungsgesamtliste ist zum ständigen Begleiter des TOP-Managements geworden und zeigt im Trimesterrhythmus den aktuellen Umsetzungsstand der Verbesserungsmassnahmen.

Abbildung 107: Auszug "KVP-Verbesserungsliste"

Im Rahmen der internen, aber auch externen Überprüfungsaudits hat die Diskussion der Prozessmessgrössen stets einen hohen Stellenwert.

## 2.3 Zusammenhang BSC- und Qualitätsmanagement

Die Zusammenführung der BSC mit dem Qualitätsmanagementsystem ist keine grosse Herausforderung, aber übersieht man den richtigen Zeitpunkt, so entstehen zwei parallele Ziel-/Messwelten, die letztlich in Steuerungsirritationen und interne Bürokratie ausarten.

In der WKOÖ haben wir daher die BSC-Perspektive **Prozesse** so ausgelegt, dass dort die wichtigsten Leistungsprozesse des Qualitätssystems und die zentralen Unterstützungsprozesse aufgenommen werden, und zwar in Form von BSC-Zielen und BSC-Massnahmen. Die wesentlichsten Prozessmessgrössen sind ebenso Teil der BSC-Messgrössen und fliessen über die BSC, falls als Top-Kennzahl qualifiziert, in das MIS und in letzter Instanz in den Managementreview ein.

**Management Review** | zurück | Aktuell zu Vorjahr | WKO WIRTSCHAFTSKAMMER OBERÖSTERREICH

| PROZESSE | | | |
|---|---|---|---|
| Kennzahl - Messgröße | Aktuell | Vorjahr | Ausblick |
| • 24h Rückrufgarantie WKOÖ (in %, Ø-Wert) | 85,43% | 87,50% | → |
| • Reklamationen (Anzahl, Σ) | 99 | 49 | ↑ |
| • KVP Umsetzungsgrad (in %, Priorität A) | 100,00% | | → |
| • Audit intern: Zufriedenheit aus Sicht des PV (Schulnote) | 1,12 | 1,52 | → |
| • Audit intern: Zufriedenheit aus Sicht der auditierten Stelle (Schulnote) | 1,18 | | → |
| • Audit intern: Zufriedenheit mit PV (Schulnote) | 1,35 | | → |
| • Audit intern: Zufriedenheit mit zusätzlich auditierter Stelle (Schulnote) | 1,25 | | → |
| • Audit extern: Ø Reifegrad (1 - 5 bester Wert) | 3,84 | | → |
| • Audit extern: Erfüllungsgrad (in %) | 90,33% | | → |
| • NPO-Label Prozessmessgrößen (Ø Gesamtscore) | 95,00% | 92,00% | → |

Abbildung 108: MIS-Screenshot aus Managementreview mit Sicht auf die Qualitätsziele

Zentrale Aufgabe des Managements ist dabei, die „Flughöhe" der BSC-Ziele und jene der Prozessmessgrössen zu harmonisieren und vom Zeithorizont her anzupassen. Zu operativ angelegte Messgrössen bei den Prozessen würden eine Ausrichtung der Mitarbeitenden auf eine kurzfristige Zielerreichung bedeuten. Hingegen bringt eine zu hoch angesetzte BSC-Zielqualität die Konsequenz der Abgehobenheit und die Gefahr, dass diese Ziele nicht in die Umsetzungsebene gelangen.

## 3. NPO-Label: Ausgewählte Managementbereiche des Qualitätssystems

In einer Organisation wie der WKOÖ benötigt es vor allem zwei Faktoren, um dem Mitgliederauftrag gerecht werden zu können. Das sind zum einen die Finanzen und zum anderen das Human-Kapital. Damit diese beiden Faktoren gut abgestimmt und zielgerichtet zum Einsatz kommen, sind drei Themen vorrangig zu behandeln:

1) Planung und Steuerung
2) Finanzmanagement
3) Personalmanagement

## 3.1 Planung und Steuerung des Qualitätssystems

Die strategische Ausrichtung der Organisation ist Hauptaufgabe des Top-Managements. Dies kann nur gelingen, wenn das gesamte Führungskräfteteam ein gemeinsames Zukunftsbild, sprich eine Vision der Organisation in sich trägt. Die schrittweise Umsetzung dieser Vision braucht einen klar definierten Planungs- und Steuerungsprozess, der verpflichtend für alle Organisationsbereiche und Führungskräfte einzuhalten ist. In einem sogenannten Planungs- und Steuerungskalender sind die zeitliche Abfolge und die Art der Planungs- und Steuerungsereignisse beschrieben.

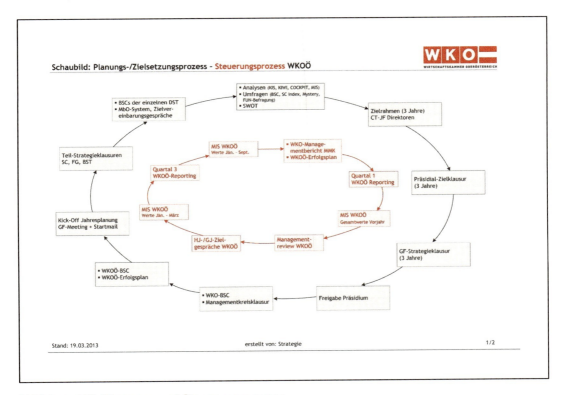

Abbildung 109: Planungs- und Steuerungsprozess

Im Planungsprozess findet man die Planungs- und Steuerungsabläufe standardisiert beschrieben und mit den dafür zu verwendenden Formularen ausgestattet. Mitgeltende Dokumente beschreiben die Hilfswerkzeuge für die Strategiearbeit, z. B. die SWOT-Analyse.

## Teil II: Fallstudien

# Strategiemonitor 2015/2016 (Einsatz ab 2014)

- Generelle Einschätzung des aktuellen Kurses der WKOÖ (Positionierung, Aufstellung) hinsichtlich Zukunftsfitness für die kommenden Jahre:

  ☐ ☐ ☐ ☐ ☐
  sehr gut                                   nicht genügend

- Die 3 wesentlichsten Stärken der WKOÖ, die weiter ausgebaut werden sollten:
  1.
  2.
  3.

- Die 3 wesentlichsten Schwächen der WKOÖ, die rasch bearbeitet werden sollten:
  1.
  2.
  3.

- Die 3 größten Chancen, die sich für die WKOÖ im politischen/gesellschaftlichen Umfeld (Politik, Gesellschaft, Wirtschaft, ...) ergeben:
  1.
  2.
  3.

- Die 3 größten Gefahren, die sich für die WKOÖ im politischen/gesellschaftlichen Umfeld (Politik, Gesellschaft, Wirtschaft, ...) ergeben:
  1.
  2.
  3.

1/2

**Fallstudie 3: Controlling in einem Wirtschaftsverband**

- Welche anderen wichtigen Themen/Risiken/Ereignisse müssten in der WKOÖ berücksichtigt werden. Bitte max. 3 ankreuzen und stichwortartig erläutern.

|  |  | Erläuterungen zu den drei gewählten Handlungsfeldern: |
|---|---|---|
| Kultur/Klima intern | ☐ |  |
| Organisation/Ablauf/Aufbau intern | ☐ |  |
| Strategie/Positionierung | ☐ |  |
| Innovation/Qualität | ☐ |  |
| Leistungen/Angebote | ☐ |  |
| Zielgruppen/Umfeldgruppen | ☐ |  |
| Finanzen/Kosten/Umlagen | ☐ |  |
| Mitarbeiter/Funktionäre | ☐ |  |
| Umfeld/Stakeholder/Mitbewerb | ☐ |  |
| Sonstiges | ☐ |  |

| **Formularstandard erstellt von:** Strategie | **Formularstandard geprüft/freigegeben von:** Mag. Christian Bayreder, MBA |
|---|---|
| **Datum:** 23.01.2014 | **Datum:** 23.01.2014 |

2/2

Abbildung 110: SWOT-Formular

## 3.2 Finanzmanagement

Die Durchsetzungsstärke einer Interessenvertretung ist immer abhängig von den zur Verfügung stehenden Finanzmitteln. Diese Stärke ergibt sich in der WKOÖ durch die Koordination aller Branchenvertretungen unter dem Dach der WKOÖ. Trotz weiterhin aufrechter Budgethoheit jeder der rund 60 oberösterreichischen Branchenvertretungen ist es gelungen, durch ein Cash Pooling unter der Verantwortung der WKOÖ den Finanzmitteleinsatz zu optimieren. Dieses Cash Pooling bringt sowohl für die WKOÖ als auch die oberösterreichischen Fachgruppen folgende Vorteile:

- Durch die Zusammenfassung aller Einzahlungen hat jede Teilorganisation zu jedem Zeitpunkt die Möglichkeit, mitgliederorientierte Massnahmen umzusetzen. Für eine ausreichende Liquidität wird auf Ebene der WK-Gesamtorganisation gesorgt.

- Durch die Zusammenführung des Zahlungsverkehrs in einer verantwortlichen Stelle ist eine bessere Kontrolle hinsichtlich steuerlicher und rechtlicher Anforderungen möglich.

- Die Anzahl der notwendigen Bankkonten konnte reduziert werden. Bessere Transparenz und eine Verringerung möglicher Fehlerquellen sind die Folge.

- Die erzielbaren Konditionen sind aufgrund des höheren Veranlagungsvolumens deutlich besser.

- Manche Jahresbudgets einzelner Fachgruppen bewegen sich deutlich unter Hunderttausend Euro. Dementsprechend schwierig wäre die Aufrechterhaltung der Liquidität auf dieser Ebene, wenn man die Unregelmässigkeit der Zuflüsse und Abflüsse finanzieller Mittel bedenkt. Erst die Zusammenfassung aller zur Verfügung stehenden Finanzmittel ermöglicht eine Glättung.

- Durch die kumulative Koordination aller zur Verfügung stehenden finanziellen Mittel auf Ebene der WKOÖ ist ein rollender Finanzplan in Oberösterreich möglich. Dennoch wird nicht in die Budgethoheit und somit Verfügbarkeit der Finanzmittel seitens der rechtlich autonomen Branchenvertretung eingegriffen.

- Die rollende Finanzplanung zeigt, in welchen Perioden eine Liquiditätsunter- bzw. Liquiditätsüberdeckung gegeben ist. Wie wichtig eine rollende Finanzplanung auf Ebene der WK-Gesamtorganisation ist, zeigte sich in den Jahren nach der Finanzmarktkrise. Die Bemessungsgrundlagen der Hauptfinanzierungsquellen Kammerumlage 1 und 2 sind stets ein Spiegelbild der Realwirtschaft. Im Jahr 2009 begann die Realwirtschaft aufgrund der Finanzmarktkrise auch in Oberösterreich zu schrumpfen. Die Folge war ein Rückgang bei den Kammerumlagen um beinahe 8 Prozent bzw. 3,3 Mio. Euro. Aufgrund der Wirtschaftsprognosen konnte auch in den Folgejahren nur mit einer Stabilisierung bzw. bestenfalls mit einer leichten Steigerung gerechnet werden. Die Geschäftsführung hat sich damals für eine stufenweise Gegensteuerung entschieden. Dringend benötigte und bereits budgetierte Instandsetzungen im Bereich der Gebäudeinfrastruktur wurden aufgrund der damals angespannten Liquidität zeitlich geschoben. Jede Kostengruppe wurde hinsichtlich strategischer Erfolgsrelevanz bewertet und in eine Reihenfolge gebracht, um auf eine weitere Verschärfung der finanziellen Situation rasch reagieren zu können.

Die nachfolgende Abbildung gibt einen Überblick darüber, welche Struktur die rollende Finanzplanung in der WKOÖ hat.

| | Kalenderwoche 10 | Kalenderwoche 11 | Kalenderwoche 12 | Kalenderwoche 13 | Kalenderwoche ....... |
|---|---|---|---|---|---|
| **GIROKONTEN** | 2.500.438,54 | 2.226.261,56 | 1.396.515,58 | 804.516,29 | |
| **EINZAHLUNGEN** | | | | | |
| Offene Posten Debitoren (bereits erfasst) | 41.250,40 | | 21.220,25 | | |
| KU1 | | | | | |
| KU2 | | | | | |
| Personalkostenrefundierung | | | | | |
| Zinsen | | | | | |
| ......... | | | | | |
| **AUSZAHLUNGEN** | | | | | |
| Offene Posten Kreditoren (bereits erfasst) | -315.417,38 | -418.915,23 | -763.219,54 | -1.200.453,89 | |
| Löhne/Gehälter | | | | | |
| Finanzamt | | -170.475,39 | | | |
| Sozialversicherung | | -240.355,36 | | | |
| Bauprojekte | | | -850.000,00 | | |
| ......... | | | | | |
| **SALDO (EINZAHLUNGEN-AUSZAHLUNGEN)** | 2.226.261,56 | 1.396.515,58 | -195.483,71 | -395.937,60 | |
| **TERMINGELDER** | | | 1.000.000,00 | | |
| **ÜBERSCHUSS (+) / BEDARF (-)** | 2.226.261,56 | 1.396.515,58 | 804.516,29 | -395.937,60 | |

Abbildung 111: Rollende Finanzplanung

Aus Sicht der Ressourcenoptimierung ist es unser Ziel, möglichst viele bereits in anderen Vorsystemen gespeicherte Informationen in die rollende Finanzplanung automatisch zu übernehmen. Alle rot umrandeten Zahlen werden daher auf Knopfdruck aus Vorsystemen übernommen. Die in der Buchhaltung bereits erfassten Kreditoren- und Debitorenrechnungen werden aufgrund der jeweils vereinbarten Zahlungskonditionen den entsprechenden Kalenderwochen zahlungswirksam zugeordnet. Manuelle Eingriffe sind immer dann notwendig, wenn noch keine Belege vorhanden sind. Sobald diese dann in der Buchhaltung erfasst worden sind, muss die manuelle Erfassung entsprechend korrigiert werden. Unser Grundprinzip ist, überall dort, wo Beträge bekannt sind, diese auch auf Cent genau zu erfassen. Diese rollende Finanzplanung bildet alle Finanzströme innerhalb der WK-Gesamtorganisation in Oberösterreich ab und bietet den Branchenvertretungen neben der Verwendungshoheit auch maximale Transparenz. Falls sich rechnerisch ein über eine längere Phase anhaltender Liquiditätsüberschuss abzeichnet, stellt sich die Frage, wie dieser zinsbringend veranlagt werden kann.

In unseren Veranlagungsrichtlinien, die auf Basis der jeweils zu erwartenden Finanzmarktlage erstellt bzw. regelmässig evaluiert werden, steht der Grundsatz, dass, soweit finanzielle Mittel nicht für den laufenden Bedarf benötigt werden, diese unter Beachtung der Rahmenbedingungen veranlagt werden dürfen. Die nachfolgende Liquiditätspyramide zeigt den Zusammenhang zwischen Kapitalbindungsdauer und der Inanspruchnahme externer Dienstleistungen.

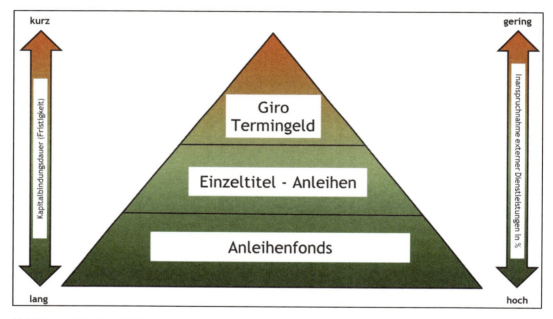

Abbildung 112: Liquiditätspyramide

Erfolgt die Veranlagung beispielsweise in einem Termingeld, so wird lediglich die Anfrage der erzielbaren Konditionen bei einzelnen Banken notwendig sein. Falls eine Veranlagung in Anleihen erfolgen soll, werden intensivere Beratungsleistungen von der WKOÖ in Anspruch genommen. Intensivste Beratungen sind dann notwendig, wenn die Veranlagung in Fonds erfolgen soll. Unser langfristiges Ziel ist es, jeweils ein Drittel der gesamten Finanzmittel in den einzelnen Stufen der Pyramide zu veranlagen.

Bei allen Überlegungen zur Portfoliozusammensetzung darf man niemals die Tatsache aus den Augen verlieren, dass es sich bei den Finanzmitteln um Mitgliedergelder handelt, deren unbedingter Werterhalt im Vordergrund stehen muss. Um trotz Risikominimierung eine entsprechende Verzinsung erzielen zu können, enthalten die Veranlagungsrichtlinien generelle Ausschlusskriterien und Maximalgrenzen bei zulässigen Assetklassen.

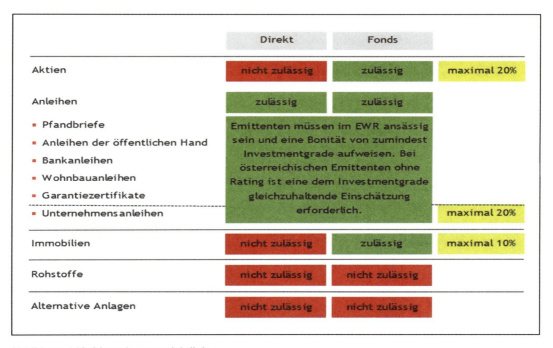

Abbildung 113: Veranlagungsrichtlinien

So ist beispielsweise eine Einzelveranlagung in Aktien generell ausgeschlossen. Eine Beimischung über Fonds, sofern darin kein Fremdwährungsrisiko enthalten ist, darf aufgrund der Veranlagungsrichtlinien aber erfolgen. Diese Beimischung ist in länger anhaltenden Niedrigzinsphasen auch notwendig, um eine angemessene Verzinsung erreichen zu können. Hinzu kommt die Tatsache, dass eine Wertstabilisierung im Gesamtportfolio nur durch eine Mischung mehrerer Assetklassen möglich ist.

Spricht man bei der Veranlagung vom wirkungsgeleiteten Ressourcenmanagement, so stellt sich zwangsläufig die Frage der notwendigen bzw. vorhandenen Kontrollmechanismen. Die in unseren Veranlagungsrichtlinien vorgegeben Grenzen bedürfen einer regelmässigen Kontrolle, um Kurskorrekturen einleiten zu können. Die nachfolgende Abbildung zeigt die in einander verzahnten Kontrollen durch Mitarbeiter und Funktionäre.

| Von | An | Periodizität | Inhalt |
|---|---|---|---|
| Finanz- und Rechnungswesen | Geschäftsführung | mindestens monatlich | aktuelle Entwicklung Finanzanlagevermögen |
| Geschäftsführung | Präsidium Finanzausschuss | mindestens jährlich | aktuelle Entwicklung Finanzanlagevermögen |

Bei Abweichung von den Veranlagungsrichtlinien:

- Abweichungen von den Veranlagungsrichtlinien sind in Anlehnung an § 28 Haushaltsordnung grundsätzlich schrittweise unter Beachtung der Wirtschaftlichkeit in den Rahmen der Vorgaben der Veranlagungsrichtlinien zurückzuführen.
- Ausnahmen davon bedürfen jedenfalls der Genehmigung durch die Geschäftsführung.

Abbildung 114: Kontrollmechanismen

Die Berichts- und Sorgfaltspflichten ermöglichen einerseits ein rasches Reagieren und Handeln im Alltagsgeschäft und beugen anderseits bereits eventuellen Fehlentwicklungen durch Vorgaben von Grenzen vor. Der Präventionsgedanke zieht sich daher durch die unsere Veranlagungsrichtlinien. Da alle WK-Organisationen der Kontrolle durch die Geschäftsstelle des Kontrollausschusses und des Rechnungshofs unterliegen, kommt der Berichts- und Sorgfaltspflicht der handelnden Personen besondere Bedeutung zu.

### 3.3 Personalmanagement

Das Personalmanagement der WKOÖ umfasst sowohl die strategischen als auch die operativen Aufgaben des Human Ressource Managements.

Die personalpolitischen Ziele sind im Sinne eines **integrierten Human Ressource Managements** eng mit den Zielen der Gesamtorganisation abgestimmt. Die Abteilung Personal ist als strategischer Partner der Geschäftsführung für die Umsetzung der Organisationsstrategie aus HR-Sicht verantwortlich.

Dementsprechend trägt die Abteilung Personal Verantwortung für ein effizientes Personalmanagement, das die WKOÖ zu einem attraktiven Arbeitgeber für Talente macht, Rahmenbedingungen für die Employability der bestehenden Mitarbeiter schafft und die WKOÖ so unterstützt, ihre Vision umzusetzen.

Im Mittelpunkt der HR-Arbeit stehen der Mensch und seine Bedürfnisse. Dem zugrunde liegt das Grundverständnis, dass nur mit leistungsbereiten und -fähigen Mitarbeitern, die bestqualifiziert und entsprechend ihrer Kompetenzen und Interessen eingesetzt sind, die Ziele der Gesamtorganisation erfolgreich umgesetzt werden können.

**Strategische Personalarbeit** bedeutet Veränderungsarbeit, und zwar in dem Sinn, als es gilt, sowohl die Mitarbeiter als auch die Organisation und ihre Strukturen an die Anforderungen anzupassen, die sich aus der Organisationsstrategie und den gesellschaftspolitischen Erfordernissen ergeben. Solche Wandlungsprozesse in Organisationen ergeben sich zum Beispiel aus den gestiegenen Anforderungen an lebenslanges Lernen, aus Veränderungen in der Arbeitsorganisation, die der Einsatz moderner Medien mit sich bringt, oder aus Aspekten, die Work-life Balance zu managen.

Ziel des strategischen Personalmanagements ist es, diese Veränderungen zu begleiten und zu steuern, indem Führungskräfte und Mitarbeiter unterstützt werden, die Organisationsstrukturen entsprechend weiter zu entwickeln.

Im **operativen Personalmanagement** liegt der Fokus auf der effizienten Durchführung, Administration und Dokumentation der HR-Prozesse mit Hilfe moderner Managementinstrumente und -methoden. Die hohen Standards und die Qualität dieser Arbeit sind auch durch die Zertifizierung nach dem NPO-Label sichergestellt und die Voraussetzung für die systematische Weiterentwicklung der Organisation und der Mitarbeiter geschaffen.

Im Folgenden werden die Hauptaufgaben des Human Ressource Managements in der WKOÖ (die Aufzählung der Themenfelder erfolgt alphabetisch) kurz dargestellt. Jene Themenfelder, die in engem Zusammenhang mit dem Rechnungswesen in NPOs zu betrachten sind, werden etwas ausführlicher beleuchtet.

**Arbeitszeitmanagement:** In Zeiten immer flexibler werdender Arbeitszeit-Modelle quer über alle Mitarbeitergruppen stellt das Arbeitszeitmanagement eine vielschichtige Aufgabe in einem komplexen arbeitsrechtlichen Umfeld dar. Für die Mitarbeiter der WKOÖ gilt ein flexibles Gleitzeitmodell, das in einer Betriebsvereinbarung festgelegt ist. Flexible Arbeitszeitmodelle (Teilzeit in unterschiedlichen Modellen) primär in Verbindung mit Elternteilzeit spielen eine grosse Rolle. Alle arbeitszeitbezogenen Daten werden in einem modernen IT-Umfeld administriert.

**Beendigung von Dienstverhältnissen:** Sämtliche Austritte (Pensionierungen, Kündigungen etc.) und die Gespräche über die Art der Auflösung des Dienstverhältnisses entsprechend der rechtlichen Rahmenbedingungen und die weitere Vorgangsweise obliegen der Abteilung Personal. Austrittsgespräche erfolgen in Form strukturierter Interviews. Dabei geht es vor allem darum, die Austrittsgründe zu evaluieren und auch die entsprechenden Ableitungen für die Organisation zu treffen. Insgesamt ist zu beobachten, dass der Arbeitsmarkt, speziell bei jüngeren Mitarbeitern immer volatiler wird. Diese Entwicklung macht auch vor der WKO nicht halt. Die Fluktuationsrate im Vergleich zu anderen Unternehmen ist aber noch relativ niedrig.

**Betriebliche Gesundheitsförderung:** Gesundheitsfördernde Massnahmen für Mitarbeiter in jeder Lebensphase stellen eine wichtige Komponente für die Produktivität dar. Das Thema Gesundheitsmanagement wird in fünf Handlungsfeldern (Führung, Personal- und Kompetenzentwicklung, Team- und Prozessgestaltung, Arbeitszeit und Entgelt sowie Gesundheit und Arbeitsfähigkeit) nachhaltig betrieben. Ausserdem bekennt sich die WKOÖ zu einem umfassenden Arbeitnehmerschutz und versucht, die Auflagen über das gesetzlich geforderte Mass hinaus zu erfüllen.

**Betriebliche Sozialpartnerschaft:** Der Umgang zwischen Arbeitnehmer- und Arbeitgebervertretung in der WKOÖ ist ein sehr partnerschaftlicher und orientiert sich an den Interessen der Organisation genauso wie den Interessen der Mitarbeiter. Als wesentlicher Bestandteil des österreichischen Sozialpartnerschaftssystems kommt der innerbetrieblichen Sozialpartnerschaft in der WKO hoher Stellenwert zu.

**Gestaltung von Anreiz- und Entgeltsystemen:** Um am Arbeitsmarkt als attraktiver Arbeitgeber wahrgenommen zu werden, sind wettbewerbsfähige Vergütungsstrukturen unabdingbar. Wesentlich für das Gehaltsmanagement der WKOÖ ist, dass quer über alle Mitarbeitergruppen marktkonforme Gehälter bezahlt werden. Grundsätzlich gilt auch, dass Frauen und Männer für gleiche Leistungen gleich entlohnt werden. Das konkrete Gehaltsniveau richtet sich nach Funktion und Leistung sowie nach Alter und Bildungsgrad. Das Gehaltssystem der WKOÖ ist gebunden an das Gehaltssystem der WKO und ist in der Dienstordnung geregelt.

Die gelebte Leistungsorientierung in der WKOÖ findet auch im Gehaltssystem ihren Niederschlag. Neben den im Gehaltsrecht festgelegten Erhöhungen gibt es auch die Möglichkeit der individuellen, ausserordentlichen Erhöhungen. Solche individuelle, ausserordentliche Erhöhungen können durch überdurchschnittliches Engagement, besondere Kundenzufriedenheit oder hohe Innovation begründet sein. Weitere Instrumente, die eine leistungsorientierte Entlohnung unterstützen, sind Prämien für ausserordentliche Erfolge und verschiedene betriebliche Sozialleistungen.

**Ideenmanagement:** Ziel des Ideenmanagements ist die ständige Verbesserung der angebotenen Dienstleistungen und der dahinter liegenden Prozesse mit dem Fokus, den Nutzen bei den Mitgliedern zu erhöhen sowie Prozesse effizient zu gestalten. Anreizsystem für das Ideenmanagement ist ein monetäres Prämiensystem. Top-Ideen werden aber auch öffentlich gemacht und z. B. bei Mitarbeiter-Events gesondert vorgestellt. Auch in den Abteilungs- und Bereichszielen ist das Innovationsmanagement verankert.

**Personalbeschaffung und -auswahl:** Ziel im Recruiting der WKOÖ ist es, mit effizienten Auswahlverfahren sicherzustellen, dass die richtigen Mitarbeiter zur richtigen Zeit für die richtige Position zur Verfügung stehen. Personalbeschaffungsaktivitäten können nach innen oder aussen gerichtet sein. Interne Beschaffungsaktivitäten umfassen interne Stellenausschreibungen und unterschiedlichste Massnahmen der Personalentwicklung. Externe Beschaffung erfolgt über das zielgruppenspezifische Schalten von Inseraten, die Teilnahme an Jobbörsen, den Besuch von Maturaklassen, das Abhalten von Bewerbertrainings an der Universität oder das immer wichtiger werdende Bewerberportal der WKOÖ. Je nachdem, welche Stelle zu besetzen ist, werden auch externe Beratungsfirmen eingebunden.

**Personaleinführung/Onboarding:** In der Einführungsphase geht es darum, Einsteiger hochwertig und effizient sowohl fachlich als auch sozial in die Organisation einzuführen, damit diese möglich rasch in ihrem neuen Aufgabenfeld einsatzfähig sind. Für neu einsteigende Mitarbeiter gibt es ein umfangreiches Einführungsprogramm. Besondere Bedeutung wird dem ersten Arbeitstag, der nach einem genauen Programm abläuft, beigemessen. Einen weiteren wesentlichen Teil im Onboarding stellen das Paten- und Traineesystem dar. Um den Einsteiger in der ersten Zeit möglichst gut zu unterstützen, wird dem Einsteiger ein erfahrener Mitarbeiter (Pate) zur Seite gestellt, der als erster Ansprechpartner fungiert. Das Traineesystem zielt darauf ab, den Mitarbeiter bei der fachlichen Integration zu unterstützen. Während des ersten Jahres hat der neue Mitarbeiter obligatorische Einsteigerseminare zu besuchen. Alle neuen Mitarbeiter legen während des ersten Dienstjahres eine Einsteiger-Prüfung ab.

**Personalcontrolling:** Ziel des umfassenden Personalcontrollings ist es, Schwachstellen in Strukturen und Prozessen frühzeitig zu erkennen und zu messen, Risiken einzuschätzen, bei Bedarf gegenzusteuern und so die Humanressourcen den Organisationszielen entsprechend effizient zu steuern. Das Portfolio des WKOÖ-Personalcontrollings berücksichtigt einerseits gebräuchliche Kennzahlen aus dem operativen und quantitativen Bereich wie Strukturdaten, Fluktuations- und Absenzdaten. Genauso sind aber auch weiche und qualitative Aspekte wie Commitment und Führungsqualität miteinbezogen. Die dritte Dimension der Kennzahlen besteht in der Beurteilung der Zufriedenheit mit dem HR-Management und seinen Prozessen. Alle wesentlichen Aufgabenfelder des Personalmanagements sind im Personalcontrolling-System abgebildet.

Folgende Themen werden in regelmässigen Intervallen in Form von definierten Kennzahlen geplant, analysiert und gesteuert:

- Personalstand und Personalstruktur
- Arbeitszeiten und Abwesenheiten

- Bewerbungen
- Aufnahmen
- Einführung
- Auflösung von Dienstverhältnissen
- Anreiz- und Entgeltsystem
- Ideenmanagement
- Aus- und Weiterbildung
- Mitarbeiterbindung und -führung

Die Kennzahlen des Personalcontrollings fliessen ein in das Managementinformationssystem (MIS), in dem die Geschäftsführung regelmässig über die wesentlichen Entwicklungen im Bereich der Human Ressourcen informiert wird und in die Prozesse des NPO-Labels. Entsprechend der geplanten Zielgrössen erfolgt die strategische Steuerung der Personalressourcen.

**Personalentwicklung:** Ein lernförderndes Arbeitsklima zu schaffen und den Mitarbeitern vielfältige Entwicklungsmöglichkeiten zu offerieren, hat in der Unternehmenskultur der WKOÖ hohen Stellenwert. Erster Schritt in Richtung einer systematischen und strategischen Personalentwicklung war - bereits vor 20 Jahren - die Einführung des Mitarbeitergespräches, das bis heute einen Kernbereich der Personalentwicklungsinstrumente darstellt. Das Mitarbeitergespräch vergleicht - basierend auf den strategischen Organisationszielen - die geforderten Qualifikationen und Kompetenzen mit den aktuellen Fähigkeiten und leitet daraus die entsprechenden Schulungs- und Entwicklungsbedarfe ab. Ergänzend zum Mitarbeitergespräch bildet ein umfangreiches Aus- und Weiterbildungsprogramm den Schwerpunkt in der individuellen Personalentwicklung. Neben den klassisch rezeptiv orientierten Instrumenten, die eher defizitorientiert angelegt sind, werden auch moderne Personalentwicklungsinstrumente wie Coaching oder das Führungsteam GPS (270 Grad Feedback), die bei der Stärkung von Stärken ansetzen, eingesetzt.

**Personalführung:** Führung in der WKOÖ bedeutet Planung, Analyse und Abweichungsmanagement, aber auch Verantwortung für Personal- und Organisationsentwicklung. Dass die WKO eine Mitgliederorganisation ist, stellt auch die Führungskräfte vor besondere Herausforderungen. Die Führungsstruktur in der WKO ist dual organisiert. Die gewählten Funktionäre werden in der Führung der Organisation von hauptberuflichen Mitarbeitern unterstützt. Ziel der Führungsarbeit ist es, durch verantwortungsvolles Management entsprechende Rahmenbedingungen zu schaffen, damit die Mitarbeiter ihre Aufgaben motiviert und mit Herz und Verstand, dh kompetent, schnell und sympathisch erfüllen können. Die Führungsgrundsätze beschreiben konkret, wie exzellente Mitarbeiterführung in der WKOÖ verstanden wird. Sie unterstützen die Weiterentwicklung der Führungskultur und haben Verbindlichkeit für alle Führungskräfte. Nachdem Führung eine immer komplexe Aufgabe darstellt, wird der Entwicklung von Führungskräften grosse Bedeutung beigemessen.

**Personalplanung:** Die Personalplanung der WKOÖ besteht aus kurz-, mittel- und langfristiger Planung des zukünftigen quantitativen und qualitativen Bedarfs an Mitarbeitern und Führungskräften sowie der daraus resultierenden Personalkosten. Ziel ist es, eine möglichst hohe Übereinstimmung von Personalbedarf und Ist-Zustand zu erreichen. Um die qualitative Übereinstimmung von Anforderungs- und Kompetenzprofil bestmöglich zu gewährleisten, wird ein speziell für die WKOÖ adaptiertes Kompetenzmanagement-Modell herangezogen.

Die Planung der **Personalkosten**, die einen wesentlichen Teil der Gesamtkosten der WKOÖ ausmachen, beinhalten:

- Gehälter und Prämien
- Personalnebenkosten: Entgeltfortzahlungen, Aus- und Weiterbildungskosten
- Kosten für soziale Aufwendungen: Betriebliche Pensionskasse, Krankenzusatzversicherung, etc.

In den jährlichen Gehaltsgesprächen, die der Leiter der Abteilung Personal mit den Führungskräften der ersten Ebene führt, wird die quantitative und qualitative Personalbedarfsplanung der einzelnen Bereiche abgestimmt. Diese Bereichsplanungen werden von der Abteilung Personal zu einer konsolidierten Gesamtplanung zusammengeführt, die einen Überblick über zusätzliche Eintritte, den Beginn und den Wiedereinstieg nach Karenzen sowie geplante Austritte und Pensionierungen gibt.

Die daraus resultierende Personalkostenplanung für die WKOÖ erfolgt zentral einmal jährlich in enger Abstimmung zwischen der Abteilung Finanz- und Rechnungswesen und der Abteilung Personal.

**Personalservices/Personalverwaltung:** Eines der Schlüsselziele des Human Ressource Managements ist die Gestaltung einer effizienten Personalorganisation und der dahinter liegenden Prozesse. Wesentlich dafür ist die elektronische Administration der Personaldaten und -prozesse. Einer modernen Personalverwaltung entsprechend sind die Personalakte der WKOÖ zur Gänze digitalisiert und die vielfältigen Personalprozesse werden elektronisch unterstützt. Um den hohen Qualitätsansprüchen der Organisation gerecht zu werden, sind im TQM-Handbuch (NPO-Label) alle Kernprozesse und deren Ziel- und Messgrössen dokumentiert.

In allen Fragen des strategischen und operativen Human Ressource Managements ist die Abteilung Personal Business Partner der Führungskräfte und Mitarbeiter der WKOÖ.

## 4. Ausblick

Wirft man einen selbstkritischen Blick auf das gesamte WKOÖ Managementmodell und die darin enthaltenen Instrumente so lassen sich folgende Verbesserungspotenziale ablesen:

### 4.1 Schwachstellen-Analyse

- Hohes dezentrales Know-how muss vorgehalten werden und verursacht in den Organisationsbereichen Controllingdruck.
- Sich einschleichende Prozessbürokratien oder Mehrfachgleisigkeiten müssen rechtzeitig erkannt und eliminiert werden.
- Bereinigung aller Systemteile um jene Messgrössen, Kennzahlen und Berichte, die nicht steuerungsrelevant sind.
- Mehr Differenzierung und auch Ausgestaltung der Instrumente entsprechend der Anforderungen der verschiedenen Führungsebenen.
- Verlagerung der Zielmessgrössen auf die Markt-/Mitgliederebene, dadurch mehr Aussenorientierung.
- Entwicklungsnotwendigkeit der Messgrössen Richtung Wirkungsorientierung.

### 4.2 Ausbau bzw. Ergänzungsbedarf am System

Als Dienstleistungsorganisation im Bereich Interessenvertretung und Service sind folgende Themen weiter zu entwickeln:

- Wissensmanagement
- Compliance/Governance
- Ehrenamt
- Sponsoring

## 4.3 Erfolgsfaktoren für Zukunftsmodelle im Bereich Managementsteuerung

Es gibt bei der Entwicklung, Einführung und Nutzung von Instrumenten und Modellen im Bereich Planung, Steuerung, Führung so etwas wie kritische Erfolgsfaktoren, die, gerade wenn es um die zukünftige Ausgestaltung dieses Themas geht, berücksichtigt werden müssen:

- Gut ausformulierte und verankerte Ziele und Strategien in der Organisation.
- Gleiches Niveau an Managementwissen und Führungs-Know-how bei den Führungskräften.
- Bekenntnis der Geschäftsleitung zu Planungs- und Steuerungsmodellen bzw. Instrumenten.
- Mut zur Fokussierung und dadurch zur Lücke, was Führungskennzahlen betrifft.
- Anbindung von Steuerungsmodellen insbesondere Messgrössen und Kennzahlen an Leistungsentgeltfaktoren der Mitarbeitenden.
- Niemals aufhören, die eigenen Systeme zu hinterfragen.

Letztlich ist anzumerken, dass Managementsysteme im NPO-Bereich oftmals sogar aufwendiger, weil komplexer, zu betreiben sind. Die Weiterentwicklung im Sinne des Steuerungsnutzens und letztendlich somit im Sinne der Kunden- und Mitgliederorientierung wird somit zu einer stetigen Führungsaufgabe.

# Fallstudie 4:
# Die Aufgabenkritik als Hilfsmittel zur Identifikation von Ressourcenspielräumen

von Andreas Kattnigg[*]

## 1. Ausgangslage und Zielsetzung

Eine schwierige Aufgabenstellung im Nonprofit-Bereich liegt darin, die notwendigen Ressourcen für Innovationen bereitzustellen. Die Ressourcenrahmen sind von Seiten der Finanzierung eng gesteckt. Mitgliedsbeiträge, Leistungspreise, öffentliche Subventionen und Entgelte sind meist über längere Zeit fixiert. Die Ressourcenverwendung innerhalb der Nonprofit-Organisationen (NPO) ist häufig aus der Tradition und Vergangenheit heraus schon „vorprogrammiert". Das Spannungsfeld zwischen innovativen Entwicklungen und dem „Verteidigen" von tradierten Leistungen und Ansprüchen ist eine der großen Herausforderungen für die Leitungsorgane als Entscheidungsträger und das Management als Entscheidungsvorbereiter.

Im vorliegenden Projekt hat sich das zuständige Leitungsorgan der NPO klar für die offensive Auseinandersetzung mit diesem Spannungsfeld deklariert. Das Präsidium hat sich dafür ausgesprochen, sich strategisch den zukünftigen Anforderungen dieser mitgliedschaftlich orientierten NPO zu stellen. Um jedoch nicht von vornherein nur strategische Ideen zu generieren, die dann aufgrund fehlender Ressourcen ausschließlich auf dem (Strategie-)Papier stehen bleiben, hat sich das Präsidium entschlossen, einen Prozess zur Identifikation von Ressourcenspielräumen vorzuschalten. Da diese NPO überwiegend im Bereich Beratung, Bildung und Interessenvertretung agiert, handelt es sich bei den zu identifizierenden Spielräumen vor allem um „Personalressourcen."

Die Vorgabe lautete: „10 % der in der NPO eingesetzten Personalressourcen sollen durch einen Analyseprozess als Ressourcenspielräume identifiziert werden."

---

[*] Die Fallstudie ist mit geringfügigen Änderungen übernommen von Andeßner/Stötzer 2012, S. 79 ff.

## 2. Informationen zur Organisation

Bei der NPO handelt es sich um eine mitgliedschaftlich ausgerichtete Interessenvertretung mit 46.000 Mitgliedsbetrieben. Die Aufgabengebiete umfassen neben den Aktivitäten im Rahmen der Interessenvertretung Leistungen im Bereich Beratung sowie Leistungen im Bereich der Aus- und Weiterbildung.

Organisatorisch werden diese Leistungen durch 21 dezentralisierte Bezirksstellen und eine Zentrale erbracht. Neben der direkten Erbringung von Leistungen durch diese Organisationseinheiten kooperiert die NPO mit weiteren Branchenverbänden. Sie unterstützt diese sowohl durch Know-how in Form von zur Verfügung gestelltem Personal als auch durch die Vergabe der Durchführung von Dienstleistungen im Auftrag der NPO.

Die Mitglieder sind von ihren Bedürfnissen her sehr heterogen. Es handelt sich um Betriebe im landwirtschaftlichen Bereich. Dabei gibt es einerseits große Unterschiede in den Leistungsbereichen der Mitglieder (Viehzucht, Pflanzenbau, Forstwirtschaft usw.) als auch in den Betriebsgrößen (Großbetriebe, Kleinbetriebe, Haupterwerbsbetriebe und Nebenerwerbsbetriebe) sowie in den regionalen Lagen der Betriebe (benachteiligte Lagen im Bergland, begünstigte Lagen in fruchtbaren Ebenen usw.).

Allgemein wird erwartet, dass dem Bereich Landwirtschaft große Veränderungen bevorstehen werden. Die NPO hat sich zum Ziel gesetzt, sich strategisch auf diese Veränderungen vorzubereiten und dafür auch kontroverse Diskussionen mit Mitgliedergruppen und deren Vertretern in den Leitungsgremien in Kauf zu nehmen.

Die Aufbauorganisation gliedert sich in einen ehrenamtlichen Bereich der Leitungsorgane (Vollversammlung, Hauptausschuss, Präsidium und weitere Fachausschüsse) und einen hauptamtlichen Bereich mit einem Direktor sowie einer zweiten Leitungsebene bestehend aus Abteilungs- und Bezirksstellenleitern.

## 3. Der Prozess

### 3.1 Der Entscheid über das einzusetzende Instrument

Die Entscheidungsträger stellten sich zu Beginn folgende Kernfragen:

- Mit welchem Instrument wollen wir die Analyse unterstützen?
- Welche Rahmenbedingungen sind bei diesem Prozess zu beachten?
- Wieviel Aufwand wollen wir in Kauf nehmen?

## Fallstudie 4: Die Aufgabenkritik als Hilfsmittel zur Identifikation von Ressourcenspielräumen

Da die Entscheidungsträger in dieser NPO zwar große Bereitschaft zeigten, diesen schwierigen Analyseprozess durchzuführen, jedoch noch keine eigenen Erfahrungen mit dieser Form von Prozess aufweisen konnten, beschloss die Führung der NPO, eine externe, erfahrene Begleitung beizuziehen.

Zu Beginn dieser Analyse stellte sich also die Frage: „Wie können wir Ressourcenspielräume identifizieren, die sowohl von Seiten der ehrenamtlichen Entscheidungsträger in den Leitungsorganen als auch von Seiten der Mitarbeiter akzeptiert und dann auch umgesetzt werden können?"

Es war naheliegend, davon auszugehen, dass dies am ehesten gelingen könnte, wenn Spielräume dort aufgezeigt werden, wo Ressourcen in Leistungen gebunden sind, die von Seiten der Mitglieder als nicht mehr so wichtig angesehen werden. Weiters wurde überlegt, die Prozesse der Leistungserbringung zu analysieren, um durch dementsprechende Prozessoptimierungen die gleichen Wirkungen und Outputs durch ressourcenschonendere Formen der Leistungserstellung erzielen zu können.

Um diese Aspekte bestmöglich zu beleuchten, standen zwei Instrumente zur Auswahl. Einerseits standen Überlegungen im Raum, das Instrument „Portfolio" zu nutzen, andererseits trug man sich mit dem Gedanken, das Instrument der „Aufgabenkritik" (vgl. dazu KGSt 1982) einzusetzen.

Als Vorteile für die praktische Portfolio-Arbeit sind zu nennen (Schwarz 2006, S. 383):

1) Die Portfolio-Analyse ist ein systematisches Verfahren, das eine visuelle Darstellung aller strategischen Leistungsgruppen und damit einen Vergleich zwischen ihnen ermöglicht. Im Bereich der NPO wird unter einer strategischen Leistungsgruppe eine eigenständig planbare und kontrollierbare Einzelleistung, eine Aufgabe oder ein Leistungspaket verstanden. Diese soll möglichst klar von anderen Leistungspaketen abgrenzbar sein und eindeutige Ressourcen zugeordnet haben.

2) Sie kombiniert Chancen/Gefahren im Umfeld mit den Stärken/Schwächen der NPO und schafft eine relativ objektive Basis für die Strategieerarbeitung. Sie erfüllt eine Brückenfunktion zwischen Analyse und Strategieentwicklung.

3) Die Konkretisierung der beiden Matrixachsen durch die relevanten Faktoren kann optional an die Situation, die Bedürfnisse jeder NPO angepasst werden.

4) Sie ermöglicht die Formulierung relativ „objektiv" begründeter Normstrategien und trägt zur Versachlichung der Diskussion bei, insbesondere im konfliktären Bereich der Ressourcenverteilung zwischen den einzelnen strategischen Leistungsgruppen (Abbau, Ausbau).

Da jedoch von Seiten der Entscheidungsträger ein transparenter Prozess in zwei Phasen gewünscht war, nämlich eine Analysephase und eine daran anschließende Strategiephase, entschied man sich für den Einsatz des Instruments der Aufgabenkritik im Rahmen dieses Prozesses.

## 3.2 Das Instrument der Aufgabenkritik

Unter Aufgabenkritik versteht man ein „systematisches und zeitlich gerafftes Verfahren, das den Aufgabenbestand und damit das Leistungsvolumen einschränken bzw. den Aufgabenzuwachs erschweren soll" (Schauer 2010, S. 169). Dabei wird zwischen Vollzugskritik und Zweckkritik unterschieden. „Die Vollzugskritik (Verfahrenskritik) stellt die Effizienz des Mitteleinsatzes zur Erfüllung einer Aufgabe in Frage und bedingt in der weiteren Folge eine Rationalisierungsarbeit. Die Zweckkritik hingegen untersucht, welche Ziele gesetzt werden und inwieweit sie erreicht werden können (Effektivität). Als überflüssig erkannte Aufgaben sind aus dem Aufgabenkatalog zu streichen" (Schauer 2010, S. 169).

Grundsätzlich ist die Anwendung des Instruments, welches für den Einsatz in öffentlichen Verwaltungen entwickelt wurde, jedoch nicht auf öffentliche Verwaltungen beschränkt. Die Fragestellungen, mit denen die Entscheidungsträger beim Einsatz der Aufgabenkritik konfrontiert sind, gleichen sich sowohl im öffentlichen Bereich als auch bei halbstaatlichen und privaten NPO. Zur Erreichung der definierten Ziele (10 % Ressourcenspielraum) war das Instrument bestens geeignet, um zum Einsatz zu gelangen.

## 3.3 Der Analyseprozess

Um das Instrument systematisch anzuwenden, war ein dementsprechendes Prozessdesign notwendig. Die kritischen Faktoren wurden einerseits darin gesehen, einen Beteiligungsprozess zu gestalten, der nicht nur hauptamtliche Fachleute bei der Analyse berücksichtigt, sondern frühzeitig auch ehrenamtliche Vertreter der Leitungsorgane einbindet. Andererseits war es Absicht, beim Prozess der Entscheidungsfindung eine Form des Splittings zu wählen, sodass Entscheidungsträger „schrittweise" zur endgültigen Entscheidung gelangen.

Unter Splittingverfahren versteht man „ein Verfahren zur Gestaltung von Willensbildungsprozessen. Ein Problem wird in zwei Läufen bearbeitet. Zunächst werden die grundsätzlichen Aspekte des Problems herausgeschält und entsprechende Grundsätze, Grundkonzepte, Eckpfeiler diskutiert und verabschiedet. Erst dann wird die Fein- oder Detail-Ausarbeitung an die Hand genommen und zur Abschlussentscheidung geführt" (Gmür/Lichtsteiner 2010, S. 78).

Folgende Vorgehensweise für den Prozess wurde festgelegt:

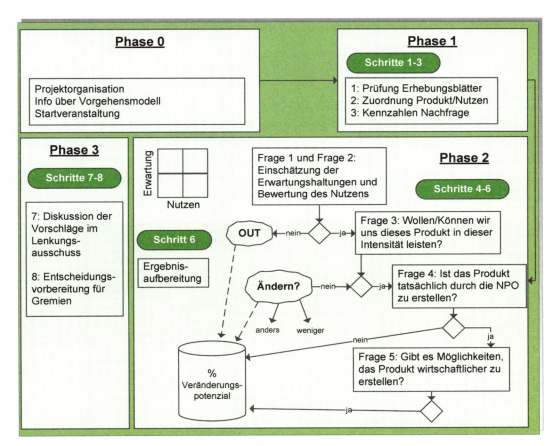

Abbildung 115: Prozessdesign "Aufgabenkritik"
(eigene Darstellung)

Um dem Ansatz des Splittingverfahrens gerecht zu werden, wurde von der Projektorganisation her einerseits eine Arbeitsgruppe „Aufgabenkritik" eingerichtet, andererseits ein Lenkungsausschuss bestellt.

Die Besetzung der Arbeitsgruppe im Sinne des Promotorenmodells von Schwarz (2006, S. 129ff.) hat sowohl Fachexperten, Regionalverantwortliche als auch Vertreter des Ehrenamtes berücksichtigt. Damit sollte frühzeitig sichergestellt werden, dass alle Blickwinkel in zeitlich ausreichend dimensionierten Sitzungen einfließen konnten.

Die Entscheidungen wurden schrittweise im Sinne von Splitting im Rahmen eines breit besetzten Lenkungsausschusses mit Vertretern der ehrenamtlichen Leitungsorgane als auch Vertretern der Abteilungs- und Regionalverantwortlichen in zeitlich konzentrierter Form herbeigeführt.

### 3.3.1 Zweckkritik

Vor dem konkreten Schritt der Zweckkritik wurden alle Produkte auf ihren angestrebten Nutzen, die angesprochene Zielgruppe, die tatsächliche Nachfrage (Leistungsstatistik), die Einschätzung, ob es sich um ein Pflichtprodukt gemäß der rechtlichen Rahmenbedingungen der NPO handelt und wieviel Personalressourcen derzeit bei der Erbringung dieser Leistung gebunden sind, hin näher definiert, sowie die Zahlen, Daten und Fakten dazu festgehalten.

| Produkt | Angestrebter Nutzen | Gruppe der Kammerzugehörigen (Wer hat einen Nutzen von diesem Produkt?) | Quantität der Nachfrage (= Anzahl der Fälle) | Pflichtprodukt (Gesetz oder Vertrag) ja/nein | Ergebnis (in Worten beschrieben) | Personalaufwand in Stunden |
|---|---|---|---|---|---|---|
| Almwirtschaft allgemein | Attraktivität der Almwirtschaft erhalten und verbessern (Ertragsfähigkeit, -möglichkeiten verbessern); Unterstützung der Alm- und Weidewirtschaftsgemeinschaften; (Landwirtschaftskammer ist ergänzend zur Beratung der Agrarbezirksbehörde tätig) | Alle Almbewirtschafter und alle Mitglieder von Alm- und Weidegemein-schaften (ca. 1000 Antragsteller) | 29 Einzel-, 72 Gruppenberatungen --> ca. 90 % der Betroffenen werden 1x pro Jahr beraten | nein | Auskünfte, Informationen, Vermittlungen | 456 |

Tabelle 1: Produktbeschreibung

(eigene Darstellung)

## Fallstudie 4: Die Aufgabenkritik als Hilfsmittel zur Identifikation von Ressourcenspielräumen

In der Phase „Zweckkritik" ging es darum zu analysieren, wie hoch die Erwartungshaltung an die NPO ist, eine bestimmte Leistung durchzuführen. Die Einschätzung dieser Erwartungshaltung wurde jedoch aus der Sicht verschiedener Stakeholder analysiert.

Einerseits ging es darum, die Sicht der Kunden zu berücksichtigen, andererseits wurden auch die Erwartungshaltungen externer strategischer Gruppen wie z. B. der Vertreter der Agrarpolitik, der öffentlichen Verwaltung usw. in die Analyse einbezogen. Neben den Erwartungshaltungen sind auch der Nutzen und die Wirkung einzuschätzen, welche die Mitglieder und das jeweils angesprochene Segment des landwirtschaftlichen Bereichs durch die Erbringung des jeweiligen Produkts erkennen können.

Die Bewertung wurde in Anlehnung an das Instrument der Nutzwertanalyse ausgestaltet. Die gemeinsamen Diskussionen in der Arbeitsgruppe wurden als zahlenmäßige Bewertungen in einen Bewertungsraster eingepflegt.

| Produkt | Almwirtschaft allgemein | |
|---|---|---|
| Einschätzung der Erwartungshaltung | **Erwartungen aller Kammerzugehörigen** (Wie wichtig erscheint den Kammerzugehörigen dieses Produkt?) (niedrig = 1; mittel = 2; hoch = 3) | 1 |
| | **Erwartungshaltung anderer Organisationen** (Wie hoch ist die Erwartungshaltung, dass dieses Produkt von der Landwirtschaftskammer erbracht wird?) (niedrig = 1; mittel = 2; hoch = 3) | 2 |
| | **Erwartungshaltung der Kammerfunktionäre** (Wie wichtig erscheint den Kammerfunktionären die Erbringung dieses Produktes?) (niedrig = 1; mittel = 2; hoch = 3) | 2 |
| | **Gesamterwartung** | 5 |

Tabelle 2: Bewertungsraster Erwartungshaltungen

(eigene Darstellung)

| Produkt | Almwirtschaft allgemein | |
|---|---|---|
| Einschätzung des Nutzens | Nutzen für den Kammerzugehörigen (niedrig = 1; mittel = 2; hoch = 3) | 1 |
| | Nutzen für die Land- und Forstwirtschaft insgesamt (niedrig = 1; mittel = 2; hoch = 3) | 1 |
| | Nutzen für die Kammer (niedrig = 1; mittel = 2; hoch = 3) | 1 |
| | Gesamtnutzen | 3 |

Tabelle 3: Bewertungsraster Nutzen

(eigene Darstellung)

Es wurden ca. 200 Produkte zu bewertbaren Produktgruppen zusammengeführt und analysiert. Das Ergebnis wurde in einer Erwartungs-Nutzen-Matrix dargestellt. Darin wurde die jeweilige Kombination der Bewertung von Erwartung und Nutzen durch eine Zuordnung zu einem der insgesamt neun Felder dokumentiert.

| Zusammenfassung Zweckkritik | Produkte Nutzen gering | Produkte Nutzen mittel | Produkte Nutzen hoch |
|---|---|---|---|
| Erwartungshaltung niedrig | | | |
| Erwartungshaltung mittel | | | |
| Erwartungshaltung hoch | | | |

Abbildung 116: Erwartungs-Nutzen-Matrix

(eigene Darstellung)

Alle Produkte, die in den Feldern

- niedrige Erwartungen – geringer Nutzen,
- mittlere Erwartungen – geringer Nutzen,
- niedrige Erwartungen – mittlerer Nutzen

zu liegen kamen, wurden mit den in ihnen gebundenen Ressourcen dargestellt und als Potenzial für Ressourcenspielraum dem Lenkungsausschuss vorgelegt. In dieser Phase der Zweckkritik wurde ein Ressourcenspielraum von ca. 6 % identifiziert.

### 3.3.2 Vollzugskritik

Alle verbleibenden Produkte, die sowohl von den Erwartungen als auch vom erzielten Nutzen höher bewertet wurden, sind in der Phase der Vollzugskritik nochmals analysiert worden. Die Fragestellungen in dieser Phase bezogen sich jedoch sehr deutlich auf den Produkterstellungsprozess und dessen wirtschaftliche Durchführung. Im Mittelpunkt stand die Betrachtung, ob die Intensität der Leistungserbringung (Leistungsumfang, Leistungsqualität) beibehalten werden sollte oder ob es hier Anpassungspotenziale gäbe. Weiters wurde geprüft, ob das Produkt tatsächlich von der NPO zu erstellen ist oder ob es wirtschaftlicher wäre, das Produkt an einen externen Partner für die Leistungserbringung zu vergeben. Durch die Bewertung dieser Möglichkeiten wurden wiederum potenzielle Ressourcenspielräume identifiziert und zahlenmäßig bewertet.

Abbildung 117: Phase Vollzugskritik
(eigene Darstellung)

Die identifizierten Ressourcenspielräume wurden im Anschluss daran noch nach ihrer zeitlichen Realisierbarkeit (sofort realisierbar, innerhalb eines Jahres realisierbar, innerhalb von drei Jahren realisierbar) gegliedert. Dem Lenkungsausschuss konnte aus der Phase Vollzugskritik ein potenzieller Ressourcenspielraum im Ausmaß von 10 % zur Entscheidung vorgelegt werden. Insgesamt hat die Arbeitsgruppe somit 16 % Potenzial mit Hilfe des Instruments der Aufgabenkritik identifiziert.

## 4. Kritische Erfolgsfaktoren im Rahmen des Projekts

### 4.1 Vorhandene Daten und vorhandene Datenqualität

Die Einschätzung des potenziellen Ressourcenspielraums ist sehr stark abhängig von den zur Verfügung stehenden Zahlen, Daten und Fakten. Eine einigermaßen realistische Festlegung von Ressourcendimensionen hängt also davon ab, ob Leistungsstatistiken und Auswertungen von Controllingdaten grundsätzlich zur Verfügung stehen und qualitativ plausibel und unbestritten sind.

Als Nebeneffekt aus diesem Prozess der Aufgabenkritik konnten einige Ansätze zur Verbesserung der Steuerungsinformationen aus dem Controlling (Leistungsstatistik basierend auf der neuen Produktgliederung, Daten aus der Kosten- und Leistungsrechnung inkl. Mengendaten über Personalressourceneinsatz) festgehalten werden.

Neben den internen Zahlen, Daten und Fakten ist es sehr hilfreich, auf Befragungen zurückgreifen zu können. Die Einschätzung von Erwartungshaltung und Nutzen durch Kunden und Stakeholder führt direkt zu einer wesentlich höheren Akzeptanz der Vorschläge bei den Entscheidungsträgern. Sollten diese Daten nicht oder nur für einzelne Bereiche vorhanden sein, muss man in der Arbeitsgruppe sehr plausible Argumente als Basis für die jeweilige Bewertung erarbeiten und für die Entscheidungsträger nachvollziehbar machen.

### 4.2 Zusammensetzung der Arbeitsgruppe

Ein weiterer Erfolgsfaktor liegt, wie schon oben angeführt, in der Zusammensetzung der Arbeitsgruppe. In die Arbeitsgruppe sind anerkannte Vertreter aus dem Kreis der Fachexperten, der regionalen Einheiten und aus dem Bereich der Ehrenamtsträger zu entsenden. Es geht darum, Vorschläge, die aus diesem Kreis kommen, durch die verschiedenen Blickwinkel schon vorweg kritisch zu prüfen. Es muss die Möglichkeit bestehen, durch den gemeinsamen Dialog und die Diskussion in der Arbeitsgruppe auch „unangenehme" Vorschläge zu unterbreiten.

Die Mitglieder der Arbeitsgruppe müssen jedoch auch viel Geduld und Ausdauer mitbringen, da die einzelne Bewertung von über 200 Produkten eine sehr aufwändige Angelegenheit ist.

## 4.3 Eindeutige Zielvorgabe durch das Leitungsorgan

Aufgabenkritik bedeutet, „heilige Kühe" anzugreifen. Es geht also darum, unliebsame Entscheidungen über den Wegfall von Produkten zu treffen. Bei all diesen Produkten gibt es Gruppierungen, die für ein Aufrechterhalten der Leistungserbringung votieren und sich dafür einsetzen. Wenn diese Kultur überhandnimmt, bleiben von den vorgeschlagenen Potenzialen nur mehr wenige Prozent Spielraum übrig.

Erfolgsfaktoren, die diesem Verhalten Grenzen setzen, sind eine klare Zielvorgabe für den Prozess der Aufgabenkritik und eine überzeugende Argumentation, warum dieser Prozess überhaupt angegangen werden sollte.

Das Überzeugen und das nachdrückliche Vertreten einer Zielvorgabe ist die Aufgabe eines starken Leitungsorgans respektive dessen Vorsitzenden. Im Rahmen des beschriebenen Projektes gab es keinen Zweifel, dass das Leitungsorgan bereit ist, Entscheidungen zugunsten der Zukunftschancen für die Mitglieder zu treffen.

## 5. Schlussfolgerung

Das Instrument der Aufgabenkritik ist gut geeignet, um machbare Veränderungsspielräume aufzuzeigen. Kombiniert mit einem anschließenden Strategieprozess führt es zu Ergebnissen, die mutiger und realistischer sind als jene, die im Rahmen von Strategieprozessen erzielt werden können, bei denen nach dem Festlegen von strategischen Zielen Frust über die „Nicht-Realisierbarkeit" entsteht, da keine Handlungsspielräume vorhanden sind.

Es handelt sich hierbei um einen Prozess, der aufgrund seines Aufwands nicht in kurzfristigen Abständen wiederholt werden wird. Jedoch sollte im Konzept der Planung vorgesehen sein, diesen Prozess mindestens alle 7 bis 10 Jahre durchzuführen.

Bei systematischer Wiederholung kann der Aufwand stark reduziert werden. Die notwendigen Zahlen, Daten und Fakten können in der Vorbereitung schon zielgerichtet erhoben und ausgewertet werden. Die Diskussionen in der Arbeitsgruppe können dadurch zeitlich wesentlich verringert werden. Der Aufwand für diese Art von Prozess ist aber nur dann gerechtfertigt, wenn die Entscheidungsträger gewillt sind, auch „unliebsame" Entscheidungen zu treffen.

# Fallstudie 5:
# Strategische Planung in einem Sportverein

von René Clemens Andeßner

## 1. Sportvereine als Eigenleistungs-NPO

Sportvereine sind Musterbeispiele für Eigenleistungs-NPO. In ihnen werden in der Regel so genannte Clubgüter produziert. Die Mitglieder des Vereins legen, im Sinne der Förderung bestimmter sportlicher und auch sonstiger Ziele, personelle, materielle und finanzielle Ressourcen zusammen und produzieren damit Leistungen, von denen sie selbst wieder unmittelbar profitieren. Zumindest in der Idealform besteht also eine weitgehende Identität zwischen jenen Akteuren, welche die Organisation tragen, die Leistungen in Anspruch nehmen und die primären Ressourcen bereitstellen. Traditionelle Sportvereine sind also „Produzenten-Konsumenten-Gemeinschaften", in der die Mitglieder in kollektivem Handeln ihre Interessen zu verwirklichen suchen.

Das Alltagsgeschehen in den Vereinen ist von informellen Strukturen, von Selbstabstimmung und Selbstorganisation geprägt. Vielfach sind diese Strukturen auch auf bestimmte Personen hin ausgerichtet. Sozio-emotionelle Komponenten spielen im Handeln der Organisation eine überdurchschnittliche Rolle.

Als Teil der selbstorganisierten zivilgesellschaftlichen Infrastruktur eines Ortes haben Vereine nicht nur eine Funktion als Produzent von Dienstleistungen, sondern auch im lokalen Community-Building. Sie mobilisieren Menschen unterschiedlicher Herkunft und sozialer Schichtung und binden diese in demokratische Entscheidungsprozesse ein. Fasst man die Gemeinde als kommunales Gemeinwesen auf, das durch die Kooperation von Lokalverwaltung, gewinnorientierten Unternehmen, Nonprofit-Organisationen und informellen Kooperationen von Bürgerinnen und Bürgern zu gestalten ist, so haben lokale Vereine im Allgemeinen und Sportvereine im Besonderen eine wichtige Bedeutung. Sie werden daher von öffentlichen Institutionen in vielfältiger Weise unterstützt.

Sportvereine weisen oft einen vielfältigen Finanzierungsmix auf. Mitgliedsbeiträge haben eine zentrale Bedeutung für die Finanzierung der Aktivitäten, reichen aber in der Regel nicht aus, um die gesamten Ausgaben zu decken. Sie werden daher durch öffentliche Förderungen, aber auch durch Einnahmen aus Spenden und Sponsoring sowie Einnahmen aus (gewinnorientiert angebotenen) Randleistungen ergänzt. Die komplexe Finanzierungsstruktur hat – selbst in kleinen Vereinen – eine ebenso komplexe Struktur von Personen und Institutionen (Stakeholder) zur Folge, die eine Situation der mehrfachen Abhängigkeit schafft.

Ehrenamtliches und freiwilliges Engagement ist jedoch in der Mehrzahl der Sportvereine von existenzieller Bedeutung. Es nimmt im Set der Ressourcenquellen eine zentrale Stellung ein und ist eine unverzichtbare Säule der Vereinstätigkeit. Wenn es den Vereinen also nicht gelingt, einen substanziellen Teil der Mitglieder zu einem aktiven Engagement zu bewegen, geht schlichtweg – und das möglicherweise auch in einem schleichenden Prozess – ihre Leistungsfähigkeit verloren.

Die institutionellen Besonderheiten von Sportvereinen beeinflussen auch ihr Konzept von Steuerung, in dem Autonomie, Koordination durch Selbstabstimmung sowie eigenverantwortliches und selbstgesteuertes Handeln eine zentrale Rolle spielen. Gerade deshalb erscheint es aus der Perspektive des Gesamtvereins notwendig, auf der normativen Ebene Leitbilder als Orientierungsgrösse zu entwerfen und in der strategischen Planung einen mittel- bis längerfristigen Rahmen zu entwickeln, innerhalb dessen die selbstgesteuerte Entwicklung der Aktivitäten und die Erstellung der Leistungen in den einzelnen Bereichen des Vereins erfolgen kann.

Die Kerninhalte eines solchen strategischen Planungsprozesses für einen kleinen Sportverein stehen im Zentrum der nachfolgenden Ausführungen. Im Anschluss an einige Informationen zum betrachteten Verein erfolgt eine skizzenhafte und an zentralen Aspekten orientierte Darstellung der konkreten Vorgangsweise im Bereich der strategischen Analyse, der Entwicklung und Bewertung von Strategien sowie Massnahmen und der strategischen Kontrolle. In diesem Zusammenhang wird primär die Ebene des gesamten Vereins und nicht die Ebene der einzelnen Bereiche (Sektionen, Abteilungen) in den Fokus genommen.

## 2. Einige Bemerkungen zum betrachteten Sportverein

Der Sportverein ist in einer mittelgrossen Gemeinde im Umfeld einer grösseren Stadt beheimatet und hat aktuell ca. 400 Mitglieder. Er ist der einzige Mehrsparten-Sportverein des Ortes und weist mehrere Leistungsbereiche auf, die als Sektionen bezeichnet werden. Alle anderen in der Gemeinde agierenden Sportvereine sind auf eine einzige Sportart konzentriert und haben eine vergleichsweise geringe Mitgliederzahl. Ungefähr vier Fünftel der Mitglieder üben aktiv Sport aus, das restliche Fünftel hat dies in der Vergangenheit getan, nimmt nunmehr aber in anderer Form (z. B. als Funktionär) am Geschehen des Vereins teil und/oder unterstützt diesen durch (mehr oder weniger regelmässige) finanzielle Zuwendungen.

## Fallstudie 5: Strategische Planung in einem Sportverein

In seinem Leitbild hält der Verein seine Mission, seine grundlegenden Ziele und Verhaltensorientierungen fest. Einige zentrale Aussagen daraus sind im Folgenden auszugsweise wiedergegeben:

*„Wir wollen den Bürgerinnen und Bürgern unserer Gemeinde ein vielfältiges, abwechslungsreiches und qualitativ hochwertiges Sportangebot bereitstellen, ihre sportliche Betätigung, ihre Fitness und ihre Gesundheit fördern und damit einer steigenden Bewegungsarmut entgegenwirken. In diesem Sinne agieren wir auch im Interesse unseres lokalen Gemeinwesens.*

*Wir wollen möglichst viele Kinder und Jugendliche für eine sportliche Betätigung begeistern und sie darin unterstützen, ihre sportlichen Fähigkeiten zu entfalten. Besonders talentierte Sportlerinnen und Sportler sollen gezielt gefördert werden.*

*Ehrenamtliches und freiwilliges Engagement sind tragende Säulen unseres Vereins. In diesem Sinne laden wir alle ein, unseren Weg mit ihrem persönlichen Engagement aktiv zu unterstützen.*

*Wir unterstützen die Aus- und Weiterbildungsaktivitäten unserer Trainerinnen und Trainer, um deren Kompetenz ständig weiterzuentwickeln und den Trainingsbetrieb nach den neusten Erkenntnissen und Praktiken zu gestalten.*

*Wir streben eine familiäre Vereinskultur an und wollen das „Wir-Gefühl" auch dadurch stärken, dass wir gesellige Veranstaltungen organisieren, in die alle Sektionen eingebunden sind.*

*Wir sind bemüht, unsere Sportanlagen und Sportmittel stets auf einem modernen Stand zu halten.*

*Wir finanzieren uns aus mehreren Quellen, insbesondere Mitgliedsbeiträgen, Einnahmen aus Leistungen, öffentlichen Förderungen, Sponsoring und Spenden. In diesem Zusammenhang arbeiten wir professionell mit unseren Partnern aus der Wirtschaft und den öffentlichen Stellen zusammen und nehmen auch an gemeinschaftlichen Aktivitäten in der Gemeinde teil."*

Der Sportverein umfasst die Sektionen Fussball, Judo, Volleyball, Tennis, Turnen, Tanzen und Schach. In den vier erstgenannten Bereichen nimmt der Verein auch an einem regelmässigen Meisterschaftsbetrieb teil – im Bereich der Erwachsenenmannschaften ebenso wie im Nachwuchs. Bei den drei zuletzt genannten ist dies aktuell nicht oder nicht in vollem Umfang der Fall. Die Sektionen werden jeweils von Sektionsleiterinnen bzw. -leitern geführt, welche die Verbindung zum Vorstand des Gesamtvereins herstellen bzw. teilweise parallel auch in diesem eine Funktion ausüben. Trainerinnen und Trainer erhalten eine pauschale Abgeltung der Spesen. In der Sektion Fussball spielt die erste Mannschaft in einer höheren Liga, weshalb in diesem Bereich auch höhere Spesenersätze, Prämien und teilweise sogar gehaltsähnliche Zuwendungen ausbezahlt werden. Der Verein verfügt gegenwärtig über keine hauptamtlichen Mitarbeiterinnen bzw. Mitarbeiter.

## 3. Der Prozess der strategischen Planung

Als Impuls für die Einleitung eines strategischen Planungsprozesses fungierte die Neubestellung des Vorstandes für eine Funktionsperiode von drei Jahren. Bei dieser wurden mehrere schon seit längerer Zeit im Verein tätige Personen, aber auch eine „Quereinsteigerin", neu in das Führungsgremium gewählt. Neben den Vorstandsmitgliedern nehmen auch die Leiterinnen bzw. Leiter der Sektionen, einzelne Trainerinnen bzw. Trainer und ein Vertreter des Sportverbandes an der Strategieklausur teil. Diese wird von einem externen Begleiter moderiert, der auch intensiv in ihre Vorbereitung und in die Aufbereitung spezifischer Informationen eingebunden war.

Der strategische Planungsprozess wird nach folgendem Schema entwickelt:

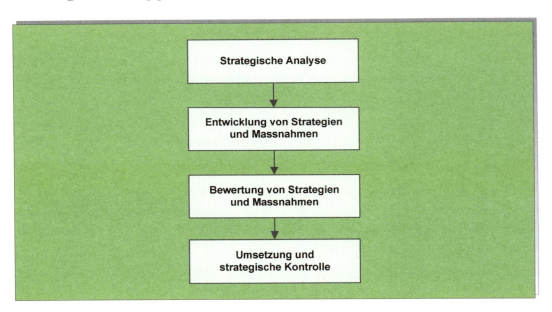

Abbildung 118: Der Prozess der strategischen Planung im Sportverein

Die Inhalte der strategischen Analyse generieren jene Informationen, auf deren Grundlage Strategien und umsetzungsorientierte Massnahmen entwickelt und bewertet werden können. Die strategische Kontrolle liefert – im Anschluss und begleitend zur Umsetzung – Informationen, ob und inwieweit die vereinbarten Strategien und Massnahmen im Vereinsalltag tatsächlich „greifen".

## Fallstudie 5: Strategische Planung in einem Sportverein

### 3.1 Strategische Analyse

Im Zuge der strategischen Analyse werden die Teilnehmerinnen und Teilnehmer der Klausur aufgefordert, einen Blick auf Trends und Entwicklungen im Umfeld des Vereins zu richten und dabei insbesondere auch das Verhalten der zentralen Bezugsgruppen (Stakeholder) in den Fokus zu nehmen. Nachstehende Punkte werden als besonders relevant angesehen:

- Die Zahl der Einwohnerinnen und Einwohner ist in den letzten beiden Jahrzehnten stetig gestiegen. Dieser Zuzug von Menschen wird auch künftig anhalten. Damit ist sowohl im Erwachsenenbereich als auch im Bereich der Kinder und Jugendlichen ein nachhaltiges Potenzial gegeben, das der Verein mit seinen verschiedenen Aktivitäten ansprechen kann.

- Bei verschiedenen Bevölkerungsgruppen steigt das Gesundheitsbewusstsein und es besteht ein Trend zur aktiven Freizeitgestaltung. Sport und Bewegung nehmen insgesamt an Bedeutung zu, werden aber mit den jeweiligen Lebensbedingungen abgestimmt. Diese Aktivitäten sind vielfach nicht wettkampforientiert. Vor allem in Bereichen, die nicht infrastrukturintensiv sind, verlagern sich sportliche Betätigungen weg von den Vereinen hin zu informellen Netzwerken, die von den sportlich Aktiven selbst (in steigendem Masse mit Hilfe der neuen sozialen Medien) geknüpft werden.

- Damit üben immer mehr Menschen sportliche Tätigkeiten auch ausserhalb des traditionellen Angebots der Sportvereine aus. Sie sind dabei oft durchaus bereit, finanzielle Mittel zu investieren, welche die Beiträge einer klassischen Vereinsmitgliedschaft übersteigen. In der Folge treten vermehrt kommerzielle Anbieter in Erscheinung, die gruppenorientiertes Training und durch Coaching unterstütztes Einzeltraining (Individualtraining) anbieten.

- Aufgrund des allgemeinen Konsolidierungsbedarfs der öffentlichen Haushalte orten die Führungsorgane des Sportvereins Signale, dass die laufenden öffentlichen Förderungen mittelfristig nominell auf dem gegenwärtigen Niveau eingefroren werden und damit real sinken. Schon bei einer gerade anstehenden kleineren Infrastrukturinvestition wird die voraussichtliche Förderung nicht das angestrebte Ausmass erreichen.

In der anschliessenden Stärken-Schwächen-Analyse wurden insbesondere folgende Punkte als besonders bedeutsam angesehen:

- Der Sportverein verfügt über ein hervorragendes Image und eine traditionell gute Verankerung in der gesellschaftlichen Öffentlichkeit. Die lokale Bevölkerung identifiziert sich in hohem Masse mit dem Verein. Dies kam auch in einer kürzlich durchgeführten Befragung der Bürgerinnen und Bürger zum Ausdruck, in der auch Fragen zum lokalen Vereinswesen enthalten waren.

- Der Verein hat sehr gute Kontakte zu den politischen Entscheidungsträgern im Ort. Ein substanzieller Teil der Akteure der lokalen Politik übt eine Funktion aus bzw. nimmt die sportlichen Angebote des Vereins in Anspruch.

- Die Zahl jener Mitglieder, welche die Erfüllung der Vereinsziele nicht mehr durch „aktives" (also durch ehrenamtliches oder freiwilliges) Engagement unterstützen, sondern sich auf die reine Sportausübung und das Leisten von finanziellen Mitgliedsbeiträgen beschränken, ist in den letzten Jahren deutlich gestiegen. Man kann in diesem Zusammenhang durchaus von einer gewissen „Konsumorientierung" sprechen.

- Gemäss einer kürzlich durchgeführten Mitgliederbefragung herrscht in den traditionellen Sportbereichen eine hohe Zufriedenheit mit den Leistungen. Die schon erwähnte Bürgerbefragung verdeutlichte aber, dass das Leistungsangebot zu sehr auf diese Bereiche beschränkt ist, wodurch eine Reihe von Sportinteressierten in der Gemeinde nicht angesprochen werden kann.

- Es wird immer schwieriger, Personen für längerfristige und zeitintensive Tätigkeiten in den Leitungsgremien, aber auch für manche operative Funktionen (wie z. B. Trainer, Schiedsrichter, Zeugwart usw.) zu finden. Dadurch besteht die Gefahr, dass gegenwärtig Engagierte zunehmend überlastet werden und möglicherweise ihr Engagement beenden.

- Die geringe Diversifikation im Sponsoring-Bereich wird von manchen Mitgliedern der Strategiegruppe als Risiko gesehen. Der Verein verfügt über einen treuen Hauptsponsor, der in den vergangenen Jahren seine Verpflichtungen immer vertragsgemäss erfüllt hat. Er hat aber jüngst angedeutet, dass er sein finanzielles Engagement keinesfalls ausweiten möchte.

- Zwischen den Sektionsleitungen bestehen Kommunikationsdefizite und teilweise auch (latente) Spannungen. Vor allem wird – auch im Zuge der Klausur – kritisiert, dass Verrechnungen und Zahlungsflüsse in hohem Masse intransparent sind, und auch die Vermutung geäussert, dass der Spielbetrieb der Liga-Mannschaft in der Sektion Fussball von den übrigen Sektionen „mitfinanziert" wird. Dies wird von den Verantwortlichen der Sektion Fussball vehement in Abrede gestellt.

Die zentralen Punkte der strategischen Analyse werden in der nachfolgenden Abbildung zu einer SWOT-Analyse zusammengefasst:

| Chancen: | Risiken: |
|---|---|
| - Steigendes Gesundheitsbewusstsein und Bedarf an „Fitnessangeboten"<br>- Trend zur aktiven Freizeitgestaltung<br>- Anhaltendes lokales Bevölkerungswachstum | - Zunehmende Individualisierung des Sportverhaltens<br>- Verstärkte Konkurrenz durch gewinnorientierte Anbieter<br>- Reales Sinken öffentlicher Förderungen |
| **Stärken:** | **Schwächen:** |
| - Hervorragendes Image und gute Verankerung im lokalen Gemeinwesen<br>- Gute Kontakte zu den lokalen politischen Entscheidungsträgern<br>- Attraktives Angebot in den traditionellen Sportbereichen | - Kaum Angebote in den „nicht-traditionellen" Sportbereichen<br>- Geringe Diversifikation im Sponsoring<br>- Zunehmend passive Haltung der Mitglieder<br>- Kommunikationsdefizite und Spannungen zwischen den Sektionsleitungen |

Abbildung 119: Die SWOT-Analyse für den Sportverein

Diese Darstellung ermöglicht einen komprimierten Überblick über die Chancen und Risiken bzw. Stärken und Schwächen und stellt die Basis für die anschliessenden Diskussionen hinsichtlich der zu ergreifenden Strategien und Massnahmen dar.

## 3.2 Entwicklung von Strategien und Massnahmen

In einem ersten Schritt werden strategische Stossrichtungen formuliert, die durch folgende Schlagworte umschrieben werden können:

- Der Verein will expandieren und das Leistungsprogramm ausweiten, um seinen Mitgliederstand zu vergrössern und gleichzeitig das gegenwärtige Ausmass an öffentlichen Förderungen abzusichern.

- Der Verein strebt bei seinen Leistungen einen höheren Eigenfinanzierungsgrad an.

- Im Bereich des Sponsorings wird eine Diversifikation angestrebt. Zusätzlich zum aktuellen Hauptsponsor sollen mehrere Co-Sponsoren gewonnen werden, deren Engagement über den Rahmen der „Kleinsponsoren" (z. B. im Bereich der Bandenwerbung oder des Match-Sponsoring) hinausgeht.

- Im Bereich des Ehrenamts- und Freiwilligenmanagements soll durch eine vermehrte Projektorientierung den geänderten Erwartungen potentieller Freiwilliger entsprochen werden. Gleichzeitig sind neue Anreize für längerfristige und zeitintensive Engagements zu gestalten.

- Im Bereich der Zahlungsflüsse und Verrechnungen wird ein höheres Mass an Transparenz angestrebt.
- Die Kommunikation zwischen den Führungskräften des Vereins ist nachhaltig zu verbessern.

Um diese strategischen Stossrichtungen im Alltagshandeln zu verankern bzw. in konkrete Aktivitäten umzusetzen, werden die nachstehenden Massnahmen diskutiert:

Zusätzlich zum bestehenden „traditionellen" Sportangebot sollen neue (niederschwellige) Angebote geschaffen werden. Das betrifft einerseits einen allgemein zugänglichen Lauftreff. Interessierte haben dabei die Möglichkeit, sich gemeinsam auf bestimmte Laufevents vorzubereiten und auch gemeinsam zu diesem anzureisen. In diesem Zusammenhang soll ein Reiseunternehmen als Kooperationspartner und Sponsor gewonnen werden. Andererseits sollen im Bereich der Sektion Turnen die Angebote im allgemeinen Gesundheits- und Fitnessbereich erweitert und ein System an speziellen Kursen entwickelt werden, die kostenpflichtig sind und – im Modulsystem – spezielle Angebote für alle Altersgruppen beinhalten. Angedacht ist auch, die Sektion neu zu benennen. Nach einem „griffigen" Namen wird noch gesucht.

Die Sektionen vereinbaren, Vorschläge zu erarbeiten, mit welchen Massnahmen in ihrem Bereich zusätzliche Mitglieder gewonnen werden können. Als besonderes Element der Mitgliederwerbung soll – von allen Sektionen gemeinsam und in Kooperation mit den örtlichen Schulen – ein eigenes Kinder- und Jugendsportfest veranstaltet werden, in dessen Rahmen die Möglichkeiten der sportlichen Betätigung in den einzelnen Sektionen vorgestellt werden. Interessierte Kinder und Jugendliche haben die Möglichkeit, in Form von „Schnuppermitgliedschaften" eine Zeit lang am Training teilzunehmen.

Da die Mitgliedsbeiträge in den letzten Jahren weitgehend konstant gehalten wurden, soll einmalig eine spürbare Steigerung in der Höhe von 20 % vorgenommen werden. Für die Zukunft ist darüber hinaus geplant, die Beiträge im Abstand von zwei Jahren zu valorisieren, damit die Einnahmen mit der Entwicklung der Ausgaben Schritt halten können. In den Bereichen Fussball und Tennis gibt es abgestufte Sonderbeiträge, deren Angemessenheit einer genaueren Analyse unterzogen werden soll.

Die informellen Kontakte zu allen Fraktionen der lokalen Politik müssen intensiviert werden. Gezielt sollen auch mit jenen Akteuren Gespräche geführt werden, die aktuell nicht aktiv in das Vereinsleben integriert sind. Die zusätzlichen Sportangebote im Gesundheits- und Fitnessbereich werden als ein wesentliches Argument für die Absicherung der öffentlichen Förderungen angesehen.

Die Suche nach zusätzlichen Sponsoren erfordert ein eigenes Sponsoring-Konzept. Ein aktuell an der Universität studierendes Mitglied der Sektion Fussball ist bereit, ein solches im Zuge seiner Abschlussarbeit zu erstellen. Das Sponsoring-Konzept, gezielte Sponsoring-Pakete und attraktive begleitende Informationsmaterialen sollen vor allem auch die Leitungsorgane des Vereins darin unterstützen, in ihren persönlichen Beziehungsnetzen den Kontakt zu potentiellen Sponsoren herzustellen. Ein besonderes Potenzial wird bei jenen Unternehmen gesehen, in denen die Eltern der Kinder und Jugendlichen, die aktuell in den Nachwuchsbereichen Sport treiben, eine Funktion als Eigentümer und/oder Manager einnehmen.

Es wird vereinbart, mittelfristig die Finanzrechnung (Cashflow-Rechnung) des Vereins im Sinne eines Fund Accounting umzugestalten. Dadurch sollen auf der Einnahmenseite insbesondere die Mitgliedsbeiträge und Sponsoring-Einnahmen und auf der Ausgabenseite die Spesensätze und Sachausgaben je Sektion getrennt erfasst werden. Ziel ist nicht nur, die Zahlungsflüsse transparenter zu machen, sondern den Sektionen auch einen besonderen Anreiz zu bieten, Einnahmen für ihren eigenen Bereich zu lukrieren. Das System soll auch zum Ausdruck bringen, in welchem Ausmass die einzelnen Sektionen zur Abdeckung von „Overhead"-Kosten beitragen.

Jede Sektion soll innerhalb von drei Monaten Überlegungen anstellen, wie in ihrem Bereich projektorientiertes Engagement vermehrt zum Einsatz kommen kann, und die Ergebnisse anschliessend in einem kurzen schriftlichen Bericht dokumentieren. Darüber hinaus ist geplant, für das Kinder- und Jugendsportfest die Eltern der aktuell in den Nachwuchsbereichen trainierten Kinder und Jugendlichen gezielt auf eine projektbezogene Mitarbeit anzusprechen.

Die Frage, welche Möglichkeiten zur Mobilisierung zeitintensiver Engagements bestehen, kann im Rahmen der Klausur nicht beantwortet werden. Sie wird in einer eigenen Arbeitsgruppe weiter behandelt, welche – auf Basis einer umfassenden Befragung der Mitglieder – die gegenwärtige Situation im Verein genauer analysieren soll. Diesbezüglich wird ebenfalls eine Kooperation mit einer wissenschaftlichen Institution angestrebt.

Im Sinn eines attraktiveren Auftritts nach aussen soll die Homepage des Vereins neu gestaltet und zu einem umfassenden Informationsinstrument ausgebaut werden. Die interne Kommunikation innerhalb der Mitglieder der einzelnen Sektionen und auch der Mannschaften soll vermehrt über die Nutzung von Social Media-Instrumenten erfolgen. Im Hinblick auf die Konzeption und Implementierung will der Verein eine temporäre externe Beratung und Begleitung in Anspruch nehmen.

Die Strategiegruppe vereinbart, sich zukünftig regelmässig einmal im Monat zu treffen, um den geäusserten Kommunikationsdefiziten zu begegnen. Diese Zusammenkünfte sollen in der Folge zu einem „Stammtisch für Führungskräfte" ausgebaut werden. Mitglieder, die einen Termin nicht wahrnehmen können, sind aufgefordert, eine Vertreterin oder einen Vertreter aus ihrem Bereich zu entsenden.

Schliesslich ist geplant, eine administrative Servicestelle neu einzurichten und mit einer neu einzustellenden Teilzeitkraft zu besetzten. Diese soll insbesondere allen Mitgliedern und Interessierten als erste Anlaufstelle dienen, die Homepage und das Rechnungswesen des Vereins betreuen und die Sektionen in verschiedenen administrativen Angelegenheiten unterstützen. Im Hinblick auf die mitglieder- und kundenorientierte Kommunikation soll zwei Mal pro Woche eine persönliche Erreichbarkeit am Abend gegeben sein, ein grosser Teil der Aktivitäten aber über elektronische Medien abgewickelt werden.

## 3.3 Bewertung von Strategien und Massnahmen

Im nächsten Schritt werden die strategischen Stossrichtungen und die Massnahmen noch einmal einer gesonderten Bewertung unterzogen. Dabei kommen insbesondere folgende Punkte zur Sprache:

Zusätzliche sportliche Angebote ziehen auch steigende (zeitliche) Anforderungen für die bisher Engagagierten nach sich. Diese können aber ihr zeitliches Engagement nur in einer Art „Startphase" (vorübergehend) ausweiten. Mittelfristig muss es daher unbedingt gelingen, zusätzliche Freiwillige zu gewinnen. Dadurch, dass in den angestrebten Bereichen auch inhaltlich überschaubare und von der zeitlichen Belastung her begrenzbare Engagements (z. B. als Kursleiterin oder Kursleiter im Gesundheits- und Fitnessbereich) sinnvoll gestaltbar sind, erscheint dies nicht unrealistisch. Die Ausweitung des Leistungsangebots muss aber mit der Mobilisierung zusätzlicher Freiwilliger „Hand in Hand" gehen und kann daher nur schrittweise erfolgen.

Die Erhöhung der Mitgliedsbeiträge muss von der Mitgliederversammlung beschlossen werden. Sie könnte bei einem Teil der Mitglieder Unmut, Ablehnung und Widerstand hervorrufen. Daher ist eine begleitende Informationsoffensive notwendig, welche die hohe Qualität der Leistungen, den preislichen Vorteil gegenüber vergleichbaren Angeboten kommerzieller Unternehmen und die besondere Bedeutung als finanzielle Ressource für die Umsetzung eines zukunftsorientierten Konzepts verdeutlicht. Dies soll im Zuge einer Sondernummer der Vereinszeitschrift, über die Social Media Kanäle, aber auch durch informelle „face-to-face"- Kommunikation in den einzelnen Sektionen erfolgen. Sollten einzelne Mitglieder (aus Familien) mit geringem Einkommen Schwierigkeiten haben, die erhöhten Mitgliedsbeiträge zu leisten, ist der Verein bereit, einzelfallbezogene Sonderregelungen zu treffen.

Da der bisherige Hauptsponsor ein langjähriger und verlässlicher Gönner des Vereins ist und auch in Zukunft eine wesentliche Rolle für die Finanzierung des Vereins einnehmen wird, wird vereinbart, bei der Suche nach den angestrebten Zusatzsponsoren seine Branche auszuklammern, obwohl es informell schon ein diesbezügliches Angebot eines anderen Unternehmens gegeben hat.

Eine besondere Herausforderung stellt die neu zu schaffende Stelle im Verwaltungsbereich dar. Mit ihr wird erstmals eine unselbstständig Beschäftigte in den administrativen Bereichen des Vereins tätig. Auf der einen Seite ergibt sich die Frage der optimalen Kooperation mit den Freiwilligen. Der Gefahr, dass Letztere dazu tendieren, „unangenehme" Aufgaben an die neue (hauptamtliche) Stelle zu delegieren, will man mit einer detaillierten Stellenbeschreibung begegnen. In dieser müssen einerseits die Aufgaben eindeutig definiert werden, andererseits soll aber auch klar zum Ausdruck kommen, wo die neue Stelle als interne Serviceeinheit gegenüber den Freiwilligen tätig wird und in welchen konkreten Punkten sie diese (wesentlich) entlastet. Auf der anderen Seite ergibt sich ein Finanzierungsproblem. Denn nur am Anfang kann der Verein die zusätzlichen Ausgaben aus seinen Reserven bestreiten, mittel- bis langfristig müssen höhere Mitgliedsbeiträge, vermehrte Kursgebühren und zusätzliche Sponsoring-Einnahmen einen (steigenden) Beitrag zur Finanzierung der Stelle leisten. Die Verantwortlichen sind sich durchaus bewusst, hier einen Weg einzuschlagen, der mit einem gewissen Risiko verbunden ist.

## 3.4 Umsetzung der Massnahmen in den Vereinsalltag, strategische Kontrolle

Für die inhaltliche und zeitliche Umsetzung der getroffenen Massnahmen wird ein detaillierter Plan mit Meilensteinen ausgearbeitet. Personelle Verantwortungen werden klar festgelegt.

Der Obmann des Vereins übernimmt die Aufgabe, die beschlossene Arbeitsgruppe (betrifft das Ehrenamt- und Freiwilligenmanagement) einzurichten und den Kontakt mit den wissenschaftlichen Stellen (betrifft Sponsoring-Konzept und Mitgliederumfrage) und dem externen Berater (betrifft Homepage und Social Media Kommunikation) aufzunehmen.

Nach dem Ablauf eines halben Jahres soll in einer eintägigen Folgeklausur darüber Bericht erstattet werden, inwieweit die Umsetzung der entwickelten Massnahmen bereits erfolgt ist und die vereinbarten Schritte plangemäss gesetzt werden konnten. Zwischenzeitlich soll auch der „Stammtisch der Führungskräfte" für einen regelmässigen Informationsaustauch genutzt werden.

Um die Wirksamkeit einzelner Massnahmen zu beurteilen, kommen auch Messgrössen zum Einsatz. Folgende wert- und mengenmässigen Kennzahlen werden definiert:

- die Anzahl der Interessierten und neu gewonnenen Mitglieder in den traditionellen, aber auch den zusätzlich etablierten Sportbereichen;
- die Anzahl der zusätzlich mobilisierten ehrenamtlichen Mitarbeiterinnen und Mitarbeiter;
- die Anzahl der zusätzlich geleisteten Stunden, sofern das diesbezügliche Erfassungsproblem gelöst werden kann;
- das prozentuelle Ausmass der Steigerung der Mitgliedsbeiträge und des Eigenfinanzierungsgrades bestimmter Leistungen, sowohl insgesamt als auch differenziert nach Sektionen;
- die Zahl der neu gewonnen Sponsoren und das Volumen an zusätzlich mobilisierten Sponsoring-Einnahmen, sowohl insgesamt als auch differenziert nach Sektionen.

Schliesslich wird vereinbart, den Strategieprozess „neu aufzustellen", sollten sich bei der Umsetzung grössere Schwierigkeiten und Abweichungen ergeben, die eine Korrektur des eingeschlagenen Weges notwendig machen.

## 4. Schlussbemerkungen

Die Veränderungen in den gesellschaftlichen Umfeldern und in den innerorganisatorischen Strukturen verlangen auch in Sportvereinen, dass sich die Führungskräfte nicht nur mit der nächsten Saison, sondern auch mit längerfristigen Entwicklungen auseinandersetzen, vor allem um den Verein längerfristig zu positionieren und Antworten auf erkennbare Herausforderungen zu geben. Damit ist strategisches Denken und Handeln angesprochen.

Während grosse – zum Teil auch marktnah agierende – Vereine das strategische Instrumentarium umfassend und in einer detaillierten Form einsetzen können, sind für kleinere Sportvereine weitgehende Anpassungen notwendig, d. h. der Prozess der strategischen Planung an sich wie auch die angewendeten Instrumente müssen oft stark vereinfacht werden. Strategische Überlegungen beziehen sich auch auf einen kürzeren Zeitraum als in anderen (grossen und professionalisierten) NPO.

In Mehrsparten-Sportvereinen ist die Autonomie der einzelnen Sektionen häufig sehr ausgeprägt und es besteht die Gefahr von Bereichsegoismen. Hier kann ein bewusst gestalteter strategischer Prozess auch das „Wir-Gefühl" stärken und dazu führen, dass die handelnden Personen, die vielfach im Alltagsgeschäft ihrer eigenen Sektion „aufgehen", mehr wechselseitiges Verständnis füreinander aufbringen und die Interessen der Gesamtorganisation verstärkt berücksichtigen.

Gerade aber auch in kleinen Vereinen ist für strategische Prozesse eine eigene Projektorganisation mit einer gesonderten (vielfach externen) Moderation ratsam. Erstens mangelt es den handelnden Personen vielfach an instrumentellem Wissen. Zweitens können im konkreten Prozess Interessenkonflikte auftreten. Die sachlichen Diskussionen sind dann oft von Emotionen „überlagert". Drittens zeigen die Erfahrungen des Autors, dass sich ohne einen strikten und durch eine starke Moderation geleiteten „Fahrplan" die Diskussionen häufig sehr schnell nicht mehr auf die zu erarbeitenden strategischen Linien konzentrieren, sondern auf einzelne (im Gesamtzusammenhang eher nachrangige) Detailfragen verlagern.

Strategische Planung zeigt auch das strategische Dilemma auf, in dem sich Sportvereine heute vielfach befinden. Einerseits besteht in den Köpfen der Akteure noch ein Selbstverständnis als zivilgesellschaftliche Basisorganisation, die von demokratischen Strukturen, einem starken voluntaristischen Kern und einem ausgeprägten freiwilligen bzw. ehrenamtlichen Engagement getragen ist. Andererseits führen gesellschaftliche Entwicklungen dazu, dass dieses Fundament „brüchiger" wird. Stichworte sind der Rückgang und der Wandel des ehrenamtlichen Engagements, ein zunehmend konsumorientiertes („passives") Verhalten vieler Mitglieder, die zunehmende Bedeutung von Finanzierungsmitteln, die nicht von den Mitgliedern stammen, und eine erkennbare Individualisierung, die viele Menschen in ihren sportlichen Betätigungen zeigen. In der Folge wird der zivilgesellschaftliche Kern oft kleiner und die marktbezogenen Elemente verstärken sich, wobei dieser Prozess meist „schleichend" vor sich geht.

Gerade aber weil es keine Patentrezepte gibt, wie derartige Spannungsfelder aufzulösen sind und weil im konkreten Fall auch situative Faktoren (wie beispielsweise eine bestimmte personelle Konstellation im Verein) zu berücksichtigen sind, ist strategische Planung heute vermutlich wichtiger denn je. Richtungsweisende und partizipativ erarbeitete Konzepte bzw. strategische Leitlinien tragen dazu bei, dass die handelnden Personen im Alltagsgeschäft Zeit und Energie sparen bzw. für die sportlichen Aktivitäten frei bekommen. Sie legen aber auch grundlegende gesellschaftliche Transformationsprozesse offen, welche der einzelne Verein kaum beeinflussen kann.

# Verzeichnis der zitierten und weiterführenden Literatur

Andeßner, René Clemens & Stötzer, Sandra (Hrsg.) (2012). *Pfade im Public und Nonprofit Management – Festschrift für o.Univ.Prof. Dkfm. Dr. Reinbert Schauer anlässlich seiner Emeritierung.* Linz: Trauner.

Andeßner, René Clemens (2010). Finanzierung und Finanzmanagement in Vereinen. In: René Riedl/Herbert Grünberger & Volker Frühling (Hrsg.). *Das Vereinshandbuch.* Wien: Linde, S. 141-173.

Bassen, Yasmine (2012). *Internationale Rechnungslegung von Nonprofit-Organisationen.* Lohmar – Köln: Eul.

Blümle, Ernst-Bernd (1975). Analyse der finanziellen Sphäre von Wirtschaftsverbänden. In: *Die Unternehmung,* 29. Jahrgang, Heft 3, S. 187-196.

Blümle, Ernst-Bernd (1991). Zur Messung wahrgenommener Dienstleistungsqualität von Nonprofit-Organisationen. In: *Verbands-Management,* 16. Jahrgang, Heft 2, S. 6-9.

Blümle, Ernst-Bernd & Schwarz, Peter (1986). Finanzmanagement in Verbänden. In: *FST-Sammelwerk.* Freiburg, S. 148-159.

Blümle, Ernst-Bernd & Schauer, Reinbert (2002). Ansatz zur Analyse der Ressourcen von Nonprofit-Organisationen. In: *Der Schweizer Treuhänder,* 76. Jahrgang, Heft 6-7, S. 561-566; erweiterte Fassung in: *Verbandsmanagement,* 28. Jahrgang, Heft 2, S. 6-11.

Blümle, Ernst-Bernd/Pernsteiner, Helmut/Purtschert, Robert & Andeßner, René (Hrsg.) (2003). *Öffentliche Verwaltung und Nonprofit-Organisationen, Festschrift für Reinbert Schauer.* Wien: Linde.

Boemle, Max & Lutz, Ralf (2008). *Der Jahresabschluss – Bilanz, Erfolgsrechnung, Geldflussrechnung, Anhang* (5. Auflage). Zürich: Verlag SKV.

Bono, Laura Maria (2010). *Performance Management in NPOs - Steuerung im Dienste Sozialer Ziele.* Baden-Baden: Nomos.

Bowman, Woods (2011). *Finance fundamentals for nonprofits: building capacity and sustainability.* Hoboken: Wiley.

Braun, Sebastian (2008). Steuerung in Sportvereinen und Sportverbänden. In: *Bundesnetzwerk Bürgerschaftliches Engagement (BBE), BBE-Newsletter,* Nummer 25, S. 1-5.

**Literatur**

Brüggemeier, Martin/Schauer, Reinbert & Schedler, Kuno (Hrsg.) (2007). *Controlling und Performance Management im Öffentlichen Sektor, Festschrift für Dietrich Budäus zum 65. Geburtstag*. Bern: Haupt.

Budäus, Dietrich (1987). Das Rechnungswesen als Führungsinstrument des Verbandsmanagements. In: *Verbands-Management*, 12. Jahrgang, Heft 1, S. 8-14.

Budäus, Dietrich & Buchholtz, Klaus (1997). Konzeptionelle Grundlagen des Controlling in öffentlichen Verwaltungen. In: *Die Betriebswirtschaft (DBW)*, 57. Jahrgang, Heft 3, S. 322-337.

Coenenberg, Adolf G./Fischer, Thomas M. & Günther, Thomas (2012). *Kostenrechnung und Kostenanalyse* (8. Auflage). Stuttgart: Schäffer-Poeschel.

Corsten, Hans & Gössinger, Ralf (2007). *Dienstleistungsmanagement* (5. Auflage). München: Oldenbourg.

Eberle, Reto & Zöbeli, Daniel (2014). Rechnungslegung für NPO nach Überarbeitung von Swiss GAAP FER 21. In: *Der Schweizer Treuhänder*, 61. Jahrgang, Heft 8, S. 626-629.

Egger, Philipp/von Schnurbein, Georg/Zöbeli, Daniel & Koss, Claus (Hrsg.) (2011). *Rechnungslegung und Revision von Förderstiftungen*. Basel: Helbing Lichtenhahn

Esslinger, Adelheid Susanne/Rager, Edeltraud & Rieg, Robert (2013). Die Balanced Scorecard in der stationären Altenpflege: Ein Fallbeispiel. In: Markus Gmür/Reinbert Schauer & Ludwig Theuvsen (Hrsg.), *Performance Management in Nonprofit-Organisationen. Theoretische Grundlagen, empirische Ergebnisse und Anwendungsbeispiele*. Bern: Haupt, S. 79-97.

Etlin, Albert & Etlin, J. Melchior. Grundlagen für den Aufbau eines Kennzahlensystems in der Nonprofit-Organisation. In: *Verbands-Management*, 17. Jahrgang, Heft 2, S. 34-41.

European Commission (2014). *Statement/14/124: Improving corporate governance: Europe´s largest companies will have to be more transparent about how they operate*. Brussels, 15 April 2014, http://europa.eu/rapid/press-release_STATEMENT-14-124_en.htm

Fachkommission FER (2014). Vernehmlassung zu Swiss GAAP FER 21 – Rechnungslegung für gemeinnützige NPO. In: *Der Schweizer Treuhänder*, 61. Jahrgang, Heft 8, S. 630-637.

Gmür, Markus (2014). Wie viel Zivilgesellschaft steckt in Ihrer NPO? In: *Verbands-Management*, 41. Jahrgang, Heft 2, S. 6-15.

Gmür, Markus & Lichtsteiner, Hans (Hrsg.) (2010). *Stichwort NPO-Management*. Bern: Haupt.

Gmür, Markus/Wolf, Markus & Schafer, Jonas (2012). Professionelles Management und Zielerreichung im Verein. In: *Verbands-Management*, 38. Jahrgang, Heft 1, S. 16-26.

Greiling, Dorothea (2009). *Performance Measurement in Nonprofit-Organisationen*. Wiesbaden: Gabler.

Herzlinger, Regina E. & Nitterhouse, Denise (1994). *Financial Accounting and Managerial Control for Nonprofit Organizations.* Cincinnati: South-Western.

Hill, Hermann (2007). Public Value Management. In: Martin Brüggemeier/Reinbert Schauer & Schedler, Kuno (Hrsg.). *Controlling und Performance Management im Öffentlichen Sektor – Ein Handbuch.* Bern, S. 373-381.

Imbach, Martin (1979). Zielsetzung für das Rechnungswesen eines Verbandes. In: *Verbands-Management,* 4. Jahrgang, Heft 3, S. 15-25.

Institut Österreichischer Wirtschaftsprüfer (2001). Richtlinie zur Rechnungslegung und Prüfung von Vereinen. In: *Österreichische Zeitschrift für Recht und Rechnungswesen (RWZ),* 11. Jahrgang, Heft 5, S. 154-156.

Joos, Thomas (2014). *Controlling, Kostenrechnung und Kostenmanagement* (5. Auflage). Wiesbaden: Springer Gabler.

Kaplan, Robert S. (1999). *Strategic Performance Measurement in Non-Profit and Governmental Organizations.* Social Enterprise Series 11 (working paper H374 99-103). Harvard Business School, Boston: Harvard University Press.

Kaplan, Robert S. (2001). Strategic Performance Measurement and Management in Nonprofit Organizations. In: *Nonprofit Management & Leadership,* 11. Jahrgang, Heft 3, p. 353-370.

Kaplan, Robert S. & Norton, David (2001). *Die strategiefokussierte Organisation.* Stuttgart: Schäffer Poeschel.

KDZ Zentrum für Verwaltungsforschung (2011). *Schaffung von Public Value – Zentrale Aspekte und strategische Konsequenzen am Beispiel der gemeinnützigen Wohnungswirtschaft.* Im Auftrag des Österreichischen Verbandes gemeinnütziger Bauvereinigungen – Revisionsverband und der Wohnbauförderungsabteilungen der Bundesländer, Wien: KDZ.

Kehl, Konstatin/Then, Volker & Münscher, Robert (2012). Social Return on Investment: Auf dem Weg zu einem integrativen Ansatz der Wirkungsforschung. In: Helmut K. Anheier u. a. (Hrsg.), *Soziale Investitionen.* Wiesbaden: VS Verlag für Sozialwissenschaften, S. 313-331.

Kommunale Gemeinschaftsstelle für Verwaltungsvereinfachung – KGSt (1982). *Haushaltskonsolidierung durch Aufgabenkritik und Sparmaßnahmen.* Bericht 14, Köln: KGSt.

Langthaler, Silvia (2002). *Mehrdimensionale Erfolgssteuerung in der Kommunalverwaltung – Konzeptionelle und praktische Überlegungen zum Einsatz der Balanced Scorecard im kommunalen Management.* Linz: Trauner.

Lechner, Karl/Egger, Anton & Schauer, Reinbert (2013). *Einführung in die Allgemeine Betriebswirtschaftslehre* (26. Auflage). Wien: Linde.

## Literatur

Lichtsteiner, Hans/Gmür, Markus/Giroud, Charles & Schauer, Reinbert (2015). *Das Freiburger Management-Modell für Nonprofit-Organisationen* (8. Auflage). Bern: Haupt.

Moore, Mark H. (1995). *Creating Public Value – Strategic Management in Government*. Cambridge, Mass: Harvard University Press.

Münkner, Hans-H. (2009). „Bilan Sociétal" – ein neuer Ansatz zur Messung des Erfolgs von Genossenschaften in Frankreich. In: *Zeitschrift für das gesamte Genossenschaftswesen*, 59. Jahrgang, Heft 4, S. 271-284.

Patera, Mario (1986). Genossenschaftliche Förderbilanz. In: Patera, Mario (Hrsg.), *Handbuch des österreichischen Genossenschaftswesens*. Wien: Orac, S. 515-556.

Pernsteiner, Helmut & Andeßner, René (2014). *Finanzmanagement kompakt* (5. Auflage). Wien: Linde.

Pervan-Al Soqauer, Ina & Pervan, Ena (2012). *SROI-Analyse des Vereins Footprint*. Wien: NPO-Kompetenzzentrum.

Röbke, Thomas (2014). Der Verein als Form der zivilgesellschaftlichen Selbstorganisation. In: Bundesnetzwerk Bürgerschaftliches Engagement (Hrsg.). *Gewinnung, Qualifizierung und Entwicklung ehrenamtlicher Vereinsvorstände*. Berlin: BBE, S. 9-24.

Schaltegger, Stephan, Bennett, Matin & Burritt, Roger (2006). Sustainability Accounting and Reporting: Development, Linkages and Reflection. In: Stephan Schaltegger/Martin Bennett & Roger Burrit (Eds.), *Sustainability Accounting and Reporting*. Dodrecht: Springer, pp. 1-33.

Schauer, Reinbert (1983). Controlling bei nicht auf Gewinn ausgerichteten Organisationen. In: *Verbands-Management*, 8. Jahrgang, Heft 3, S. 7-12.

Schauer, Reinbert (1985). Die Kosten- und Leistungsrechnung als Führungsinstrument in Verbänden. In: *Verbands-Management*, 10. Jahrgang, Heft 2, S. 22-27.

Schauer, Reinbert (2002). Die Balanced Scorecard und das Freiburger Management-Modell. In: *Verbands-Management*, 28. Jahrgang, Heft 1, S. 6-17.

Schauer, Reinbert (2010), *Öffentliche Betriebswirtschaftslehre – Public Management* (2. Auflage). Wien: Linde.

Schauer, Reinbert (2012). *Rechnungswesen in öffentlichen Verwaltungen* (2. Auflage). Wien: Linde.

Schauer, Reinbert (2013). *Betriebswirtschaftslehre – Grundlagen* (4. Auflage). Wien: Linde.

Schober, Christian/Rauscher, Oliva & Millner, Reinhard (2013). Evaluation und Wirkungsmesung. In: Ruth Simsa/Michael Meyer & Christoph Badelt (Hrsg.). *Handbuch der Nonprofit-Organisationen* (5. Auflage). Stuttgart: Schäffer Poeschel, S. 451-470.

Schwarz, Peter (2005). *Organisation von Nonprofit-Organisationen: Grundlagen, Strukturen*. Bern: Haupt.

Schwarz, Peter (2006). *Management-Prozesse und –Systeme in Nonprofit-Organisationen: Entscheidung, Steuerung, Planung*. Bern: Haupt.

Schweizer Treuhand-Kammer (1998). *Schweizer Handbuch der Wirtschaftsprüfung HWP*, 4 Bände. Zürich: Treuhand-Kammer.

Simsa, Ruth u.a (2013). Das Konzept des Social Return on Investment: Grenzen und Perspektiven. In Markus Gmür/Reinbert Schauer & Ludwig Theuvsen (Hrsg), *Perspektiven und Grenzen des Performance Management in Nonprofit-Organisationen. Theoretische Grundlagen – empirische Forschungsergebnisse – praktische Handlungsperspektiven*. Bern: Haupt, S. 198-206.

Stiftung für Fachempfehlungen zur Rechnungslegung (FER) (2013), *Swiss GAAP FER – Fachempfehlungen zur Rechnungslegung, Ausgabe 2012/2013*. Zürich: SKV.

Stöbich, Gerlinde (2010). Was Mitglieder erwarten und Vereine oft nicht erfüllen können, wollen dürfen … In: René Riedl/Herbert Grünberger & Volker Frühling (Hrsg.). *Das Vereinshandbuch*. Wien: Linde, S. 419-435.

Stockmann, Reinhard (2004). *Evaluation: Eine Einführung*. Münster: Waxman.

Suter, Peter (2013). Member Value in Genossenschaften. In: Markus Gmür/Reinbert Schauer & Ludwig Theuvsen (Hrsg.), *Performance Management in Nonprofit-Organisationen. Theoretische Grundlagen, empirische Ergebnisse und Anwendungsbeispiele*. Bern: Haupt, S. 326-334.

Suter, Peter & Gmür, Markus (2015). Member Value und Mitgliederaktivierung in Wohnbaugenossenschaften. In: René Andeßner/Dorothea Greiling/Markus Gmür & Ludwig Theuvsen (Hrsg),: *Ressourcenmobilisierung durch Nonprofit-Organisationen*. Linz: Trauner, S. 490-500.

Theurl, Theresia (2005). Genossenschaftliche Mitgliedschaft und Member Value als Konzepte für die Zukunft. In: *Zeitschrift für das gesamte Genossenschaftswesen (ZfgG)*, 55. Jahrgang, S. 136-145.

Theurl, Theresia (2013). Genossenschaftliches MemberValue-Management. In: Markus Gmür/Reinbert Schauer & Ludwig Theuvsen (Hrsg.), *Performance Management in Nonprofit-Organisationen. Theoretische Grundlagen, empirische Ergebnisse und Anwendungsbeispiele*. Bern: Haupt, S. 316-325.

Töpfer, Armin (1997). Benchmarking. In: *Wirtschaftswissenschaftliches Studium*, 26. Jahrgang, Heft 4, S. 202-205.

von Schnurbein, Georg & Stöckli, Sabrina (2010). Die Gestaltung von Nonprofit Governance Kodizes in Deutschland und der Schweiz. In: *Die Betriebswirtschaft*, 70. Jahrgang, Heft 6, S. 495-511.

Zimmermann, Gebhard (1994). Prozessorientierte Kostenrechnung in der öffentlichen Verwaltung. In: *krp Kostenrechnungspraxis*, 38. Jahrgang, Sonderheft 1/94, S. 71-75.

Zöbeli, Daniel (2007). *Rechnungslegung für Nonprofit-Organisationen – Ein praktischer Kommentar zu SWISS GAAP FER 21*. Zürich: Orell Füssli.

Zöbeli, Daniel & Neubert, Luzius (2009), *Jahresabschluss und Finanzen von Stiftungen*. Zürich: Orell Füssli.

Zünd, André (1983), Controlling in nicht-erwerbswirtschaftlich orientierten Organisationen, insbesondere Verbänden. In: *Verbands-Management*, 8. Jahrgang, Nr. 3, S. 14-21.

# Anhang: Finanzmathematische Tabellen

| | 2 % | | | |
|---|---|---|---|---|
| | Endwert einmalig | Barwert einmalig | Renten- barwert faktor | Annuitä- tenfaktor |
| n | $(1+i)^n$ | $\dfrac{1}{(1+i)^n}$ | $\dfrac{(1+i)^n-1}{i(1+i)^n}$ | $\dfrac{i(1+i)^n}{(1+i)^n-1}$ |
| (1) | (2) | (3) | (4) | (5) |
| 1 | 1.0200 | 0.9804 | 0.9804 | 1.0200 |
| 2 | 1.0404 | 0.9612 | 1.9416 | 0.5150 |
| 3 | 1.0612 | 0.9423 | 2.8839 | 0.3468 |
| 4 | 1.0824 | 0.9238 | 3.8077 | 0.2626 |
| 5 | 1.1041 | 0.9057 | 4.7135 | 0.2122 |
| 6 | 1.1262 | 0.8880 | 5.6014 | 0.1785 |
| 7 | 1.1487 | 0.8706 | 6.4720 | 0.1545 |
| 8 | 1.1717 | 0.8535 | 7.3255 | 0.1365 |
| 9 | 1.1951 | 0.8368 | 8.1622 | 0.1225 |
| 10 | 1.2190 | 0.8203 | 8.9826 | 0.1113 |
| 11 | 1.2434 | 0.8043 | 9.7868 | 0.1022 |
| 12 | 1.2682 | 0.7885 | 10.5753 | 0.0946 |
| 13 | 1.2936 | 0.7730 | 11.3484 | 0.0881 |
| 14 | 1.3195 | 0.7579 | 12.1062 | 0.0826 |
| 15 | 1.3459 | 0.7430 | 12.8493 | 0.0778 |
| 20 | 1.4859 | 0.6730 | 16.3514 | 0.0612 |
| 25 | 1.6406 | 0.6095 | 19.5235 | 0.0512 |
| 30 | 1.8114 | 0.5521 | 22.3965 | 0.0446 |
| 35 | 1.9999 | 0.5000 | 24.9986 | 0.0400 |
| 40 | 2.2080 | 0.4529 | 27.3555 | 0.0366 |
| 45 | 2.4379 | 0.4102 | 29.4902 | 0.0339 |
| 50 | 2.6916 | 0.3715 | 31.4236 | 0.0318 |

| | 3 % | | | |
|---|---|---|---|---|
| | Endwert einmalig | Barwert einmalig | Renten- barwert faktor | Annuitä- tenfaktor |
| n | $(1+i)^n$ | $\dfrac{1}{(1+i)^n}$ | $\dfrac{(1+i)^n-1}{i(1+i)^n}$ | $\dfrac{i(1+i)^n}{(1+i)^n-1}$ |
| (1) | (2) | (3) | (4) | (5) |
| 1 | 1.0300 | 0.9709 | 0.9709 | 1.0300 |
| 2 | 1.0609 | 0.9426 | 1.9135 | 0.5226 |
| 3 | 1.0927 | 0.9151 | 2.8286 | 0.3535 |
| 4 | 1.1255 | 0.8885 | 3.7171 | 0.2690 |
| 5 | 1.1593 | 0.8626 | 4.5797 | 0.2184 |
| 6 | 1.1941 | 0.8375 | 5.4172 | 0.1846 |
| 7 | 1.2299 | 0.8131 | 6.2303 | 0.1605 |
| 8 | 1.2668 | 0.7894 | 7.0197 | 0.1425 |
| 9 | 1.3048 | 0.7664 | 7.7861 | 0.1284 |
| 10 | 1.3439 | 0.7441 | 8.5302 | 0.1172 |
| 11 | 1.3842 | 0.7224 | 9.2526 | 0.1081 |
| 12 | 1.4258 | 0.7014 | 9.9540 | 0.1005 |
| 13 | 1.4685 | 0.6810 | 10.6350 | 0.0940 |
| 14 | 1.5126 | 0.6611 | 11.2961 | 0.0885 |
| 15 | 1.5580 | 0.6419 | 11.9379 | 0.0838 |
| 20 | 1.8061 | 0.5537 | 14.8775 | 0.0672 |
| 25 | 2.0938 | 0.4776 | 17.4131 | 0.0574 |
| 30 | 2.4273 | 0.4120 | 19.6004 | 0.0510 |
| 35 | 2.8139 | 0.3554 | 21.4872 | 0.0465 |
| 40 | 3.2620 | 0.3066 | 23.1148 | 0.0433 |
| 45 | 3.7816 | 0.2644 | 24.5187 | 0.0408 |
| 50 | 4.3839 | 0.2281 | 25.7298 | 0.0389 |

## Anhang: Finanzmathematische Tabellen

| 4 % | | | | | 5 % | | | | |
|---|---|---|---|---|---|---|---|---|---|
| n | Endwert einmalig $(1+i)^n$ | Barwert einmalig $\dfrac{1}{(1+i)^n}$ | Rentenbarwertfaktor $\dfrac{(1+i)^n-1}{i(1+i)^n}$ | Annuitätenfaktor $\dfrac{i(1+i)^n}{(1+i)^n-1}$ | n | Endwert einmalig $(1+i)^n$ | Barwert einmalig $\dfrac{1}{(1+i)^n}$ | Rentenbarwertfaktor $\dfrac{(1+i)^n-1}{i(1+i)^n}$ | Annuitätenfaktor $\dfrac{i(1+i)^n}{(1+i)^n-1}$ |
| (1) | (2) | (3) | (4) | (5) | (1) | (2) | (3) | (4) | (5) |
| 1 | 1.0400 | 0.9615 | 0.9615 | 1.0400 | 1 | 1.0500 | 0.9524 | 0.9524 | 1.0500 |
| 2 | 1.0816 | 0.9246 | 1.8861 | 0.5302 | 2 | 1.1025 | 0.9070 | 1.8594 | 0.5378 |
| 3 | 1.1249 | 0.8890 | 2.7751 | 0.3603 | 3 | 1.1576 | 0.8638 | 2.7232 | 0.3672 |
| 4 | 1.1699 | 0.8548 | 3.6299 | 0.2755 | 4 | 1.2155 | 0.8227 | 3.5460 | 0.2820 |
| 5 | 1.2167 | 0.8219 | 4.4518 | 0.2246 | 5 | 1.2763 | 0.7835 | 4.3295 | 0.2310 |
| 6 | 1.2653 | 0.7903 | 5.2421 | 0.1908 | 6 | 1.3401 | 0.7462 | 5.0757 | 0.1970 |
| 7 | 1.3159 | 0.7599 | 6.0021 | 0.1666 | 7 | 1.4071 | 0.7107 | 5.7864 | 0.1728 |
| 8 | 1.3686 | 0.7307 | 6.7327 | 0.1485 | 8 | 1.4775 | 0.6768 | 6.4632 | 0.1547 |
| 9 | 1.4233 | 0.7026 | 7.4353 | 0.1345 | 9 | 1.5513 | 0.6446 | 7.1078 | 0.1407 |
| 10 | 1.4802 | 0.6756 | 8.1109 | 0.1233 | 10 | 1.6289 | 0.6139 | 7.7217 | 0.1295 |
| 11 | 1.5395 | 0.6496 | 8.7605 | 0.1141 | 11 | 1.7103 | 0.5847 | 8.3064 | 0.1204 |
| 12 | 1.6010 | 0.6246 | 9.3851 | 0.1066 | 12 | 1.7959 | 0.5568 | 8.8633 | 0.1128 |
| 13 | 1.6651 | 0.6006 | 9.9856 | 0.1001 | 13 | 1.8856 | 0.5303 | 9.3936 | 0.1065 |
| 14 | 1.7317 | 0.5775 | 10.5631 | 0.0947 | 14 | 1.9799 | 0.5051 | 9.8986 | 0.1010 |
| 15 | 1.8009 | 0.5553 | 11.1184 | 0.0899 | 15 | 2.0789 | 0.4810 | 10.3797 | 0.0963 |
| 20 | 2.1911 | 0.4564 | 13.5903 | 0.0736 | 20 | 2.6533 | 0.3769 | 12.4622 | 0.0802 |
| 25 | 2.6658 | 0.3751 | 15.6221 | 0.0640 | 25 | 3.3864 | 0.2953 | 14.0939 | 0.0710 |
| 30 | 3.2434 | 0.3083 | 17.2920 | 0.0578 | 30 | 4.3219 | 0.2314 | 15.3725 | 0.0651 |
| 35 | 3.9461 | 0.2534 | 18.6646 | 0.0536 | 35 | 5.5160 | 0.1813 | 16.3742 | 0.0611 |
| 40 | 4.8010 | 0.2083 | 19.7928 | 0.0505 | 40 | 7.0400 | 0.1420 | 17.1591 | 0.0583 |
| 45 | 5.8412 | 0.1712 | 20.7200 | 0.0483 | 45 | 8.9850 | 0.1113 | 17.7741 | 0.0563 |
| 50 | 7.1067 | 0.1407 | 21.4822 | 0.0466 | 50 | 11.4674 | 0.0872 | 18.2559 | 0.0548 |

## Anhang: Finanzmathematische Tabellen

| 6 % | | | | |
|---|---|---|---|---|
| | Endwert einmalig | Barwert einmalig | Rentenbarwertfaktor | Annuitätenfaktor |
| n | $(1+i)^n$ | $\dfrac{1}{(1+i)^n}$ | $\dfrac{(1+i)^n-1}{i(1+i)^n}$ | $\dfrac{i(1+i)^n}{(1+i)^n-1}$ |
| (1) | (2) | (3) | (4) | (5) |
| 1 | 1.0600 | 0.9434 | 0.9434 | 1.0600 |
| 2 | 1.1236 | 0.8900 | 1.8334 | 0.5454 |
| 3 | 1.1910 | 0.8396 | 2.6730 | 0.3741 |
| 4 | 1.2625 | 0.7921 | 3.4651 | 0.2886 |
| 5 | 1.3382 | 0.7473 | 4.2124 | 0.2374 |
| 6 | 1.4185 | 0.7050 | 4.9173 | 0.2034 |
| 7 | 1.5036 | 0.6651 | 5.5824 | 0.1791 |
| 8 | 1.5938 | 0.6274 | 6.2098 | 0.1610 |
| 9 | 1.6895 | 0.5919 | 6.8017 | 0.1470 |
| 10 | 1.7908 | 0.5584 | 7.3601 | 0.1359 |
| 11 | 1.8983 | 0.5268 | 7.8869 | 0.1268 |
| 12 | 2.0122 | 0.4970 | 8.3838 | 0.1193 |
| 13 | 2.1329 | 0.4688 | 8.8527 | 0.1130 |
| 14 | 2.2609 | 0.4423 | 9.2950 | 0.1076 |
| 15 | 2.3966 | 0.4173 | 9.7122 | 0.1030 |
| 20 | 3.2071 | 0.3118 | 11.4699 | 0.0872 |
| 25 | 4.2919 | 0.2330 | 12.7834 | 0.0782 |
| 30 | 5.7435 | 0.1741 | 13.7648 | 0.0726 |
| 35 | 7.6861 | 0.1301 | 14.4982 | 0.0690 |
| 40 | 10.2857 | 0.0972 | 15.0463 | 0.0665 |
| 45 | 13.7646 | 0.0727 | 15.4558 | 0.0647 |
| 50 | 18.4202 | 0.0543 | 15.7619 | 0.0634 |

| 7 % | | | | |
|---|---|---|---|---|
| | Endwert einmalig | Barwert einmalig | Rentenbarwertfaktor | Annuitätenfaktor |
| n | $(1+i)^n$ | $\dfrac{1}{(1+i)^n}$ | $\dfrac{(1+i)^n-1}{i(1+i)^n}$ | $\dfrac{i(1+i)^n}{(1+i)^n-1}$ |
| (1) | (2) | (3) | (4) | (5) |
| 1 | 1.0700 | 0.9346 | 0.9346 | 1.0700 |
| 2 | 1.1449 | 0.8734 | 1.8080 | 0.5531 |
| 3 | 1.2250 | 0.8163 | 2.6243 | 0.3811 |
| 4 | 1.3108 | 0.7629 | 3.3872 | 0.2952 |
| 5 | 1.4026 | 0.7130 | 4.1002 | 0.2439 |
| 6 | 1.5007 | 0.6663 | 4.7665 | 0.2098 |
| 7 | 1.6058 | 0.6227 | 5.3893 | 0.1856 |
| 8 | 1.7182 | 0.5820 | 5.9713 | 0.1675 |
| 9 | 1.8385 | 0.5439 | 6.5152 | 0.1535 |
| 10 | 1.9672 | 0.5083 | 7.0236 | 0.1424 |
| 11 | 2.1049 | 0.4751 | 7.4987 | 0.1334 |
| 12 | 2.2522 | 0.4440 | 7.9427 | 0.1259 |
| 13 | 2.4098 | 0.4150 | 8.3577 | 0.1197 |
| 14 | 2.5785 | 0.3878 | 8.7455 | 0.1143 |
| 15 | 2.7590 | 0.3624 | 9.1079 | 0.1098 |
| 20 | 3.8697 | 0.2584 | 10.5940 | 0.0944 |
| 25 | 5.4274 | 0.1842 | 11.6536 | 0.0858 |
| 30 | 7.6123 | 0.1314 | 12.4090 | 0.0806 |
| 35 | 10.6766 | 0.0937 | 12.9477 | 0.0772 |
| 40 | 14.9745 | 0.0668 | 13.3317 | 0.0750 |
| 45 | 21.0025 | 0.0476 | 13.6055 | 0.0735 |
| 50 | 29.4570 | 0.0339 | 13.8007 | 0.0725 |

## Anhang: Finanzmathematische Tabellen

| | 8 % | | | |
|---|---|---|---|---|
| | Endwert einmalig | Barwert einmalig | Rentenbarwert faktor | Annuitätenfaktor |
| n | $(1+i)^n$ | $\dfrac{1}{(1+i)^n}$ | $\dfrac{(1+i)^n-1}{i(1+i)^n}$ | $\dfrac{i(1+i)^n}{(1+i)^n-1}$ |
| (1) | (2) | (3) | (4) | (5) |
| 1 | 1.0800 | 0.9259 | 0.9259 | 1.0800 |
| 2 | 1.1664 | 0.8573 | 1.7833 | 0.5608 |
| 3 | 1.2597 | 0.7938 | 2.5771 | 0.3880 |
| 4 | 1.3605 | 0.7350 | 3.3121 | 0.3019 |
| 5 | 1.4693 | 0.6806 | 3.9927 | 0.2505 |
| 6 | 1.5869 | 0.6302 | 4.6229 | 0.2163 |
| 7 | 1.7138 | 0.5835 | 5.2064 | 0.1921 |
| 8 | 1.8509 | 0.5403 | 5.7466 | 0.1740 |
| 9 | 1.9990 | 0.5002 | 6.2469 | 0.1601 |
| 10 | 2.1589 | 0.4632 | 6.7101 | 0.1490 |
| 11 | 2.3316 | 0.4289 | 7.1390 | 0.1401 |
| 12 | 2.5182 | 0.3971 | 7.5361 | 0.1327 |
| 13 | 2.7196 | 0.3677 | 7.9038 | 0.1265 |
| 14 | 2.9372 | 0.3405 | 8.2442 | 0.1213 |
| 15 | 3.1722 | 0.3152 | 8.5595 | 0.1168 |
| 20 | 4.6610 | 0.2145 | 9.8181 | 0.1019 |
| 25 | 6.8485 | 0.1460 | 10.6748 | 0.0937 |
| 30 | 10.0627 | 0.0994 | 11.2578 | 0.0888 |
| 35 | 14.7853 | 0.0676 | 11.6546 | 0.0858 |
| 40 | 21.7245 | 0.0460 | 11.9246 | 0.0839 |
| 45 | 31.9204 | 0.0313 | 12.1084 | 0.0826 |
| 50 | 46.9016 | 0.0213 | 12.2335 | 0.0817 |

| | 9 % | | | |
|---|---|---|---|---|
| | Endwert einmalig | Barwert einmalig | Rentenbarwert faktor | Annuitätenfaktor |
| n | $(1+i)^n$ | $\dfrac{1}{(1+i)^n}$ | $\dfrac{(1+i)^n-1}{i(1+i)^n}$ | $\dfrac{i(1+i)^n}{(1+i)^n-1}$ |
| (1) | (2) | (3) | (4) | (5) |
| 1 | 1.0900 | 0.9174 | 0.9174 | 1.0900 |
| 2 | 1.1881 | 0.8417 | 1.7591 | 0.5685 |
| 3 | 1.2950 | 0.7722 | 2.5313 | 0.3951 |
| 4 | 1.4116 | 0.7084 | 3.2397 | 0.3087 |
| 5 | 1.5386 | 0.6499 | 3.8897 | 0.2571 |
| 6 | 1.6771 | 0.5963 | 4.4859 | 0.2229 |
| 7 | 1.8280 | 0.5470 | 5.0330 | 0.1987 |
| 8 | 1.9926 | 0.5019 | 5.5348 | 0.1807 |
| 9 | 2.1719 | 0.4604 | 5.9952 | 0.1668 |
| 10 | 2.3674 | 0.4224 | 6.4177 | 0.1558 |
| 11 | 2.5804 | 0.3875 | 6.8052 | 0.1469 |
| 12 | 2.8127 | 0.3555 | 7.1607 | 0.1397 |
| 13 | 3.0658 | 0.3262 | 7.4869 | 0.1336 |
| 14 | 3.3417 | 0.2992 | 7.7862 | 0.1284 |
| 15 | 3.6425 | 0.2745 | 8.0607 | 0.1241 |
| 20 | 5.6044 | 0.1784 | 9.1285 | 0.1095 |
| 25 | 8.6231 | 0.1160 | 9.8226 | 0.1018 |
| 30 | 13.2677 | 0.0754 | 10.2737 | 0.0973 |
| 35 | 20.4140 | 0.0490 | 10.5668 | 0.0946 |
| 40 | 31.4094 | 0.0318 | 10.7574 | 0.0930 |
| 45 | 48.3273 | 0.0207 | 10.8812 | 0.0919 |
| 50 | 74.3575 | 0.0134 | 10.9617 | 0.0912 |

**Anhang: Finanzmathematische Tabellen**

| 10 % | | | | |
|---|---|---|---|---|
| n | Endwert einmalig $(1+i)^n$ | Barwert einmalig $\dfrac{1}{(1+i)^n}$ | Rentenbarwertfaktor $\dfrac{(1+i)^n-1}{i(1+i)^n}$ | Annuitätenfaktor $\dfrac{i(1+i)^n}{(1+i)^n-1}$ |
| (1) | (2) | (3) | (4) | (5) |
| 1 | 1.1000 | 0.9091 | 0.9091 | 1.1000 |
| 2 | 1.2100 | 0.8264 | 1.7355 | 0.5762 |
| 3 | 1.3310 | 0.7513 | 2.4869 | 0.4021 |
| 4 | 1.4641 | 0.6830 | 3.1699 | 0.3155 |
| 5 | 1.6105 | 0.6209 | 3.7908 | 0.2638 |
| 6 | 1.7716 | 0.5645 | 4.3553 | 0.2296 |
| 7 | 1.9487 | 0.5132 | 4.8684 | 0.2054 |
| 8 | 2.1436 | 0.4665 | 5.3349 | 0.1874 |
| 9 | 2.3579 | 0.4241 | 5.7590 | 0.1736 |
| 10 | 2.5937 | 0.3855 | 6.1446 | 0.1627 |
| 11 | 2.8531 | 0.3505 | 6.4951 | 0.1540 |
| 12 | 3.1384 | 0.3186 | 6.8137 | 0.1468 |
| 13 | 3.4523 | 0.2897 | 7.1034 | 0.1408 |
| 14 | 3.7975 | 0.2633 | 7.3667 | 0.1357 |
| 15 | 4.1772 | 0.2394 | 7.6061 | 0.1315 |
| 20 | 6.7275 | 0.1486 | 8.5136 | 0.1175 |
| 25 | 10.8347 | 0.0923 | 9.0770 | 0.1102 |
| 30 | 17.4494 | 0.0573 | 9.4269 | 0.1061 |
| 35 | 28.1024 | 0.0356 | 9.6442 | 0.1037 |
| 40 | 45.2593 | 0.0221 | 9.7791 | 0.1023 |
| 45 | 72.8905 | 0.0137 | 9.8628 | 0.1014 |
| 50 | 117.3909 | 0.0085 | 9.9148 | 0.1009 |

| 11 % | | | | |
|---|---|---|---|---|
| n | Endwert einmalig $(1+i)^n$ | Barwert einmalig $\dfrac{1}{(1+i)^n}$ | Rentenbarwertfaktor $\dfrac{(1+i)^n-1}{i(1+i)^n}$ | Annuitätenfaktor $\dfrac{i(1+i)^n}{(1+i)^n-1}$ |
| (1) | (2) | (3) | (4) | (5) |
| 1 | 1.1100 | 0.9009 | 0.9009 | 1.1100 |
| 2 | 1.2321 | 0.8116 | 1.7125 | 0.5839 |
| 3 | 1.3676 | 0.7312 | 2.4437 | 0.4092 |
| 4 | 1.5181 | 0.6587 | 3.1024 | 0.3223 |
| 5 | 1.6851 | 0.5935 | 3.6959 | 0.2706 |
| 6 | 1.8704 | 0.5346 | 4.2305 | 0.2364 |
| 7 | 2.0762 | 0.4817 | 4.7122 | 0.2122 |
| 8 | 2.3045 | 0.4339 | 5.1461 | 0.1943 |
| 9 | 2.5580 | 0.3909 | 5.5370 | 0.1806 |
| 10 | 2.8394 | 0.3522 | 5.8892 | 0.1698 |
| 11 | 3.1518 | 0.3173 | 6.2065 | 0.1611 |
| 12 | 3.4985 | 0.2858 | 6.4924 | 0.1540 |
| 13 | 3.8833 | 0.2575 | 6.7499 | 0.1482 |
| 14 | 4.3104 | 0.2320 | 6.9819 | 0.1432 |
| 15 | 4.7846 | 0.2090 | 7.1909 | 0.1391 |
| 20 | 8.0623 | 0.1240 | 7.9633 | 0.1256 |
| 25 | 13.5855 | 0.0736 | 8.4217 | 0.1187 |
| 30 | 22.8923 | 0.0437 | 8.6938 | 0.1150 |
| 35 | 38.5749 | 0.0259 | 8.8552 | 0.1129 |
| 40 | 65.0009 | 0.0154 | 8.9511 | 0.1117 |
| 45 | 109.5302 | 0.0091 | 9.0079 | 0.1110 |
| 50 | 184.5648 | 0.0054 | 9.0417 | 0.1106 |

## Anhang: Finanzmathematische Tabellen

| 12 % | | | | |
|---|---|---|---|---|
| | Endwert einmalig | Barwert einmalig | Rentenbarwert faktor | Annuitätenfaktor |
| n | $(1+i)^n$ | $\dfrac{1}{(1+i)^n}$ | $\dfrac{(1+i)^n-1}{i(1+i)^n}$ | $\dfrac{i(1+i)^n}{(1+i)^n-1}$ |
| (1) | (2) | (3) | (4) | (5) |
| 1 | 1.1200 | 0.8929 | 0.8929 | 1.1200 |
| 2 | 1.2544 | 0.7972 | 1.6901 | 0.5917 |
| 3 | 1.4049 | 0.7118 | 2.4018 | 0.4163 |
| 4 | 1.5735 | 0.6355 | 3.0373 | 0.3292 |
| 5 | 1.7623 | 0.5674 | 3.6048 | 0.2774 |
| 6 | 1.9738 | 0.5066 | 4.1114 | 0.2432 |
| 7 | 2.2107 | 0.4523 | 4.5638 | 0.2191 |
| 8 | 2.4760 | 0.4039 | 4.9676 | 0.2013 |
| 9 | 2.7731 | 0.3606 | 5.3282 | 0.1877 |
| 10 | 3.1058 | 0.3220 | 5.6502 | 0.1770 |
| 11 | 3.4785 | 0.2875 | 5.9377 | 0.1684 |
| 12 | 3.8960 | 0.2567 | 6.1944 | 0.1614 |
| 13 | 4.3635 | 0.2292 | 6.4235 | 0.1557 |
| 14 | 4.8871 | 0.2046 | 6.6282 | 0.1509 |
| 15 | 5.4736 | 0.1827 | 6.8109 | 0.1468 |
| 20 | 9.6463 | 0.1037 | 7.4694 | 0.1339 |
| 25 | 17.0001 | 0.0588 | 7.8431 | 0.1275 |
| 30 | 29.9599 | 0.0334 | 8.0552 | 0.1241 |
| 35 | 52.7996 | 0.0189 | 8.1755 | 0.1223 |
| 40 | 93.0510 | 0.0107 | 8.2438 | 0.1213 |
| 45 | 163.9876 | 0.0061 | 8.2825 | 0.1207 |
| 50 | 289.0022 | 0.0035 | 8.3045 | 0.1204 |

| 14 % | | | | |
|---|---|---|---|---|
| | Endwert einmalig | Barwert einmalig | Rentenbarwert faktor | Annuitätenfaktor |
| n | $(1+i)^n$ | $\dfrac{1}{(1+i)^n}$ | $\dfrac{(1+i)^n-1}{i(1+i)^n}$ | $\dfrac{i(1+i)^n}{(1+i)^n-1}$ |
| (1) | (2) | (3) | (4) | (5) |
| 1 | 1.1400 | 0.8772 | 0.8772 | 1.1400 |
| 2 | 1.2996 | 0.7695 | 1.6467 | 0.6073 |
| 3 | 1.4815 | 0.6750 | 2.3216 | 0.4307 |
| 4 | 1.6890 | 0.5921 | 2.9137 | 0.3432 |
| 5 | 1.9254 | 0.5194 | 3.4331 | 0.2913 |
| 6 | 2.1950 | 0.4556 | 3.8887 | 0.2572 |
| 7 | 2.5023 | 0.3996 | 4.2883 | 0.2332 |
| 8 | 2.8526 | 0.3506 | 4.6389 | 0.2156 |
| 9 | 3.2519 | 0.3075 | 4.9464 | 0.2022 |
| 10 | 3.7072 | 0.2697 | 5.2161 | 0.1917 |
| 11 | 4.2262 | 0.2366 | 5.4527 | 0.1834 |
| 12 | 4.8179 | 0.2076 | 5.6603 | 0.1767 |
| 13 | 5.4924 | 0.1821 | 5.8424 | 0.1712 |
| 14 | 6.2613 | 0.1597 | 6.0021 | 0.1666 |
| 15 | 7.1379 | 0.1401 | 6.1422 | 0.1628 |
| 20 | 13.7435 | 0.0728 | 6.6231 | 0.1510 |
| 25 | 26.4619 | 0.0378 | 6.8729 | 0.1455 |
| 30 | 50.9502 | 0.0196 | 7.0027 | 0.1428 |
| 35 | 98.1002 | 0.0102 | 7.0700 | 0.1414 |
| 40 | 188.8835 | 0.0053 | 7.1050 | 0.1407 |
| 45 | 363.6791 | 0.0027 | 7.1232 | 0.1404 |
| 50 | 700.2330 | 0.0014 | 7.1327 | 0.1402 |

# Sachregister

Abbildungsinstrument 30
Absatzmärkte 28
Abschöpfungsstrategie 223 ff.
Abschreibungen, kalkulatorische 74, 79, 99
Abzinsung 234 f.
Accrual accounting 147
Additionsmethode 161
Aktiven 135 ff.
Aktivität 109
Aktivtausch 192
Allgemeines Kapital 135
Analyse, strategische 395
Anhang 145, 156
Anlagenbuchführung 78
Annuitätenmethode 232, 240 f.
Anschaffungspreis 75, 78
Aquivalenzzahlenrechnung 93
Arbeitszeit, unproduktive 78
Aufgaben der NPO 95
Aufgabenkritik 221 f., 379 ff.
Auftragserfüllung 268
Aufwand 40, 65
Aufwandsstruktur 180
Aufwandswirtschaft 66, 105, 210
Aufwendungen 65, 72
Aufwendungen, neutrale 73
Aufzinsung 232 f.
Ausgaben, neutrale 72 f.
Ausgaben, vermögenswirksame 73
Ausgabenbezogene Kostenrechnung 103
Ausgabenplan 190
Auslastung 62, 113
Aussenfinanzierung 28, 113
Austauschbeziehungen 339

BAB 83, 86
Balanced Scorecard 254, 267 ff., 345, 350 ff.
Barwertverfahren 235
Baukostenindex 79
Beispiele für Rechnungen 196 ff.

Benchmarking 186 f., 258 f.
Berichterstattung, gemeinwohlorientierte 306 ff.
Beschaffungsmärkte 28
Beschaffungsplan 190
Beschäftigungsabweichung 118 ff.
Beschäftigungsgrad 100, 113
Beschäftigungsgradänderungen 100 f.
Beschwerdeanalyse 134
Bestände 26
Bestandesrechnung 39, 41, 135 ff., 192, 206
Bestandesrechnung, erfolgswirtsch. 139 f.
Bestandsgrössenanalyse 178
Betrachtungsweise, erfolgswirtschaftliche 26
Betrachtungsweise, finanzwirtschaftliche 26
Betrachtungsweise, leistungswirtschaftl. 26
Betriebsabrechnung 70, 83
Betriebsabrechnungsbogen 327
Betriebsergebnis 65
Betriebsleistung 62
Betriebsrechnung 145, 156, 158
Betriebsüberleitung 76
Betriebsüberleitungsbogen 80
Betriebsvergleich 182, 186
Bewertung 40, 74, 139
Bewertung, kalkulatorische 61
Bewertung, pagatorische 61, 64 ff.
Bewertungsverfahren 99 ff.
Beziehungsvermögen 298
Beziehungszahlen 176
Bilan Sociétal 293
Bilanz 31, 39, 41, 135 ff. 145, 155 ff., 192, 201 ff.
Bilanzanalyse 141
Bilanzgliederung 135 ff.
Bilanzierungsgrundsätze 154
Bilanzverkürzung 192
Bilanzverlängerung 192
Bottum-up-Ansatz 274
Break-even-Analyse 181

## Sachregister

| | |
|---|---|
| BSC | 267 ff. |
| BÜB | 80 |
| Buchführung, doppelte | 27 |
| Buchführung, kameralistische | 27 |
| Buchführung, Ordnungsmässigkeit der | 146 |
| Budget | 47 f. |
| Budget, integriertes | 189 ff. |
| Budgetierung, bottom up | 191 |
| Budgetierung, Gegenstromverfahren | 191 |
| Budgetierung, top down | 191 |
| Budgetkostenrechnung | 116 ff. |
| Budgetrechnung | 33, 191 |
| Budgetvorschau, mittelfristige | 48 |
| Busines Excellence Modell | 273 ff. |
| | |
| **C**AF | 276 |
| Cash accounting | 147 |
| Cashflow | 49 ff., 144, 179, 237, 243 |
| Cashflow-Rechnung | 399 |
| Cockpit | 344, 352 |
| Common Assessment Framework | 276 |
| Compliance | 43 f., 170 f. |
| Controlling | 31 ff., 81, 185, 209 ff. |
| Controlling, Aufgaben des | 211 f. |
| Controlling, Funktionen | 36 |
| Controlling, operatives | 36 ff., 216 f., 255 ff. |
| Controlling, strategisches | 36 ff., 214 f. |
| Controllinginstrumente | 217 ff. |
| Controlling-Konzept | 212 ff. |
| Co-Sourcing | 225 |
| cost driver | 108 ff. |
| | |
| **D**eckungsbeitrag | 90 f. |
| Deckungsbeitragsrechnung | 104 ff., 200, 327 f. |
| Deckungsrechnung, finanzwirtschaftl. | 138 f. |
| Desinvestitionsstrategie | 223 ff. |
| Dienstleistungserstellung | 91 |
| Dienstleistungsqualität | 129 ff. |
| Direct Costing | 104 ff. |
| Dispositionsfunktion | 30 |
| Divisionskalkulation | 91 f. |
| Dokumentationsfunktion | 30 |
| Doppik | 27 |

| | |
|---|---|
| Drei-Ebenen-Konzept | 43 |
| Durchschnittsprinzip | 90 |
| DZI-Gütesiegel | 169 |
| | |
| **E**ffektivität | 25, 43, 190, 212 |
| Effizienz | 25, 43, 190, 212 |
| Effizienzbeurteilung | 95 |
| EFQM Business Excellence Modell | 273 ff. |
| Ehrenamt | 27, 62 |
| Eigenerstellung von Leistungen | 112 ff., 225 |
| Eigenfinanzierung | 28 |
| Eigenkapital | 135, 178 |
| Einnahmen, neutrale | 72 f. |
| Einnahmen, vermögenswirksame | 73 |
| Einnahmen-Ausgaben-Rechnung | 27, 40, 47 ff., 144, 165 |
| Einnahmenplan | 190 |
| Einzelkosten | 78 |
| Einzelkostenrechnung, relative | 105 |
| Endwertverfahren | 235 |
| Entscheidungsrechnungen | 33 |
| Equity-Konsolidierung | 161 |
| Erfolgsfaktoren, kritische | 377, 388 |
| Erfolgsmessung | 263 ff. |
| Erfolgsrechnung, kalkulatorische | 31 f. |
| Erfolgsrechnung, pagatorische | 31 f. |
| Erfolgsspaltung | 65 |
| Erfolgstypen | 64 |
| Erfolgswirksamkeit | 76 |
| Ergebnis der gewöhnlichen Geschäftstätigkeit | 65 |
| Ergebnis vor Steuern | 67 ff. |
| Ergebnis, ausserordentliches | 65 |
| Ergebniscontrolling | 185, 214 |
| Ergebniskategorien | 273 |
| Ergebniskonsolidierung | 161 |
| Ergebnisrechnung | 31, 39 ff., 61 ff., 199 f., 207 |
| Ergebnisrechnung, kalkulatorische | 68 ff. |
| Ergebnisrechnung, pagatorische | 64 ff., 193, 205 |
| Ergebnissaldo | 39 |
| Ergebnisspaltung | 65 |
| Ergebnisverwendung | 65 |

# Sachregister

| | |
|---|---|
| Ermittlungsrechnungen | 31 f. |
| Ertrag | 40, 72 |
| Ertragsstruktur | 180 |
| European Foundation for Quality Management | 273 |
| | |
| **F**achempfehlungen zur Rechnungslegung (FER) | 143 ff., 152 ff. |
| Fallstudien | 319 ff. |
| FBE-System | 39, 193, 203 |
| FER 21 | 152 ff. |
| Finanzbedarf | 57 f. |
| Finanzbudget | 33 40, 47 f., 190 |
| Finanzcontrolling | 185 |
| Finanzergebnis | 65 |
| Finanzierung, fristenkongruente | 178 |
| Finanzierungsanalyse | 177 f. |
| Finanzierungsrechnung | 39 ff., 47 ff., 177 f., 191 f., 198 |
| Finanzmanagement | 335 ff., 366 |
| Finanzplan | 40, 47 f., 190 |
| Finanzplan, rollender | 48 |
| Finanzplanung | 341 f., 367 |
| Fixkosten | 88, 105 |
| Fixkostendeckungsbeitragsrechnung | 103 |
| Fixkostendegression | 113 |
| Fondskapital | 55, 136 |
| Fonds-Rechnung | 54 ff. |
| Förderbilanz | 279, 288 ff. |
| Förderplan | 279, 288 ff. |
| Förderungskosten | 77 |
| Freiburger Management-Modell | 182 f., 275 |
| Freiwilligenarbeit | 62 |
| Fremdbezug von Leistungen | 112 ff. |
| Fremdfinanzierung | 28 |
| Fremdleistungskosten | 77 |
| Führungsinstrument | 29, 175 ff. |
| Führungsinstrument | 29 |
| Fund Accounting | 54 ff., 399 |
| | |
| **G**AP-Modell | 132 f. |
| Gebarungsrechnung | 47 |
| Gebühren | 72 |
| Geldflussrechnung | 51 ff., 144, 155 f., 167, 179, 203 |
| Gemeinkosten | 78 88 |
| Gemeinkostensatz | 88 |
| Gemeinkosten-Wertanalyse | 247 ff. |
| Gemeinkostenzuschlag | 88, 102 |
| Gesamtkostensatz | 111 |
| Gesamtkostenverfahren | 145 |
| Gesamtkostenverfahren | 155 |
| Gewinn- und Verlustrechnung | 31, 145 |
| Gewinnvergleichsrechnung | 231 |
| Gleichgewicht, finanzielles | 57 |
| Gliederungszahlen | 176 |
| Global Reporting Initiative | 303 ff. |
| GoB | 146 |
| Governance-Regeln | 170 ff |
| Grenzkostenrechnung | 103 |
| Güter, individuelle | 123 |
| Güter, kollektive | 123 |
| Güter, meritorische | 123 |
| Güter, öffentliche | 123 |
| Gütezeichen | 143 ff. |
| | |
| **H**andlungsprogramme | 195 |
| Hauptkostenstellen | 81 ff. |
| Hauptprozess | 109 |
| Hilfskostenstellen | 81 ff. |
| Human Capital | 298 |
| Humanvermögen | 298 |
| | |
| **I**KS | 146, 170 ff. |
| Index | 79 |
| Indexzahlen | 176 |
| Indikatoren | 42, 125, 134 |
| Indikatorenrechnung | 307 ff. |
| Individualgüter | 27, 61 |
| Informationsbedürfnisse | 29 |
| Informationsdefizit, leistungswirtsch. | 36 |
| Informationsdimensionen | 32 |
| Informationsfunktion | 25, 210 |
| Informationsgenerator | 35 |
| Informationsinstrument | 175 ff. |
| Informationsversorgungsfunktion | 211 |
| Innenfinanzierung | 28, 113 |

## Sachregister

| | |
|---|---|
| Innenfinanzierungspotenzial | 49 |
| Innovator-Funktion | 36 |
| Input | 96 |
| Inputindikatoren | 125 |
| Institut der Wirtschaftsprüfer | 163 f. |
| Institut Österr. Wirtschaftsprüfer | 167 |
| Intellectual Capital | 298 |
| International Integrated Reporting Framework | 304 |
| Investitionsanalyse | 176 f. |
| Investitionsdeckung | 177 |
| Investitionsplan | 190 |
| Investitionsprogramm | 68 |
| | 34, 47 ff., 191, 205, 229 ff. |
| Investitionsstrategie | 223 ff. |
| Ist-Ergebnisrechnung | 40 |
| Ist-Rechnung | 31 |
| Jahresabschluss | 144, 164 |
| Jahresabschluss | 164 |
| Jahresfehlbetrag | 67 ff. |
| Jahresrechnung | 154 |
| Jahresüberschuss | 67 ff. |
| Kalkulationsverfahren | 91 ff. |
| Kameralistik | 27 |
| Kameralrechnung | 204 ff. |
| Kammer der Wirtschaftstreuhänder | 169 |
| Kapazitätsauslastung | 113 |
| Kapital, intellektuelles | 298 ff. |
| Kapitalflussrechnung | 51 ff., 179, 203 |
| Kapitalkonsolidierung | 161 |
| Kapitalrentabilität | 181 |
| Kapitalstruktur | 177 |
| Kapitalveränderungsrechnung | 156, 160 |
| Kapitalwertmethode | 232, 235 ff. |
| Kausalzusammenhänge | 98 |
| Kennzahlen | 42, 63, 175 ff., 201 f., 332 |
| Kennzahlen, finanzwirtschaftliche | 176 ff. |
| Kennzahlen, leistungswirtschaftliche | 179 ff. |
| Kennzahlensystem | 42 f., 182 ff. |
| Kern-FER | 153 |
| Kollektivgüter | 27, 61, 63, 210 |
| Konsolidierung | 161 |
| Kontierung, mehrdimensionale | 48 |
| Kontrolle | 268 |
| Kontrolle, strategische | 401 |
| Kontrollfunktion | 30 |
| Kontrollprozesse | 209 |
| Kontrollsystem, Internes | 146, 170 ff. |
| Kosten je Leistungseinheit | 68 |
| Kosten | 41, 61, 95 |
| Kosten, fixe | 100, 113 |
| Kosten, kalkulatorische | 73 f. |
| Kosten, primäre | 81 |
| Kosten, produktive | 101 |
| Kosten, sekundäre | 81 |
| Kosten, soziale | 287 |
| Kosten, sprungfixe | 100 |
| Kosten, unproduktive | 102 |
| Kosten, variable | 100, 113 |
| Kosten-/Leistungsbeziehungen | 64 |
| Kostenabbau | 113 |
| Kostenabweichungen | 117 ff. |
| Kostenanalyse | 97 ff. |
| Kostenartenrechnung | 70, 76 ff., 324 ff. |
| Kostenbelastbarkeitsprinzip | 90 |
| Kostenbudget | 117 |
| Kostencontrolling | 81 |
| Kostenermittlung, analytische | 71 |
| Kostenermittlung, direkte | 70 |
| Kostenermittlung, indirekte | 71 |
| Kostenermittlung, synthetische | 70 |
| Kostenmanagement | 251 ff. |
| Kostenmanagement, Leitlinien | 94 f. |
| Kosten-Nutzen-Rechnung | 34 |
| Kostenrechnung | 32, 61 ff., 97 ff., 319 ff. |
| Kostenreporting | 121 f. |
| Kostenschlüsselung | 84 |
| Kostenstellen, allgemeine | 82 ff. |
| Kostenstelleneinzelkosten | 82 ff. |
| Kostenstellengemeinkosten | 82 |
| Kostenstellengliederung | 80 ff. |
| Kostenstellenrechnung | 70, 80 ff., 88, 324 ff. |
| Kostenträgerrechnung | 70, 89 ff., 325 ff. |
| Kostentragfähigkeitsprinzip | 90 |
| Kostentreiber | 108 ff. |
| Kostenüberwachung | 118 ff. |

## Sachregister

| | |
|---|---|
| Kostenumlage, interne | 84 f. |
| Kostenvergleich | 112 ff. |
| Kostenvergleichsrechnung | 231 |
| Kostenverhalten bei Beschäftigungsgradänderungen | 100 f. |
| Kostenverhältniszahlenrechnung | 93. |
| Kostenverlauf, linearer | 101 |
| Kostenverursachungsprinzip | 90 |
| Kostenvorschau | 117 |
| Kosten-Wirksamkeits-Analyse | 34, 62 |
| Kreditplan | 190 |
| Kreditpotenzial | 177 |
| Kreditstruktur | 177 |
| Kundenorientierung | 268 |

| | |
|---|---|
| **L**abel für Management Excellence | 277, 362 ff. |
| Lagerbuchführung | 78 |
| Lagerplan | 190 |
| Laufende Rechnung | 47 ff., 190 |
| Leerkosten | 69 |
| Leistungen | 41, 41, 95 |
| Leistungsabgabeplan | 190 |
| Leistungsanalyse | 123 ff. |
| Leistungsbereiche, ideelle | 242 |
| Leistungsbereitschaft | 62, 189 f. |
| Leistungsbericht | 156 |
| Leistungsbeurteilung | 44 ff. |
| Leistungsbudget | 33, 117, 190 |
| Leistungsdimensionen | 123 f. |
| Leistungserbringung | 126 ff. |
| Leistungserfassung | 123 ff. |
| Leistungserstellung | 190, 268 |
| Leistungsgestaltung | 95 |
| Leistungsgruppen | 127 |
| Leistungskritik | 221 f. |
| Leistungsmanagement, Leitlinien | 94 f. |
| Leistungsmessung | 44 ff., 185 |
| Leistungspaket | 127 |
| Leistungsprogramm | 69 |
| Leistungsprozess | 26 |
| Leistungsquantifizierung | 105 |
| Leistungsrechnung | 32, 61 ff., 70, 89 ff., 97 ff., 319 ff.. |

| | |
|---|---|
| Leistungsreporting | 121 f. |
| Leistungsstellen | 126 ff. |
| Leistungsverrechnung, innerbetr. | 81, 83 ff. |
| Leistungswahrnehmung | 124 |
| Leistungswirkungen | 124 ff., 268 |
| Leistungszentren | 215 |
| Leitbild | 37, 268, 340 |
| Lenkungsinstrument | 29 f. |
| Liquiditätssicherung | 190 |
| Liquidität | 31, 39, 55 |
| Liquiditätsanalyse | 178 |
| Liquiditätsplanung | 56 ff. |
| Liquiditätspolitik | 58 f. |
| Liquiditätspyramide | 368 |
| Liquiditätsreserve | 57 |
| Liquiditätssaldo | 39 |
| Liquiditätssicherung | 57 f. |
| Lückenmodell | 132 f. |

| | |
|---|---|
| **M**anagement-Cockpit | 344, 352 |
| Managementinformationssystem | 352 ff. |
| Management-Prinzipien | 347 f. |
| Marketing-Management | 183 |
| Marktpreis | 75 |
| Massnahmenprogramme | 195 |
| Materialkosten | 77 f. |
| Mehrwertprinzip | 294 f., 349 |
| Member Value | 293, 296 |
| Member Value Reporting | 288 ff., 293 ff. |
| Mengengerüst | 41, 98 ff. |
| Mengengrössen | 26, 128 |
| Mengenplanung | 189 ff. |
| Mengenrechnung | 32, 62 |
| Methode der kritischen Ereignisse | 134 |
| Methode des internen Zinsfusses | 232, 239 f. |
| Milchbüchlein-Rechnung | 147 |
| Mindestauslastung | 113 ff. |
| MIS | 352 ff. |
| Mischkosten | 100 |
| Mitarbeiterorientierung | 268 |
| Mittelflussrechnung | 51 ff., 144, 155 f., 179, 203 |
| Multiattributmodell | 130 |

**Sachregister**

| | |
|---|---|
| Nachdeckung | 47, 139 |
| Nachhaltigkeitsberichterstattung | 279, 303 ff. |
| Navigator-Funktion | 36 |
| Nebenkostenstellen | 81 ff. |
| Nominalgüterstrom | 27 f. |
| Normative Vorhaben | 69 |
| Normstrategien | 223 ff. |
| NPO, soziale | 319 ff. |
| NPO, spendensammelnde | 143 ff. |
| NPO-Analyse | 37 |
| NPO-Kennzahlensystem | 182 ff. |
| NPO-Label für Management Excellence | 277, 362 ff. |
| NPO-Management-Modell | 184 |
| Nutzen, sozialer | 288 |
| Nutzkosten | 69 |
| Nutzwertanalyse | 35, 245 ff. |
| | |
| Ökonomisches Prinzip | 34 |
| Opportunitätskosten | 73 |
| Ordnungsmässigkeit | 43 |
| Organisationskapital | 135 |
| Outcome | 43, 96 |
| Outcomeindikatoren | 125 |
| Output | 43 96 |
| Outputindikatoren | 125 |
| Outsourcing | 112 ff., 225 |
| Overhead-Value-Analysis | 247 ff. |
| | |
| Passiven | 135 ff. |
| Passivtausch | 192 |
| Performance Management | 263 ff. |
| Performance Measurement | 46, 263 ff. |
| Performance Reporting | 263 ff., 277 ff. |
| Periodisierung | 76 |
| Personalcontrolling | 373 |
| Personalkosten | 77 f. |
| Personalmanagement | 370 ff. |
| Personalplan | 190 |
| Planbilanz | 190 |
| Plan-Do-Check-Act (PDCA) | 213 |
| Plan-Ergebnisrechnung | 40, 190 |
| Plankostenrechnung | 116 ff. |
| Plankostenrechnung, flexible | 117 f. |

| | |
|---|---|
| Plankostenrechnung, starre | 117 f. |
| Planung, Regelkreise | 194 |
| Planung, strategische | 391 ff. |
| Planungsinstrument | 30 |
| Planungsprozesse | 209 |
| Planungsrechnungen | 40 |
| Planungsrechnung, integrierte | 189 ff., 196 ff. |
| Planungsverfahren | 191 |
| Planungswerkzeuge | 349 f. |
| Planvermögensbilanz | 33 |
| Portfolio-Technik | 222 ff., 381 |
| Potenzialmessung | 184 |
| Preisabweichung | 118 ff. |
| Preisfaktoren | 41 |
| Preisuntergrenze | 113 |
| Primärebene | 96 |
| Primärkosten | 82 ff. |
| Problemberichterstattung | 134 |
| Produktivität | 32, 39, 43, 185 |
| Produktivitätsanalyse | 42, 179 f. |
| Produktivitätsmessung | 62 |
| Produktivstunden | 78 |
| Prognosekostenrechnung | 117 |
| Programmbudgetierung | 254 |
| Prozess | 109 |
| Prozesskostenrechnung | 107 ff., 251 ff. |
| Prozesskostensätze | 110 |
| Prozesslandkarte | 355 ff. |
| Prozessmengen | 110 |
| Prüfung, eingeschränkte | 148 |
| Prüfung, ordentliche | 148 |
| Prüfungspflicht | 147 ff., 163 ff. |
| Public Value-Bericht | 279, 306 ff. |
| | |
| Qualität | 43, 212 |
| Qualität | 43 |
| Qualitätsdaten | 129 ff. |
| Qualitätsmanagement | 354 ff. |
| Qualitätsverbesserung | 274 |
| | |
| Rationalisierungsfaktor | 210 |
| Rationalprinzip | 34 |
| Realgüterstrom | 27 f. |
| Rechnungsabschluss | 47, 151, 167 |

## Sachregister

| | |
|---|---|
| Rechnungslegung, gesellschaftliche | 278 ff. |
| Rechnungslegung, internationale | 172 f. |
| Rechnungslegungsrecht, neues | 146 ff. |
| Rechnungslegungsstandards | 143 ff. |
| Rechnungswesen, Aufgaben | 25 |
| Rechnungswesen, Funktionen | 30, 36 |
| Rechnungswesen, Informationsbedürfnisse | 29 |
| Rechnungswesen, Informationsdimensionen. | 32 |
| Rechnungswesen, Informationsfunktion | 25 |
| Rechnungswesen, instrumentales | 27 |
| Rechnungswesen, integriertes | 39, 255 |
| Rechung über die Veränderung des Kapitals | 156, 160 |
| Registrator-Funktion | 36 |
| Rentabilität | 31 |
| Rentabilitätsanalyse | 180 f. |
| Rentabilitätsvergleichsrechnung | 231 |
| Reporting | 121 ff., 344 |
| Reserven | 137 |
| Ressourcenentwicklung | 331 |
| Ressourcen-Management | 183 |
| Ressourcenspielräume | 379 ff. |
| Revision, interne | 171 |
| Revisionspflicht | 147 ff., 163 ff. |
| RLR | 146 ff. |
| Rücklagen | 49, 137 |
| Rückstellungen | 138 |
| | |
| **S**chuldenkonsolidierung | 161 |
| Schwachstellenanalyse | 376 |
| Schweizer Wanderwege | 335 ff. |
| Sekundärebene | 96 |
| Sekundärkosten | 83 ff. |
| SERVQUAL | 130 ff. |
| Social Reporting Standard | 279, 310, 313 ff. |
| Social Return on Investment | 279, 310 ff. |
| Sofortdeckung | 47, 139 |
| Soll-Ist-Vergleich | 40, 118 ff. |
| Sollkosten | 101 f. |
| Soll-Kostenrechnung | 116 |
| Soll-Rechnung | 31 |
| Sozialbericht | 281 f. |
| Sozialbilanz | 278 ff., 286 ff. |
| Sozialindikatoren | 284 ff. |
| Sozialindikatorenrechnung | 289 |
| Sozialrechnung | 286 ff. |
| Spenden sammelnde Organisationen | 152 ff., 164 |
| Spenden | 28 |
| Spendengütesiegel | 143 ff. |
| Spendengütesiegel, österreichisches | 169 |
| Spendenmärkte | 28 |
| Spezialfinanzierungen | 54 ff. |
| Sportverein | 391 ff. |
| SROI | 279, 310 ff. |
| Staffelform | 64 ff. |
| Stakeholder-Ansatz | 278, 307 |
| Stärken-Schwächen-Analyse | 219 |
| Steuern | 77 |
| Steuerungsinstrument | 29 f., 35 ff. |
| Steuerungsprozess | 329 |
| Steuerungssystem | 170 |
| Steuerungswerkzeuge | 349 f. |
| Stiftungen | 147, 166 |
| Strategien | 268 |
| Stromgrössenanalyse | 179 |
| Structural Capital | 298 |
| Strukturvermögen | 298 |
| Stufendivisionskalkulation | 92 |
| Substanzveränderung | 31 |
| Swiss Foundation Code | 163 |
| Swiss GAAP FER 21 | 152 ff. |
| Swiss NPO-Code | 163 |
| Swiss Sport GAAP | 162 |
| SWOT-Analyse | 219, 363 ff., 397 |
| System-Management | 183 |
| | |
| **T**agespreis | 75 |
| Tätigkeit | 109 |
| Teilkostenrechnung | 88, 102 f. |
| Teilprozess | 109 |
| Teilvermögensrechnung | 138 |
| Top-down-Prozess | 274 |
| Total Quality Management | 130 |
| TQM | 130 |
| Treppenumlageverfahren | 84 f. |

**Sachregister**

| | |
|---|---|
| Überwachung, interne | 171 |
| Überwachungssystem | 170 |
| Umfeldanalyse | 37, 219 |
| Umfeldmonitoring | 347 |
| Umlagesatz | 111 |
| Umlageschlüssel | 82 ff. |
| Umsatzkostenverfahren | 145, 155 |
| Umsatzrentabilität | 181 |
| Umschlagsdauer | 177 |
| Umschlagshäufigkeit | 177 |
| Ursache-Wirkungsanalyse | 97 f. |
| | |
| **V**alue for Money-Konzept | 44 ff. |
| Value for Money-Reporting | 123 ff. |
| Variator | 100 |
| Veranlagungsrichtlinien | 369 |
| Verantwortung, gesellschaftliche | 278 |
| Verantwortungszentren | 215 |
| Verbrauchsabweichung | 118 ff. |
| Verbundrechnung | 39, 44 |
| Vereine | 147, 149 ff., 163 ff. |
| Vereinsgesetz | 149 ff.. 167 |
| Verfahrenscontrolling | 214 |
| Verfahrenskritik | 221 |
| Vermögen, intellektuelles | 298 ff. |
| Vermögensänderungsrechnung | 47 ff., 190 |
| Vermögenskosten | 77 ff. 99 |
| Vermögensübersicht | 144 |
| Verrechnungspreis | 75 |
| Verrechnungsprinzipien | 90 ff. |
| Verwaltungskostenstellen | 82 ff. |
| Vollkostenrechnung | 102 f. |
| Vollvermögensrechnung | 138 |
| Vollzugskritik | 221, 387 |
| Voluntaristischer Kern | 260 |
| Voranschlagsvergleichsrechnung | 204 |
| Vorausdeckung | 47, 139 |
| | |
| **W**agnisse, kalkulatorische | 74, 80, 99 |
| Weisses Kreuz Südtirol | 319 ff. |
| Wertanalyse | 247 |
| Wertekreislauf | 27 |
| Werteplanung | 189 ff. |
| Werterechnung | 32 |
| Wertgrössen | 26, 128 |
| Wertkette | 109 |
| Wertschöpfungsanalyse | 182 |
| Wertschöpfungsrechnung | 282 f. |
| Widmungskapital | 55, 136 |
| Wiederbeschaffungspreis | 75, 78 |
| Wirksamkeit | 39 |
| Wirksamkeitsmessung | 294 |
| Wirkungen von Leistungen | 124 ff., 268 |
| Wirkungsbericht | 315 f. |
| Wirkungsbeurteilung | 126 |
| Wirkungsmessung | 185 |
| Wirkungsrechnung | 42 |
| Wirkungstypen | 126 |
| Wirkungsziele | 268 |
| Wirtschaftlichkeit | 32 ff., 39, 69 f., 185, 268 |
| Wirtschaftlichkeitsanalyse | 180 |
| Wirtschaftlichkeitsprinzip | 27, 34 |
| Wirtschaftskammer Oberösterreich | 294 f., 347 ff. |
| Wirtschaftsverband | 294, 347 ff. |
| Wissensbilanz | 279, 298 ff. |
| Wissenstransfer | 299 |
| Wohnungswirtschaft, gemeinnützige | 307 ff. |
| Working Capital | 179 |
| | |
| **Z**ahlungsströme | 26 |
| Zeitspenden | 62 |
| ZEWO-Gütesiegel | 168 f. |
| Zielentwicklung | 331 |
| Zieloperationalisierung | 123, 210 |
| Zielsetzungen | 25, 43 |
| Zielvorstellungen | 195 |
| Zinsen | 233 |
| Zinsen, kalkulatorische | 73, 79 f., 99 |
| Zinseszinsen | 233 |
| Zinssatz, marktüblicher | 79 |
| Zivilgesellschaft | 259 ff. |
| Zurechnungsproblem | 211 |
| Zusatzkosten | 73 f. |
| Zusatzleistungen | 73 |
| Zuschlagskalkulation | 93 f. |
| Zuschlagssätze | 88 |
| Zweckkritik | 384 |

## Autoren

a.o. Univ.Prof. Mag. Dr. René Clemens ANDESSNER, stv. Leiter des Instituts für Public und Nonprofit Management, Johannes Kepler Universität Linz.

Mag. Christian BAYREDER, MBA, Leiter der Abteilung Strategie, Wirtschaftskammer Oberösterreich, Linz.

Dr. Ivo BONAMICO, Direktor, Landesrettungsverein Weißes Kreuz Südtirol, Bozen.

Univ.Prof. Dr Dorothea GREILING, Leiterin des Instituts für Management Accounting, Johannes Kepler Universität Linz.

Christian HADORN, Geschäftsführer der Schweizer Wanderwege, Bern.

Mag. Manfred HAUER, MBA, Leiter der Abteilung Finanz- und Rechnungswesen, Wirtschaftskammer Oberösterreich, Linz.

Prof. Dr. Christian HOFER, Honorarkonsul, bis 2014 Direktor der Wirtschaftskammer Oberösterreich, Linz; Präsident des Institutsrats des Instituts für Verbands-, Stiftungs- und Genossenschafts-Management (VMI) der Universität Freiburg/CH.

Mag. Dr. Andreas KATTNIGG, Partner und Berater der B'VM AG Bern-Linz-Stuttgart-Berlin und Universitätslektor an der Johannes Kepler Universität Linz.

em.o.Univ.Prof. Dkfm. Dr. Reinbert SCHAUER, bis 2012 Ordinarius für Betriebswirtschaftslehre der öffentlichen Verwaltung und der öffentlichen Dienste, Institut für Public und Nonprofit Management, Johannes Kepler Universität Linz; seit 1986 ständiger Dozent in den Lehrgängen und seit 1995 Mitglied des Institutsrats des Instituts für Verbands-, Stiftungs- und Genossenschafts-Management (VMI) der Universität Freiburg/CH, davon 1995 – 2009 als Präsident.

Alfred VON GUNTEN, Stiftung SchweizMobil, früher Geschäftsführer der Schweizer Wanderwege, Bern.

Dr. Gottfried WANDL, Leiter der Abteilung Personal, Wirtschaftskammer Oberösterreich, Linz.

**Haupt**thema NPO-Management

Hans Lichtsteiner / Markus Gmür / Charles Giroud /
Reinbert Schauer

## Das Freiburger Management-Modell
### für Nonprofit-Organisationen

8. Auflage 2015. 281 Seiten, 85 Abb., gebunden
ISBN 978-3-258-07926-4

Nonprofit but Management – diese Kurzformel umschreibt das Anliegen dieses Buches. Nonprofit-Organisationen entstehen, weil Markt wie Staat versagen können, weil Bedürfnisse des Menschen nach sozialer Integration, nach politischen, kulturellen, karitativen und ähnlichen Betätigungen bestehen, die nur in solchen Organisationen befriedigt werden können. Dazu zählen Wirtschafts- und Arbeitnehmerverbände, Kammern, Genossenschaften, Stiftungen, Vereine, Kirchen, Parteien, soziale Dienstleistungsunternehmen (Einrichtungen, Heime, Beratungsdienste) sowie philanthropische, kulturelle und Freizeit-Organisationen. Um das Grundanliegen zu erfüllen, nämlich den Bedürfnissen der Mitglieder und Klienten optimal zu genügen, müssen Nonprofit-Organisationen ein effizientes Management betreiben oder sogar nach Management Excellence streben. Das «Freiburger Management-Modell für NPO» (Universität Freiburg, Schweiz) bietet eine systematische Einführung in dieses Thema. Es vermittelt durch seinen ganzheitlichen Ansatz die Grundlagen und einen Ordnungsraster für das Verständnis der NPO-Management-Probleme und ihrer Lösungen.

 **Haupt Verlag** Bern
verlag@haupt.ch • www.haupt.ch

**Haupt**thema NPO-Management

Hans Lichtsteiner/Robert Purtschert

## Marketing für Verbände
### und weitere Nonprofit-Organisationen

3., neu bearbeitete Auflage 2014. 473 Seiten, 115 Abb., gebunden
ISBN 978-3-258-07826-7

Marketing versteht sich gemäss Freiburger Management-Modell für NPO als aktives Management von Austauschbeziehungen. Damit es sich wirksam in die Praxis umsetzen lässt, muss es im Management-System einer Organisation verankert sein. Dies bedingt einerseits eine Internalisierung der Marketing-Philosophie in der Denkhaltung von Haupt- sowie Ehrenamtlichen, andererseits aber auch eine Verankerung in der Organisationsstruktur. Dazu sind entsprechende Management-Instrumente notwendig. Das vorliegende Buch basiert auf wissenschaftlichen Erkenntnissen wie auf Praxiserfahrungen aus über 200 Projekten. Es vermittelt wertvolle Anweisungen, wie spezifische Management-Instrumente für das Marketing zu schaffen sind: Ausgehend von einem allgemeinen Überblick über die Grundlagen und Entwicklungen des Profit-Marketings wird ein Marketing-Ansatz für NPO entwickelt. Das Profit-Marketing wird dabei auf NPO übertragen und, wo erforderlich, an die Besonderheiten von NPO adaptiert. In einigen Bereichen wird es auch mit neu entwickelten Inhalten erweitert. In der Folge wird praxisnah dargelegt, wie Marketing auf konzeptioneller, strategischer und operativer Ebene mittels Marketing-Konzept und -Planung in eine NPO implementiert werden kann. Die unterschiedlichen Marketing-Einsatzbereiche wie Mitglieder- und Finanzmarketing, Eigenmarketing bis hin zum Lobbying und Social Marketing werden schliesslich detailliert abgehandelt und vertieft. Damit kann das Buch dem Management einer NPO sowohl als Handlungsanweisung wie auch als Nachschlagewerk gleichermassen dienen.

 **Haupt Verlag** Bern
verlag@haupt.ch • www.haupt.ch

**Haupt**thema NPO-Management

Markus Gmür / Reinbert Schauer / Ludwig Theuvsen (Hrsg.)

# Performance Management in Nonprofit-Organisationen

Theoretische Grundlagen, empirische Ergebnisse und Anwendungsbeispiele

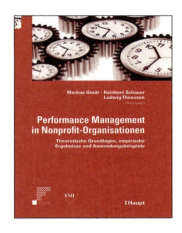

2012. 420 Seiten, 25 Tab., 96 Abb., gebunden
ISBN 978-3-258-07771-0

Performance Management ist die systematische Ausrichtung aller strategischen und operativen Aktivitäten einer Organisation auf eine erfolgreiche Zielerreichung sowie die Auswahl und fortlaufende Messung geeigneter Kenngrössen des organisationalen Erfolgs. In der Forschung und der Praxis des NPO-Management hat diese Aufgabe in den letzten Jahren sichtlich an Bedeutung gewonnen, insbesondere was die Definition und Messung geeigneter Erfolgskenngrössen betrifft.

Dieser Sammelband ist aus dem 10. Internationalen NPO-Colloquium an der Universität Freiburg (Schweiz) entstanden und vermittelt in 38 Beiträgen aus Forschung und Praxis einen aktuellen Überblick sowie zahlreiche Beispiele zur Erfolgsmessung und -steuerung in Verbänden, Vereinen, Stiftungen und gemeinwirtschaftlich tätigen Genossenschaften. Für Forscher und Studierende ist in dieser Dokumentation der gegenwärtige Forschungsstand aufgearbeitet und mit aktuellen empirischen Studien ergänzt. Praktiker finden hier wegweisende Beispiele von bereits erprobten Konzepten und Instrumenten aus dem gesamten deutschsprachigen Raum.

 **Haupt Verlag** Bern
verlag@haupt.ch • www.haupt.ch

**Haupt**thema NPO-Management

Markus Gmür / Hans Lichtsteiner (Hrsg.)

## Stichwort NPO-Management – A propos: gestion des organisations sans but lucratif

ein Nachschlagewerk für Vereine, Verbände, Stiftungen, Genossenschaften und NGO – un glossaire destiné aux associations, fondations, coopératives et ONG

2010. 181 Seiten, gebunden
ISBN 978-3-258-07565-5

Das Nachschlagewerk vereinigt die wichtigsten Begriffe und Konzepte des Managements von Nonprofit-Organisationen mit prägnanten Erklärungen, Querverweisen und Synonymen in deutscher und französischer Sprache. Es bietet Forschern und Praktikern erstmalig ein Nachschlagewerk an der Schnittstelle zwischen wissenschaftlicher und praktischer Arbeit in Verbänden, Stiftungen, Genossenschaften und NGO. Damit geschieht ein wichtiger Schritt hin zu einer gemeinsamen Sprache im Nonprofit-Sektor.

Cet ouvrage de référence regroupe les principaux termes et notions utilisés dans le domaine du management des organisations à but non lucratif (NPO) en allemand et en français. A travers ce nouvel ouvrage de référence, il propose aux chercheurs et aux praticiens un outil bilingue inédit au carrefour du travail scientifique et de l'activité opérationnelle dans les associations, fondations, coopératives et ONG. Ce faisant, il franchit une étape décisive vers un langage commun dans ce secteur.

 **Haupt Verlag** Bern
verlag@haupt.ch • www.haupt.ch

**Haupt**thema NPO-Management

Bernd Helmig / Hans Lichtsteiner / Markus Gmür (Hrsg.)

# Der Dritte Sektor der Schweiz

Länderstudie zum Johns Hopkins Comparative Nonprofit Sector Project (CNP)

2010. 254 Seiten, 17 Abb., 34 Tab., kartoniert
ISBN 978-3-258-07571-6

Was ist die wirtschaftliche und gesellschaftliche Bedeutung des Dritten Sektors in der Schweiz? Erstmals wurden statistische Daten zur Grösse und Struktur von Nonprofit-Organisationen (NPO) – Vereine, Stiftungen und Genossenschaften – umfassend und nach einem weltweit einheitlichen System erhoben. Das vorliegende Buch ist Teil des Internationalen Johns Hopkins Comparative Nonprofit Sector Project (CNP) und schliesst eine Wissenslücke über die Bedeutung des NPO-Sektors in der Schweiz. Zudem erlaubt es einen internationalen Vergleich mit Studien aus mehr als 40 Ländern aller Kontinente. Damit ist das CNP weltweit die Referenzquelle für statistische Daten und Hintergrundinformationen zum Nonprofit-Sektor.
Neben einer Fülle an Zahlen, Daten und Statistiken enthält das Werk auch Informationen zur Entstehung und Geschichte der NPO in der Schweiz, zu den relevanten Rechtsvorschriften und ihren Auswirkungen auf die schweizerischen NPO sowie die aktuellen politischen Rahmenbedingungen und deren Aussichten für die Zukunft der NPO. Das Werk ist eine Informationsquelle für Entscheidungsträger und gesellschaftlich Interessierte und es liefert eine wissenschaftliche Grundlage für die NPO-Forschung, indem es den gesellschaftlichen Beitrag der NPO verdeutlicht.

 **Haupt Verlag** Bern
verlag@haupt.ch • www.haupt.ch